周蓓 主編

『民國專題史』叢書

劉彦 著

河南人民出版社

中國近時外交史

敘述自鴉片戰爭至1911年鐵路大借款期間，帝國主義侵略中國的重大事件，由于清政府的軟弱和無能，喪失了許多國家權利

圖書在版編目(CIP)數據

中國近時外交史 / 劉彥著. —鄭州 ：河南人民出版社, 2016.4
(民國專題史叢書 / 周蓓主編)
ISBN 978-7-215-10072-5

Ⅰ. ①中… Ⅱ. ①劉… Ⅲ. ①外交史-中國-古代 Ⅳ. ①D829

中國版本圖書館 CIP 數據核字(2016)第 077602 號

河南人民出版社出版發行
(地址:鄭州市經五路 66 號　郵政編碼:450002　電話:65788063)
新華書店經銷　　河南新華印刷集團有限公司印刷
開本 710 毫米×1000 毫米　1/16　印張 40.5
字數 590 千字
2016 年 4 月第 1 版　　2016 年 6 月第 2 次印刷

定價 ：165.00 圓

出版前言

中國現代學術體系是在晚清西學東漸的大潮中逐步形成的。至民國初建，中央政治權威進一步分散和削弱，加之新文化運動帶給國人思想上的空前解放，新學的啓蒙，新知識分子的產生，民國學術如草長鶯飛，進入一個自由而蓬勃的時代。中國傳統學科乃中國學術之根基與菁華所在，民國學人采用『取今復古，别立新宗』之方法，引入西方的學術觀念，積極改造，使史學、文學等學科向現代學術方向轉型。此外，大力推介西方社會科學的新學科和自然科學，在學習、借鑒乃至移植西方現代學術話語和研究範式的過程中，逐漸建立中國現代學科，使中國的學科門類迅速擴展。一時間，新舊更迭，中西交流，百花齊放，萬壑争流，開創了中國現代學術的源頭。

伴隨知識轉型和研究範式轉换而來的，還有學術著作撰寫方式的創新。中國古代的著作向來以單篇流傳，經後人整理匯編後，方以成册成集的面目出現并持續傳播。直到十九世紀末，東西方的歷史編撰體裁不外乎多卷本的編年體、紀傳體和紀事本末體等，章節體的出現標志着近代西方學術規範的産生和新史學的興起。章節體具有依時間順序，按章節編排；因事立題，分篇綜論；既分門别類，又綜合通貫的特點。以章、節搭建起論述之框架，結構分明，邏輯清晰，較傳統的撰寫體裁容量大、系統性强。它的傳入，使中國現代學術體系從内容到形式被納入了全球化的軌道。民國時期專題史的研究、譯介、編纂、出版恰恰是在這樣的背景下欣欣而發，是學術的實驗場，也是歷史的記録儀。編選『民國專題史』叢書的初衷正是爲了從一個側面展示中國學術從傳統向現代過渡的歷史進程。

專題史是對一個學科歷史的總結，是學科入門的必備和學科研究的基礎，也是對一個時代艱深新鋭問題的解答，是學術研究的高點。民國專題史著作中，既包含通論某一學科全部或一時代（區域、國别）的變化過程的，又囊括對一時代或一問題作特殊研究的，還有少部分是對某一專題的史料進行收集的。原創與翻譯并重，翻譯的底本大多選擇該學科的代表著作或歐美大學普及教本，兼顧權威性和流行性，其中日本學者的論著占據了相當比重。日本與中國同屬東亞儒家文化圈，他們在接納西方學術思想和研究模式時，已作了某種消化與調適，從思維轉換的角度看，更便于中國借鑒和利用，他們的著作因而被時人廣泛引進。

與當代學術研究日趨專業化、專門化、專家化的『窄化』道路迥乎不同的是，中國傳統學術崇尚『學問主通不主專，貴通人不尚專家』的通識型治學門徑，處于過渡轉型期的民國學術在不同程度上保留了這種特徵。民國學術大師諸學科貫通一脉，上千年縱横捭闔之功力自不待冗言，外交家著倫理政治史、文學家著哲學史、化學家著戰争史等亦不乏其人，民國專題史研究呈現出開放、融通、跨界撰述的特點。與此同時必須看到，自晚清以來，中國的命運就在外侮屢犯、内亂頻仍的窘境中跌宕彷徨，民族存亡仿若命懸一綫。這股以創建學科、總結經驗、解決問題爲指歸的專題史出版風潮背後，包裹着民國學人企望以西學爲工具拯民族于衰微的探索精神，及以學術救亡的愛國之心。梁任公曾言：『史學者，學問之最博大而最切要者也，國民之明鏡也，愛國心之源泉也。』這種位卑未敢忘憂國的歷史使命感和國民意識是今人無法漠視和遺忘的。

『民國專題史』叢書收録的範圍包括現代各個學科，不僅限于人文社會科學，學科分類以《民國總書目》的分科爲標準，計有哲學、宗教、社會、政治、法律、軍事、經濟、文化、藝術、教育、語言文字、中國文學、外國文學、中國歷史、西方史、自然科學、醫學、工業、交通共19個學科門類。本叢書分輯整理出版，内不分科，單本發行，方便讀者按需索驥。既可作爲大專院校圖書館、學術研究機構館藏之必備資源，也可滿足個人研讀或興趣之收藏。

與目前市場已有的一些專題史叢書相比，『民國專題史』叢書具有規模大、學科全、選本精、原版影印的特點。本叢書選目首重作者的首創、權威和著作影響力，尤其注重選本的稀見性。所謂稀見，即建國後没有再版，且多數圖書館没有收藏，或即便有收藏，也是歸于非公開的珍本之列予以保存，普通讀者難以借閲。部分圖書雖有電子版，但作爲學術研究的經典原著讀本，紙質版本更利于記憶和研究之用。本叢書精揀版本最早、品相最佳的原版圖書作爲底本，因而還具有很高的版本收藏價值。

『民國專題史』的著作是民國學者對于那個時代諸問題之探究，往往有獨到之處，無論其資料、觀點短長得失如何，要之在中國現代學術史的構建與發展進程中，自有其開宗立論之地位。

中國近時外交史三版敘

本史初版。成於前清宣統三年六月。凡十四章。次版成於民國三年八月。增補民國成立後之外交二章。即十五十六兩章是也。自民國三年至九年。此七年間。為歐洲戰爭時期。亦為日本侵害中國最激厲時期。即中國國家命運。最危險。最迫切。幾幾變為韓國第二之時期。故此期間之重大外患。尤為中日交涉。若將此等交涉。增續於本史中。則無以明中日關係之特別嚴重。亦無以明關係諸國。惟日本特具覆滅中國之決心。用將此七年間之中日外交。另成一書。名曰歐戰期間中日交涉史。凡日本攻青島與二十一條之中日協約袁氏稱帝日本之侵害中國。鄭家屯事件。日俄同盟與中國之關係。日美宣言與中國之關係。中國參戰與南北戰爭之日禍。福州事件。日本之侵略北滿。日本使署收容中國禍首事件。琿春事件。取消中日軍事協定。新銀行團成立與滿蒙除外。共十二章。皆劃歸之而以其餘之中外交涉。與日本無關係者。續於本史內。曰老西開事件。曰最近之西藏問題。曰最近之外蒙古問題。曰中俄關係之變化。曰中德關係之變化。凡五章。編為本史三版之增加品。然歐戰期間中日交涉史之十二章。雖另目一名。其實為本史之一體。讀者宜作為本史之續編觀。民國十年五月三十日劉彥誌。

例言

一本史之作。以紹介我國外交失敗之歷史於國民爲主眼。故凡有國際重大交涉。其源委曲折。及其變遷。均不厭詳細述明。俾國人知國家演成今日現象之由來。

一我國正式之國際交涉。起自尼布楚條約。然大開海禁。啓歐西列强競爭之機。關數千年國是未有之局者。實以鴉片戰爭爲始。故本史不起自尼布楚條約。而起自鴉片戰爭。

一本史雖名中國近時外交史。然爲叙述近事。常分節追述前數百年或數千年國際之往事。蓋因吾國缺外交專門有系統之書。故著者分章略述沿革。俾讀者起古今勝衰之感。

一東西洋外交史中。均不叙戰事。因各國每一戰役。皆有專史。自不須嘵及。著者因吾國缺戰爭信史。且兵不足用。爲外交失敗之最大原因。故凡有中外戰爭之事。常特別記述戰狀。以示外交問題。與軍備有最大關係。

宣統三年六月初一日　　著者識

中國近時外交史目次

第二章 英法聯軍入北京

第四章　琉球之喪失

第七章　緬甸之喪失

第八章　中日戰爭

第十一章　日俄戰爭與中國之關係

第二十章　中德關係之變化

中國近時外交史目錄終

中國近時外交史

醴陵 劉彥 著

緒論

吾國數千年之國際狀態。皆限於與隣近大陸諸國生變遷。初無合海外世界諸强國爲國際交涉之事。至明淸之交。忽變爲中西交通時代。至近時百年內更變爲外力迫壓時代。中日戰爭拳匪事變而後。中國問題全變成世界問題。偶一變動。便起列强之紛爭。遂開現時機會均等利益平衡之局。瓜分之機在是。保全之機亦在是。二十世紀之前半期。爲中國問題解決之必要時期。依他國之力而解決之。則爲瓜分。依本國之力而解決之。則爲保全。凡我國民各負興亡責任。鑒已往之如何失敗。思將來之如何圖强。是所宜亟亟也。

第一章　鴉片戰爭

第一節　中西國際交通之起源

中西交通之起源

唐貞觀中景教僧阿羅本來中土元初威尼西亞巨商尼哥羅博羅父子先後來中土而馬哥博羅仕元室尤久前後共二十餘年其著東方旅行記大動歐人之視聽是爲中國事情入歐人耳目之始然此不過私人旅行曠代一至於國際上尚無何等關係中西國際交通實在印度航路發見之後明宏治十年(西紀一四九七年)葡萄牙人華士哥德噶馬繞喜望峯達印度是爲歐亞航路發見之始亦卽中西國際交通開拓之起源

葡萄牙王以馬努利一世於發見印度航路之後大起東略之志明宏治正德間縣臥亞略馬刺加設印度總督掌東方貿易置僧正綜理東方教務蘇門答拉瓜哇諸島亦漸趨於勢力範圍之內正德十一年(一五一六年)葡人刺匪爾伯斯德羅乘小船來明是歐洲揭國旗船舶入中國之始翌年印度總督遣使臣比勒斯與臥

葡人通中國

亞市長匪地難得安剌德。率船一艘至廣東。求締約。廣東地方官厚遇之。使碇泊上川島。自此葡商來者日衆。嘉靖中。廣東附近葡人居留地有上川、電白、澳門三處。此外甯波泉州亦多葡商出入。嘉靖二十四年。甯波居民因葡商結黨擄掠婦女。屠教徒一萬二千。焚商船三十七艘。泉州葡商於二十八年亦爲吏民所逐。自

澳門開港

是澳門獨爲葡商貿易要港。初嘉靖十四年。都指揮黃慶受葡商巨賄。爲請於上官。開澳門爲通商地。科地租年二萬金。三十二年。葡商船遭水害。以貢品淹壞爲辭。請於地方官。乞地曝之。自是展地益濶。葡商來者愈衆。三十六年(一五五七年)葡政

葡領澳門

府以澳門爲殖民地。置守官治之。明政府亦不之拒。萬歷元年。明政府於澳門附近築壁爲界。默認界外爲葡人自治地。自此葡人屢要求減少地租。萬歷十年。承認葡商年科地租五百兩。至清道光二十八年以前。尚如之。(參觀第十四章第三節中葡澳門劃境問題)

繼葡而握中國商權者。荷蘭也。方葡握東洋貿易霸權時。其國都里斯本爲東洋百貨所萃。荷蘭英吉利諸商各就其地營轉販之業。明萬歷八年(一五八〇年)西班牙王肥利布。兼葡國王統以來。以荷蘭人爲本國叛民之故。(荷蘭初屬西班牙。以宗教紛爭。於一五六六年叛西班牙

荷蘭通商之始

謀獨立。一五七九年。創立共和國。一五八一年。尼特蘭北部七州。宣告獨立。即今之荷蘭國。時萬歷九年也）。禁荷蘭人出入里斯本。荷蘭人遂失轉販業。亟亟自開東方商路。謀挫西葡之海上勢力。萬歷三十三年。荷商創立東印度會社。得本國政府許可『對於殖民地有置兵罷吏及與所在國宣戰媾和之權』。遂逐蘇門答拉瓜哇摩鹿加諸島之葡人而代有之。尋於瓜哇建巴達維亞府。為東洋貿易之中心地（西至印度馬拉巴爾海岸。東至日本長崎）天啓二年。東印度會社以艦隊攻澳門。中國兵助葡人擊退之。荷人退據澎湖島。嗣因與土人不相和。又受明兵突擊。更退臺灣。逐西班牙人而代領全島。會清入關。與內外更新。巴達維亞府總督。遣使至北京覲世祖　請互市。廷議許『荷蘭商船八歲一至。船數以四艘為限』此順治十三年也。時明遺臣鄭成功圖恢復金陵不克。退臺灣。悉逐荷蘭人。自是荷人失中國貿易根據地。其後荷人屢助官軍破鄭氏。欲求報償。康熙三年。巴達維亞府總督。復遣使至北京。求擴張商務。終無所得而返。

註　同治二年。中荷兩國。始結通商條約十六條。

當華士哥德噶瑪發見印度航路之前五年（明宏治五年西一四九二年）意大利人哥倫布斯

西班牙遣使中國之始

以西班牙女王伊薩伯拉之命。發見西印度羣島。西班牙政府遠略之心益熾。次第發見亞美利加大陸。取墨西哥為殖民地。更欲西進。期達世界廻航之目的。正德十四年（一五一九年）加羅一世卽西班牙王位。遣其臣墨哲倫率艦隊自大西洋通過亞美利加南端。進達大平洋。航行三十三日。發見菲律賓羣島。是為大西洋大平洋航路開通之始。墨哲倫為土人所殺。其從人以萬歷元年（一五二二年）越印度洋。廻喜望峯而歸。至嘉靖四十四年。西王腓利布二世遣將勒迦斯比取菲律賓為殖民地。以馬尼剌為都會。尋臺灣亦歸其勢力之下。萬歷二年。中國豪商李馬奔（泉州人）率武裝帆船六十二艘。水陸兵各二千。進逼菲律賓。西軍殊死戰。李馬奔敗退呂宋西岸。據亞格諾河口居焉。尋西軍來薄。李率衆敗遁。方李據亞格諾河口時。福建總督聞其勢振。發兵艦往偵之。西班牙人聞中國官軍至。欲乘機結通商條約。邀使者至馬尼剌。謁其知事。使者言通商事宜。須就總督議之。請簡信使與俱。知事遂派僧侶馬丁拉達為使。齎書翰獻物。附閩艦至福建。謁總督。求締商約。是為西班牙遣使中國之始。萬歷八年。肥利布二世復遣使至福建。申前請。先後皆爲葡萄牙人所間。不達目的。然中國商人貿易菲律賓者甚衆。馬尼剌遂爲兩國之互市場。

註一　同治三年。中西兩國。始結通商條約五十二款。

註二　西班牙隷菲律賓於墨西哥殖民地之下。凡菲律賓行政補助費等。悉取諸墨西哥。故墨西哥銀幣。充溢於馬尼剌。經中國商人之手。輸入中國。此墨銀通行內地之由來也。

俄國首與我國開國交

與我國陸路交通。先歐西各國開國交者爲俄羅斯國。明末以來。俄人漸從事黑龍江侵略。康熙二十八年與俄國結尼布楚條約。准「國境貿易」三十二年。訂通商條約。准「俄國商隊三年得至北京一次。每隊得上二百名。可在北京駐留八十日。且免納稅」俄國獲此通商特權。爲英吉利等國所羨慕。而俄巧博我政府信用。得置多數宣教師於北京。以維持兩國國交。且離間他國與我國接近。以獲壟斷之利益。(其詳述第三章)

謀與我國擴張通商利益。多受屈辱者。英吉利也。英人經營東方。殆與荷人同時。惟荷人注重於馬來羣島。而英人注重於印度方面。當荷蘭離西班牙獨立。英女

英人與我國通商之始

王伊利薩伯助之。明萬歷十六年。(一五八八年)西班牙發無敵艦隊侵英。被英艦所殲。自是西班牙海上霸權。爲英人所奪。時西葡合併。葡人之東洋商利。英人亦欲奪之。萬歷二十七年(一五九九年)倫敦商人組織東印度會社。竭力經略印度大陸。與葡人衝突戰爭不絕。葡臥亞總督以屢敗之餘。與英結休戰條約『許英船有出入澳門之權利』崇禎八年英人威代爾率艦隊至澳門。携臥亞總督書謁知事。葡人拒不納。威代爾乃思與廣東大吏直接交涉。復爲葡人所間。不得上陸。威代爾移艦進虎門。忽被守兵砲擊。威代爾應戰。數時。礮臺忽陷。廣東總督大驚。令其交還掠奪物。許於廣東河口通商。未幾明清交代。商務不振。會鄭經據臺灣。講外交。約英人得在臺灣之安平。福建之厦門二處通商。康熙十六年。英人欲於厦門建商館。政府拒之。康熙四十年。東印度會社派喀齊布爾齎貢品至北京。苦心運動。其結果得於河口通商外。更得在舟山貿易。自後清廷以外國貿易日盛之故。於康熙五十九年。課輸入稅四分。輸出稅一分六釐。雍正六年。輸出稅加課一分。英商屢哀請減免。乾隆元年。納其請。地方官命英商向諭旨叩頭謝恩。大起紛議。乾

英使馬甘尼來中國

隆二十四年。英人洪任輝。以甯波英商被華商侵害。赴訴天津大吏。政府派員調查之後。處洪任輝以欲開甯波之罪。幽澳門獄中三年半當是時廣東貿易不盛。而課稅過苛。政府視英人爲夷類。不以平等禮相遇。而國內奸商漁利。向官吏則道英商奸詐無禮。向英商則假官命壓迫。其時英商致書廣東大吏。乞改五弊「一英船至廣東。碇泊後卽請解貨。二奸民竊英貨物請問罪。三請禁華人目英人爲夷狄禽獸。四課稅減輕。五官吏請勿故與外人疎隔」廣東大吏不答。英本國政府聞之。且怒且憂。冀中國與平等代遇。以保國家體面。兼全本國商人之利益。於乾隆五十八年。遣馬甘尼爲大使。欲與我國結修好通商約。冀要求下之各項「一准英國派員駐北京。照管本國商務。二英商得至甯波舟山天津廣東地方貿易。三英商倣俄國例。於北京設一商館。四求舟山附近小島一處。爲商人收貯貨物地。五求廣東附近小地方一處。居住英國商人。或准在澳門居住。得自由出入。六英輸入貨減稅。七准英人自由傳敎」。馬甘尼以莊嚴美麗。二汽船。携英王國書贈獻品與英外務大臣寄贈廣東總督之書幣。來中國。至白河。清政

英使被斥

英使亞墨斯爾來中國之失敗

英商退澳門

府目爲貢獻使。樹「英國貢獻船」之旗於使船。時高宗狩熱河。命英使至熱河賜見。強使行叩頭禮。馬甘尼峻拒之。卒許行謁本國國王之禮。此行雖受破格代遇。不達締約目的。嘉慶十年。英政府復遣使至中國。携貴重苞苴賄賂當路。政府探知。斥英使謁見且作傲慢國書致英王約翰二世。斥英使歸國。嘉慶二十一年。英政府復遣亞墨斯爾爲大使至北京。清政府目爲例貢使。英使大怒。謂目獨立國大使爲貢使。爲無禮之極云。然廷吏憤馬甘尼不叩頭之故。迫亞墨斯爾謁皇帝與過皇帝虛位皆叩頭。雙方強硬。久不協議。廷吏請旨解決。忽下旨「許其行謁本國國王禮。卽時陛見」時亞墨斯爾以勞於無益應對。在病中。欲暫養心神。然後入覲。廷臣不憫其情。頻加逼迫。亞墨斯爾大怒。復峻拒之。廷臣奏上。詔責使節無禮。卽命退出國境。亞墨斯爾知不可挽回。空歸國。道光元年。廣東人與英商屢起違言。廣東灣投錨之英國軍艦。被粵民攻擊。英兵多負傷。地方官以惡英人甚。不問罪。且嚴課關稅。并禁外國婦人上陸。英商大困苦。不得已悉携家族退澳門。道光十四年。英政府遣律勞卑爲英商貿易監督官至廣東稅關。吏稟總督曰。三

律勞卑來廣東之失敗

羅頻孫之不得志

義律之平和策

外鬼來。總督盧坤命律勞卑暫滯澳門。律勞卑不可。直赴廣州。遣書記攜書赴總督衙門。盧坤怒其書用平行式。又不經華商通信。拒絕之。時鴉片輸入。與銀貨輸出。逐年增加。國內年加恐慌。總督以下。悉欲嚴禁輸入鴉片。英人以禁其主要輸出品。固不承認。雙方激昂。總督遂禁英人通商。律勞卑直令軍艦二艘。溯江上保護商民。軍艦進虎門。發砲互擊。後退泊黃浦。時律勞卑以三伏暑中罹疾。遂退澳門。尋疾卒。盧坤以律勞卑退出。復許英人通商如舊。律勞卑既死。英政府以羅頻孫繼其後。盧坤等鑒於前事。增定防範章程多欵。羅頻孫在職中。不得發達商業。惟居留澳門。上書本國政府。計於珠江海口占一小島為根據。不復求與督臣交涉。道光十六年。英政府廢貿易監督官。以甲必丹義律為領事。僅監督水夫及貨物。以守中國規則之名義。得駐廣州。蓋義律欲以和平政策。擴張商利。務不失我國之歡也。然斯時我國禁鴉片輸入益嚴。兩國衝突。終不可避。義律即鴉片戰爭之主要人也。

如上所述。列國對於我國。懷遠大之希望。卑禮厚幣。屢屈不辭。冀擴張其商務而卒不獲所求者惟英國爲最因此積恨之餘將觸機暴發亦自然之勢也。

第二節　英商鴉片貿易之情狀與開戰之原因

鴉片輸入中國之起源

唐貞元時中國有自亞剌比亞商人輸入罌粟者至明中世東洋貿易概歸葡萄牙人手由葡人輸入罌粟不絕明萬歷十七年關稅表中有「鴉片十斤價銀條十二個」之規定明末禁吸煙草廣東福建海濱各埠有代吸鴉片之習慣時英人代葡人執東洋貿易權於印度殖民地廣植鴉片以中國消路甚廣英國遂以鴉片爲年獲巨額財源中國政府昧於遠見不嚴禁絕遂染及於一般人民原鴉片爲物吸之雖覺甘芬然不暖不飽且積久遂成癖一度不吸便如大病遽發比不食粟尤加痛苦且傷精敗神涸血礫體至終身罹痼疾之患而所生子女亦成弱種其爲害等於鴆毒乾隆時設嚴律禁止「國內商人販賣者枷一月杖一百遣邊充戍卒三年侍衛官吏犯者罷職枷二月杖一百流三千里爲奴」一時鴉

政府禁煙與奸商貪吏之私買

片之買賣甚稀不久法令漸弛販者吸者如前嘉慶二十一年燒鴉片三千二百箱實行前令然吸煙之嗜好深浸人心海邊奸商常以船出海上待英船來卽販

鴉片輸入之增加

鴉片由徑路私賣於各省。人民私吸於暗室。互相祕密。情勢如斯。已爲禁令所不及。且英商恐官吏嚴查。每以巨金賄官吏。官吏貪賄。陽禁密許。吸煙之風愈熾。嘉慶二十一年。英商輸入鴉片額僅三千二百十箱。至道光十年。遂超至一萬八千七百五十箱。道光十六年。超至二萬七千餘箱。是年英商且公然向政府請解鴉片輸入之禁。爲政府所拒。茲將嘉慶二十一年至道光二十一年之間鴉片輸入增加額表於左。

	箱	西班牙幣
嘉慶二十一年	三二一〇	三六五七〇〇〇
嘉慶二十五年	四七七〇	八四〇〇〇〇〇
道光五年	九六二一	七六〇八二〇五
道光十年	一八七五〇	一二九〇〇〇三一
道光十二年	二三六七〇	一五三三八一六〇
道光十六年	二七一一一	一七九〇四二四八

事勢至此。經濟上年漏出數百萬至千萬以外之巨額。先是中國產銀甚稀。明清

銀貨輸出與國論

中外通商以來。由外國輸入甚多。本國產亦漸盛。然額猶少。政府恐銀貨輸出。有危國本。令內國商人與外國交易。祗准以物易物。不准以銀買貨。及鴉片輸入超過輸出。勢不得不以銀補償之。銀之輸出額漸多。至道光尤甚。道光三年至十一年。廣東輸出銀共一千七八百萬兩。十一年至十四年共輸出二千餘萬兩。十四年至十六年。共輸出三千餘萬兩。此外福建浙江山東天津等處輸出者。尚不在數內。於是銀貨日缺。國內經濟愈困難。朝野上下皆知鴉片流毒之害。鴻臚寺卿黃爵滋御史朱成列痛論「國內銀錢日缺。無賴游民日增。其原因實由不禁鴉片之故」奏請嚴塞漏卮。以培國本。朝廷採其議。立新制「一合十人為一保。互相警戒。其中一人犯禁。十人受罰。二家藏鴉片與煙具者處死。三知官吏受賄不報者。削其官職」並令各省督撫將軍勵行禁令。各紓意見上奏。湖廣總督林則徐勵行禁令。卓著成效。其覆奏尤剴切。略云「煙不禁。國日貧。民日弱。數十年後。豈惟無可籌之餉。抑且無可用之兵」宣宗賞之。

林則徐拜欽差大臣赴廣東

是年冬。召入京。拜欽差大臣。查辦廣東海港事宜。兼節制廣東水師。期實行杜絕鴉片貿易。翌年正月。林則徐至廣東。先窺英商館之動靜。聞先年憤歸之英商復返者甚多。又華商頻有出入洋館者。則徐知爲鴉片密賣關係。與鄧廷楨謀先捕出入英商館之華商數名。殺於館前示威。嗣迫英商所有鴉片限三日內一律交出。英商不聽。則徐大怒。直命吏卒百人襲商館。英人大驚。出鴉片一千三百十七箱。交付吏卒。則徐知隱藏尚多、欲一次嚴懲。永絕後憂。將領事教師醫師與密賣事件無關係者盡捕之下獄。且禁給商館食物。又悉奪其船舶。以絕歸路。英人大困。則徐令「出所藏鴉片二分之一者。與食物。出四分之三者。仍許貿易」。英商旋獻鴉片二萬二百八十三箱以謝罪。乞許三事。「一領事以下悉解放。二不禁止食物。三許如舊貿易」。則徐馳使奏上。朝廷大賞其英斷。旨命「率同文武官共同銷毀。俾沿海共見共聞。有所震讋」。則徐奉旨就虎門海岸悉燒之。將其灰雜以石灰與鹽。引潮水淘之海中。英商怏怏去澳門。各國商人亦兎死狐悲。相次去廣東。廣東之外國貿易一時衰落。華商之失業者亦甚衆。

當時朝廷禁鴉片不遺餘力。自十八年以來。京城內外各衙門。發見鴉片罪犯。分

英商之窮狀與開戰

別奏咨交刑部審訊者不下數百件。十九年五月。王大臣定新例三十九條。「凡開設窯口屯積鴉片者。爲首斬梟。爲從絞監候。開設煙館者。爲首絞監候。爲從發新疆爲奴。栽種鴉片製造煙土者。爲首絞監候。爲從流極邊煙瘴。吸食鴉片者。自下令之日起。經一年六月。尙不悛改者。無論官民皆絞監候」。並得旨纂入則例。永遠遵行。然此新例。僅適用於內國臣民。則徐自焚鴉片後。欲爲杜絕根源之計。一方請設專條。凡洋人以鴉片煙入口。分別首從處斬絞。一方向各國商吏布告「凡商船入口者。皆須具有夾帶鴉片者。船貨沒官。人卽正法」之親結。葡美諸商。皆具結互市如舊。英領事義律不欲。請則徐派委員至澳門會議。則徐斥不許。七月。下令沿海州縣。絕英人薪蔬食物。且令退出澳門。義律率同英商聚居尖沙嘴（香港對岸）貨船中流。連海上度日。又迫無食物。進退維谷。遂決死戰策。先是義律以中國禁煙情狀。告本國政府。要求派軍艦數艘爲援。十八年。印度總督派軍艦數艘至澳門。義律大喜。至此以二艘駛至河口。索食物。宣言「不許則開砲擊」。則徐大怒。令守兵嚴戰備。愈禁食物。英艦遂於川鼻島尖沙嘴附近擊沈廣東水師砲船三艘。逾日毀其二艘。擊沈三艘。水師提督楊靖江負傷而逃。十一月八日上諭停止英商貿易。戰機遂開。

英國議院協贊出兵

初。英國政府接義律請派軍艦救援之報。名士鐵兒額爾等。以「鴉片貿易為不德義。污辱大不列顛國旗之事」力排斥之。英政府亦取平和主義。諭義律「勿以軍艦駛入廣東河口以召中國政府之猜忌」。及接則徐燒鴉片之報。復諭義律「女皇陛下之政府。不能援不德義之商人。若中國政府。實行國法。致我國商人受損害。原係商人自孽自得。須自負責任」云云。及接已開戰端之報。主戰派漸多。道光二十年二月。（一八〇四年四月）英政府向議會要求協贊軍費。大起紛議。衆議院有力議員論曰。「我政府若重德義。數年前當與中國政府協力嚴緝奸商。縱不然。宜與奸商斷絕關係。彼等以不正貿易所蒙損害。政府可不顧問。乃事不出此。致中國政府不知我政府意之所在。以有今日。政府不可不負責任」陸軍大臣馬哥烈辯曰「政府為欲杜絕密賣。曾竭十分之力。無如東西隔絕。不能盡如所意。政府祗得盡其可為力者而止。今事實已由在彼處商人與中國政府開戰。

林則徐大治軍備

若坐視不救。不但損國威。辱國體。實大不列顛民族之大恥辱。」於是議論百出。費三日激論。卒以九票之多數。協贊出兵。

第三節　中英戰況及南京條約

英國政府得議會協贊軍費之後。旋命加至義律（領事甲必丹義律另是一人）統陸軍。伯麥統海軍。率印度喜望峯之海陸兩軍一萬五千人軍艦二十六艘大砲百四十門。於道光二十年五月至澳門。先遣使至廣東議和。則徐不應。初絕市論下時。任則徐爲兩廣總督。則徐大治軍備。自虎門至橫當山互設鐵練木筏購西洋礮二百餘座。列置兩岸。又備戰船六十。火船二十。小舟百餘。募壯丁五千。演習攻戰法。及英船至澳門。則徐命火舟十艘。乘風潮攻之。焚其杉板小船二艘。大喜。即大張賞格。募殺敵者。然英軍志在通商。無意激戰。以廣東有備。於六月初五日。進達舟山。碇泊定海。定海縣知縣兆公鎮。鎮台張朝發。毫無設備。忽見十三艘敵艦抵港。人民大驚。知縣隨親兵數名抵英艦問來意。英將以言語不通。良久。出文理不淸之漢文書一封與之。大致言『先年廣東大吏無道。凌辱英商。今大英國主派大軍來此。

英軍陷定海

老爺必先以定海及附屬海島一幷投降」。云云。兆公鎮閩罷大驚。懷書歸白鎮台。張朝發急集兵固守。編港內商船漁船。載砲整戰。翌日英艦十三艘。整一字陣齊發砲。我船舶或沈或沒。兵士亂逃。張朝發亦遁。人民爭先奔城內。英軍乘勝上陸攻城。彈丸落城中爆裂。兵民狼狽。翌日城陷。張朝發以下先遁。知縣投城死。全島歸英軍占領。

英艦進白河與和議

英軍既奪定海。旋自定海窺錢塘江。攻乍浦。用爆發藥碎乍浦城。兵民震慄。城將潰。英軍忽退去。既伯麥率軍艦將攻甯波。遇水師於錢塘河口。大破之。封鎖甯波。不加害居民而退。至七月。伯麥與領事義律由定海解纜。巡成山岬。入渤海。進逼白河。先是定海陷後。諸大吏懼禍及。多造蜚語中傷則徐。廷議動搖。詔兩江總督伊里布赴浙視師。且密探則徐致寇之由。及英軍進白河。領事義律向直隸總督琦善提出和議六條。「一償還貨値。二開廣州廈門福州定海上海爲商埠。三兩國國際用平等禮。四賠償軍費。五不得以密賣鴉片商累及無辜英商。六盡裁洋商浮費」。琦善奏聞。時天津道陸建瀛議請以廢止鴉片貿易爲先決問題。苟英

則徐褫職議處

人許諾。則許以免稅代第一條。開放澳門代第二條。海關監督與之行平等禮代第三條。其餘仍令回廣東與則徐協議。然朝廷方欲加罪則徐以謝英人顧一概不許。但覆以『繳煙事件其中必有多少曲折。將來欽派大臣前往查實。不難窮治則徐之罪。』云云。於是詔琦善爲兩廣總督。斥『則徐辦理不善。誤國貽憂。褫職議處』。命伊里布急至天津會領事義律告『天津非外國使臣碇泊之處。請返廣東與新總督議和』。義律以有和局。卽退返舟山。九月與伊里布會於浙江議定休戰約。英軍卽撤定海軍艦之半還澳門。

琦善之誤國與和議復破

琦善以十月至廣東。至則盡反則徐之所爲。撤水師。散壯丁。廢一切守備。冀釋英人之猜嫌。允償煙值七百萬圓。時加至義律病。甲必丹義律當談判。見琦善易與。要求愈厲。於前索六款外。復提出割讓香港之議。琦善堅拒之。英將以廣東毫無守備。於十二月十五日。率軍艦攻陷虎門外沙角大角二砲臺。琦善大驚。卽夜遣書義律。再申和議。於煙價外許開放廣州。割讓香港二件。義律亦許還付定海及沙角大角兩砲臺。卽於二十八日。議定草約。於是英人一方撤退舟山列島艦隊。

一方於香港築建房屋埠場。視爲己有地。先是英艦退出白河之後。北京主戰派之勢力復振。及聞虎門之攻擊。宣宗赫怒。欲親征盡殲醜虜。以伸國威。廷臣諫止。乃命皇姪奕山爲靖逆將軍。尙書隆文提督楊芳爲參贊大臣。楊芳率滿洲湖南之兵約一萬。奕山率衛兵六千。別兵五千。隆文率河南貴州江西廣西各省兵約二萬。赴廣東。將欲一擧盡覆英軍。琦善旣與英將訂草約。復接朝廷宣戰之旨。異常狼狽。不得已數以美女珍味盛饗英使。計爲一時之彌縫。英將疑琦善所爲。戒心不弛。及潛查大兵將至。義律等大怒。於二十一年二月初五日。復入犯。陷橫當虎門各礮臺。水師提督關天培戰死。各要隘大砲三百餘門。及則徐先年所購西洋砲二百餘門。悉爲所奪。當時英國政府聞本國軍陷琦善奸計中。急命駐印度陸軍少將臥烏古。海軍大將巴恰。率印度戍兵續向中國進發。至廣東。則値楊芳率軍抵廣州。方相度形式。欲扼珠江要害。然臥烏古率新軍長驅深入。盡占珠江要害。楊芳遂束手無策。

時英軍雖得大振武威。然各國商人。以罷市日久。多不直英人所爲。英人亦不欲以長期戰爭。損害商務。於是英法商人。介華商遞書調停。時朝廷方得英人占據香港之實信。大怒。命絲琦善以檻車送京師。且必欲雪此耻辱。嚴拒之。三月二十三日。奕山隆文及新任總督祈𡎴等。皆抵廣州。新至大軍。充斥城內外。四月朔日。奕山命水師以夜半襲擊英船。圍其商館。皆無所獲。翌日英艦進攻。我軍無紀律。銃砲亂發。瞬時軍船四十艘。全被擊破。英軍焚港內筏船數百油薪船三十餘艘。進向廣州。初三日上陸。張營陣於東北山上。向東門砲擊。城外街市火起。煙焰漲天。兵民爭逃城內。英軍乘勢進擊。四川兵潰。湖南兵降。總兵鄧永福戰死。翌四日。爲英女皇維多利亞即位第四週年祭日。英將卒海陸軍由北門進攻。守兵不戰退城內。英軍悉奪四方各礮臺。砲擊城內。城內兵民慌亂。奕山隆文楊芳皆大恐怖。將混身士卒逃出。臬司王廷蘭怒。請奕山曰。『英兵雖强。以多寡論。不及我十分之一。奈何以十倍之兵。棄城而走。請以滿洲四川貴州兵與我誓死收回四方礮臺。』時奕山已決計請和。不聽。翌五日英軍愈迫城下。城內死傷益多。奕山命商人伍榮韶與廣州知府余寶純臨英陣。向烏臥古行九叩首禮。呈奕山乞和書。

烏臥古始以中國大吏無信用不許。旣允之。訂左之休戰條約。

一 將軍等允於煙値外。先償英軍 軍費六百萬圓。限五日內交付。

二 官軍退駐城外六十里地。

三 香港割讓事件。俟異日協商。

四 英軍退出虎門。

五 交換俘虜。

城內聞和議成。大喜。奕山以此六百萬償金。爲廣州居民生命財產之代價。議以四百萬由官庫發給。以二百萬由廣州居民分擔。搜括無所不及。而英兵以此間遊行市街。大肆淫掠。粤民大憤。初十日。三元里民萬餘。忽樹「平英團」旗幟。乘英軍陸續退去之際。襲擊之。義律陷於重圍。知府余寶純以將軍命救出。翌日償金授受畢。英軍退去廣州。奕山隆文退屯金山。留楊芳以少數兵駐城。隆文不數日遽卒。楊芳亦尋以病歸。是役我軍戰死五百人。英軍戰死十餘人。

廣東雖以此城下盟。得一時苟安。然奕山奏疏。則全然混飾。僅謂英人祇求如舊

奕山之欺罔與英兵再擧

英軍陷廈門與舟山列島

通商。且以償金改稱還商欠。至煙價香港二問題。則一字不及。朝廷以爲事已妥洽。一方飭奕山等增修廣東守備。一方追論林則徐開釁之罪。遣發伊犂。而英人則以此次退兵不過一時之休戰。必將上年所索六欵。及香港割讓事。全然承認。另訂正約。然後罷兵。屢向奕山索訂正約。奕山不得已以『賠償煙價與割讓香港二件。皇帝不諭允』答之。英人大怒。決再擧兵進犯北京。

其時英新任大使僕鼎查。與海軍少將巴爾克爾自英本國來澳門。會伯麥亦由印度調戰艦返粵。臥烏古與巴爾克爾於七月初六日。率大小軍艦二十六艘。兵士三千五百北上。初九日抵廈門。攻海岸礮臺。十一日全占領之。閩督顏伯燾金廈道劉曜春退保同安。英將留兵五百軍艦三艘守之。率餘艦北進。八月十二日抵舟山。碇泊定海灣口。先是英軍以天律和議。還付定海。總兵葛雲飛及他將士。力修防備。至此英軍艦進口。葛雲飛即命開戰。勝負不決。十五日英艦并進攻雲飛本營。勢甚猛。雲飛不支退却。英軍上陸。處州總兵鄭國鴻遮止之。英軍轉戰至五奎山。築陣營爲根據。十六日英分三軍攻東港浦。鄭國鴻戰死。餘衆潰。壽春總兵王錫朋苦戰敗死。雲飛久決死戰。雖敗尤支。卒剩單旗投水死。副總兵徐桂馥負重傷尤力持。以英軍激進。卒殘卒閉城堅守。知城將陷。自縊死。城陷後英軍設民政部治理之。人民皆安堵。舟山列島悉歸占領。置守兵四百守之。遂率全艦隊進攻鎮海。

先是朝廷以裕謙爲欽差大臣。繼伊里布防禦鎮海。兵不滿二千。裕謙張虛勢。於城外布列虛營。建旗竿數千。夜間焚篝火。鳴鐘鼓。示有大軍之勢。而一方力募新兵。奈應募者甚稀。新軍不成。又鎮海地勢低下。八月望後。連日大雨。平原出水。城外忽水深三四尺。士卒將火藥火器悉送城內。二十六日夜半。海嘯。城外士民皆乘舟欲趨城內。以水大不能開城。悉集城下。英軍乘水勢。十餘艘軍艦直迫城下。大小砲齊發。數千人民立死於猛火洪水中。臥烏古用水攻計。以大砲裂城壁。崩十餘丈。濁流滔滔入城。英兵以砲火繼其後。城內兵民死者無算。裕謙投水死。提督余步雲得舟逃甯波。鎮海遂陷。英軍乘水勢。直溯甬江。進迫甯波城下。步雲復棄城走上虞。無一將卒禦戰者。居民以前年伯麥封鎖甯波。毫不加害。開城各樹

浙東規復之失敗

順民旗於戶外。臥烏古入城。安民治理。豫定息卒數月。以圖大舉。時朝廷聞廈門定海鎮海甯波諸要地皆陷落。大怒。詔吏部尙書奕經爲揚威將軍。侍郎文蔚都統依順爲參贊。規復浙東。奕經奏調川陝河南新兵六千。募江淮間義勇及沿海亡命數萬。以道光二十二年正月朔抵杭州。十六日次紹興。其進軍方略。「一奕經以三千兵軍紹興之東關嶺。文蔚以二千兵軍慈谿城北之長溪嶺。副將朱桂參將劉天保以三千兵軍城西大寶山。以圖鎮海。二提督段永福以四千兵伏甯波城外。余步雲以二千兵駐奉化。以圖甯波。三海州知州王用賓與故總兵鄭國鴻之子鄭鼎臣統水師圖定海」約於正月二十八日。同時進兵。各遣兵卒易服裝先入城內爲內應。鄭鼎臣以欲報父仇。率水師先期渡海。攻定海。冀奪敵根據地。旋被英艦擊敗。退向甯波。攻甯波之段永福軍。被敵砲擊死過半數。攻鎮海之劉天保軍。以內應不力。不戰而退。二月初四日。英軍進攻大寶山。朱桂戰死。天保軍潰。文蔚即夜走蕭山。英軍長驅陷大寶山長谿嶺。而後返甯波。奕經亦渡江回杭州。時乍浦之萬餘水師。亦潰散矣。

英軍陷乍浦

英軍既擊破規復浙東之大軍後。旋徵發寗波商紳犒軍銀二十萬圓。盡撤寗波鎭海之屯。以四月八日。迫乍浦。先是天津議和之後。淸廷命伊里布視査乍浦形勢。建設礮臺。鑒於各處礮臺易被攻陷。特聘駐北京之俄國築城家爲監督。故新礮臺全歐羅巴風。甚堅實。工成後。伊里布大悅。置兵八千守砲臺。另備滿洲精兵一千七百任防禦。至此英軍艦十二艘。排陣入港。城上砲兵心亂手疏。所發大砲。無一中敵者。敵軍直上陸迫城下。將卒狼狽多逃。獨洪副將率滿洲兵二百人潛伏市中。當英軍乘勢襲來。俄起背後。狙殺英兵甚多。卒以無援戰死。城遂下。臥烏古入城大賞士卒。忽接印度總督『進攻長江以阨南北交通』之令。臥烏古遂定攻上海策。

英軍大犯長江

臥烏古以五月朔。率全艦抵吳淞。吳淞守兵沮喪奔逃。英軍不發一砲占領。旋以水陸兩軍並進。攻上海。提督陳化成督兵憤戰。擊沈敵艦二艘。中飛彈死。之守兵潰。上海遂陷。臥烏古以上海爲根據地。其時英本國援兵至。兵威愈振。五月中旬。臥烏古率大小軍艦七十三艘。溯長江而上。先後拔福山江陰圌山諸要塞。六月

英軍陷鎮江攻南京

初八日。達鎮江。鎮江爲通南北及長江上流各省咽喉地。政府恐敵犯此。早於阨要處。多置砲臺。嚴守備。至此又命參將齊愼。提督劉允孝。督兵赴援。乃駐防副都統海齡。嚴拒不納。命戰城外。惟以己部下蒙古兵千餘名守城內。且禁居民遷徙。日夜搜索漢奸。無論眞僞。虐殺無數。居民鼎沸。十三日。英軍陸戰兵七千皆上陸。分三隊并進。右隊當鎮江城外兵。左中二隊合攻城之西北。臥烏古自率砲隊爲援應。城外兵與敵右隊交戰。卽退。西北城上守兵亦如之。惟東南城上拒敵頗激。然敵軍移大砲於北固山上。向城內放射。將卒震慄。旋臥烏古又以大砲破南門。英軍湧入。齊愼負傷逃。海齡自殺。驍騎祥雲投溝死。城陷。英軍大奏凱。是役我軍將卒戰死及市民男女縊死溺死者無數。英軍戰死三十七人。負傷百二十一人。臥烏古乘勝。留一軍守鎮江。率餘軍直向南京。沿江安徽江西湖北湖南各省居民大惶惑。清廷亦頓增危懼。宣宗欲遷熱河避亂。和議之機漸熟。

當奕經規復浙東大敗之後。浙撫劉韻珂力主和議。奏請起伊里布來浙議和。廷議賞伊里布七品頂戴。赴浙効力。以欽差大臣耆英署杭州將軍。詔諸軍按兵勿攻。惟扼要塞。以俟機會。及乍浦陷落後。伊里布急至英艦議和。則臥烏古已卒全軍向吳淞矣。同時劉韻珂奏請還捕虜送諸乍浦。乍浦英艦。已赴吳淞。送諸鎮海。鎮海英艦亦如之。奕經急檄兩江總督牛鑑赴吳淞會臥烏古。至則吳淞已陷。臥烏古進攻上海矣。皆無所及。及鎮江陷落。耆英伊里布牛鑑程矞采合奏請和。清廷以恐怖之餘。乃命耆英伊里布爲媾和大使。僕鼎查以其無全權委任。拒之。清廷乃復委耆英伊里布牛鑑爲媾和全權大臣。便宜行事。牛鑑接旨後。卽致書僕鼎查。七月初六日。英軍支隊於南京上陸。初七日耆英伊里布共抵南京。英軍擬以初十日黎明開砲擊城。初九日夜半。三全權合名送書僕鼎查。請翌朝會見。英軍始停止砲擊。翌日會見之際。三全權表眞實乞和之意。僕鼎查以前此素無信用之故。尙疑之。忽流言我國於壽春縣等處募兵。將斷英人後路。臥烏古大怒。直命運大砲於鍾山巔。將以一擊碎南京城。耆英百方辯解。始止。十四日。三全權往英艦定休戰約。二十一日。始開媾和談判。越三日媾和條約成立。時道光二十二年七月二十四日也。英艦懸兩國國旗。擧祝炮二十一發。戰局始結。其條約之主要者如左。

一　中國政府納賠償銀二千一百萬圓。與英國政府。內以一千二百萬圓賠償軍費。以三百萬圓償還債務。以六百萬圓賠償燒失鴉片費。其欵分四年交兌清楚。英國占領楊子江一帶地方。於第一年賠欵交清後。即行撤兵。惟舟山鼓浪嶼二處。俟償金全清五港開放之後。英始撤兵返還。

二　中國政府以香港全島永遠割讓與英國。

三　中國政府將廣州福州廈門寗波上海五處開爲通商口岸。准英國派領事住居。并准英商帶家屬自由來往。英商貨物照例納進口稅後。准由中國商人販運進內地各處所過稅關。不得加重課稅。

四　以後兩國往來文書。用平等欵式。

五　放還英國俘虜。凡戰役中爲英軍服務之華人。亦一律放免。

右條約批准。與第一期償金交付之後。英軍於八月杪。撤江寧鎮江上海吳淞寧波鎮海各占領地之兵。退屯定海。旋於舟山置守兵二千。鼓浪嶼置守兵一千。香港戍卒一千七百。臥烏古返印度。僕鼎查以功任香港總督兼陸軍大將。清廷追論牛鑑不守江口罪。革職逮問。以耆英代之。隸奕山奕經文蔚余步雲等交刑部議處。命伊里布爲欽差大臣。赴廣州。與英使交換批准條約。且協訂開埠約章。伊里布至廣州。偵粵民有與英勞働夫格鬥負傷者。輿情激昂。平英團黨徒蜂聚英商館。肆志焚掠。不受官吏約束。僕鼎查復率艦隊赴廣州。將爲自由行動。會伊里布至。懲暴徒以謝。僕鼎查亦喜。屢請定期會議開埠條約。會伊里布以七十二齡老年。寢疾不起。二十三年二月。卒於廣州。於是清廷命耆英代之。是年五月。兩全權交換批准條約。九月訂通商開埠約。規定關稅及其他細目共十七條。自是五口開放。次第施行。

南京條約公布之後。歐美各國。鼓舞歡迎。比利時荷蘭普魯士西班牙葡萄牙諸國。相率派領事。或公使來廣東。而美利堅法蘭西二國。且派特命全權公使。求與

美法締約之始

舟山列島不割讓他國之約

鴉片問題之結局

我國締修好通商條約。道光二十四年正月。美國全權大使克心古奉德拉大統領之國書。通意我國政府。政府仍命耆英主其事。同年六月。與美使會於澳門。締中美修好條約。越月而法國特命公使孳拉克勒尼亦至。九月。耆英與會於黃埔。締中法修好條約。至道光二十六年。償金全數還清。商埠除廣州外。皆已開放。耆英與香港總督佛郞西士達維斯會於虎門。請『撤舟山鼓浪嶼之兵。告粵民驚悍。惡外。廣州開放之事。乞延期二年』。香港總督以『舟山列島永不割讓與他國為條件』。始承認之。耆英許之。於是先訂舟山永不割讓與他國之約。然後撤舟山鼓浪嶼之屯兵。至此鴉片事件始完全結局。然戰爭原因之禁煙問題。至戰後。清廷竟漠然忘之。訴之者英伊里布等。既不能為國家謀百年大計。於議和時訴之德義與名譽。力求英國政府協同禁止輸入鴉片。而清廷亦不思將來鴉片為患之無所底止。竟毫不加禁。遂使官民之吸者日甚。英商之輸入愈增。至咸豐八年。清廷竟公然弛禁。以洋藥之名。徵收關稅。且利用之以為增收財原之具。嗚呼。秕政至斯。邦國所由殄瘁也。

第二章　英法聯軍入北京

第一節　開釁原因及天津條約

廣東紳民之排外

道光二十二年南京條約成。五口通商。其中福州厦門上海寧波四處人民。均安然無與外人搆難者。惟廣東人民。排外風熾。蓋自三元里與英人決戰以來。積怨甚深。二十三年。粵民有與英勞働夫格鬥負傷者。衆論大譁。焚英商館。卒以伊里布之調停始寢事。及耆英爲兩廣總督。廣東紳民合詞請勿許英人入城。耆英以所請與江寧條約不合。置不答。紳民大憤。傳檄起團練。不受官約束。誓拒英人入城。而英香港總督佛朗西士達維斯屢逼耆英實行條約。耆英以粵事不易爲。一方運動內用。一方密與英香港總督結『舟山不割讓與他國。而代以廣州開放事。請延期至道光二十九年』之約。二十七年。耆英果內用。徐廣縉爲兩廣總督。

徐廣縉對外方略

葉名琛爲廣東巡撫。二十九年。英香港總督迫實行條約。以軍艦逼入內河。廣縉密召諸鄉團練。先後至者十餘萬。而自乘小舟赴英艦。告紳民頑强不可犯英人謀留廣縉爲質。兩岸團勇呼聲震天。英人懼。請仍修前好。不復言入城事。自是粵民益自得。以爲洋人易制。且乘機多方阻碍通商事務。香港總督文翰甚憂之。屢催廣縉更定廣東通商專約。廣縉與粵紳密謀由紳民之意請以「嚴禁入城」之語載入約中。文翰見羣情洶洶。恐妨商務。不得已承認之。遂簽約。粵民大悅。廣縉名琛會疏入告。清廷大喜。封廣縉一等子。名琛一等男。風示天下。自是廣東不起英商交涉者數年。

咸豐二年。廣縉移督湖廣。名琛遂陞任總督。會英政府亦以寶林代文翰爲香港總督。寶林性剛愎。懷積極侵畧主義。迥異文翰之緩和。是時洪秀全舉兵蹂躪東南諸省。惟廣東差全。又廣東爲中外通商都會。頗殷富。鄰近諸省調兵餉購軍械率仰給廣東。名琛亦頗能選將募兵。擊平境內之土匪及羣寇之攔入者。五年以功拜體仁閣大學士。名望日隆。名琛益自負。常以雪大耻尊國體爲言。馭外人甚踞傲。每接交涉文件。輒畧書數字答之。或竟不覆。英香港總督寶林甚恨之。六年。英政府任巴夏禮爲廣東領事。巴夏禮尤負氣好爭小節。既與名琛爭入城約。不

葉名琛之肇釁

得與寶林謀乘機構釁。會東莞會匪起亂。名琛下令諸府州縣通匪者。許吏民格殺勿論。於是悍民假捕匪之名。互相仇殺。前後死者若干萬。從匪者不敢歸。或逃擾鄰省。或遁沿海羣島。投英籍以自護。賊魁關鉅梁楫等。獻議於巴夏禮請攻廣東。巴夏禮急欲覓機開釁。未幾亞羅事件起。禍機遂作。

亞羅號事件

方是時國家苦於洪氏之變。調兵籌餉。爲日不足。政令益廢弛。東南沿海諸省。鴉片貿易之禁。殆如虛設。奸商乘之。假英人勢力。恣謀巨利。而英人乘我內亂。欲大擴張香港貿易之利。益利用奸商。與以護照。或國旗。使奸船得自由出入各港。故華船入英船籍。揭英國旗。往來沿海諸埠者甚多。爲地方官所深惡。咸豐六年九月初十日。有中國船亞羅號者。揭英國旗。自廈門來廣東。其中船員英人二名。華人十三名。巡河水師探係奸商託英籍自護者。登艇大索。拔其旗。投甲板上。執華人十三名。械繫入省。以獲匪報。巴夏禮聞之大怒。據南京增補條約。責擅執華傭爲不當。（道光二十三年八月十五日之南京增補條約第九條。不法華民。逃匿香港或英船者。華官須照會英國官吏移取）侮辱國旗。尤非禮。要求遣還所獲十三人。並具狀謝罪。名琛審察亞羅號雖入英船籍。然十日前已期滿。

英軍陷廣州與粵民燒洋館

無再揭英國旗之權。遂以『中國官吏捕中國海賊於中國船中。事屬正當。與英國無干』答之。巴夏禮辯『亞羅號雖於十日前脫英國船籍。然以在航海中不能脫卸。實際尚爲英船。且旣揭英國國旗。便不能爲此不法之處置』云。名琛不與回答。巴夏禮訴於總督寶林。寶林命爲嚴重交涉。名琛送十三人於領事館。巴夏禮不受。且提出條件四則『一送還十三人於原船中。二辯解拘獲之理由。三誓此後不再出此等不法之舉。四四十八時間內無確實回答作爲談判破裂』。名琛大怒。下十三人於獄。不回答亦不爲戰備。巴夏禮請總督加派軍艦。總督以海軍中將西穆爾爲艦隊長。於九月二十六日。砲擊黃埔礮台。名琛遣使詰衅。由巴夏禮請入城面議。拒之。請城外會議。亦不許。時英兵不滿千。我兵與團練赴援者數萬人。以畏敵砲火。不能力戰。二十八日。英艦擊毀虎門礮台。二十九日至十月一日。砲擊省城。忽陷之。名琛逃遁。英軍焚總督署及官吏邸宅。然英軍此舉。非奉本國政府之命。不過一時恐嚇。求達其入城目的而止。又兵數僅少。雖得廣州。不能實行佔領。會印度有亂事。須兵赴援。西穆爾遂率軍退。廣東粵民見英軍退。爭

英政府與議會衝突及英法聯合出兵

起爲暴舉。不分黑白。舉英美法各國之商館洋房及十三家洋行悉焚燬之。於是巴夏禮等知釁端已成。馳書本國政府。請增兵決戰。退香港以待命。

英國政府接開戰之報。首相巴馬斯頓主張開戰。於咸豐七年正月（一八五七年二月）向議會宣告最近十五年間（自道光二十二年至咸豐六年）中國政府凌辱外人之事共二十八件。要求議會協贊軍費。上院他畢卿與下院急進黨首領可布德等以亞羅號實係中國船。不認中國處置之非。下院以多數否決巴馬斯頓。遂解散下議院。先向大衆演說。力呈『廣東野蠻人（指葉名琛）加無禮於英國國旗。背棄條約（指廣州開埠）不可不糾懲其罪。以雪國辱』。新選議員多激烈派。遂決議『先遣特使迫中國政府改訂條約。賠償損害之事不可。則以兵臨之』。於是英政府以合縱之利說俄法美諸國。請共派大使往北京。俄美二國無與中國開戰之意。惟各派大使求改訂商約。法皇拿破崙三世欲耀國威於海外。以收本國人心。値咸豐六年正月廣西濫殺法教師事。求償不獲。遂引爲口實。與英連盟出師。

英國政府以額爾金爲全權大使。法國政府以噶羅爲全權大使。額爾金於咸豐

廣州陷落與葉名琛之被虜

七年六月。率先發艦隊抵星加坡。會印度土兵起亂。分兵赴援。而自率艦隊以七月抵香港。時法軍尚未至。額爾金返印度助勦叛黨。越九月復至香港。先貽書名琛。請『約期會議賠償損害重立約章。不然以炮火相見』名琛惡其狂悖不覆。法美領事亦移文索賠償。且告『英法已發大軍將攻城。願居中調停』名琛謂係周比相脅。不聽。亦不設備。十一月法大使噶羅亦率軍至。同盟軍以基督誕降節致最後通牒與名琛。『限四十八時內獻廣東城出降』名琛置若罔聞。將軍巡撫司道等相率就名琛商戰守。名琛安然若無事。衆固請。則大聲答曰『過十五日必無事矣』蓋名琛之父志詰好扶乩。名琛亦篤信之。一切軍機進止皆於此取決。過十五日必無事云者。乩語也。衆無如何。同盟軍至期不獲覆。遂以十一月十二日。遣陸戰兵六千上陸。十三日天初曉。砲兵據海珠礮台用大砲擊城。千總鄧安邦死戰。以無後繼。不能支。十四日同盟軍三面進擊。交戰一時半。城遂陷。將軍穆克德訥樹白旗於城上乞降。巡撫柏貴遣紳士伍崇曜等詣同盟軍乞和。久之議不成。英軍入城。括督署財貨並藩庫銀二十萬兩。捕將軍巡撫都統等。大索名琛。

廣東之三國合治政體

聯合軍陷大沽

卒以二十二日得之。當城破時。名琛倉皇匿左都統署後匿市中小商家。被英兵發見。捲其辮於手。挾以登舟。(名琛身體巨大。英人嘲笑爲中國人之特種。後送至印度加爾哥他。咸豐九年三月卒於其地。)

廣州既陷。總督將軍巡撫均爲捕虜。廣東陷於無政府。同盟軍駐軍北城。使英法二海軍大佐當市政。仍放免柏貴等令復原職。執行政令。廣東自是成三國合治政體者三年。其時朝旨以乖謬剛愎褫名琛職。以柏貴署總督。旋以侍郎黃宗漢代之。同盟軍欲乘勝迫中國改訂約章。酌給償金。增開商埠。俄美二國大使亦欲乘間增改通商條約。於是四國使節以咸豐八年正月聯合致書宰相大學士裕誠。請以西曆四月一日派全權大臣至上海協議善後事宜。其書遣員送至兩江總督何桂淸。請其轉遞。桂淸據以奏聞。廷議謂大學士參謀內政。無預聞外交之例。外交事當各就邊臣議之。乃用裕誠名。仍經桂淸照會四國公使。告『英法美三國交涉事。已派黃宗漢爲欽差大臣。赴廣東會議。俄國交涉事。委黑龍江辦事大臣辦理。』時英使額爾金。法使噶羅。已赴上海。二月二十一日接裕誠覆書。怒其不應要求。決議率艦北進。於是英艦十餘艘。法艦六艘。美艦三艘。俄艦一艘。次

無談判之和議

第由上海向天津進發。三月初旬。諸國軍艦雲集白河口。投書直隸總督譚廷襄。請轉樞臣急派全權議和。廷襄奏聞。詔戶部侍郎崇綸內閣學士烏爾棍泰與廷襄往大沽議和。英法兩大使以其非相臣不足當全權之任。概不會見。惟俄美二使與之會見而止。四月初八日。英法聯軍突駕小輪船數十艘。闖入大沽口內猛攻大沽礮台。官兵少抗卽逃。陷之。英法二使更率輕砲艦逕抵天津北京聞大沽陷落。大懼。急命科爾沁王僧格林沁督兵馳赴天津備敵深入復命大學士桂良吏部尚書花沙納爲媾和全權大臣。時朝臣多保已革大學士耆英『熟悉夷情。請棄瑕錄用』。詔給侍郎銜飭赴天津。耆英往拜英使。英使拒見。耆英懼。逕回京。上震怒。賜自盡。桂花兩全權至天津。英使持所擬新約五十六欵。法使持所擬新約四十二欵。要求照約劃押。桂花據情入奏。廷議雖多憤激。然戰守俱無把握。不得已允之。桂花兩全權於咸豐八年五月十六日。會英法兩大使。無談判照所擬條欵簽印。卽天津條約是也。其主要者分別記述於左。

中英天津和約

一　自後英國得派公使駐中國北京。中國亦得派公使駐英國倫敦。

二　英國使臣謁見中國皇帝。不得行有碍國體之禮。准用歐西各國使臣謁見皇帝之禮。又兩國官吏交涉。按品級用平等禮式。

三　耶蘇敎天主敎徒之安分者。中國官不得苛待禁阻。英國人民携帶護照者。得往中國內地遊歷。

四　除廣東福州厦門甯波上海五口通商外。更開牛莊登州台灣潮州瓊州之五港爲通商口岸。又長江一帶俟粵匪平蕩後。許選擇三口通商（後開鎭江九江漢口三處）

五　英民犯罪由英領事懲辦。中國民欺害英民由中國地方官懲辦。兩國人民爭訟事件由中國地方官與英領事官會同審辦。

六　南京條約後。輸出入貨品課從價値百抽五之稅。今以物品之價格下落。課稅亦宜減輕。由兩國派員另定新稅則。經此次協定稅則後。凡關於通商各欵。每十年酌量更改。

凡商船滿百五十噸以上者。每噸課鈔銀四錢。百五十噸以下者。每噸課鈔銀一錢。

七　此次英商損害銀二百萬兩。英國所費軍費二百萬兩。悉由廣東督撫設法賠償。後英軍始退出廣東城。

中法天津和約

一　自後法國得派公使駐中國北京。中國亦得派公使駐法國巴黎。

二　兩國官吏辦公交涉。按品位准用平等禮式。

三　除廣東福州厦門甯波上海五口已開放外。更將瓊州潮州臺灣淡水登州江甯六口一體開放。但江甯俟剿滅粵匪後開放。

四　各通商口岸。准法國派領事住居。准法商携帶家眷自由來往。並准法國派兵船停船以資彈壓。

五　天主教徒得入內地自由傳教。地方官必厚遇保護。法國人民携帶護照者。得往中國內地遊歷。

條約上損害主權之特點

六　法人有嫌怨中國人者。由領事詳核調停。中國人有嫌怨法人者。領事亦詳核調停。遇有爭訟領事不能調停者。移請中國官協力查核秉公完結。

七　法商依此次新定稅則輸納貨稅。但以貨值依時有低昂。稅則亦應有更變。自後每十年校訂一次。（原約七年校訂一次。於同年通商章程內改爲十年）凡商船滿百五十噸以上者。每噸課鈔銀五錢。百五十噸以下者。每噸課鈔銀一錢。

若以後中國對他國許與特惠曠典時。法國享最惠國之例。

八　此次法商損害費與法國軍費共銀二百萬兩。悉由廣東海關賠償後。法軍始退出廣東城。

此二條約之最大重要點。一爲領事裁判權許與。一爲協定稅率開始。一爲內河開放。一爲最惠國條約開端是也。凡國家對於領土內行使主權。雖外國人不可不服從之。即國家之獨立權所在也。故外國人入領土內。必服從其法律。領事裁判權許與。則外人入我領土之內。不服從我國法律。卽國際法上國家之獨立權受制限是也又獨立國家由主權發動有制定稅率之權外國商人不可不服從之以前俄英商人不過哀求我國減稅清廷以澤及遠人之意特從寬減至此以外人之强制由主客二國協定稅率是獨立國大傷體面之事且此等協定稅率。幷非用互惠條欵。彼可得之於我。我不能求償於彼。其損害及於我國財政上經濟上尤甚大又凡領土內之河川對於外國有閉鎖之權鎮江江甯九江漢口爲內河重要地一經開埠便爲內河開放至准法國得派軍艦進駛其後各國援最惠條欵亦如之其損害主權實甚也又最惠國條約國際法上有片面的最惠國條約。有相互的最惠國條約。相互的最惠國條約者。締約二國彼此皆以最惠條例相待。片面的最惠國條約者。甲以最惠條例待乙。乙不以最惠條例待甲。此規定法國獨享吾國最惠之例爲對等國所無之事又此後各國援以爲例於是吾國通商貿易之特惠曠典既許與一國遂爲各國所均沾其損害實不可言。約既定。英法軍艦悉去白河返廣東。爲更改稅則必詳查各海口事宜。清廷命桂良花沙納與兩江總督何桂淸會同協妥八月下旬三人先後至上海會粵東佛山

通商新稅率協定與鴉片之弛禁

鎭團練與外人爲仇懸賞購巴夏禮之頭英人要求欽使奏撤黃宗漢解散粵東團練桂良等不得已許之既與額爾金噶羅次第締同一之通商條約將各輸入貨品分別種式核定値百兩徵二兩五錢之稅率又准鴉片公然進口以洋藥之名每百斤課稅三十兩此卽新協定稅率也同時俄美兩國大使亦締最惠國條約額爾金於條約締結後不待長江四口之開放卽率軍艦溯長江至漢口逾月始返十一月始率軍艦一部歸國噶羅亦乘條約締結後卽分派敎師赴各省設天主敎堂地方官皆不敢異視

第二節　第二次開釁戰況及北京條約

當天津條約締結之時英法二公使必欲將批准條約在北京交換於條約末項規定『本約調印後以一年爲期經兩國皇帝批准在北京交換』然實爲我政府所不欲實行又僧格林沁抵天津後目擊洋人跋扈與議和欽使之過於柔順知實由武備不足之故同盟軍退出白河後僧格林沁一方劾直督譚廷襄議罪一

大沽之防備

方急修武備卽於白河兩岸築堡壘建砲臺河中置三柵第一柵以松橛緊束而

白河之開釁

成』。第二柵河底基以石脚。石脚上裝置鐵鎖。鐵鎖上束以厚板而成。第三柵石脚上裝置二三十丈廣之筏船而成。皆橫斷河道以備敵艦進入之計。

翌年（咸豐九年）二月。英政府以額爾金之弟普魯斯爲公使。法政府以布爾布隆爲公使。普魯斯赴任時。新外務大臣馬爾默斯伯里訓之曰。『中國政府原忌外國公使至北京。若有別項妨碍時。毋狐疑躊躇。須完全達北京換約目的。』同時電訓東洋海軍艦隊長阿布『以軍艦伴普魯斯至白河。』英法二國公使同以五月二十日抵白河。數日前。英艦隊長阿布以兩國公使不日卽到之旨。照會大沽守將。守將答『以我等武官不聞朝命有外國公使通行之旨。請照會天津大吏爲要。』阿布又告曰。『請除白河妨碍物。便公使通行。』守將答曰『已將艦隊到着之旨遣使告上憲矣。』至二十日。阿布又告曰。『前請解除河中妨碍物尙未實行。若果不實行。將重以兵火相見。』『守將不答。二十三日。兩公使伴艦隊前進。阿布試過第一柵。不見守兵一人。兩岸砲門皆以蓆掩其口。直督聞警。急送書英艦。告已在北塘迎接。請由北塘入北京。普魯斯拒之。阿布指揮聯合軍破第一柵。溯航二十五日夜。用炸藥碎第二栅之厚板。炮艦迫近堡壘。忽兩岸砲聲齊發。彈丸雨下。斯時守備炮兵以熟練得命中。聯軍二艦斷其錨索。不克支。階梯被破碎。不能登岸。將卒多中彈子。阿布傷足。法艦隊長亦負傷。上陸之敵兵多沒於陷穽。英兵死亡四百三十名。法兵負傷十六名。砲艦沉沒四艦。聯軍狼狽退走。得美艦長之應援。始退出。旋告急本國政府。退上海以待援軍。北京聞捷大悅。傳旨將力戰將卒分別保賞。朝野動色相告。謂外事自此有轉機。天津條約已歸無效云。時美公使後至。聽政府命由塘沽進京。以儀式不合議。不得謁皇帝。於七月十七日在北塘交換條約歸國。

英法兩國接白河事變之報。國論激昂。英國議會多主張『非批准條約之後。無航白河之權』。罪普魯斯輕卒好事者衆(此議蓋謂天津條約。明規定經皇帝批准後在北京交換。則必條約批准後。公使始有航白河入北京之權。條約尚未批准英公使當然不能航行白河也)然普魯斯係實行首相訓令。故議會詰責政府。政府祗冷然答辯。其後議會亦不窮追。協贊出兵。英政府仍命額爾金爲特命全權公使。陸軍中將克靈頓爲海陸兩軍總督。率本國及喜望峰印度之兵一萬三千。復加香港駐屯兵五千東來。額爾金將行。外務大臣訓之曰。「此行使命。一問白河攻擊使艦之理由。二索英法軍艦損害之賠償。三實行在北京交換天津條約。」額爾金以咸豐十年三月。由本國出發。法政府仍派噶羅為特命全權公使。陸軍中將蒙他板為海陸兩軍總督。率本國兵七千二百東來。蒙他板以咸豐十年二月一日抵香港。二月十六日英使普魯斯法使布爾布隆向我政府送最後通牒。告「交換天津條約。賠償白河損害。可不再以軍火相見」先是香港月報有英人將以明年大舉入犯之語。華洋巨商懼妨貿易。議集白金二百萬兩。償英損害。阻其再犯。於是英法公使照會商務大臣何桂清。謂若遵天津原約。仍可罷兵。桂清入奏後奉左之上諭。

普魯斯輒帶兵船毀我海口防具。首先背約。損兵折將。實由自取。所有八年議和條款。概作罷論。若彼自知悔悟。必於前議條款內。擇道光年間曾有之事。無碍大體者。通融辦理。仍在上海定議。不得率行北來。再有兵船駛入攔江沙者。必痛加攻剿。毋遺後悔。

及接英法公使最後通牒。政府知二國大軍將至。經桂淸覆英公使。告『兩公使不率軍艦至塘塘。仍可交換天津條約。至白河之事。釁不自我開。非我所知』。二十日蒙他板至上海。急整戰備。二十四日。英將克靈頓亦至。三十日先派艦隊襲舟山列島。至定海灣。見毫無兵備。克靈頓遣士官數名至定海廳署。迫廳令降。廳令俯首至英船。訂左之降約。

一　定海廳吏將舟山及定海之兵營兵需及衙署悉交與英法同盟軍。

二　島內戍兵全行解散撤去。

三　由英國派員三名法國派員二名處理島內一切事務。

四　廳內之現在官吏受英法委員之統治。仍任行政司法收稅諸事。

五　同盟軍置警衛兵鎭撫島內。

定海廳降服後。聯合軍以舟山爲海軍倉庫及軍需貯蓄所。英軍僅以三小隊與少數之海兵砲兵據守之。居民安堵大悅。克靈頓僅留三日。卽返香港。此時法國以蒙他板爲陸軍司令長官。另換海軍中將謝爾尼爲艦隊司令長官。

聯合軍塘沽上陸

其時政府恃大沽礮臺。毫無懼志。聯合軍決逼直隸灣。五月中旬。英法公使總督及艦隊司令長官會於上海。定進軍方略。決議『英軍以大連。法軍以芝罘爲集合地。六月初九日。兩國艦隊及船舶共二百餘艘相逐向渤海進發。司令官復會於芝罘軍艦中。議決『懲前敗。不由大沽進軍。定十一日兩軍齊泊碇北塘左岸之附近。先探虛實。然後遣軍上陸。十一日聯合艦隊投錨沙壘田島之西南。派士官偵探北塘之防禦。以連日大雨。不上陸。十五日令兵士各攜三日之食。各負彈藥五十封上陸。見河口堡壘無一守兵。遂以翌日占領北塘街市。自是聯合軍全上陸。先是僧格林沁以北塘地勢扼要。不讓大沽。經營北塘防禦。已費國帑百餘萬兩。忽奉旨留北塘一口爲通使議和地。令撤其防備。移就大沽。僧格林沁狃於大沽之捷。從之。御史陳鴻翊密疏爭於朝。不納。編修郭嵩燾在僧幕府力爭之。不聽。辭去。至此敵窺北塘防疎。所以犯也。二十六日聯軍攻新河。僧格林沁見敵兵少。率精兵三千禦之。交戰三十分間。僧軍如牆潰。僅餘七人免死。二十八日聯軍攻塘沽。復陷之。是夕直督恆福遣使致書額爾金乞和。塘沽附近兵營。亦建休戰

塘沽北岸砲臺之陷落

旗。并送還捕虜二名乞休戰。額爾金遣巴夏禮數人往直督署議和不諧。聯合軍仍議進軍方略。克靈頓欲「先取塘沽北方第一礮臺。（即塘沽近傍左岸礮臺）然後以軍艦爲援。以取北岸下流第二礮臺。」蒙他板以「開戰以來不遇雄敵。欲直擊僧格林沁大軍。以破中國政府之頑夢。」克靈頓仍主張己說。謂「吾人目的。在使清廷改心與我修好。不在多殺彼我生靈」全軍左袒之。軍略遂定。七月初五日。聯合軍攻大沽北岸第一礮臺。守兵激烈應戰。午前六時。火藥庫中開花彈轟然破裂礮臺遂陷。提督樂善死之。是役聯合軍在廣東募集中國人夫數千。砲戰中爲聯合軍架梯攀城。及一切進擊之援助。甚得力。（按近時陸戰法規。交戰國不可强制占領地人民爲敵對本國之行動。以全人道。若此則並不出英法軍之强制。由吾國人應募爲之。助敵國攻本國。助敵人殺同胞。此惡劣性質。與印度族無異。）聯合軍既得第一砲臺。旋攻第二砲臺。僧格林沁送書英將云「中國准同盟軍往天津議和。卽請休戰」巴夏禮裂書還使者曰「本日午後二時不將諸礮臺讓與聯合軍。則聯合軍自取之」午後三時。聯合軍攻第二礮臺。城兵不發一砲。如無一人者。聯軍進壕側時。三千守兵投戈開城乞降。聯軍不費一砲占領之。

至此聯合軍遣巴夏禮數人至直隸總督署議將白河南岸諸礮臺交付與聯合軍。巴夏禮熟中國語痛呈利害得失。恒福大驚。然躊躇不能決。及聞北岸礮臺悉陷。與僧格林沁退走張家灣之報。然後與巴夏禮結讓授南岸礮臺之約。

南岸礮臺讓授條約

一　白河南岸諸礮臺陣營及附屬軍器軍需。均交付聯合軍。

二　中國派官至礮臺內。將火藥庫地雷所在地。指示與聯合軍。

三　白河設置之防禦。詳細指示與聯合軍。

然此條約締結之前一日。南岸三礮臺已悉爲聯合軍攻陷。七月初七日聯軍軍艦航白河。毫不遇抗。逕抵天津。英軍據天津左岸。法軍據天津右岸。城上悉飜英法國旗。出示令農商安堵。先是清廷命侍郎文俊。前粵海關監督恒祺往天津議和。爲英法大使所拒。改命大學士桂良與直隸總督恒福爲欽差大臣。共襄夷務。七月十四日。桂良恒福與英法大使會晤。卽開媾和談判。至二十日締結媾和條約如左。

天津媾和條約

一　咸豐八年天津條約之外。中國政府允開天津爲通商口岸。

二　中國政府賠償英法二國軍費八百萬兩。

三　英法公使各着帶數十人入北京交換天津條約。

然清廷以要求過重又恃僧格林沁尙擁大軍在張家灣幷桂良恆福亦無締約全權。因拒不批准。英法兩大使大怒留少數兵守天津將校以下共六千人以七月二十四日進逼北京。清廷急派怡親王載恆兵部尙書穆蔭爲欽差大臣籌辦和局。怡親王旋送書聯軍乞和。聯軍不應直進軍於西河務。怡親王又送書乞和。聯軍始遣巴夏禮赴通州會議。巴夏禮與載恆穆蔭會見時。先證其全權文憑。然後談判。辯論八時間。約定『聯軍止於距通州三十里六十里之地勿再進。兩公使得從護衛兵入北京。巴夏禮以八月初三日再赴通州議殘務。』及期聯合軍撤西河務。營仍以一千兵前進。巴夏禮等亦以此日再赴通州。載恆與宴酒數巡。巴夏禮謂『今日之約須面謁大皇帝。且二國公使須各帶二千兵進京。』載恆難之。談判不得要領。翌朝或告額爾金東甲將襲我。載恆無所措。急告僧格林沁。時僧格林沁擁三萬軍在張家灣。思彼寡我衆。欲乘機雪大沽之恥。遂以是日捕

張家灣與八里橋之戰

獲巴夏禮等。而與聯合軍戰於張家灣。交戰數時。僧軍大敗。死者無算。棄七十四門大砲而潰。翌日聯合軍要求放還捕虜。不答。僧格林沁勝保瑞麟諸將共屯兵八里橋附近。以扼聯軍進路。初七日午前七時。聯合軍大擧攻八里橋。副都統勝保統禁兵萬人失利。負傷墜馬。師潰。僧瑞二軍亦敗。退據北京城外。是役爲開戰以來第一激戰。我軍死傷共一千二百。聯合軍死傷共四五十名。蒙他板以此戰功封伯。稱八里橋伯爵。此時聯合軍本可乘勝犯北京。然以人馬彈藥糧食皆不足。不敢輕進。駐軍八里橋。爲諸般準備。

文宗幸熱河

八里橋交戰之日。清廷以怡親王等辦理不善。罷其職。改派恭親王奕訢爲全權大臣。使便宜行事。先是七月二十四日。聯軍進向北京。畿輔大震。遂有駕幸熱河之議。都人洶懼。各謀遷徙。廷臣交章諫阻。適副都統勝保自河南來京。命率禁兵萬人赴通州助剿。上心粗安。降旨「巡幸之說。出於外間浮議。不可爲所搖惑」。及張家灣大敗後。旋下「聖駕遷熱河」之詔。初八日啓鑾。後宮貴嬪及鄭親王端華宗室尚書肅順。軍機大臣穆蔭匡源杜翰等皆扈從。留恭親王當和局。大學士周

圓明園之掠奪

祖培尙書陳孚恩等守城。恭親王住圓明園(城閉故住城外)初送書聯合軍乞和。聯軍以書中無背約謝罪語意又不送還捕虜拒之。恭親王再送書云『俟和約成立卽還捕虜斷無虐待之事』。聯軍覆曰『不卽還捕虜直陷北京移九鼎』。恭親王不答。八月二十一日聯合軍分路攻北京。翌日薄暮法軍侵入圓明園。恭親王倉皇逃走。二十三日英軍亦至將園內所藏帝室之珍貴寶器兩軍平分爲戰利品。圓明園在北京西北城外爲帝室避暑宮殿壯麗宏大實康熙乾隆兩朝後傾累代民力經營之處也。近時陸戰法規國有財產不供戰爭用者不得沒收破壞。聯合軍爲此掠奪暴行實與野蠻國之軍隊無異。

聯合軍陷北京

當時扈從熱河之排外派悉欲殺巴夏禮等以舒憤。恭親王與恆祺等知徒使事患增重急放還巴夏禮。聯合軍以時漸入冬決議『若有和局則於卽時協定若無和局則速迫都城爲城下之盟』。二十六日聯軍致書恭親王告『二十九日正午不開安定門則以砲擊毀之』。周祖培等相顧無策如期開城聯合軍狂歌進入。城上遍翻英法國旗占領之。然自聯軍入京後。恭親王等各自私匿無一人

圓明園之放火

談及和局。思以身肩巨難者。聯合軍一以無久滯北京之豫備。一以本年寒氣最早。北風凜烈。不能老師久持。兩國公使不得已復致書恭親王。「陽曆十月二十三日（中曆九月初十日）和約不成。則聯合軍將灰燼皇宮。二者請擇其一　時與巴夏禮同執之人。監斃十餘名於獄。額爾金大憤。九月初五日。命放火圓明園。舉壯麗宮殿。付之一炬。（蒙他板將軍不干與此暴行）更提議　中國政府已無立國資格。不若依聯合軍之力。以洪秀全易中國皇統。時俄國公使伊格那提業福。鑒於時機。居中調停。先向英法二公使探和旨。且以百年舊交之政府。不可容易廢棄。以破額爾金易中國皇統之意。然後力勸恭親王出任和局。時恭親王年僅二十四歲。無經歷。深恐洋人與以不測。不敢面會。俄使誓以身擔保。恭親王始當談判。九月初七日。和局漸就緒。英法兩公使以僧格林沁瑞麟爲張家灣之渝盟者。請革職。又請監斃捕虜之遺族補助金五千萬兩。悉依其要求。咸豐十年九月十一日。中英條約十二日中法條約相次簽押。其條約如左。

中英北京和約

中英北京和約

一　天津條約。除今回改正條欵外。皆實行。

二　中國政府。允增開天津爲通商口岸。

三　中國政府。准華民赴英國所屬各地或外洋別地。工作。不禁阻。但中國得查照情形。會訂章程。以謀保護。

四　中國政府。割九龍司地方一區。爲英國領地。

五　賠欵改增爲八百萬兩。總數還清後。英國始撤分屯中國各處之兵。

中法北京和約

一　天津條約。除今回改正條欵外。皆實行。

二　中國政府。允增開天津爲通商口岸。

三　中國政府。准華民赴法國所屬各地或外洋別地。工作。不禁阻。但中國得查照情形。會訂章程。以謀保護。

四　中國政府。准法國宣教師在各省租買田地。建造自便。

五　天津條約商船滿百五十噸以上者。每噸課鈔銀五錢。玆改爲每噸課鈔銀四錢。

六　賠欵改增爲八百萬兩。總數還清後。法國始撤分屯中國各處之兵。

中英條約中之最特別者。爲九龍割讓之事。蓋九龍半島爲香港對岸形勝之地。中國若於九龍建礟臺則香港在立碎之下同年二月。巴夏禮與兩廣總督勞崇光交涉。以九龍司地方一部。爲英租借地。至此時遂改爲割讓。九月二十四日。新條約經熱河行在批准。以勅書公布北京街市。又飭各省督撫按照辦理英法兩公使始率聯合軍次第退出北京。

俄公使之報償與烏蘇里江以東之割讓

英法聯軍退出北京之後。俄公使伊格那提業福以調停和議有保護清廷社稷之恩。索烏蘇里江以東至海之地以爲報償（咸豐八年愛琿條約規定自烏蘇里江以東至海濱之地爲中俄共有地）一面使木喇福岳福將軍實行占領。一面與恭親王開醐恩談判。時淸廷有感謝俄國之情不能拒。遂舉烏蘇里江興凱湖白稜湖瑚布圖河琿春圖們江以東九十萬三千方哩地方。盡行讓與俄國（今俄國之沿海州南部）即咸豐十年十月初二日之中俄北京條約是也（條約詳第三章第三節）

新設總理衙門與文宗崩熱河

初。清政府不以平等禮待歐西各國。凡關於外國交涉事宜。均歸理藩院統轄。自此國威日降。外交棘手。朝廷納恭親王奏疏。於咸豐十年十二月十一日奉上諭新設總理各國通商事務衙門。命恭親王與大學士桂良戶部左侍郎文祥等管理一切事務。同時命侍郎崇厚爲辦理天津牛莊登州三口通商大臣。命江蘇巡撫薛煥辦理廣州厦門甯波上海潮州瓊州臺灣淡水及長江三口（時江甯爲洪秀全所據未開放）通商事務。事寢後。恭親王等合疏請上回蹕。不納。北京政務。悉委恭親王等處分之。翌十一年七月十七日。文宗以病奔於熱河避暑山莊。穆宗毅皇帝以七歲即位。怡親王載恒鄭親王端華與肅順等。欲去恭親王。圖握內外實權。新帝回北京後。恭親王等奉慈安皇大后與慈禧皇大后垂簾聽政。旋命怡親王鄭親王自盡。肅順處刑。改元同治。

第三 俄羅斯東西國境之侵害

第一節 俄國經略黑龍江與尼布楚條約

俄國經略西北利亞之概要

波兩古之黑龍江探測

十五世紀末。俄人漸侵略西伯利亞明萬歷四十一年。(一六一三年)俄今帝室始祖密給爾卽帝位。先與瑞典結約。次與波蘭休戰。西方國境全平和。遂專意經營東方西伯利亞。一六二〇年頃。建葉尼塞斯克城。一六三〇年頃。建雅庫次克城。一六四七年。建鄂霍次克城。一六九七年。建堪查加城此俄羅斯東方經略之大概也。西伯利亞東南方之黑龍江方面。土地肥沃遠非東北荒漠沍寒之地比。久爲俄人所羨慕。明崇禎十六年(一六四三年)雅庫次克政廳。命書記官波雅爾古率兵二十名向黑龍江探測。波雅爾古自勒拿河溯阿勒丹河。入喀那穆河。次捨船踰斯他諾波山。(外興安嶺)復由布連塔河入結雅河。達黑龍江。由黑龍江入海。縱渡鄂霍次克海。漂船至烏里雅河口。溯河踰山。入瑪雅河。順流入阿勒丹河。達勒拿河。歸雅庫次克府。時明隆武元年(西一六四六年)。也自出發之日至此。費三年一月之星霜經七

喀巴羅之黑龍江占領

千吉羅米突之長程實爲異日俄國占領黑龍江流域之基礎
波雅爾古告雅庫次克將軍「得精兵三百可使其地爲俄國版圖」時有喀巴羅
者原從事製鹽業與紙業沈毅有大略富冒險性聞新地易征服大起遠征之志
上書俄皇得其許可又得葉尼塞斯克將軍之資助募義勇兵七十名於清順治
六年（一六四九年）由雅庫次克出發溯鄂列克瑪河越斯他諾波山（即外興安嶺）至順治
七年達黑龍江破索倫酋長（黑龍江會）及其附近諸部落據雅克薩置兵守之而自
返雅庫次克謁將軍請援兵順治八年得狙擊兵二十一名大砲二門另募義勇
兵百十名再攻黑龍江至雅克薩築阿勒巴金城於雅克薩河口置戍兵順流東
進所至破索倫諸部落過松花江口至烏蘇里江會點之哈巴羅甫喀略取之會
清有事中原不暇顧東北故俄人所至克之烏蘇里江口有部落曰阿槍者憤俄
兵暴戾求援於甯古塔都統都統率滿州兵二千進黑龍江岸侵入俄塞喀巴羅
率先奮戰擊殺滿洲兵六百七十餘名奪大砲二門都統敗退其時喀巴羅恐都
統增兵再攻則己孤軍難支棄哈巴羅甫喀城北歸止於結雅河口築布拉郭威

甯古塔都統恢復黑龍江

俄人復據雅克薩

什臣斯克城。使斯特巴諾代己守之。而己歸莫斯科。以功封貴族。斯特巴諾勇敢過於喀巴羅。智慮不及。自代喀巴羅之任。統哥薩克兵。肆行侵掠。五六年間。前後三次下黑龍江。出松花江。侵略滿洲諸地。順治十五年。甯古塔都統沙爾瑚達。率軍艦四十七艘。與斯特巴諾戰於松花江與瑚爾恰河之間。斯特巴諾戰死。殘兵分遁尼布楚城與雅庫次克。喀巴羅經略黑龍江之成效。遂全歸烏有。

當斯特巴諾侵略之前後。指揮哥薩克兵經略黑龍江邊者。葉尼塞斯克將軍巴西古是也。順治十年。將軍征石勒喀河畔。逐通古斯汗罕帖木兒。（罕帖木兒奔滿洲求中國保護）將軍遂建尼布楚要塞。以功補尼布楚將軍。兼統轄黑龍江地方。將軍以尼布楚城爲根據地。命斯特巴諾當前敵。及斯特巴諾敗滅之後。有波蘭人智爾尼哥斯克者。以罪放西伯利亞。欲恢復雅克薩。以贖罪。於康熙四年。募集同志。進攻黑龍江。征服土人。奪回阿勒巴金城據之。以報尼布楚將軍。將軍嘉其功。赦前罪。

先是俄人侵略黑龍江。屢與中國兵起衝突。然不知中國國力何如。順治十一二

中俄通使起源與俄國實際占領黑龍江

聖祖第一次命攻雅克薩

年間。兩遣使節賚方物以請互市爲名。至北京探虛實。時清廷視其使節爲朝貢使。視俄羅斯國與隣近朝貢國等。順治十一年。世祖與俄皇書云『爾國遠處西北。從未一達中華。今爾誠心向化。遣使貢進方物。朕實嘉之。特賜禮物。卽令爾使人賚去。以明朕柔遠之至意。爾其欽承。永効忠順。以世守恩寵』其自尊大如是。然俄人不解漢文。不知其所云。及康熙六年。通古斯汗罕帖木兒慣中國官吏待遇之薄。退去滿洲。渡額爾古納河。歸化俄國。俄使復至北京求互市。於是聖祖以俄人連年寇邊。又納我逋逃。於康熙九年。(一六七〇年)遣使至莫斯科。令交付罕帖木兒。與約束邊人。毋許刼掠。俄國無解我書者。仍遣使與中國使節俱赴北京。以康熙十四年至。要求劃國境。開貿易。交換捕虜之三事。我政府以不先交付罕帖木兒。則所請皆無庸置議。俄使嫌其驕傲。談判不成而歸。其時尼布楚將軍孜孜從事東南侵略。於黑龍江沿畔。多建堡壘。黑龍江下流之地。實際已歸俄國占領。時清廷有三藩之亂。忙於內征。無兼顧東北邊境之暇。故俄國容易奏功。

康熙二十一年。(一六八二年)三藩之亂悉平。聖祖遂決戡定黑龍江方面。先遣副都統

第二次命攻雅克薩與議和開始

耶坦等。以行獵爲名偵察阿勒巴金城之形勢。次遣戶部尙書伊桑阿赴甯古塔製軍艦。築墨爾根齊齊哈爾二城。置十驛。通餉運。以薩布素爲黑龍江將軍駐愛琿城。又使外蒙古車臣汗絕俄國貿易二十二年俄雅克薩守將率哥薩克兵自雅克薩移營黑龍江下流至愛琿附近薩布素遣兵迎擊之。俘其全軍。二十四年（一八六五年）都統彭春率水軍五千。陸軍一萬野砲百五十門。攻城砲五十門。進攻阿爾巴金城。先遣使諭城將圖爾布青。命率軍退去。圖爾布青僅以四百五十人守城不屈。五月二十五日。彭春以砲擊城。圖爾布青奮戰。以衆寡懸隔。不能支。敗奔尼布楚。彭春不進擊。亦不占據。毀其城。還愛琿。獻俘虜於北京。聖祖赦俘虜爲臣民。編俄羅斯近衛隊。其苗裔至今猶有存者。

圖爾布青之退尼布楚也。適陸軍大佐伯伊頓率哥薩克兵六百。自莫斯科來援。圖爾布青遂與伯伊頓復進阿勒巴金之舊址。築土壘爲防禦。康熙二十五年。愛琿將軍薩布素以兵八千。大砲四十門。進圍阿勒巴金城。城內兵僅七百三十六人。死抗禦戰。壘不可拔。及圖爾布青戰死。伯伊頓代之。督兵防戰。亦無屈色。薩布素遂定長圍之計。嚴冬城兵皆穴居。侵濕氣。罹病者甚多。薩布素遣醫師請爲治療。伯伊頓辭不受。且饋麥以報。示城中無飢色。然城兵以死戰死病。僅殘六十餘名。城陷在旦夕。忽接「兩國議和解阿勒巴金圍」之上諭。薩布素遂以二十七年八月二十日撤阿勒巴金之圍。蓋其時俄帝亞歷克士於一六七六年（康熙十五年）崩。諸子不和。彼得大帝雖在位。受制於異母姊索希亞。無實權。又以戰地遼遠。不能應緩急。故急欲與中國議和。會聖祖於二十五年介荷蘭人致書俄皇。論曲直。俄皇以此爲機會。連發兩使至北京。其覆書言「前者中國數贈書本國。無能通者。今已知邊人構釁。可即遣使臣請諧定界。請先釋雅克薩之圍。」聖祖許之。故勅薩布素退軍。

康熙二十六年。俄皇遣費要多羅爲特命全權公使。以莫斯科兵五百及西伯利亞兵一千四百爲護衛。臨行訓令之要旨「一以黑龍江爲兩帝國境界。極端時限於結雅河。二境界不能劃定時。此等地方須開貿易。三中國强硬不應時。一切俟異日解決。」費要多羅至色楞格斯克。遣使至北京。請以是地爲兩國使臣會

尼布楚之談判

合地。聖祖以二十七年五月。命內大臣索額圖都統佟國綱尚書阿爾尼等爲大使。宣教師法人張誠荷人徐日昇爲譯員。使赴色楞格斯克。索額圖呈對俄意見『若俄使許將尼布楚以東黑龍江上下流域劃歸我版圖。又送還罕帖木兒族屬。則與定界通商。否則請毋與和』。聖祖許之。臨行復諭之曰。『俄失尼布楚則東通之途塞。汝等初議可主張以此爲界。極端時可定以額爾古納河』。索額圖等啓行。逾月至喀爾喀界。會準噶爾與喀爾喀（外蒙古）搆兵。道塞不能進。遣從官索羅希告費要多羅約以明夏會商。時費要多羅亦以此早遣使告北京矣。索額圖乃就歸途。

翌二十八年。費要多羅復遣使至北京。告己由色楞格斯克赴尼布楚。聖祖復命索額圖就之。同時命愛琿都統郎坦發一萬兵向尼布楚。爲索額圖後援。尼布楚將軍烏拉索聞我使率大軍至。恐出不測。飛書拒之。索額圖不應。於八月初二日抵尼布楚。屯軍城外。費要多羅後至。見中國大軍隨從。氣大阻。二十四日。兩國公使於尼布楚城外四百二十七米突地張天幕爲會場。各列護衛兵於兩側。第一次會議。俄使提議以黑龍江爲兩國國境。江北爲俄國領。江南爲中國領。索額圖則主張東自雅克薩。西至尼布楚。及色楞格斯克。均爲中國領土。卽以自後背爾加湖。沿外興安嶺爲界也。俄使拒之。第二次會議。索額圖稍讓步。主張以尼布楚爲兩國國境。俄使仍嫌其不當。爾後遂不開正式會議。專依二宣教師之斡旋。索額圖最終主張以額爾古納河與外興安嶺爲兩國境界。俄使仍不應。索額圖卽停止談判。大整軍備。將圍尼布楚。俄使不得已承認之。時罕帖木兒已於前二年赴莫斯科。受希臘教洗禮。更姓名。索額圖知不可致。遂不復言。以康熙二十八年九月九日。結左和約。卽中國唯一獲勝利之尼布楚條約是也。

一　自黑龍江支流格林必齊河。沿外興安嶺以至於海。凡嶺南屬中國。嶺北屬俄國。

二　西以額爾古納河爲界。南屬中國領。北屬俄國領。

三　毀雅克薩城。凡俄國住民及用物。盡行遷往俄境。

四　兩國獵戶人等。不得擅越國界。違者拏獲送該管官處罪。上十人十五人

北京通商條約

之團犯禁者。奏聞正法。

五　兩國人民帶有往來文票者。許其貿易不禁。

六　兩國彼此不得收留逃人。

右約以滿漢俄蒙古羅甸之五體文字。勒界碑於格爾必齊河東岸與額爾古納河南岸。於是中俄國界明定。即自額爾古納河沿大興安嶺以南之地皆爲中國領土。依此俄國近五十年來波雅爾古喀巴羅斯特巴諾巴斯古等冒險捐軀經營黑龍江流域之事業。全歸水泡。西伯利亞通東洋捷徑之黑龍江航路。亦被中國封鎖。後四年(康熙三十二年)俄國復遣大使至中國。請得派遣商隊至北京。聖祖許之。規定　俄國商隊三年得至北京一次。每隊以二百人爲限。得在北京俄館駐留八十日。貿易免稅。此條約雖出俄國懇請。實出於聖祖澤及遠人之意。俄人進內地通商之規定自此始。其後六十餘年。俄國對中國專以平和遵守條約爲宗旨。多派宣教師與學生至北京。以維持兩國之交誼。雖彼得大帝以發揚國威擴張領地爲主義。然僅行其主義於歐西。不稍施之於極東。故東西兩英主得不以干戈相見於黑龍江方面。然聖祖知黑龍江地方。不施殖民長策。難免俄人南下。特於精奇里河畔置屯田兵守之。惜後世不能繼其政策。卒使俄人侵占之也。

第二節　恰克圖條約

尼布楚條約締結之後。東北邊境之紛議漸定。然自康熙三十九年以來。聖祖迭舉大軍征準噶爾。未幾喀爾喀三汗內附。于是外蒙古主權歸中國所有。俄國素與喀爾喀土謝圖部有貿易關係。至是北方中俄之互市與境界問題遂起。康熙五十八年。俄皇彼得一世。遣正使義斯麻伊兒副使蘭給賫國書來北京。請改訂商約。初以覲見禮節起紛議。清政府以他日華使至俄。當從俄俗爲詞。卒屈服之。然所請仍不得要領。義斯麻伊兒憤歸國。清政府留蘭給駐京。蘭給屢請議約。政府以貿易事小。不足左右兩國交誼。荅之。卒不得達其目的。蓋中俄貿易雖云互市。其實不過俄國一方之利益。西伯利亞所產之皮毛。以中國爲最大消費場。而皮毛輸出。係俄國政府之專賣業。私人不得販賣。商隊皆爲俄國政府所派遣。收入卽爲國庫財源。中國全反是。故俄國孜孜求之。而我國常停止互市以制之也。

恰克圖條約

其時彼得大帝與瑞典英傑加羅羅十二世開戰。無顧極東之暇。故對於中俄交涉不抱積極之目的。未幾聖祖崩世宗卽位雍正三年（一七二五年）彼得大帝亦崩。皇后加他鄰一世卽位。遣拉克靑斯奇爲大使以雍正五年至北京申前請。且請劃蒙古西伯利亞疆界。我國亦認北方劃境之必要。欽派郡王策凌內大臣四格理藩院尚書圖理琛。爲全權大臣。於北京開談判。旣世宗不欲俄使在輦下協議中途命往國境布拉河上（恰克圖）會商。於雍正五年九月初七日締結恰克圖條約。其主要如左。

一　於恰克圖小河溝俄國卡倫與鄂爾懷圖山中國卡倫之中央地方建立界碑。作爲兩國疆界貿易地方。自此界標迤東至額爾古納河。迤西至沙畢納伊嶺。此間如橫有山河。則橫斷山河爲界。如空曠地。則於適中地立標爲界。陽面作爲中國。陰面作爲俄國。

二　貿易人數。仍照原定不得過二百人。每間三年進京一次。疆界零星貿易。亦毋庸取稅。但祇准依正道行走。如繞他道者沒收其貨物。

三　俄國於北京設立教會堂。中國與以補助。聽俄國教徒住居。并得依本國法規在堂內誦經禮拜。

四　烏得河地方作爲兩國共有之地。彼此不得占據（烏得河在外興安嶺北。東流入鄂霍次克海之烏得灣者）

五　彼此咨行文件。如有擱延不覆或留難差人。是與兩國和好之道不符。則暫爲停止行商。

六　嗣後彼此不容隱逃亡。所屬之人有逃走者。於拿獲地正法。持械越境殺人行竊者。亦如之。軍人或竊主人物逃走者。華人斬。俄人絞。越境竊牲畜者。初犯罰所盜物價十倍。再犯三倍。三犯者斬。

自是兩國往復文書。彼此不用皇帝之名。中國以理藩院。俄國以薩那圖衙門（元老院）司之。此條約維持中俄兩國國交者殆百二十年。（雍正五年至咸豐元年）自此內地商民運煙茶緞疋雜貨往庫倫恰克圖貿易者日增盛。俄之貿易茶輸入增加。皮輸出減少。因此北京貿易漸衰。乾隆二年。監督俄館御史赫慶奏請停止北京貿易。

高宗禁止恰克圖互市

令統歸於恰克圖。于是恰克圖貿易益盛。爲漠北繁富之區。政府因命土謝圖郡親王臺吉等董理其事。二十七年。始設庫倫辦事大臣二人。一由在京滿洲蒙古大臣內簡放。一由外蒙古札薩克內特派。使專理邊務。凡中俄交涉。悉歸該大臣之手。至二十九年。以俄人渝約私課貨稅。又邊人互失馬匹。俄人輒以少報多。移文責償。高宗命封鎖恰克圖市場。時辦事大臣與土謝圖郡王舞弊。私與交易。高宗震怒。三十年。削土謝圖郡王桑齊多爾濟爵。誅辦事大臣丑達。勵行閉關。三十三年。新辦事大臣慶桂以俄人恭順情形入奏。上命理藩院與俄全權大使修正恰克圖條約。嚴定返還罪人。懲治盜賊之事。始許互市如初。其後四十四年。以俄邊吏庇護罪人。不卽會審之故。飭閉關者年餘。五十年。以俄屬布哩雅特人烏呼勒咱等入邊刼掠之故。飭閉關者殆七年。至五十七年。辦事大臣報俄人誠實悛過。再四哀請之結果。高宗命與俄官新訂恰克圖互市條約五欵。其全文如左。

恰克圖新約

一　恰克圖互市。於中國初無利益。大皇帝普愛衆生。不忍爾國小民困苦。又因爾薩那特衙門籲請。是以允行。若再失和。罔希冀開市。

二　中國與爾國貨物。原係兩邊商人自行定價。爾國商人應由爾國嚴加管束。彼此貨物交易後。各令不爽約期。即時歸結。勿令負欠。致啓爭端。

三　今爾國守邊官皆恭順知禮。我遊牧官羣相稱好。若爾從前守邊官皆能如此。又何至數次失和以致絕市乎。嗣後爾守邊官當慎選賢能與我遊牧官遜順相接。

四　恰克圖以西十數卡倫。爾之布哩雅特。哈哩雅特。不法。故致有烏呼勒咱之事。今爾國當嚴加約束。杜其盜竊。

五　此次通市。一切仍照舊章。已頒行爾薩那特衙門矣。兩邊民人交涉事件。各就近查驗。緝獲罪犯。會同邊界官員審訊明確後。本處屬下人由本處治罪。爾處屬下人由爾處治罪。各行文知照示衆。其盜竊之物。或一倍或幾倍罰賠。一切皆照舊例辦理。

右條約以乾隆五十七年正月。由庫倫辦事大臣松筠普福等與俄官色勒裴特在恰克圖交換。其時俄國女皇加他鄰二世在位。專意分割波蘭。與擴張領土於

尼布楚條約後俄皇歷代對於黑龍江之狀態

黑海方面。不暇遠顧東方。而邊人以閉關日久。急欲回復市利。故聽命惟謹。毫無反抗之意。松筠等以俄人感激皇仁倍申誠敬等語入奏。遂以同年四月開市。會西藏以貿易事件與廓爾喀。啓釁騷亂。屢歲。高宗深以爲誡。諭辦事大臣勿致內外商販惹起事端。松筠等因飭商民嚴禁重利賒買之習。又議改良外交文書。務以公誠信義爲主。自是兩國商民。得保平和互市。自嘉慶初年至道光末年之半世紀中。兩國國交得確守恰克圖條約無恙。

第三節　俄國占領黑龍江以北與烏蘇里江以東之地

尼布楚條約媾和之後。俄人數十年經略黑龍江之事業悉歸烏有。實非俄人所甘心。伊利薩伯在位之時。（自乾隆六年至二十七年）以堪察加人口增加。欲開黑龍江航路。謀便利。卒恐開中國戰釁。終止。加他鄰二世卽位。（乾隆二十七年至嘉慶元年）繼先帝擴張國境之志。於黑龍江附近殖民。且事測量。高宗遣使詰責。告將杜絕恰克圖貿易。亦遂中止。亞歷山大一世。（嘉慶六年至道光五年）染於梅特涅維持現狀之主義。西伯利亞之利益。幾置不顧。與中國益表和親。尼哥拉斯一世卽位。（自道光五年至咸豐五年）多放謀逆貴族

木喇福岳福與尼伯爾斯克之東方經略

於西伯利亞黑龍江回復之價值。漸爲俄國所公認。又因鴉片戰爭之結果。中國除與俄國有條約關係之外。另與英國開五口通商。致歐洲各國羣開太平洋上之利益。大與尼哥拉斯以刺激。一八四七年九月六日。(道光二十七年八月)尼哥拉斯一世於夜行汽車中過秋拉州。命其知事中將木喇福岳福至車站謁見。遂拜東部西伯利亞總督之命。

木喇福岳福於俄土戰爭及高加索之役有偉功。前年任秋拉州知事。年僅三十八歲。尼哥拉斯一世素認其行政上有非凡技倆。故特授以經略東方之任。木喇福岳福至莫斯科。研究新任地諸問題。則以爲欲開西伯利亞富源。必利用黑龍江航路。欲得黑龍江航路。則江口及附近海岸。不可不使爲俄領。欲此等地歸俄領。不可不有海軍協力。尼哥拉斯帝遂派海軍中將尼伯爾斯爲貝加爾號艦長。使視察堪察加鄂霍次克海。兼當黑龍江探險之任。尼伯爾斯克亦素抱經略黑龍江之志者。與木喇福岳福攜手大喜。木喇氏駐伊爾庫次克一年。洞察情勢。見英吉利擴張太平洋商務。恰克圖貿易受其影響。年加退減。遂以經營太平洋

俄人占領尼哥來伊佛斯克

爲不可緩。而以先視察黑龍口與堪察加爲必要。翌年五月木喇福岳福至鄂霍次克港。轉向堪察加。見百特羅波甫羅甫斯克之形勢甚佳。遂定爲太平洋海軍根據地。八月就歸途。橫渡鄂霍次克海。過樺太島北方入亞占灣。遇尼伯爾斯克以探檢黑龍江口。深入韃靼海峽。發見樺太係脫離大陸之一大島。相見大驚喜。蓋十八世紀末與十九世紀初期之航海者。皆以樺太爲半島。不知其與大陸無關係之孤島也。若係半島。則由海上達黑龍江口。勢必北航鄂霍次克海。而是海每年長期結氷。因之黑龍江口亦多損價値。今發見非半島。且韃靼海峽毫不結氷。又得入吃水十五呎之大船。于是黑龍江口之價値愈增。俄人經營此地之志亦愈切。時木喇福岳福奏請將鄂霍次克軍港。移於百特羅波甫羅甫斯克。又請於尼伯爾斯克指定之休嗟斯加灣（黑龍江北）建冬營。皆得勅許。翌年（同治三十年一八五〇年）尼伯爾斯克於休嗟斯加灣建冬營畢。以六月至百特羅波甫羅甫斯克港。則氷尙未解。甚不滿足。欲另選良港充之。遂以一已之見。自黑龍江口溯航至二十五俄里建基地。樹俄國國旗。命名尼哥來伊佛斯克。留戍兵五名守之。而自歸伊爾庫次克報總督總督據以入奏時俄國外務大臣尼塞勞染梅特涅維持現狀之外交派反對木喇福岳福之侵略主義又俄廷一般以尼布楚之餘威多懷恐懼中國之念皆主張撤退尼哥來伊佛斯克之國旗以避紛爭木氏强頑持之終得尼哥拉斯帝發布「俄國旗樹立之地決不可下」之勅令羣議悉靜然俄廷終恐中國抗議假俄米公司之名照會中國政府曰「俄米公司以事業之便宜於黑龍江上建築一舍以軍艦一艘守之以備他國侵入」時我國認爲不足輕重竟不力抗于是尼布楚條約後俄人第一次占領黑龍江成功

木喇福岳福以第一着既成功更請擴張東部西伯利亞軍隊以爲防禦亦得勅許木氏遂以從前編成之哥薩克軍隊與通古斯族布哩雅特族之軍隊爲騎兵新編尼布楚附近農夫爲哥薩克步兵共十二大隊各隊皆千餘人西伯利亞之軍備一新同時尼伯爾斯克以得志之餘更鼓勇探檢樺太島與黑龍江北畔咸豐二年春其部下波休尼亞發見黑龍江北緯五十一度三十分處之克基湖與韃靼海峽之德喀斯勒灣兩地相距僅隔一小山脉爲戰略上扼黑龍江上流之重

俄人占領樺太島與黑龍江下流

要地。尼伯爾斯克決意以獨斷實行占領。卽於德喀斯勒灣建築冬營。（爲翌年置亞歷山大羅夫斯克之基礎）同時占領克基湖畔置馬隆斯克之基石波休尼亞更進探南方海岸發見北緯四十九度之一港。卽命名爲尼哥拉斯灣。以乏糧食返於德喀斯勒灣。旋奉尼哥拉斯帝詔勅令實行占領德喀斯勒灣克基湖及樺太島尼伯爾斯克奉詔由樺大島北端回航沿樺太島東海岸而南轉入韃靼海峽於島西岸楠內河口設營置守兵。於對岸哥尼拉斯灣置君士坦丁斯克塞更至亞歷山大羅夫斯克與馬隆斯克二處爲正式占領。此咸豐三年（一八五三年）六七月間事也於是樺太島韃靼海峽與黑龍江下流之地全歸俄國領有斯時我國內有洪秀全之亂邊吏苟安毫不察敵人之舉動竟不稍行干涉木喇福岳福利用之屢溯黑龍江三百俄里之遠自由通航。

木喇福岳福米克里米戰爭之運動

咸豐三年（一八五三年）俄國與土耳其開戰將起英法二國之干涉木喇福岳福乘機歸聖彼得堡論東方形勢說占領黑龍江爲必要結果於四月二十二日開御前會議決議自海岸至結雅河之地與中國開交涉議疆界外務大臣尼塞勞原反

木喇福岳福第一次下黑龍江

對木喇福岳福之侵略主義。乘其病致書中國政府。大意謂『格爾必齊河上流兩國境界尚屬未定。請派員協定界標』（即一八五三年六月十六日之俄國樞密院劃境文案）我國政府直應之。木喇福岳福之素志。一時爲政敵所齟齬。翌年正月卒以土耳其問題與英法聯合軍宣戰。木氏痛論東方防禦之必要。遂得尼哥拉帝將極東問題之全權委任之。有直接與中國開談判之權。於是尼木福岳福勇氣百倍。卽向伊爾庫次克省出發。至卽發表航行黑龍江之命。蓋防聯合軍攻堪察加與太平洋海岸。須使此等地方與西伯利亞本部聯絡。不可不利用黑龍江之通航也。

四月木喇福岳福遣使送公文至北京云。『俄國現與英法土諸國交戰。爲防禦太平洋岸之俄國領土。由黑龍江通航輸送兵士與糧食。須與貴國定邊境。請派大使會議』。使節至恰克圖。接我國政府不准使者至北京之報。木喇福岳福恐遷延時日。遂決計自由通航進行。五月十四日。率步兵一大隊。哥薩克兵一分隊。山砲兵一支隊。輕舸小艇二十五艘。滿載糧食。由石勒喀河出發。十八日入黑龍江。二十日過雅克薩城。與士官上陸。弔古遠征軍之靈。二十八日將達愛琿。先遣

木喇福岳福第二次下黑龍江與定殖民地

使訪愛琿副都統。告以航行黑龍江之旨。都統見大軍已至城下。惶恐無措。默認其通行。六月二日過松花江口。五日達烏蘇里河口。十二日抵馬隆斯克。至此木喇福岳福步行至德喀斯勒灣。再南赴尼哥拉斯灣。始北向尼哥來伊佛斯克。時各塞之守備兵多者三十名。少者十名。乃至五名。木喇福岳福遂以援兵分配各塞。而於百特羅波甫羅甫斯克分配尤多。以備英法攻擊。時滿洲將軍送中國政府答書至。請定界委員至松花江會議。木喇福岳福以現與他國有戰爭。約以來年會商。八月歸伊爾庫次克。

木喇福岳福分配援兵之後。英法聯合艦隊。果於西曆八月十八日砲擊百特羅波甫羅甫斯克。守兵苦戰之後。終得擊退。當時歐洲戰鬬。概歸俄國敗衄。聞東方勝利之報。全國鼓舞。木氏之聲價頓高。黑龍江經營政略。漸為俄國所公認。既聞聯合軍將以來夏再攻堪察加。木以孤軍難支。一面撤退百特羅波甫羅甫克之營。一面準備第二回航行黑龍江。遣使至北京。請派大使劃國境。幷告「為備英法聯合軍來夏之攻擊。將由黑龍江運送援兵」。翌咸豐五年四月(一八五五年五月)

率兵三千。分三軍。第一軍二十六艘。第二軍五十二艘。第三軍三十五艘。以次進發。値中國政府送公文至。告「兩國全權會於庫倫。劃定格爾必齊河國境」。木喇福岳福於航行中。覆公文云「本使送援兵至黑龍江口。請貴國大使至同地會商」。航行數日。遇我國往庫倫劃境大臣於河上。木氏申明前意而別。至愛琿遣使告副都統曰「本將軍爲備黑龍江英法之攻擊。率汽船及百四艘舟筏。載馬三百頭。牛羊三百頭。男女八千人。大砲小銃與其他軍備下本江。愿勿遮碍」副都統知俄人有永住意。大驚。然不敢禁其通航。木喇福岳福遂得安抵馬隆斯克。至則定本營於該處。自任海陸兩軍指揮官。尼伯爾斯克爲參謀長。中將薩波哥爲水師總轄。同時定黑龍江右岸四部落。左岸一部落爲殖民地。使新移民住之。此間英法聯合軍屢出入鄂霍次克海。探索俄國艦隊。卒以無東方地理知識。不得逼進黑龍江口。木氏之防備設置。毫不被其損害。

九月八日。我國劃境大臣至馬隆斯克。翌日兩國境界談判開始。木以病命中將薩波哥代理。第一次會見。提出要求二款「一爲黑龍江有防禦之必要。已經占領之諸地方及海岸一帶地方。應歸俄國領有。二爲維持黑龍江口俄塞與內地俄領之交通。必於黑龍江左岸設聯續殖民地。則兩帝國應以黑龍江爲天然境界。庶東部西伯利亞可免敵攻。兩帝國之紛爭。亦可盡消。 我國大使請其將要求作爲文書提出。第二次會議。木喇福岳福病愈出席。我大使提一八五三年(咸豐三年)六月十六日之俄國樞密院劃界文案。認黑龍江左岸爲中國領土者駁詰之。木不能答。轉機求黑龍江通航。以保江口俄塞與內地俄領之交通。請大使告北京政府而止。境界問題。遂無所決定。談判中止。木以計畫爲政敵所齟齬。甚恨之。仍於尼哥來伊佛斯克建三礮臺。以固防禦。十二月歸伊爾庫次克。

第三次下黑龍江與黑龍江左岸之占領

時尼哥拉斯一世崩。新帝亞歷山大二世卽位。木喇福岳福知與新帝信任不確實。以第三次航黑龍江之一切準備。委任大佐哥爾薩哥夫。而自歸聖彼得堡。探究中央一切事實。時中國大使至俄都。抗議俄國占領黑龍江之不當。俄國外務省却大表同情。木之素志不能申。遂自請爲中俄劃境全權大使。旣巴里條約成。克里米之戰爭告終局。然第三次航黑龍江之準備已成。哥爾薩哥夫仍以咸豐六年四月（一八五六年五月）率大小船隻一百十艘。及士卒千六百六十名下黑龍江。於黑龍江左岸扼要地建設屯營四所。各置二十四名或五十名之守衛兵為防禦。於是黑龍江左岸遂有全歸俄國掌握之勢。時木喇福岳福在俄都奏請將堪察加半島與鄂霍次克海沿岸及黑龍江口地方設沿海州行政區。自是黑龍江下流地域俄國始共認為本國領土。

木喇福岳福與布恬廷之提携

咸豐七年（一八五七年）木喇福岳福歸伊爾庫次克。其時英法聯軍與中國開釁。俄政府乘英國「合縱出兵攻北京」之請求。派布恬廷為公使與中國協議國境及通商事宜。布恬廷來北京。途經伊爾庫次克與木喇福岳福協商後。至恰克圖乞由蒙古至北京。我國以斯時與俄國無特種事件拒之。布恬廷大怒。勸木喇福岳福不待政府之命占領愛琿。木不聽。布恬廷遂下黑龍江。由海道進廣東與英法美公使合致書大學士裕誠。請中國派全權大臣至上海與各國議善後事宜。我政府答以「英法美三國交涉事由廣東總督辦理。俄國交涉事由黑龍江辦事大臣辦理」。布恬廷不得已與三國公使進上海以俟英法聯軍之動靜。木喇福岳

愛琿之談判

福與布恬廷分別後。於黑龍江左岸大擴張殖民地帶。兼築多數營舍。我國政府遣使詰責木以『俄公使在上海。一切可與公使協商』答之。仍經營不怠。蓋其時知我國內有洪秀全之亂。外有英法聯軍之寇。無顧黑龍江方面之力也。咸豐八年。木喇福岳福更建策。就中國政府『俄國交涉事由黑龍江辦事大臣辦理』之提議。使布恬廷交涉中止而已。先移一萬二千哥薩克兵於黑龍江口。次遣使告黑龍江將軍奕山曰。『總督以緊急歸本國。將過愛琿。貴國若欲以境界事件與總督商議。可就歸途之便。但總督以急遽亦不切望協商』。我國遂墮其陰謀。命奕山爲全權大臣。迎木喇福岳福至愛琿會議。五月十一日。談判開始。木以黑龍江口爲俄國戰勝英法所獲領土爲口實。要求以黑龍江爲兩國國境。提出豫定草案六條。逼奕山於翌日回答。

一　兩國國境。黑龍江左岸至江口爲俄國領。右岸至烏蘇里江爲中國領。沿烏蘇里江之源南走至朝鮮國境。以東爲俄國領。以西爲中國領。

二　兩國國境河流之通航權。限於兩國船舶。

三　國境諸河流許自由貿易。
四　黑龍江左岸之中國居民於三年內移居右岸。
五　兩國派全權委員更正舊條約。
六　本約爲從來條約之附約。

次日木稱病不出使譯官伯羅代之奕山固執尼布楚條約爲根據談判不易進行伯羅威嚇之曰『中俄兩國所以不破和親者以俄皇大度寬容之故一六八九年之尼布楚條約實中國以大軍迫壓并非雙方願意之約且首先破約者實爲中國征域外土人之貢稅燒俄人之工場破俄人之商館晚近阻俄國大使之通行其暴狀久爲俄國所難容願速了結以免破裂』奕山無强拒之膽重加交涉後俄少讓步於咸豐八年四月十六日締結愛琿條約。

一　黑龍江北岸全爲俄羅斯領地但原住精奇里河以南之滿洲人民仍得永久在原地居住歸中國官吏保護俄人不得侵犯。
二　自烏蘇里江至東海岸之地作爲中俄兩國共管之地

愛琿條約
損失重大

三 黑龍江烏蘇里江松花江限於中俄兩國船舶通航。准兩國人一同交易。

此約依奕山之手將康熙朝尼布楚約所獲大興安嶺以南之廣大領域割爲俄有而雍正朝恰克圖約規定兩國共有之烏得河流域更無論矣且烏蘇里河東之廣大區域俄國並無實際之經營竟無故作爲公管尤可異者本約之所謂松花江後來中國主張則謂指黑龍江下流卽自松花江口至黑龍江海口之下流言俄國主張則謂指橫貫滿洲內地之松花江言遂起後來無窮交涉要之此約不僅割讓黑龍江以北區域是爲斷送滿洲之初步庸臣誤國。蓋至於是時英法

天津條約

聯軍已於四月初八日陷大沽礮臺。欽差大臣桂良於斯時與英法公使締結天津媾和條約。俄國公使布恬廷隨英法艦隊入天津。循英法美三國之例。於咸豐八年五月三日。與桂良結天津條約十二條。其著者如左。

一 嗣後兩國不必由薩那特衙門及理藩院行文。由俄國外務大臣逕行文中國軍機大臣。或特派大學士。其兩國中央政府與地方官之一切往來照

會俱按平等禮式。

二　除從前所定邊疆陸路通商外允俄國得由海路至上海甯波福州厦門廣州臺灣瓊州七處通商若別國再有在沿海增添口岸准俄國一例照辦

三　俄國在中國海口通商處得設領事官又得派兵船停泊該處以資保護

四　通商處中俄兩國人若有事故中國官員須與俄國領事或代理員會同辦理

五　准俄國人得由通商處進內地傳教。

六　所有未定邊界由兩國派員秉公查勘。

七　日後中國若有優待他國通商等事俄國一律享有

此條約之精神卽俄國援最惠國之例悉得享受英法二國於天津條約所獲中國之各項權利是也翌年（咸豐九年）五月英法各派大使進北京換約俄國亦派伊格那提業福爲駐北京公使。使公赴任途過伊爾庫次克與木喇福岳福會晤。攜手至恰克圖。公使由陸路進北京。時木喇福岳福熱心經略中俄共管之烏蘇里河以東地域。由黑龍江向該地出發。至則派探檢隊視察沿海各處。及其內地結果發見朝鮮境上一大灣。命名為彼得大帝灣。而定灣內海參威（補鹽斯德灣）港與波斯得灣。為俄國將來太平洋海軍根據地。翌年六月。派軍艦至海參威港。同時屯步兵於波斯得灣。為實際占領。

伊格那提業福至北京之後。值我國與英法再開戰。聯合軍陷北京。文宗狩熱河。北京陷於無政府。恭親王年少不敢任和局。聯合軍急欲議和而苦無對手人。方欲以洪秀全更易中國皇統。伊氏乘千載一時之機。概然出任調停。一方勸英大使勿出過激之舉。一方勸恭親王出主和議。而自以身擔保無禍患。恭親王始與英法大使會於禮部衙門（禮部衙門與俄公使館鄰近。伊氏以此保英法不生禍患。）訂北京媾和條約。聯軍退出北京之後。伊氏乘我政府有感謝之情。請將兩國共管之烏蘇里江以東至海之地域。讓與俄國。以為報償。恭親王等欲拒不能。於咸豐十年十月初二日與俄公使增訂北京續約十五條。其重要者如左。

一　兩國沿烏蘇里河松阿察河與凱湖白琳河湖布圖河琿春河圖們江為

界。以東爲俄國領以西爲中國領

二 西疆未勘定之界。此後應順山嶺大河及中國常駐卡倫等處立標爲界。自雍正五年所立沙賓達巴哈之界碑末處起。往西直至齋桑淖爾湖。自此往西南順天山之特穆爾圖淖爾。南至敖罕邊境爲界。

三 俄商由恰克圖到北京經過之庫倫張家口地方。亦准爲零星貿易。許俄國於庫倫設領事官一員。

四 中國許開喀什噶爾照伊犂塔爾巴哈臺試行貿易之例一律辦理。

愛琿條約舉黑龍江以北大興安嶺以南之廣大區域割讓與俄國之後不數月依此條約復舉烏蘇里河東九十萬三千方哩之地全行讓與俄國於是木喇福岳福十餘年對中國侵略之大抱負至此悉告成功不與我國交一砲損一兵徒憑技倆得阿穆爾全省與東海濱省之南部大區域（俄國得黑龍江北地。區劃爲阿穆爾省。得烏蘇里江東至海之地。劃入東海濱省之南部）而我回顧尼布楚恰克圖締約時之國威已成隔世之夢矣

第四節 伊犂事件

伊犁方面中俄交涉之沿革

俄羅斯侵略主義。不僅行於極東方面。對於中央亞細亞亦如之。自彼德一世以來。常乘機應變收攬中央亞細亞沙漠蠻民之心。更移民住居。令各地聯絡。漸使俄國商人。經巴哈什湖來往於伊犁河畔。欲於新疆邊境開通商要路。乾隆二十年。準噶爾歸化俄國。高宗洞察俄人將爲後患。先遣兵驅逐喀什噶爾之俄商。令除恰克圖外。不許俄人通商。俄人不得已。常優遇敖罕人。經敖罕人之手。轉售俄貨於新疆方面。道光三十年。俄國再請開喀什噶爾爲貿易場。我國不許。翌咸豐元年(一八五一年)伊犁將軍奕山卒與俄國於伊犁結約。以試行貿易爲名義。開伊犁塔爾巴哈臺二處爲互市地。喀什噶爾開放之事。仍不准所請。至咸豐十年。中俄北京條約。始亦以試行貿易之名義開放之。至伊犁方面之中俄國境。亦於北京條約第二條規定『自雍正五年所立之沙賓達巴哈界碑末端起。迤西至齋桑淖爾湖。自此西南行順天山之特穆爾圖淖爾。南至敖罕邊境。爲兩國國境。其間設立界碑。由兩國另派大員查勘』。同治三年九月初七日。中國西北勘邊大臣伊犁將軍明誼與俄國勘邊全權大臣雜哈勞會於塔爾巴哈臺。因新疆回教徒起亂。明誼須急歸伊犁。遂不獲明定界碑。僅規定「境界不明之處由異日兩國派員勘改」而止。斯時中俄之國界既不明。而新疆之回亂復大起。其結果遂起俄人占領伊犁之口實。爲中俄衝突之原因。

同治三年六月。金陵克復。洪揚黨徒。將悉平定。陝甘之回教徒。應時謀亂。黨魁阿渾妥明（一名安得驎）出關至烏魯木齊。與參將索煥章乘機殺提督據烏魯木齊。黨徒四起。旋下奇臺綏來昌吉阜康古城諸縣。未幾哈密土魯蕃呼圖壁臺庫爾喀喇烏蘇等。亦歸其所有。同時回教別派起於天山南路。陷喀喇沙爾阿克蘇烏什葉爾羌諸城。官軍僅保有喀什噶爾英吉沙爾之二漢城而止。翌四年回教徒陷伊犁諸城。五年正月。陷伊犁大城。二月塔爾巴哈臺亦失守。將軍明誼死之。當阿渾妥明起亂之時。敖罕乘機遣將阿古柏帕夏率兵入喀什噶爾。陷之。次取英吉沙爾葉爾羌和闐諸城。六年。自稱喀什噶爾王。八年九年大破阿渾妥明之軍。代領烏魯木齊以西至瑪納斯河之地。斯時阿古柏帕夏已有天山北路之半及天山南路之全部。欲聯合中央亞細亞回教徒建一新興國於中英俄三國領域之間

左宗棠克復新疆

中國以遠征軍費不足。難謀剿討。英國有利用之色。俄國則甚惡之。先是回教徒攻伊犁之時。俄兵一隊由西北利亞進據博羅胡吉多爾。別遣一隊進伊犁之特克斯河上流。據穆襍爾特卡倫。以阨天山南北路之交通。及阿古柏帕夏軍勢日振。俄於同治十年五月。以維持邊境治安爲名。令土爾其斯坦將軍率兵六百由博羅胡吉爾進軍伊犁。回酋阿布特拉降之。俄軍遂占領伊犁。同年冬。俄軍更以通商爲名。欲奪烏魯木齊。進軍至綏來縣境。被民軍將領徐學功破之。遂不復進。同年七月。駐北京俄國公使以俄國暫時占領伊犁告知總理衙門。我國政府大驚。詰問其理由。俄政命答以「出於維持邊境安甯之必要。決非併吞土地之意。若中國威令再行於伊犁。可保國境安全之時。俄國卽將伊犁返還云」返復辯論。不得要領。淸廷遂決以收回回疆爲急務。

光緒元年三月。任左宗棠爲欽差大臣。督辦新疆軍務。烏魯木齊都統全順副之。全順部四十餘營。左宗棠部百四十一營。年須軍費約八百七十八萬兩。廷議以軍費過大。多主張棄南八城。封阿古柏帕夏爲外藩。英國公使威妥瑪亦向總理衙門要求之。左宗棠上奏云。『臣以一介書生。極高位顯爵。今年已六十有五。豈尙有功名之念。惟是俄據伊犂。阿古柏帕夏據喀什噶爾。若付之不問。後患將不可知。』上嘉納之。光緒二年閏五月。劉錦棠由巴里坤進軍古城。敵軍阨古牧要塞。二十八日。錦棠逼古牧。屠城兵六千。敵軍寒心。翌日遂克復烏魯木齊廸化府及僞王城。昌吉呼圖壁臺瑪納斯北城以次第下。於是天山北路略定。至此左宗棠命錦棠與張曜共攻南路。十二月二日。克瑪納斯南城。後大雪封山。不克南進。翌年三月。氷解。錦棠張曜等分兵攻土魯蕃。克之。土魯蕃爲南八城之門戶。阿古柏帕夏以此城不守。知事不可爲。飲藥自殺。當時英國公使復向總理衙門有所要求。廷議動搖。左宗棠上疏云。『英人欲爲阿古柏帕夏之子孫立國。宜割印度之地以與之。至天山南路。錦棠以三十二營直可收復之。英公使若欲有所言。請來肅州本營會議。』英公使遂不復言。九月初一日。錦棠收復喀喇沙爾。初三日余虎恩收復庫爾勒。十三日錦棠破白彥虎於庫車。十五日降拜城。十八日降阿克蘇。二十日降烏什。天山南路之東四城悉回復。十一月錦棠分兵三路。使黃萬

崇厚使俄與初次伊犂條約

鵬等由烏什桂錫楨等由阿克蘇共向喀什噶爾而自扼葉爾羌和闐之要衝。十三日。余黃兩軍進喀什噶爾敵軍悉遁入俄領漢城之兵相應攻回城擒敵將王元林。翌日收復喀什噶爾錦棠以十七日收復葉爾羌二十日收復英吉沙爾。董福祥以二十九日收復和闐天山南路西四城諸下索阿古柏帕夏之妻子孫及其黨小虎馬元麻木里金相印父子以下一千一百六十人悉誅之新疆全平。

當我國平定天山南路之年俄國欲囊括巴爾幹半島與土爾其開戰我國於此時迭要求返還伊犂俄政府答以「若中國能保護國境將來之安全又賠償俄國占領伊犂之軍政費則俄國可應其要求」我國遂於光緒四年派侍郎崇厚爲全權大臣往俄國交涉還付伊犂之事崇厚至俄國則値俄國戰勝土爾其所獲巴爾幹半島之特殊利權與領土被英澳干涉爲同年六七月間之柏靈公會所制限憤無從抒遂有失之東歐求之中亞之意故崇厚與俄政府之談判甚不易奏效至光緒五年秋始於克里米離宮締結返還伊犂條約十八條則規定「中國償還俄國占領費五百萬盧布伊犂南部特克斯河流域之廣大平原割

朝廷震怒與中俄之衝突

讓爲俄國領土」又修改同治三年塔爾巴哈臺界約所規定齋桑湖方面之國境。及通商事務。』先是我國政府本俄國政府之回答僅以保護國界安全與賠償俄國占領軍政費二條件。委崇厚往俄國交涉。毫不思俄國有要求割償土地之事。崇厚擅將特克斯河流域讓與俄國。實爲權限外之行爲。且該流域地味肥沃適農牧。爲伊犂惟一之富源地。又穆爾爾特卡倫阨天山南北之交通。俄國據此則將來軍事上之利益不可測。實新疆全部之憂。條約案至北京。朝野議論沸騰。皇大后大怒。不僅不批准。俟崇厚歸國。卽下之獄。議處死。俄政府大怒。兩國國交將破。我國主戰派甚熾。朝廷派左宗棠爲欽差大臣。往新疆修軍備。六年四月。左宗棠由肅州出發。五月初八日至哈密。嗣聞俄國派艦隊向黃海進發。復命左宗棠入京備顧問。以劉錦棠代理新疆軍務。命直隸總督李鴻章嚴天津海防（雇德國人漢納根築旅順黃金山礮臺在此時）

兩國之戰機。既不容一髮。時英將戈登以助勦長髮有功。博我政府信用。力勸『依平和交涉修正前約。勿開戰端』。我政府納之。俄政府亦認可。於是一方修戰

曾紀澤使俄與改訂伊犁條約

備不怠。一方遣駐英公使曾紀澤爲使俄欽差大臣。命改訂還付伊條犁約。曾紀澤先請赦崇厚之罪。以和俄國感情。卽向聖彼得堡出發。及至新開談判。主張破棄前約。另從新議。俄外務大臣吉爾斯與駐北京公使布策主張以前約爲基礎。折衝數次。紀澤讓步。許本前約協議談判進行。中俄全權亦讓步。以光緒七年正月二十六日。(西一八八一年二月二十四日)改締還付伊犁條約。其重要者如左。

一　中國賠償俄國自同治十年至今代伊犁所費之軍政費九百萬盧布。

二　自伊犁西部別珍島山。順霍爾果斯河。過伊犁河南至烏宗島山廓里札特村。沿此等地劃一線。其以西之地。割讓爲俄國領土。

三　同治三年塔城界約規定齋桑湖方面之國境。尚有不妥。應自奎洞山過黑伊爾特什河至薩烏爾嶺。劃一直線爲境。

四　俄國照舊約在伊犁塔爾巴哈臺。喀什噶爾。庫倫設立領事官外。亦准在肅州(卽嘉谷關)及土魯番兩城設立領事。其餘如科布多烏里雅蘇臺哈密烏魯木齊古城五處俟商務興旺。由兩國陸續商議添設。但土魯番非通商口岸。而設領事。他處不得援以爲例。又張家口雖未設領事。准俄民建造舖房行棧。他處亦不得援以爲例。

五　蒙古各處各盟。均准俄人貿易。照舊不納稅。幷准俄民在伊犂塔爾巴哈臺。喀什噶爾。烏魯木齊。及關外天山南北兩路各城貿易。暫不納稅。俟將來商務興旺。由兩國議定稅則。卽將免稅之例廢棄。

六　俄國人民在中國沿海通商者。照各國通商總例辦理。在中國關內外陸路通商者。照此約及所附章程辦理。此約所載通商各條。及所附陸路通商章程。每十年商議酌改。

七　咸豐八年愛琿條約。已准兩國人民在黑龍江松花江俄蘇里江行船。幷准與沿江一帶地方居民貿易。特再申明。

此次條約劣於崇厚原約之點。一則爲償金之增大。一則爲擴張俄人之通商權利。從此內外蒙古天山南北皆許俄商無稅貿易。其影響及於將來者甚大。而其優於崇厚原約之點。則在爭回特克斯河流域不割讓一事。崇厚以全權資格與俄訂約其所行爲卽代表國家之行爲本不能無效惟割讓土地實出朝廷委任權限之外按國際法『國家對於代表者權限外之行爲不受其拘束』則當時我國拒不批准其主張實爲正當然對於敢越權之使臣公然派遣亦不能無責任紀澤當兩國國交將破裂之時以俎豆上之折衝旋轉大局卒收回已經割讓之地方可謂能全國家之體面又同時與俄改訂陸路通商章程規定兩國邊界各百里內均自由通商並指定俄商過界之一定卡倫於是十餘年伊犂問題之兩國衝突至此始全然氷解光緖八年我國以新疆闢爲行省設巡撫隸轄於陝甘總督之下以烏魯木齊爲首府

第四章　琉球之喪失

第一節　中日交通之原委

中日交通之始

中國人通日本。始於徐福。日本人通中國。始自漢代。中國古史稱日本爲倭奴。或稱倭國。至唐始稱日本。

日本遣使入中國之始

日本國王遣使至中國。始於東晉安帝義熙九年。（以前雖有朝貢記事。實日本西陲土酋所遣使）日本應神天皇。遣阿知使主至江南。求縫工女。時我國都江南。彼國所遣使。至我國者。皆自稱吳使。宋齊梁亦如之。

中國遣使往日本之始

隋煬帝卽位三年。日本推古天皇慕其威望。遣小野妹子來聘。翌遣學生來游學。翌年煬帝遣裴世淸送歸國。日本覆書有日出國皇帝致書日入國皇帝之語。煬帝不悅。

日本遣使最盛時代

唐太宗之世。政教修明。德威遠被。日本遣唐使最盛。其使節分執節使大使副使判官錄事諸階級。執節使由天皇賜節刀。監督大使以下之隨員。每奉國書方物。求謁天子。當發遣時。日天皇必先以其幣奉於神。一祈海上平安。一祈唐帝賜拜謁宴饗之榮。以爲例自太宗至文宗之世。二百年間。日本遣唐使共十餘次。每次多派僧侶學生隨行。僧

元世祖征日本

日本足利氏稱臣奉正朔

侶留中國研究佛典。歷訪高僧。以養其道德。學生研究中國之典章制度。擴充其智識。務採中國文明以貢獻於己國。其後唐室失政。遣唐使或遭海賊戕身交通遂絕。宋神宗時。彼此交通復盛。南宋以後復絕。元世祖統一中原。遣使責日本修臣貢。日本誅其使者。世祖激怒。發大軍合高麗兵共十四萬戰艦四千艘攻日本九州。遇颶風悉被覆沒。遂不再起兵。日本自是知元易與。商民僧侶多密與元通。既元衰。日本慓商屢焚掠沿海各處。倭寇之禍自此起。元亡明興。倭寇如舊。明太祖數遣書日本九州太宰府。責禁海賊。且勸其歸服。日本多不答。太祖大怒。然鑒於元之失敗。卒不起軍。斷絕日本交通而止。成祖之世。日本室町將軍足利義滿遣使上書。自稱日本國王。願受中國封冊稱臣。欲博中國歡心。多捕海賊誅之。兩國貿易一時頗盛。至足利義教復上書稱臣奉明正朔。及足利義政因本國財政困難。遣使至明。乞中國救助銅錢。斯時足利氏幕府恐中國因海賊絕貿易。發商券與航海者。於是大收貿易之利。未幾日本有應仁（年號）之亂。國是一變。海賊大起。彼國慓悍商民屢與海賊於沿海各處大肆奪掠。（時日本組織瀨戶內海水師。海賊叢集。其首長自稱海賊大將

倭寇之猖獗

軍。立八幡宮之旗。屢出中國海。奪掠中國船舶）英宗以後。歷代嚴沿海之防備。日本則以入貢爲名。博商利。此間無倭寇者九十年。嘉靖十年。令絕日本交通。於是倭寇復起。閩浙之奸商流民。且誘導之以助其掠奪。而本國海賊。多衣倭寇衣服。揭倭寇旗幟。寇掠內地。其勢殆不知所底止。嘉靖三十二年。中國海賊汪直誘倭寇率艨艟數百。逼黃海沿岸。東南海濱數千里。一時告警。昌國衛以下諸衛悉被焚掠。三十四年。倭寇一大隊。合閩浙奸民進攻南京。剽掠其附近。明兵被殺傷者至四千餘人。四十二年。倭寇且陷興化府。略平海衛。賴勇將俞大猷戚繼光屢次激戰。海警始靜。蓋斯時明廷政教不修。軍備廢弛。奸民引虎入室。故倭寇以少數人得肆其蹂躪。雖不過一時之邊患而止。然中國人性質之柔弱。已盡爲日本人所深悉。由是豐臣秀吉遂有滅韓侵明之志。

日本豐臣秀吉之侵韓

先是豐臣秀吉以萬歷十四年。爲日本大政大臣。統一國內。欲侵明。命朝鮮王爲嚮導。拒之。秀吉怒。先決攻韓之策。萬歷二十年。起陸軍十三萬。水師九千侵韓國。韓王乞援於明。明發大軍往救。日軍大破之。明廷震駭。請和。秀吉破和議。復起兵侵韓。將有乘勝攻明之勢。遇病歿。乃班師。德川家康代豐臣氏

日本德川時代貿易之興替

執政。內修政敎。外修鄰好。萬歷三十八年。遣本多正純致書福建總督陳子貞。請援足利氏故事。給商劵於商民。求通商。明政府不荅。家康下令「廣東商船之來日本者。無論何處。准其自由貿易」。於是江浙閩廣商人之往日本經商者。逐年增加。日本之長崎。鹿兒島。博多。五島。平戶諸港。多中國船出入。德川家光以外國人多犯天主敎禁。實行鎖國主義。僅許中國人與奉新敎之荷蘭人在長崎一港互市。時明祚垂亡。遺臣鄭芝龍父子。數乞援於日本。日本不應。清朝定鼎。與日本亦無正式交涉。但中國商船往長崎互市者如舊。此後日本恐金銀多出海外。漸制限貿易額。康熙二十七年。（元祿元年）定中國商船每年七十艘入港。二十九年。定加十艘。三十一年。減爲三十艘。雍正十二年。（享保十九年）減爲二十五艘。乾隆四年（元文四年）減爲二十艘。八年減爲十艘。此後中國對日本之貿易。非常衰落。至同治六年。（慶應三年）

清廷與日本國交開始

日本王政復古。國勢大變。明治政府鑒於中國迭失敗於英法俄諸國。大啓維新之志。與西洋各國結開國通商條約。中國人亦援例得雜居開市場。時中國已大開海口。日本亦欲享通商利益。同治九年。（明治三年）日本派柳原前光爲正使花房義

琉球之臣服中國

質鄭永寗爲副使。來我國修好。總理衙門應之。翌年日本復任伊達宗城爲特命全權大使。來北京。與直隸總督李鴻章締結中日修好通商條約十八欵。規定日本得置領事於中國各開港場。是爲中日兩國締約之始。然條約尙未批准交換。而臺灣生蕃戕害琉球難民事件以起。

第二節　日本之合併琉球

琉球國在福州正東一千七百里之地。合附近多數島嶼而成國。依中山世系。（琉球王稱中山王）琉球自天孫氏開國。傳二十五代。至宋湻熙十三年而絕。國人奉浦添按司舜天氏爲主。三傳而衰。仍傳位於天孫氏別裔。是爲英祖。英祖五傳至察度。即遣使貢方物通中國之始王也。先是隋煬帝使朱寬至琉球。招入貢不屈。宋元亦如之。明太祖初定中原。遣行人楊載奉表招琉球王臣服。即察度在位時也。洪武五年。察度王遣使稱臣獻方物。明太祖待之恩禮有加。賜善操船者三十六姓。以便往來。自此習法度。奉明正朔。按歲朝貢不缺。其子武寗王以下。歷世皆受明之封冊。清順治十一年。世子尙質來朝。繳明故印。請封重給。康熙元年。遣正使張學禮副使王垓。齎詔勅新印往其國。冊封尚質爲王。兼定二年入貢之例。是爲清廷冊封琉球國王之始。自此每新王卽位。必來請封。我國亦必遣使賚冊往封故琉球恭順異常。稱我國爲父國。

日本之侵害琉球

先是舜天卽位之前。琉球已與日本有交涉。舜天之世。日本以島津忠久爲海南島之首長。琉球遂與日本絕往來。後琉球通中國恃大國之後援。有傲睨倭鄰之意。明萬歷三十七年。日本將軍德川秀忠命島津家久侵琉球。虜尙甯王。隸琉球於薩摩藩。干涉其財政。且定世子滿十五歲必遊鹿兒島之例。自此琉球與日本之關係甚密。事實上成爲中日兩國之屬邦及中英鴉片戰爭之後歐米各國群向東洋謀交好。斯時西洋諸國皆認琉球爲獨立國。直接與琉球開通商談判美法荷三國次第與琉球結通商條約。日本明治政府成立之後卽以帝國主義爲國是。先定實行統治琉球之方針。

琉球民被臺灣生蕃戕害

適同治十年琉球民六十六名。遭颶風漂落臺灣。其中五十四名爲生蕃牡丹族所掠殺。僅全十二人。由臺灣地方官保護歸國。明年鹿兒島知事以事實報告本國政府。日廷議論沸騰。時琉球王子往日本賀

日本副島種臣來中國

親政。日廷一方先向琉球行果決處分。以琉球爲藩。封尙泰王爲藩王。列華族。賜藩王邸宅於東京。賜新貨幣三萬圓。派外交官四人駐藩。代辦一切外交事宜。同時照會各國公使。申明琉球已歸日本。將琉球與美法荷三國所締條約收爲日本政府之條約。一方決向臺灣出兵。征討生蕃。蓋其時日本外務大臣副島種臣持侵略主義。不僅欲收琉球。且欲奪臺灣生蕃地爲己國屬地。（清廷征服臺灣。僅得西半部歸化。東半部生蕃之地全屬化外。）恐中國有阻害於同治十二年二月。（明治六年三月）種臣奉全權大使命來中國。三月至天津。會直隸總督李鴻章於山西會館。交換前年修好通商條約。四月至北京。値我國政府與歐美各國公使以謁見皇帝禮式起紛議。種臣乘機調停解決。（我國政府。欲各國公使見皇帝行叩頭禮。公使視爲侮辱。拒不謁見。種臣調停其間。廢叩頭禮。創行立禮之例。又中國慣例。不論大使公使與辦理公使。皆以赴印之先後定席次。種臣勸依公法以資格高下定席次。於是種臣得以頭等獨謁式謁見皇帝）向總理衙門提出琉民被害事件問生蕃是否屬中國版圖。總理衙門大臣毛昶熙等答以『琉球係我屬邦。其民被害。不煩貴國。且臺灣生蕃地。政敎不及。其殺人刧掠。與我國政府無關係』云云。種臣得此回答。毫不再辯。逕歸國。

日本侵臺灣

臺灣生番地境問題之中日衝突

副島種臣歸國之後。直報告生蕃非中國版圖。日本遂起侵臺灣之師。同治十三年三月。(明治七年四月)日本政府命陸軍中將西鄉從道爲臺灣事務都督。率海陸軍巡向臺灣。全軍由瑯嶠灣上陸。十八蕃社內之七社望風降服。獨牡丹社不降。再進軍由竹社風港石門三路攻擊。斬酋長阿祿父子以下多人。於是南部十八社悉歸順。風港山後之三十九社。亦次第投降。日軍卽定龜山爲本營。築寨建屋。爲永久占領之計。

先是我國政府聞日本侵臺之舉。知前言之非。卽翻前議。以「生蕃係版圖之地。何故不照會卽遣兵。」詰責日本政府。同時遣沈葆楨爲欽差大臣。由閩浙總督發一萬軍爲援。協辦大臣潘霨等先至臺灣。頻促西鄉從道撤兵。不應。駐北京日公使柳原前光與總理衙門交涉。亦不得要領。兩國國交日迫危急。日本政府忽派參議大久保利通爲全權專使來北京。携帶同治六年中美談判文案。(同治六年。美國商船於打狗附近坐礁。船員悉被生番虐殺。美公使向總理衙門要求損害賠償。總理衙門以生番化外。不負責任。其後合剿生番結局。此時日本外務部。與駐日美公使交涉。得其談判案。以證生番不屬中國也。)及中國歷史地圖等。論生蕃地非中國版圖。恭親王等力辨之。談判數次

條約上斷送琉球之確證

日本併合琉球與我國政府之苟安

不調。大久保利通遂棄版圖論。提出損害賠償。恭親王奕訢以賠償有損中國體面爲辭。拒之。大久保利通怒。將與公使捲國旗歸國。英公使威德恐中日開戰。有害東洋商務。居中調停。恭親王聽其勸告。與大久保利通締結左之中日和約。

一　日本此次征臺灣係保民義舉。中國不認爲不是。

二　中國賠償撫恤難民銀十萬兩。賠償臺灣修道建屋費四十萬兩。

三　約束生蕃自後不加害航民。

此條約第一款。卽我國以琉球爲日本版圖之默認證據也。日本奪臺灣生蕃領域之志雖不得達。而我國已依此暗昧條文斷送琉球矣。同年日本政府移琉球藩於內務省。（從前轄於外務省）與內國郡縣同例。光緒元年。（明治八年）日政府禁琉球向中國派慶賀使與朝貢使。且禁用中國正朔。命改用明治年號。時琉球王尙泰以與中國有五百年歷史關係。不忍隔絕。哀求寬免。日政府旋置熊本鎭臺分遣隊於琉球。次遣內務大丞松田道之往琉球。恩威並用。然尙泰王不具遵願書者亘數年。或哀訴於中國政府。或倚仗於外國公使。其時我國亦不認已將琉球讓與日本。左宗棠主張『寧以伊犁一部讓與俄（時有伊犁事件）國。不可使倭奴橫恣於琉球。』然朝廷優游不斷。不敢抗議。日政府則持果決處分。於光緒五年（明治十二年）廢琉球藩爲縣。使藩王上京。另設縣知事統治之。於是琉球全併合於日本。雖英國公使干涉。向日本提出『琉球曩係中日兩國屬邦。望兩國同爲保護』之議。然我國無利用之實力。遂以緘默承認之。

第五章　雲南殺瑪加理事件

准英人進雲南測地

自咸豐八年。中英天津條約之結果。英國大擴張中國內地之商權。貿易額逐年增大。至此英人更欲從緬甸至中國內地。開一陸上通商路。同治十二年。印度政府。欲派探測隊於雲南印度間測量商路。經英公使威德與總理衙門交涉。要求中國認可。我政府甚不願。以英公使固請。乃許之。印度政府又欲得一精通中國言語與熟達中國事情者。爲探測隊之隨員。再請英公使於館員中選任一人。公使遂派書記官瑪加理當其任。瑪加理持總理衙門護照。於同治十三年八月由上海經漢口向雲南出發。十二月末至緬甸國境之八莫。與探測隊長大佐布羅相遇。此行經湖南貴州雲南各內省遠程。毫不遇困難危險之處。

英人瑪加理被滇民殺害

在八莫休息三週。大佐布羅率探測隊印度人十五名緬甸兵士百五十名。與瑪加理以明年（光緒元年）正月起程。至緬甸邊境。聞風說土民肆起。將要探測隊於途。大佐等不敢進。遂滯緬甸邊上。瑪加理以來時毫無危遇。力言風說不足信。主張

英公使之橫暴

進行。大佐以下悉有懼心。瑪加理遂請先行探虛實。至雲南騰越。不見異狀。遣使告大佐促進。大佐等踴躍起行。至騰越。不聞瑪加理之聲息。翌朝被土民大衆來攻。旋接瑪加理已被殺害之報。大佐等且戰且退。以兵士勇敢武器精良之故。得安全退於緬甸。八莫土民亦不越境進攻。蓋騰越土豪黎西臺者。聞英人侵入邊境。將肆劫奪。遂集土蠻一團爲防禦。擒瑪加理及從人數名悉殺之。更集衆於騰越附近。俟探測隊深入時。將一舉擊殺之。以所集原係烏合。故探測隊得安全退還緬甸。

瑪加理殺害之報達北京。英公使向總理衙門要求大賠償。且强請速行適當處分。政府以不得詳細情形。不與切實回答。至五月始飭湖廣總督李瀚章赴雲南調査事實。英公使亦派委員三名同行。八月李瀚章尙滯漢口。英公使甚憤之。與李鴻章開數次談判。亦不獲要領。至年末瑪加理之死狀悉明。捕縛土蠻魁首十餘名處死刑。處官吏數名革職留任。以謝英人。乃英公使意不在嚴懲土民暴動。而在嚴懲地方官不嚴加保護。迫政府速行適當處分。不然。則國交不能繼續。我政府以要求不當漠然視之。英公使大怒。旋退出北京。往芝罘。命英國東洋艦隊進逼直隸灣。至此我政府恐釀大釁。派李鴻章爲全權委員。指天津爲談判地。英公使不從天津談判之請。李鴻章不得已。就芝罘會議。於光緒二年七月二十六日結左之條約。

一 中國政府。納賠償銀二十萬兩。爲被殺人員家屬之恤欵。

二 派大使往英國謝罪。

三 雲南邊境通商事宜。由英國特派員與雲南巡撫派員會同商訂。

四 湖北之宜昌。安徽之蕪湖。浙江之温州。廣東之北海。四川之重慶。開爲通商口岸。安徽之大通。安慶。江西之湖口。湖北之武穴。路溪口。沙市。准輪船停舶。但上下客商貨物。由民船起卸。

五 因兩國法律不同。各口岸審判案件。祇依被告人爲何國人。卽依何國官吏審判。其原告本國官員。祇可赴承審處會審。

以一書記官被土人殺害。而要求多開商埠。是世界罕聞之事。然此條約外。且另以別約規定中國政府許英人進西藏探測一事。批准之後。派禮部侍郎郭嵩燾為英國謝罪大使。自是英國商務愈擴張。領事裁判權。雖始於咸豐八年之天津條約。至此更詳細申明。獨立權之實質。喪失其一部。

第六章　安南之喪失

第一節　中國與安南之關係

秦以降安南與中國之略歷

安南古交阯地。自秦迄唐。常爲內領。宋眞宗之世。豪族李公蘊者。自立爲交阯郡王。建都大羅。（即今河內地）其孫日尊。襲南境占城國。（南北統一以前稱林邑）奪廣南布政諸州。建大越國。稱帝。仁宗承認其疆域。封爲安南國王。安南國號自此始。明永樂之世。破安南。設交阯布政使統治之。及宣德三年。大越大祖黎利（起自清華州之土豪。據藍山抵抗明軍。）脫明羈絆獨立。改建大越國。定都河內。滅占城爲廣南州。於是國境南拓。至嘉靖時。權臣莫登庸簒國。據河內稱王。黎氏偏安於南。（據清華州稱西都）嘉靖十九年。莫登庸降於明。明復置都統使治之。至清順治十六年。官軍定雲南。安南王黎維祺遣使至於軍。康熙五年。封其子維禧爲安南國王。十三年。復下詔定六年二次進貢之例。自是安南爲清屬國。

安南爲清朝屬國

黎室之衰微

先是黎室衰微。攝政鄭氏擅政權。順化廣南統長阮氏者。不欲立於鄭氏下。遂據

安南王族奔中國

順化自稱廣南王。領地漸擴大。兼有下交趾支那（今法領交趾）與柬蒲寨王國（今法保護國）之大半。時攝政鄭棟欲弒世子自立。而忌廣南王之强大。誘西州土豪阮文岳舉兵。文岳與其弟文惠文慮遂起兵稱西山黨攻廣南王。鄭棟亦起兵據北部廣平廣治廣德三州。廣南王阮定走據下交趾。至其姪阮嘉隆王之世。下交趾亦被陷。嘉隆王奔暹羅。阮文岳遂據廣南中部。稱大帝。鄭棟自稱鄭靖王。阮文惠稱泰德王。黎氏危於累卵。

乾隆五十一年。鄭棟卒。其子鄭宗鄭幹相鬪。阮文惠乘機破鄭氏。自爲黎氏之攝政。左右政權。此黎維瑞（安南王）之世也。既維瑞王卒。文惠立其孫維祁卽位。使其黨貢整守都城。而已悉奪其財寶歸廣南。已而聞貢整將爲黎氏謀。遣將阮任誅貢整。盡毀王宮。維祈王逃匿於野。高平府督阮輝宿奉王族二百人奔廣西之龍州。兩廣總督孫士毅廣西巡撫孫永清先後奏報。高宗爲黎氏百餘年奉貢不怠。命將王族安置南甯府。代興討賊之師。

乾隆五十三年。使兩廣總督孫士毅提督許世亨率兩廣兵一萬。進安南討阮文惠。十月出鎮南關。至諒山鎮。分路進軍。沿路兵民簞食壺漿相迎。敵兵奔竄。僅保三江之險。十一月十三日廣西兵克壽昌江。十七日渡市球江。十九日全軍臨富良江。(即河內府隔江之險要也)敵軍悉陣富良江之南岸。提督許世亨乘夜奪敵舟。渡兵二千襲敵營。大破之。翌朝全軍渡江。黎氏宗族百姓大爲歡迎。孫士毅許世亨以下悉入河內城。維祈王初潛伏民間。聞報以是夜二鼓詣軍營與孫士毅會晤。初士毅奉命出征之際。帶安南王封冊。得於軍中便宜行事。至此士毅宣詔封黎維祈爲安南國王。遣使至廣西迎歸王族。安南一時平定。高宗以單軍窮治遠邊爲不利。接東京捷報後。卽分賞諸將士。命班師。乃孫士毅貪功欲獲阮文惠以歸。滯軍河內。且信其來降。不設備。遂終受其惑。

阮文惠多放間諜探河內動靜。揚言卽日詣降。實則起兵潛進。翌年正月初一日。大擧襲河內。時城中置酒高會樂新年。至夜忽被敵兵猛襲。官軍倉皇不克整戰。軍士無紀律。奔竄。黎維祈携王族先渡富良江。孫士毅隨之。恐追騎相迫。急斷浮橋。許世亨以下諸將卒不能渡。溺死數千。黎維祈母子復投廣西。士毅奔回鎮南闕。悉撤關外兵站士卒還者不及出征時之半。高宗怒士毅違詔致敗。革職而以福康安往代之。

阮光平之來朝

阮文惠既威服安南。恐中國再舉大軍進勦。改名光平。遣其兄子光顯奉表入貢乞降。時我國亦不願再出遠征軍。以黎維祈既失國器。慰留北京。編歸漢軍旗。而允阮光平之請。乾隆五十五年。阮光平祝高宗八旬萬壽。來朝。受封歸國。後二年卒。其子光鑽嗣位。與伯叔不和。弒伯父文岳。奪其地。又弒叔父文慮。自是國勢漸衰。遂爲阮嘉隆王所滅。

阮嘉隆王之恭順

先是阮嘉隆王之奔暹羅也。苦志謀恢復。乾隆五十三年。得法國援軍之助。大破西山黨。數年後阮光纘退保東京。嘉隆王據順化。南北二阮皆稱王。阮光纘時伺嘉隆王之隙。嘉慶七年。舉兵攻順化。順化兵善戰。破之。追擊至東京。光纘僅保守河內。六月嘉隆王親督諸軍長驅向河內。沿途諸壘倒戈相迎。數日河內陷。光纘自縊。嘉隆王悉復黎氏之舊封。遂自稱大南國皇帝。嘉慶七年十二月。遣使至北京。陳『爲黎氏復仇之顚末。請改國號爲越南』。仁宗許之。嘉慶九年。封阮福映爲越南國王且定二年一貢四年一朝之制。自是安南全定。

第二節　法國侵略安南第一期

法國經營安南之始

十六世紀東洋航路發見以來。開交通貿易之端。起羅馬舊教傳教之漸。然其初葡西英法諸國之派宣教師送測量隊。其範圍僅限於印度而止。印度以東尙不爲各國所注意。獨法蘭西有先各國經營安南之志。十七世紀之初。數次派宣教師入交趾。（一六一五年與一六二四年）又派測量隊入交趾平順府。乾隆十四年。（一七四九年）路易十五世遣博物學者智巴布爾爲全權大使。至順化府。說阮武王訂法安同盟互市條約。阮武王不聽。法人亦不强求。及阮嘉隆王奔暹羅。收拾舊臣。襲交趾。復敗。奔暹羅。自是孤立無援。獨法國宣教師畢尼約始終從王謀恢復。勸嘉隆王往法國求援軍。嘉隆王納之。任畢尼約爲全權大師。使世子景叡從之赴法國。乾隆五十二年。（一七八七年）於法維薩里府與法國全權大臣蒙摩稜西結法安同盟草約。

法安同盟約與法軍助嘉隆王恢復

約中安南所獲之利益。『一法國援助安南王恢復舊領地。二炮兵步兵軍艦軍器均由法國借入。』法國所得報酬之權利。『一割化安島爲法國領地。二康道爾島

法安積怨與法西聯兵伐安南

祖借與法國。「三法人在安南領土內得自由住居來往。」其時法國大革命起。本修約不獲簽押。由法國將校數十人。以私人志願欲助安南王恢復舊領。率軍艦二艘與畢尼約往安南。寄航印度。與法印度總督協議。得其贊助出援兵。時嘉隆王自以小軍恢復河遷廣茂西貢諸府。畢尼約率法國援軍至。軍氣大振。連破西山黨。數年。後嘉隆王據順化府稱王。嘉慶七年。督軍入河內。滅阮光纘。悉復黎氏舊封。稱皇帝。

當法軍援助之時。嘉隆王對於法國將校與宣教師。均以優禮待遇。至嘉慶四年。畢尼約死。嘉隆王國基亦漸固。待遇法人。遂異於前日。嘉慶十五年。太子景叡死後。漸起放逐宣教師之意。時法國拿破崙一世在帝位。歐洲大陸戰爭無休時。亦無遠伐安南之意。嘉慶二十年。拿破崙一世幽於聖希尼亞島。路易十八世卽王位。與歐洲列國恢復平和。於嘉慶二十三年。遣古爾加留至安南。修舊好。且尋一七八七年維薩里之盟約。時嘉隆帝以援軍將校猶有存者。以禮款大使。而維薩里盟約則不與回答。嘉慶二十五年。嘉隆帝卒。次子福皎卽位。改元明命。愈不優待法人。大使古爾加留空歸國。道光十一年。法國復遣畢尼約之徒色尼約爲公使。奉國書至安南。明命帝拒之。國書不得奉呈。終下驅逐基督教徒之詔。道光二十一年。明命帝卒。其子福璇卽位。爲紹治帝。仇教愈甚。下法國宣教師六人於獄。自此法人仇恨安南漸深。道光二十七年。法海軍大佐伯爾率軍艦至安南。捕獲安南兵船五艘。要求履行維薩里之約。安南政府謀誘殺法將。事洩。法艦砲擊廣南。紹治帝激怒。下獎殺法人令。同年十一月。帝憤死。其子福時嗣之。爲嗣德帝。排外政策愈烈。咸豐二年。懸賞銀粒三十。購殺宣教師之頭。時法國路易拿破崙以是年改共和政體爲帝政。欲顯海外戰績以收國內民心。將派全權大臣至安南開談判。偶逢克里米戰爭起。不果。咸豐六年。克里米戰爭結局。拿破崙三世遣海軍少將爾略與外交官蒙齊尼奉國書至安南。要求履行舊約。割讓廣南港。兼請保護基督教徒。安南政府不僅不使便節。兼令擊其船舶。少將大怒。砲擊廣南港。毀其堡壘。以孤軍無援。亦不占領而去。嗣德帝見法軍去。愈仇教。殺其教正。咸豐七年。又殺西班牙教師。與他國基督教徒。拿破崙三世乘機宣布安南之罪。決興

法西聯軍占領下交趾

軍西班牙亦有報怨之意咸豐八年遂起法西聯軍遠伐安南法國支那艦隊司令長官哲魯一里率軍艦二艘與西班牙軍於咸豐八年六月抵南海岸攻廣南港克之未幾安南大舉來襲復大敗之時哲魯一里以廣南距安南首府(順化)僅十五哩之遙孤軍不便長守而下交趾距順化遠又西貢爲安南第一商務地欲占領之爲永久根據地翌年正月置少數守兵於廣南而己率大軍侵下交趾未幾陷之下交趾民大沮喪既而哲魯一里以事歸本國少將巴秋代之時英法聯合軍與中國開戰安南之法軍無援巴秋以兵力集中爲合宜於咸豐十年二月悉撤廣南守兵集於西貢安南政府見法軍退廣西益虐殺教徒頻增兵南進謀驅逐法軍大將阮知方集大軍於西貢城下築壘爲長圍之計時法守城兵僅七百衆寡不敵勢甚危迫值英法聯合軍與中國之戰爭結局自中國凱旋之法國軍隊道過安南於是西貢被圍之聯軍頓增勢力二月下旬法軍與南知方激戰於西貢城下安南軍二萬棄長壘而退既法少將巴秋率水軍出邊和州以斷安軍後路阮知方軍背腹受敵不戰而潰法軍更南進四月攻湄

公河畔府城陷之。時會夏季雨期。不克進軍。巴秋遂籠守占領地。休養兵卒。十月安南大軍再迫西貢城下。聯合軍復擊破之。翌年。（同治元年）正月奪邊和嘉定定祥三州。二月更陷永隆州。占領康道爾羣島。斯時安軍大沮。無再戰之勇。而黎氏後裔乘機起亂。麋爛東北。安南政府調兵籌餉。惟日不足。不得已與西法聯軍求成同治元年五月（一八六二年六月五日）結西貢條約如左。

一　安南國王准基督教自由傳教。准安南人民自由信教。准法西二國人民對於安南國王行基督教禮節。

二　安南政府將邊和定祥嘉定三州與康道爾羣島割讓為法國領地。

三　自後安南有割讓土地與他外國之時須得法國之認可。

四　法西安三國人民自後彼此自由通商。法商船舶得在湄公河自由來往。又為監視一切起見。法國軍艦亦得在該河內自由來往。

五　安南賠償法西二國軍費四百萬圓。

六　因安南暴徒未靖。法國仍暫屯軍隊於永隆城砦。以為防護。俟平和恢復之後。仍返還安南。

先是東京人民以阮嘉隆王不復立黎氏。大失望。至阮明命王施苛政。百姓益思黎氏。嗣德王卽位後。東京有黎興者。自稱黎氏支屬。於咸豐七年。嘯集黨徒。據南定興定二州。黎興之黨。多基督教徒。聞法西聯軍奪廣南港。大喜。謀得西法軍之援。然以官軍征討之烈。一時平定。官軍去後。再嘯集擧兵。時官軍忙於下交趾法西聯軍之戰爭。無顧東北之力。安南政府。遂欲與聯軍媾和。俾官軍得集中討黎興之黨。及西貢條約成。無南顧憂。將軍阮知方。率大軍入東京。剿討黎興。時黎興既取廣安海東北甯宣光大原五州。其衆殆二十萬。聲勢大振。然阮知方大軍既至。官軍頓增勢。連戰連捷。捕黎興斬之。其衆悉散。東京方面遂全歸平靖。至此安南政府遣使至西貢。報暴徒悉靖。請撤退永隆城砦之軍隊。法國不應。同治三年。安南遣大使至巴黎。願償還行政費一千萬弗耶。求返還永隆州。拿破崙三世許之。命駐暹羅領事哈巴烈至順化協議。同年五月。哈巴列以本國政府命。與安南政府協商。約定邊和三州以外之地。悉返還安南。時代理三州都督海軍少將克

法國不履行撤兵條約

法領下交止

法人注意北安南之始

蘭智爾。以返還下交趾爲失策。建議於本國政府。法政府遂飛報哈巴列。命中止結約。時新約尚未簽押。哈巴列接本國飛報。急倡異議。歸盤谷。不復言順化盟約之事。

同治六年。柬蒲塞南部暴民起叛亂。下交趾亦動搖。克蘭智爾見安南政府一時不能平定。乘機以恢復秩序爲名。舉兵襲取永隆安江和仙等地。悉占領之。自是安南政府亦不敢强求永隆以下三州之返還。下交趾六州（并西貢條約割讓三州）悉爲法領。卽今日法蘭西交趾是也。

第三節　法國侵略安南第二期

法國占領下交趾之後。多派測量隊往新領地四隅探測。以爲必有水路通中國內地。爲將來通商上之大利便。結果發見湄公河不適舟航。全爲無用水流。大失望。於是法人轉注意於北安南富良江流域。（紅江）富良江發源中國雲南省。有舟楫之便。東京府位於河之南岸。土地肥沃。有安南府庫之稱。法人經略北安南之野心自是起。

法人之經略富良江

同治七年。法人秋畢伊者。與雲南提督馬如龍爲征雲南回匪。締『供給兵器糧食』之約。苦無輸送之便。聞富良江可通雲南。秋畢伊於同治十年三月。自雲南府出發。探測富良江上流。至蠻耗。見一大舥𦨴船溯航。大喜。歸國說紅江水運之利於海軍大臣。得砲艦一艘。更於香港購砲艦二艘。汽船一艘。又雇中國船一艘。率船員百七十餘人。於同治十一年九月。至海防府。不顧地方官民之反抗。溯航紅江。抵河內府。其時紅江水量大減。不許汽船溯航。秋畢伊致書東京府總督。告以馬如龍之命。入雲南。求輕舟數艘。爲供給總督以上流黑旗黨跋扈恐嚇之。更以不得順化政府之許可。拒其要求。秋畢伊於山西地方。得舥𦨴船四艘。恐因人衆惹黑旗黨之爲難。僅率三十九人前進。餘衆悉留止軍艦中。以待其歸。航行中不遇黑旗兵妨害。安抵雲南。以所運軍需全賣於馬如龍。翌年三月。歸河內府。自此秋畢伊以商利之巨。欲大起紅江航運業。旣購巨額食鹽。欲依紅江航送雲南。然食鹽輸出。原係安南國禁。東京總督阮知方厲行禁令。秋畢伊堅欲達其目的。軋轢益甚。安南政府。遣使至西貢。訴秋畢伊之暴狀。法領下交趾總督秋布列命

法軍陷河內及三角洲

秋畢伊退去安南。然秋布列部下海軍大尉加爾尼伊者。頗與秋畢伊表同情。以東京之經營不可忽。乞率兵赴援。亦得秋布列之許可。加爾尼伊遂率步兵七十名入河內。向總督阮知方要求紅江通航權。總督堅拒之不應。

先是中國長髮黨魁吳琨者。率敗軍攻東京安南官軍與戰。破走之。吳琨死後。餘衆分爲二黨。一據雲南東京境上紅江江畔之勞開府。稱黑旗黨。一據東京之興安府。稱黃旗黨。黑旗黨魁劉義字永福。廣西錦州人。曾與吳琨轉戰安南東北。至是據勞開。安南政府招撫之。劉永福亦恐安南與中國政府協力謀己。誓不亂邊。黃旗黨則不然。以無正當首領。屢爲東京東北之亂。加爾尼伊要求紅江通航之時。正黃旗黨以黎氏爲魁。大起叛亂。見加爾尼伊至。欲倚之以拒安南政府。數日集於加爾尼伊旗下者。達二萬人。加爾尼伊以安南政府不服人心。又以總督拒其要求。與秋畢伊謀。於十月率軍艦攻河內城。砲戰二時許。總督阮知方負傷遁。城忽陷。守兵死傷達三百六十名。法兵死者僅一人。加爾尼伊遂下東京三角洲中之北甯海陽南定甯平興安諸鎮。惟山西鎮爲王室駙馬黃維炎與精銳之黑旗兵相結固守之不能下。十一月加爾尼伊大舉攻山西。忽以順化政府遣使求和。遂休戰。加爾尼伊單身與使節議和。談判中接黑旗兵攻城之飛報。加爾尼伊始知陷計中。急起歸陣。被黑旗兵殺於城外。秋畢伊代理率殘軍退守河內。

希拉特爾經略安南之大政策

初法領下交趾總督秋布列。欲對安南行威壓政策。故利用加爾尼伊等之私戰。以開經略北安南之端緒。次得加爾尼伊占領河內三角洲諸要地之報。更派將校可斯克書記官希拉特爾往東京籌善後策。希拉特爾素有智略。爲秋布列所信用。至東京。全反從前之威壓而代以懷柔政策。立「收獲安南全國之計畫」。先發布法兵占領之各城池悉還復安南。翌年正月(同治十三年)東京地方之法兵全撤退於海陽府。安南官民大悅。西三月十五日。安南刑部尚書黎循禮部尙書阮文祥與下交趾總督秋布列於西貢締法安和親約二十條。其重要者如左。

安南保護國條約

一　法蘭西以王禮待遇安南國王。且承認安南國爲獨立國。

二　安南有內患外寇須援助時。法國不問難易。不問賠償。盡力與援助。

三　法國贈呈軍艦五艘。砲百尊。扇底銃千尊。與安南王。

四　安南需海陸軍教練。及其他工匠或各種學校用員之時。法國政府。不問人員多寡。必遴選應聘。不敢辭謝。又或需用軍艦軍器及其他軍需之時法國政府。必應其供給。

五　一八六二年(同治元年)西貢條約之賠欵殘額。悉滅免之。

六　自後安南之外交事務悉由法國監督。

七　下交趾六州之地悉割讓與法國。

八　安南政府開河內東奈甯海三處爲通商口岸。且沿紅江至中國國境蒙自縣之河道。許通航。

九　法國於各開港地。得置領事及特派員。幷得置百名以下之守備兵。

十　在安南之法人與法人。法人與他外國人。法人與安南土人。他外國人與安南土人之爭訟及犯罪。均由法國領事審判之。

此條約安南之外交權全歸法國所有司法權大受制限軍隊權雖無明文規定然軍需教練悉仰給於法國且有內患外寇時法國卽可出兵雖名義上承認爲

獨立國其實質已成法國之保護國然安南歷受中國封冊爲中國屬邦法國既與安南結保護條約自不得不探中國政府之意旨於翌年四月命駐北京法國公使以該條約全文通告總理衙門我國政府殊不喜『法國承認安南爲獨立國』之語蓋以其有犯中國屬邦之義其覆書大要云『法安兩國和約之副本謹收領矣然約中有承認安南爲獨立國之語爲中國所不能解安南自古爲中國屬邦故中國政府不能公認此條約』時北京法公使譯員對於該覆書僅譯法安兩國和約之副本謹收領矣之一語以下悉删之不譯法公使以爲中國政府既承認之遂通知本國政府巴里政府亦以爲然遂着着期條約之實行我國政府反對意旨一時葬於糢糊之間同年八月法國更爲安南結通商條約翌年(光緒二年)七月其條約經法國國會批准爾後我國政府屢與法政府抗議法政府固執前文不動時我國以伊犂事件始忙於新疆之征討繼與俄國起紛議又以英法聯軍入北京之寒心不敢與法國開積極之談判兩國紛議殆亘十年

第四節　法國侵略安南第三期與中法戰爭

同治十三年之西貢條約。法國以强暴主義不認安南爲中國屬邦翌年以條約全文照會中國。中國亦不過形式上之通告。無論中國政府承認與否必期實行條約。然亦將窺中國之動作如何以謀臨時之對付耳。後數年見中國政府不爲積極反抗。於光緒六年援條約權利於河內海防二府各置守兵百名。於順化廣南二府。亦分派守兵一中隊。自是法人多派測量隊深入南安內地視察鑛脈探測河流等事。安南政府亦漸悟前約之不利。排法熱度稍高一面遣使至北京仍請爲中國保護國。一面獎助黑旗黨爲驅逐法人之計。

先是劉永福據勞開府。娶安南王女爲妻。黃旗白旗之人。漸多集於旗下。當時旗下人數達二十五萬。儼然東京西北部創成一獨立國。至是劉永福惡法人跋扈。親至順化府見安南王。願任驅逐法人之勞。請安南出軍費爲援助。安南政府大喜。約每年補助軍費六萬圓。自此法人於紅江之航運業在在被黑旗黨妨碍。法領下交趾總督勃爾。請於本國增加東京護衛兵。將乘機有所爲。光緒八年。法人欲以獨力築壘於紅江上流沿岸。爲保護通航之便。二月。海軍大佐黎威爾率小船四隻。滿載兵士兵器自西貢至海防。更溯紅江進河內。先具文告東京總督。至河內時。總督嚴兵備閉城拒之。黎威爾大憤。砲擊府城。忽拔之。順化政府聞警大怒。命黑旗黨抗戰。黎威爾以駐在東京法兵五百人。分屯河內海防二府。專事防禦。

劉永福與法國宣戰

光緒九年二月。援兵自西貢至。恐黑旗兵絕河內海防之交通。急遣援軍奪南定。至此劉永福遂與法國宣戰。疊逼河內。黎威爾不待援兵。欲一舉驅逐之。突出猛擊。遇劉永福伏兵。黎威爾戰死。兵卒死者甚衆。殘兵急退保城內。紅河艦隊司令官波留代黎威爾之任。

中法衝突之始

初法國於安南通商口岸置兵備之時。曾紀澤爲伊犂事件在俄京。致書法國外相。申言中國對安南有宗主權。光緒七年。曾紀澤致公文與法外相。申明一八七四年(同治十三年)之法安條約。爲中國政府所不承認。及光緒八年。黎威爾砲擊河內。曾紀澤對法廷大伸抗論。然法國主張安南爲獨立國。毫不顧忌。既黎威爾占領河內之報達巴黎。曾紀澤大難法廷之舉措。時中國亦派兵入安南。法公使布連與李鴻章爭論。李以保護邊境爲詞。不動。兩國平和將破。偶逢法新首相秋克勒爾兼外相任。取平和主義。使北京公使布連與李鴻章協議。李鴻章草兩國平和案四條示布連。

一　中國在東京諸州之兵。悉撤還雲南廣西。法國亦撤退進東京之師。

二　紅江通商。萬國自由。中國設稅關於勞開府。

三　中法二國。自今各負責任。驅逐東京浮浪賊徒。因之兩國境界。尤宜畫淸。由兩國卽日協妥。

四　境界畫定之後。各任保護管地之責。有爲保護之妨害者。則可任意防禦。

布連公使接此草案。亦無異議。雙方申告本國政府。兩國政府皆無異論。李鴻章遂命曾紀澤與法國外相締結本約。曾紀澤本此原案。與法外相協定左之三條。

一　自後使安南自爲守。法國不假道安南越中國疆界。中國亦不踰界侵害法人。

二　自後法國若有事於安南。必先照會中國。

三　法國若必有保護安南之意。則中國亦同保護之。其經費各自擔任。所得之利。兩國掌握之。

李鴻章曾紀澤兩和案之不成立

法國政變與決戰

以上二約之精神實以安南之保護權爲中法兩國所共有即我國對於一八七四年之安南保護條約不承認之承認也然本約尙未批准之時法國政變內閣全更換有名過激派蘭克爾爲外相持極端侵略主義兩案皆不承認且罪駐北京公使布連過於緩和召歸國而以駐日本公使脫里固代之屢開閣議議決「增加東京援兵設置東京理事」三月向議會提出遠征軍費五百三十萬弗郎之案要求協贊偶逢黎威爾戰死之報達巴里議員憤激議會一致協議即命駐暹羅法國總領事嚇爾曼爲東京理事官總轄東京文武政務命西貢司令官陸軍少將波也急赴東京指揮陸軍五月大軍至河內府中國聞之主戰派甚激昂然廷議不一致卒不出大軍直與宣戰僅派鄰近少數兵助黑旗兵而止遂使法國經略安南更開一大局面。

是年（一八八三年光緒九年）春雲貴總督岑毓英陰遣提督黃桂蘭率五千兵往安南探事實安南政府大喜以三萬兵託黃桂蘭統率熱望其與劉永福協力破法軍我政

我國廟議不決與安南經略之解任

法軍分攻順化山西

府以岑毓英之報告。知東京之法兵不多。起李鴻章於母喪。命督辦越南事務。兼節制兩廣雲貴四省軍務。時劉永福以北甯山西二城爲根據。出沒紅江三角州。伺法軍動靜。探知南定之守備可乘。自西五月三十一日圍攻南定。至六月二十六日。守將突出奮戰。擊退之。七月。劉永福轉攻海防。卒不能下。李鴻章於上海會法國公使脫里固二次。以左宗棠彭玉麟等主戰論甚占勢力。卒無所協議。忽廷議一變。命李鴻章北上。七月十三日。任李鴻章爲直隸總督。安南經略之任全解。其時法國政府已派海軍少將孤拔率援兵二千向東京。七月十九日抵海防。東京理事官嚇爾曼亦於是月二十三日抵海防。共議軍略。嚇爾曼頗悉安南情勢。以順化政府全依賴黑旗兵拒敵。若先拔北甯山西二府。則順化政府大失勢。若乘出兵攻順化。則其抗敵力必不及黑旗兵之强。軍略遂決。八月上旬。陸海軍之部署悉定。十四日。嚇爾曼與孤拔率軍由海防出發。攻順化。十五日。波也將軍率法兵一千八百黃旗兵五百由河內出發。攻山西。波也之兵雖衆。然黑旗兵甚雄健。卒被破退。而在海防方面之黑旗兵。尤大得勢。奪回海防廣安二城。

此間安南政府和戰論不決大學士阮文祥爲主戰派首領嗣德王傾於和議至西七月十七日王崩無子以王同母弟之子瑞國公郎王位諸臣皆不喜四日之後相謀廢立立嗣德王弟朗國公爲王改元合和新王亦傾於和議及接法軍攻順化之報下令灣口戒嚴八月十六日嚇爾曼之軍抵廣南灣翌日率軍艦七艘運送船七艘碇泊於順安半島砲臺之前面（距順化蓮十二吉羅米突之地）孤拔於是日午後開砲攻擊翌日亦砲擊不絕十九日天初曉率兵千餘名由順安半島上陸九時奪其二砲臺翌日半島中北壘南壘及後方灣內椰子島平島之二壘皆被法軍占領至此順化政府大懼主戰派大落膽遂遣密使陳踐誠至法艦求和結二十四時間休戰約二十三日嚇爾曼等進順化府於法國公使館與安南全權辦理大臣鄭丁德副使阮仲合結媾和新約二十八條其主要者如左

順化政府之乞和

安南新保護條約

一　安南政府自承認爲法蘭西之保護國雖與中國交涉亦必由法國紹介

二　割平順府永合於法領交趾

三　法國於安南國之諸要地皆得置軍隊於紅江沿岸得置營哨於順化江

口。築港築堡。皆隨法國之意。

四　法國於順化府置高等理事官。統理外交事務。有獨自謁見安南王之權利。於河內海防及各大小都府皆置理事官。

五　安南國之國際外交事務。與一切關稅事務。及土人以外之民事刑事司法事務。均歸法國理事官全權處分。

六　安南國各市府稠密地之警察與稅務。及全國之各府州大小官吏。均受法國理事官之監督。其官吏有對於法國謀不軌者。由理事官之請求革職。

七　安南政府派遣東京之軍隊。全數召還。

八　歸仁廣南奇修安三港。開爲萬國通商口岸。

九　自河內至西貢。由兩國出費修通行大路。架設電綫。

此條約之精神。安南主權。全移歸於法國。所有原同治十三年之西貢條約。尙爲我國所不承認。何況此約。我國聞法安締結之新條約。皇太后大怒。諸大臣亦多欲訴之干戈。以謀解決。又聞在東京法國將官不和。欲乘機破之。蓋斯時法國在

中國欲戰不戰之狀況

東京之外交官係共和黨將校多係王黨與拿破崙黨。互不相容。波也攻黑旗兵不利至此除河內無恙外法軍僅得保伯陽懷德二府嚇爾曼結順化條約歸東京。氣勢驕傲嘲波也以雄軍二千不能掃蕩烏合之黑旗軍大相軋轢西九月嚇爾曼令波也歸國以大佐畢削代之且奏請孤拔兼東京海陸軍司令長官孤拔就任後嚇爾曼不獲參與軍機亦陷於失意之境我國政府一怒新約成立一乘其將校不和詔雲貴總督岑毓英兩廣總督張樹聲辦邊防統大軍入安南任劉永福爲越南經略大臣命廣西巡撫徐延旭進軍諒山雲南巡撫唐炯進軍北甯任彭玉麟爲欽差大臣總理廣東軍務南海大小軍艦均嚴戰備時曾紀澤與法外相之折衝則主張『東京秩序歸中國回復法國撤退進東京之兵至紅河通航之件中國政府必竭力副法國之希望』然法國政府不認中國對東京有發言權直拒絕之且電催孤拔占領山西北甯與安諸地曾紀澤大怒電告本國政『府外交上已無挽回』然廷議不決竟不以此時宣布開戰至西十一月二十二日總理衙門向各國宣告曰『法國若攻北甯則爲我國宣布開戰之期』云時法外相蘭克爾辭職。首相悅理兼外相任。稍變從來激進方針。忽接安南政變。順化條約歸於無效之報。國論復激烈。

安南政變與法國再出兵

初順化條約原爲安南排外黨所不喜。仍密通黑旗兵以拒法人。駐順化法公使謁安南王。要求實行條約。王許之。排外黨首領輔政大臣阮文祥。兵部大臣尊實說等。竊議廢立。西十一月二十九日逼王飲鴆。使讓位於浪國公阮福昊。改元建福。建福王年甫十五。依權臣左右。遂不認順化條約。下驅逐法人令。法政府接安南新政府不認順化條約之報。大怒。要求議會增添軍費三百七十萬弗郎。更要求翌年之東京事務費二千萬弗郎。皆得議會協贊。

法軍陷山西

先是法國雖與順化政府訂休戰約。然東京方面與黑旗兵之戰鬬不絕。西十一月一日。法國援軍至東京。合孤拔所募集安南土兵。共約八千。以同月陷興安城。將攻山西。北甯我國政府得報。命徐延旭唐烱嚴諒山北甯軍備。十二月十一日。孤拔自河內率水陸軍并進。攻山西。十四日陸軍進天祿村。定本營。十五日與黑旗軍激戰。進軍山西城下。十六日陷之。黑旗兵退據興化。安南兵竄走山間。翌年

法軍陷北甯大原與興化鎮

（光緒十年）西三月。法新任司令長官陸軍中將宓約率援軍七千至東京。孤拔悉以陸軍軍務委宓約。而自就艦隊司令長官之職。時法國在東京兵之總數共一萬六千五百。我國巡撫徐延旭唐炯統率之大兵。與黑旗兵守北甯者共三萬餘人。總兵王德榜以五千兵守大原。總督岑毓英督兵一萬二千。合黑旗兵三千。安南兵四千。共一萬九千守興化鎮。三月初旬。海防河內之法軍。次第向北甯進軍。十一日兩軍尙無大激戰。十二日午前。法軍猛攻北甯城。巡撫徐延旭與提督黃桂蘭先走諒山。黑旗兵多走大原。城中殆無人影。午後六時法軍入城。十五日法軍分一軍向大原。一軍向諒山進擊。向大原之軍以十九日達大原城下。總兵王德榜稍試戰。卽棄城遁。法軍從容入城。向諒山之軍。於出發日下諒江城。旋被本營召還北甯。四月法軍以全軍攻興化鎮。興化鎮位於山西之西北。東京重鎭也。雲貴總督岑毓英以重兵鎭之。十二日法軍未渡江之先。守兵於城內外放火皆遁。法軍不損一彈一卒占領之。自是紅江下流諸要地。全飜三色旗。

山西北甯陷落之報達北京。皇太后大怒。以諸大臣無力辱國。於中三月十三日。

先貶軍機大臣恭親王寶鋆李鴻藻翁同龢景廉等。而以禮親王孫毓汶額勒和布閻敬銘張之萬代之十七日命醇親王代恭親王之任。十九日巡撫徐延旭唐烱提督黃桂蘭均革職。而任潘鼎新爲廣西巡撫。張凱嵩爲雲貴巡撫。此政變論者紛紛。其近因實出於懲敗之意。

中法媾和豫約

自中法開釁以來。李鴻章絕對主張和議。至是皇太后以諸大臣無實力。仍以李鴻章所見爲穩。又因廣東稅務司德人德特林克調停勸和。遂排滿廷主戰論。而以李鴻章爲全權大臣。法政府亦以德特林克之調停。信李鴻章眞保平和。命海軍中佐布爾尼伊爲全權大臣。布爾尼伊以中四月十二日抵芝罘。與德特林克預議媾和條件。翌日至天津。與李鴻章會晤。十七日兩全權締結豫定媾和草約五欵。其文如左。

一　法國不侵犯中國之邊境。

二　中國承認法國與安南之前後條約。現屯北安南之中國軍隊。悉撤歸本國境內。

三 法國不要求賠償軍費。中國許南境一帶通商。

四 自後法國與安南或結新約。或改正舊約。不挿入有犯中國國威之字句。

五 由兩國再派全權委員。於本約決定各項詳細審定。

預定和約之破壞

此預定條約。中國對於前兩次法安之保護條約。一概承認之。則舉安南全讓爲法國所有。主戰派督辦南疆軍防事務彭玉麟爲首。主張反對條約。一時彈劾李鴻章奏疏至四十七封。法國輿論。以該約第四條尙留中國保護安南之虛名。不喜。首相要求議會批准。竟爲議會所不決。且東京撤兵之期。彼此相違。布爾尼伊則謂以三週間爲期。李鴻章則謂以三箇月爲期。蓋出於布爾尼伊以本國不滿足。故意發難。以期條約無效也。

諒山衝突

法密約將軍欲實行三週間撤兵之約。於中五月初六日。先命中佐德森率軍收復宣光府。時宣光府之黑旗兵已遁。得無衝突占領之。次卽進軍諒山。二十八日。於北黎附近。遇中國兵。要求撤退。時我國軍隊。尙不接本國政府撤兵之命。且不知和議已成。總兵請延緩十日。以俟本國政府之命。德森不聽。督兵前進。時法兵

上海之談判與法軍攻基隆

僅六百人。中國兵約八千。彼此爭鬭。法兵戰死十三名。負傷四十名而退。是爲諒山衝突。卽中法開戰之原因也。按戰時國際法休戰開始不始於條約成立而始於全軍隊受休戰照會之時若嚴格辦理則以雙方軍隊交換照會然後休戰開始法軍有意開難故違法啓釁也。

法國接諒山衝突之報。全國大怒以中國違三週撤兵之約。要求賠償金一千萬磅。我國於閏五月初九日。批准豫定草約。卽命撤退駐屯北安南軍隊而對於諒山衝突。不負責任。閏五月下旬。法公使巴特納與我國全權委員兩江總督曾國荃。會於上海。迭開談判。各固執本國所主張不讓。巴特納迫國荃於西八月一日爲確實決答。我政府命駐法公使李鳳苞面會首相說理。要求延期答覆。首相拒絕之。卽電訓巴特納公使占領中國一要地以行威壓。於是法東洋艦隊司令長官克爾伯奉公使密訓。遂定礮擊福州占領臺灣之計略。時我國內外大臣主戰派甚激昂。且英德後援亦有可望。遂任船政大臣何如璋督辦沿海軍務。警備臺灣海峽。任劉銘傳督辦臺北軍務。(先是同治十三年。日本侵臺灣。自是我國注意於臺灣不怠。光緒二年。新設臺北府。至此任劉銘傳往任軍備)

國際破裂與我國政府之苟且

劉銘傳以閏五月二十四日赴基隆。方事部署。而法海軍少將禮士卑士以六月十五日率軍艦三艘至臺灣。砲擊基隆港。守兵發砲應戰。少時即停止。法軍以砲臺停砲。少將馬爾坦卽率步兵上陸。進迫砲臺前面。以綿火藥炸砲臺。提督曹志忠章高元蘇得勝鄧長安等。邀擊之。獲大勝。法兵死傷百餘人。遂以翌日開艦返上海。

六月十八日。禮士卑士率軍艦回上海。以砲擊基隆之事告巴特納公使。公使以告曾國荃。且催和戰之決答。二十七日。法政府宣言拒絕列國干涉。二十九日。法代理公使斯美向總理衙門發最後通牒云「賠償金減爲三百二十萬磅。四十八時間內無回答。卽作爲國際破裂」我政府怒。命曾國荃中止談判。歸南京。至此兩國國交已破。然我政府尙不決心開戰。僅向各國公使發左之宣言書。

中法交涉。中國政府飽持平和主義。百方盡力。然法公使固執非理之論。不辭開釁。故我國政府命全權委員退去上海也。

此宣言之意。蓋希望列國之調停。然法政府已決志開戰。三十日。不接中國回答。

福州之形式與當局者之苟且

郎於六月初一日。電命斯美公使撤國旗退出北京。同時命中國公使李鳳苞退去巴里。於是福州之海戰起。

福州距海口三十四海里。位閩江左岸。道光二十二年開港以來。其繁盛亞於上海。城外南臺下流三十里地。有馬尾村。福建船政局所在。左宗棠任閩浙總督與沈葆楨爲船政大臣時。用法人日意格費五千萬銀所建造。初用日意格爲總監督。曾賞賜黃馬褂。次中國人熟習工事。船政局遂無法人足跡。法艦隊長孤拔自中法開釁以來。卽以破壞船政局爲目的。船政局附近有礮臺二座。對面灣中羅星島上。有羅星塔礮臺一座。下流閩江河口。有金牌閩安二峽。金牌峽有金牌長門二砲臺。閩安峽有北岸南岸新閩安舊閩安四砲臺。馬尾分配兵數共三十營。每營兵五百。共一萬五千。金牌閩安二峽之兵。亦各配一萬五千。且配置艦隊十一艘。爲船政局之保護。六月下旬。法軍率鐵甲巡航艦二艘。一等巡航艦三艘。三等巡航艦一艘。砲艦三艘。運送船一艘。水雷艇三艘。均投錨閩江口。我國數萬兵士與各艦長。對之無不切耻欲戰。然我國軍士無一人能知此次開戰之原因者。

又艦隊長雖決死戰。於十五日連署請會辦海防事宜欽差大臣張佩綸司全艦隊之指揮。張佩綸逡巡不答。久之告斷無開戰之事。閩浙總督何璟向各艦隊長各炮臺守備隊發號令。則祗准防禦。不准進擊。李鴻章數次與何璟張佩綸之電報。亦如之。於是我國軍隊全立於待死之地位。

七月初三至初五。皆大風雨。初六日早天氣清朗。法艦隊長孤拔於是朝向各國領事及各外國船告本日正午與中國開戰。此時我艦隊皆不知戰機在卽。午後一時。法艦開砲。頓轟碎我艦一艘。我艦應戰。須臾煙霧彌天。我揚武號中敵水雷破碎。至此諸砲臺發砲應戰。法巨艦數艘沂江且擊且進。轟碎船政局與羅星塔之一壘。我伏波振武諸艦之將卒。皆乘小艇奔竄。惟艦長許壽山以下數名憤戰倍前。急航欲衝法艦同沒。復中砲不及。卽沉。許壽山等死之。(先是許壽山豫裝大砲一門未發。苦戰至斯。見船體大半已沈。從容不動。終向敵艦轟然一聲而沒。爲是役艦長名譽戰死惟一之人。)二時至四時。敵艦擊沈我小船無數。入夜船政局起火。沿岸村落悉被燒燬。翌日在上流敵艦擊破船渠。下流敵艦擊破金牌閩安二峽礮臺。初八日敵陸軍上陸。炸裂羅星塔砲臺。又自後面擊閩江沿岸諸壘。我砲臺祗能向江身下流發射。不能左右轉回。不克應戰。沿岸砲臺。悉破壞。是役法兵戰死十二名。我軍戰死依總督報告僅一千五百名。其實出三千以外。南洋艦隊二十二艘。與福州諸砲臺。悉被破碎。

中國宣戰與法國之宣言

敗報至北京。朝廷大驚駭。始發布宣戰詔勅。以戰時國際法戰爭開始期而論。當法軍砲擊基隆之日。卽爲我國宣戰時期。乃政府優柔不斷。俟南洋艦隊全滅。然後宣戰。其誤國實甚。然法國竟不認臺灣福州之役爲正式之交戰。宣言『此次出於法國之膺懲討伐野蠻國使悟文明之價值。是文明國之責務所宜然』云。則視此次出兵與征伐阿弗利加之蠻人同等。後經英國抗議。法始認爲正式交戰。

臺灣黃海之戰況

南洋艦隊既滅。孤拔始專事臺灣。八月十三日。率軍艦八艘攻基隆砲臺。忽奪之。同時率軍艦四艘攻淡水砲臺。旋以步兵上陸。遇總兵孫開華之伏兵。大敗而退。開艦向基隆。與孤拔之艦隊合。封鎖臺灣西岸。然以劉銘傳楊岳斌防禦之力。法軍隊除占領基隆街市外。不能擴張一步。十二月。東京援兵至。孤拔遂犯眉山。提

法軍奪諒山

督曹志忠林朝棟苦戰退之。翌年（光緒十一年）正月一日。孤拔聞南洋殘艦欲解臺灣之封鎖。游弋石浦。率七艦襲之。追至黃海。擊沈馭遠鏡清二艘。順路入楊子江口。封鎖甯波。同時擊破鎮海砲臺。正月十八至二十一日。在臺灣之法軍大舉進攻。連日苦戰。我國擁八倍大軍。卒不能支。基隆東南之堡壘。與淡水河上之要地。皆爲法軍占領。二十四二十五日。孤拔之艦隊占領澎湖島。此間法國政府乘機欲我國割讓基隆。不納償金。以和我國。拒絕之。先是孤拔欲占領旅順芝罘威海衛三要港。首相悅里不同意。屢命占領基隆。蓋注意於基隆附近之炭礦也。至此法國政變。孤拔跼蹐南方。不得政府之援助。於西六月十一日。憤死澎湖島。

諒山方面之我國軍隊。自接宣戰上諭後。復與法軍交戰。兩次敗北。其後廣西巡撫潘鼎新。自統大軍駐諒山。使蘇元春陳嘉以十八營守諒山中路。（距諒山前百二十里地）楊玉科方友升以九營守西路。（距諒山百三十五里地）王德榜以十營守東路。（距諒山百八十里地）十二月二十日。法軍攻中路。我軍苦戰三日。砲傷甚多。廿三日。陳嘉蘇元春董履高先後敗北。退據諒山前三十五里之威坡。廿八日。法軍進攻威坡。葉家詳先奔。董

馮子材克復諒山

履高中砲折足。軍潰。潘鼎新聞警。棄諒山。奔鎮南關。東西兩軍聞調赴援。至則本部已遁。三十日法軍奪諒山。獲糧餉器械無算。翌年正月九日。法軍攻南關。勇將楊玉科中砲死。十一日法軍焚關退軍諒山。初潘鼎新既退鎮南關。旋退幕府。(距關二十五里)退憑祥。(距關五十里)又退海村。(距關百里)退龍州。關內民大譁。衆軍皆潰。淮軍大掠龍州運糧軍。多攫餉匿逃。游勇肆掠。難民避官軍。蔽江而下。沿江南甯梧州潯州桂林無不驚擾。戒嚴至此。官軍已不成一營。時廣西臬司李秉衡。提督馮子材總兵王孝祺。先後至龍州。秉衡有清望。靜鎮不搖。子材威惠素著。得桂越人心。衆情粗安。子材收集潰勇。新創十八營。言於潘撫。召蘇元春回中路。時法軍於文淵州築砲臺。據守。二月初五日。子材孝祺兩軍夜襲文淵州。初六日破其二壘。我軍多死亡。初七日法分三路進攻東嶺。三壘爲法軍所奪。馮王殊死戰。至申刻。蘇元春援軍至。得不敗。彼此死傷相當。初八日法軍大犯中路。馮蘇誓死決戰。宣告諸統領。『凡敗逃者。不論何軍。皆誅之』。於各隘設卡。截殺逃者。子材年踰七十。帕首持矛出戰。諸將士咸感動。王孝祺手斬退兵數十名。各軍肉薄激戰。奪還東嶺三

岑毓英大破法軍

壘西嶺之法軍亦敗退。是日法兵死傷衆。我軍死傷雖多。軍氣大振。初九日馮督諸軍出關攻文淵州。法軍退走諒山。分守諒城及對河之驅驢墟。十二日諸軍攻驅驢墟克之。十三日早六時子材督軍攻諒山。法軍悉遁。正午克復之。至此子材與諸將定軍略。進規北甯安南兵聞之。願竭力助勦。忽接停戰撤兵之旨。子材憤甚。班師。時雲貴總督岑毓英之軍亦同時大捷。初岑毓英命丁槐何秀林圍宣光府。法軍死守。襲擊十八回不拔。正月十五日尼克留將軍之援兵至。激戰解圍。法兵戰死六十名。負傷百三十三名。二月初八日大破法軍於臨洮。克廣威承祥二府。軍勢大振。二十三日逼興化府。安南官民皆應之。將進逼山西。以和議成。不果。初。東京未激戰之先。中國稅關總理英人赫德居間調和。赫德代表中國政府與法首相交涉三度。皆主張中國無條件（無賠償金）執行前約締和。法政府拒之。至岑馮兩軍大振。勢力東京敗報至巴黎。悅里內閣瓦解。形勢一變。先是中法開戰之際。悅里首相向議會要求軍費三千二百萬弗郎。雖得大多數協贊。然右黨議員。於決議時悉反對退出會場。其後悅里要求增加軍費十六萬弗郎。又告翌年軍費四千三百萬弗郎。議會以旣開戰。不得已承認之。及接東京敗報。悅里請議會增援兵一萬軍費二億。大受議會反抗。西三月三十日。議會對於首相爲信用投票。結果得最少數。悅理內閣遂倒。以布理損組織新內閣。仍任布勒西尼爲外相。

法國政變與和議成立

至此駐北京英公使巴夏禮見二國之和機已熟。出爲調停。於法代理公使畢罷與中國稅務司赫德之間。議成媾和草約數條。尋法公使巴特納與李鴻章會於天津。以該草約爲基礎。於光緒十一年四月二十七日。議成媾和條約十欵。其主要者如左。

中法媾和條約

一　中國承認安南爲法國之保護國。

二　中國擇勞開以上諒山以北二處開爲通商口岸。

三　法國撤退基隆澎湖之軍隊。

四　中國於南數省築造鐵道時。雇用法國人。

五　兩國另派員勘定邊境。協定通商細則。

此條約卽赫德稅務司主張中國無條件執行前約媾和之精神也。兩國之戰爭。

安南邊境通商條約

以此告終局。光緒十二年三月二十二日。復締安南邊境通商細則十九款。其主要者如左。

一　法國得派領事住勞開以上諒山以北之二通商口岸。中國得派領事住河內海防二府。彼此皆以最惠國領事待遇。

二　安南各地方聽中國人置地建屋與開設棧行等事。其身家財產。均受安全保護。與最惠國人民同等。

三　國境通商處。中國人與法人。或與安南人有刑事財產案件時。由中法二國官吏會審。（混合裁判）僑居安南之中國商民。有刑事財產案件。歸法國官吏審訊。

四　新開二市場之關稅。輸入稅按照海關稅減五分之一征收。輸出稅按照海關稅減三分之一征收。

五　禁止鴉片煙賣買。

法國自向東京出兵以來。所費軍費。共達二億五千萬弗郎。當赫德調和議之時。

法政府要求媾和條件有三。『一賠償軍費。二築造內地鐵道權。三課安南華商之人頭稅』至此皆無所獲。僅得南部二處通商而止。甚爲法人所不滿足。翌光緒十三年。法政府任下議院參議恭士達爲北京全權公使。與總理衙門協議安南國界與擴張商務二事。結果於同年五月初六日。締結中越界務專約五欵。與商務續約十欵。關於界務者。東京灣沿海之白龍尾島。法國承認爲中國領土。(前爲法使爭爲法有)關於商務者。規定如左。

一　中國開廣西之龍州雲南之蒙自與蠻耗爲通商口岸。

二　稅率比十二年規定之稅率尤減輕。卽輸入稅照海關稅則減十分之三徵收。輸出稅照海關稅則減十分之四徵收。

三　解鴉片賣買之禁。中國對於輸出鴉片煙一擔。課稅銀二十兩

四　異日中國南境西南境與他國結通商條約時。無論何等利益。法國一律享受。

五　中國得於東京各大城鎮。設立領事館。法國得於雲南廣西兩省城。設立

領事館。

依以上數條約。法國不僅獲完全之安南。且駸駸向中國內地侵入矣。

第七章　緬甸之喪失

第一節　中國與緬甸之關係

印度支那半島中暹羅之西。有緬甸國。在伊洛雅底江之流域。其上游珂瓦。即緬甸本部。下游爲擺古部。太古時諸部落之情形不能知。有若干之小佛團分領其地。爭覇權。忽必烈統一中原。緬甸屬於元。明時伊洛雅底江上中流沿岸之部。即雲南諸土司之一。萬歷中。此部落有莽體瑞者起。征服附近木邦蠻莫龍州千崖孟密孟養諸土司。自稱國王。明廷不能討。自是貢使漸絕。清初桂王逃緬甸。圖恢復。緬人輕之。遺臣李定國白文選分據孟艮木邦以攻緬甸。及吳三桂征緬甸。檄緬人獻桂王自効。緬人盡殺桂王遺族以獻。自後緬甸恃獻桂王之功。亦不貢。及雲貴總督阿爾泰經略雲南。緬甸方與景邁交戰。兩國皆欲依中國之保護以自壯。雍正九年。景邁遣貢使至普洱。爲阿爾泰所拒。緬甸遂亦絕意朝貢。

乾隆十九年。緬甸王莽達剌爲錫箔諸夷所滅。木疏土司雍籍牙者。起兵克復阿瓦。盡臣諸部。建新緬甸國。乾隆二十五年。甕籍牙死。其子孟駁卽位。繼父志稱雄。當甕籍牙之崛起。東北邊境諸部悉臣之。惟桂家與木邦二土司。舉兵相抗。然皆先後敗走。桂家卽明桂王官族之遺裔也。世據波龍之銀廠。以富裕聞。當桂家酋長宮裏雁之敗走也。孟連土司刁派春乘機悉奪其妻子與財產。宮裏雁之妻殺刁派春而降於雲貴總督。緬王孟駁遂遷怒中國。卽舉兵襲雲南屬之耿馬土司。且侵普洱。不克。退復糾合木邦之兵。進擊雲南總兵劉得成等三路。皆敗。總督劉藻自殺。時乾隆三十年也。明年楊應琚爲雲貴總督。以瘴癘大作。緬兵漸退。官軍遂乘間占領孟艮車里等地。置土目。時孟連土司係舊王朝支屬。不服新王朝。孟駁舉兵攻之。孟連土司。遂求援於楊應琚。楊應琚至永昌受降。騰越州吏陳廷獻等貪功。誘孟密土司所屬之孟斂土目。使獻孟密。更誘木邦土司之子弟在孟坑者。使獻木邦。總督楊應琚遂以新得二地上奏。然二地非可以虛武獲取。使副將趙宏榜將兵奪蠻莫之新街。其地臨伊洛雅底江上游。形勝地也。緬甸直進軍回復之。且侵龍州之虎踞關。提督李時升戰守關外。勝敗不決。緬甸更分兵一隊由萬仍闌侵入掠永昌騰越之邊境而歸。然楊應琚等終欲得二土司之地。以實前奏。李時升使哈國興等進擊新街楊應琚使朱崙等伐木邦。皆不能克。楊應琚復奏請棄新附之地。時高宗不知南方實情。以應琚欺飾之罪逮問。另起征緬之師。乾隆三十二年三月。詔伊犂將軍明瑞爲雲貴總督兼征緬將軍。使率二萬三千兵入緬甸。參贊額爾登額自孟密老官屯攻北路。明瑞親由木邦孟艮攻東路。以九月二十四日發。十一月八日明瑞軍至木邦。緬甸兵望風遁。明瑞入木邦城。置兵守之。旋渡錫箔江攻蠻德勒克之。又自象孔向孟籠以北路軍無消息欲退軍木邦。緬甸兵悉衆來追。明瑞軍退至小猛育。敵兵數萬蝟集遮前路。陷於窮途。乃令軍士乘夜遁走。親殿與觀音保札拉豐阿以下諸將皆戰死。先是額爾登額之軍被阻於老官屯之敵軍。不得進。其後接明瑞赴援之令。亦不急赴。故老官屯之敵兵得依間道襲木邦。破其守兵。回復之。卽以全軍集中阨明瑞。故致此。時三十三年二月也。高宗接報震怒。處額爾登額死刑。另起遠征軍。時緬甸見明瑞之勇懼。還其俘虜求和。副將阿里袞奏上。高宗不許。

明瑞將軍征緬甸之失敗

三十四年春。以大學士傅恒爲經畧大臣。阿桂阿里袞爲副將軍。增發滿州蒙古之兵。傅恒以四月一日至騰越。定進軍之路。七月二日率大軍出發。渡伊洛雅底江上游之戛鳩江。威服孟拱孟養兩土司。阿桂率偏師出虎踞關。進取孟密。九月下旬。於蠻莫之野牛壩。造戰艦。以通兩軍聲勢。十月一日傅恒渡江抵蠻莫。由蠻莫出伊洛雅底江。會敵軍水陸來犯。阿桂阿里袞分兩岸進擊。哈國興海蘭察將舟師進擊。三路皆勝。時以傅恒與阿里袞皆羅病。不向阿瓦而攻老官屯之敵城。老官屯臨伊洛雅底江。卽前年額爾登額進軍被阻之堅城也。城將以我軍攻擊急。大恐。請和。時阿里袞已病死軍中。傅恒病亦不癒。諸將皆主和。遂與緬甸議定和約二條。

一　緬甸對於中國行貢獻禮。返中國俘虜。與土司侵地。

二　中國以孟拱孟養木邦蠻莫諸部。返還緬甸。

傅恒奏聞高宗。以國威旣張。詔班師。遷孟拱土司於關內。棄關外之地。留阿桂溫福於雲南。仍講邊備。

緬甸服屬中國

先是緬甸與暹羅有隙。乾隆三十六年。金川叛。阿桂温福等皆赴四川征討金川。緬甸乘機出兵攻暹羅。不能克。時緬王孟駁死。其子贅角牙立。四十一年。聞金川平定。懼。請入貢。然不如約還捕虜。阿桂李侍堯等復赴雲南整軍備。四十四年。緬甸酋孟魯弒贅角牙自立。國人又殺孟魯。立甕籍牙之季子孟隕爲王。孟隕幼爲僧。不好戰爭。見暹羅國勢漸盛。懼。遂有通好中國之志。四十六年。暹羅王遣使至北京。與中國交好。愈密。孟隕益懼。五十一年。暹羅國王受高宗册封。孟隕遂決意入貢。五十三年。遣使至北京。還捕虜。五十五年。緬王賀高宗八旬萬壽。受封册。約十年一貢。自後爲中國屬國。

第二節　英國之侵略緬甸

英緬衝突之原因

英國與緬甸之交涉。自十八世紀之末已啓端。乾隆四十九年。緬王孟隕（孟隕王依同國史家之批評。次於父王甕籍牙之英主也）東方征服暹羅境上之馬爾達邦。與地那悉林兩州。西方占領阿剌干。而與英領孟加拉部接壤。然阿拉干人民不心服。擧兵謀獨立。不克。多遁英領之孟加拉。緬甸政府向英領印度總督請送還亡命者。總督以國事犯爲詞。

英國第一次攻緬甸

不應其請。且遣使至阿瓦。欲與緬甸政府有所協商。孟隕視英人不過一種商人。不應。且催返還罪人。又爭國境上島嶼所有權。幾至出兵。嘉慶二十四年。孟旣繼孟隕爲王。守前代政略不變。道光二年。遣軍攻西北諸小國。征服阿薩密曼尼波兩國。又侵西查爾。進入英領。殲印度土兵一隊。英國大怒。遂起攻緬軍。

道光四年。英國政府任印度總督甲麥爾爲伐緬將軍。將軍依海路徑抵南緬之仰光府。緬甸兵築木柵防禦。悉爲英兵破壞。直上陸。市民悉遁藪澤。時值雨季。又緬民悉收家畜食物。英軍不能追擊。暫屯仰光。初緬人以南方天險。不設備。以全力防禦孟加拉境。見敵兵突現海上。大驚。命大將温賚拉拒戰。温賚拉率陸軍六萬赴仰光。大敗。沿伊洛雅底江退距仰光四十哩之地以爲防禦。明年被英兵圍擊。温賚拉中彈死。緬兵無統率。全軍潰亂。英兵進迫阿瓦。(緬甸國都)緬甸政府大懼求和。道光六年。(一八二六二月二十四日)締結下之媾和條約「緬甸賠償英國軍費一百萬磅。割阿薩密阿拉干地那西林三州爲英領地」是爲第一次緬甸戰爭。

右媾和條約。償金及割讓三州之外。豫約日後另締通商條約。而關於設置理事

英國第二次攻緬甸

官及保護商人之件。以特筆記明。道光十年。英政府遣大佐布爾尼伊爲阿瓦理事官。緬甸政府以外交官爲偵探。不表敬禮。道光十七年。緬王弟孟坑弑王自立。遷國都於阿馬拉普剌。布爾尼伊知新王嫉視外人。不欲受辱恥。退去國都。印度總督怒。另遣新官赴任。然以不堪辱待。亦假疾退仰光。道光二十年。孟坑王背約拒理事官駐國都。印度總督亦不强與之抗。翌年孟坑王親率大軍赴仰光。欲英人返還阿拉干地那西林二州。然回憶昔年之敗。卒恐啓戰端而還。道光二十五年。孟坑王爲叛徒所弑。長子巴干麥卽位。國事愈混亂。在仰光之英商被地方官虐待。訴於印度總督。咸豐元年。總督遣少將拉穆伯德赴仰光調查。且向緬甸政府發詰問書。緬政府罷仰光知事。更任新官。然新官與前官無異。約與英使會見之日。定正午爲期。英使如時往訪。則稱在睡中。而實倚窗望英使苦於炎暑中爲快。英使受此屈辱。大怒。卽奪河上之王船。且要求賠償金與知事謝罪狀。知事亦怒。卽令緬兵據木柵砲擊使艦。使艦應戰。直破木柵。封鎖仰光港。印度總督聞警。急令少將哥德珊率陸兵五千八百。水兵二千四百。汽船十九艘。抵仰光。先鋒船

法緬密約與英緬宣戰

揭休戰旗。溯伊洛雅底江而上。要求緬王爲切實回答。忽受緬兵砲擊。全軍上陸激戰。遂占領仰光及附近諸都市。緬兵敗走上緬甸。時緬王爲革命黨所弑。其義弟墨多默卽王位。求和。九月於仰光結媾和條約。「割擺古州爲英國領地」自此南緬全爲英領。英政府卽以仰光爲英領緬甸之首府。是爲第二次緬甸戰爭。

第三節　英國之併呑緬甸

英國經營緬甸。由南部侵入。既如前節所述。原印度支那半島。英法二國。互爭勢力。法國以英國既得緬甸南部。則亦由東京地方向緬甸東部侵入。遂開緬甸滅亡之局。先是南緬割讓之後。緬王甚埋恨於英。法首相德羅克爾欲乘機扶植法國勢力於緬甸。於光緒八年遣大使至緬甸。其目的欲於馬來半島克剌峽開鑿運河。其運河所有權歸法國。後被英人妨害。不達目的。大使遂入緬甸國都。光緒十年。與緬王結法緬攻守同盟密約。「法國代緬王拘禁覬覦王位之實兄。緬王以湄公河以東之領土割讓與法國」翌年一月法政府公然將該密約發表。英國政府大驚。遂定併呑緬甸政策。値緬王與孟買緬甸商業會社有紛議。印度總

英國之占領緬甸

督達發林爲之調停。緬王不應。達法林乘機發最後通牒。要求『受英國保護與否』之確答。緬王七一波爲消極之回覆。達發林遂宣戰。

光緒十一年十月。(一八八五年十一月十三日)英陸軍中將布連達加德率步兵三旅團砲兵一聯隊。水兵一旅團溯伊洛瓦底江而上。緬甸第一防禦要塞爲泰崖模遙距塞前四十四哩之地。夾江右岸有米拉左岸有奇爾康二堡。各備砲防禦。西十一月十七日。英軍砲擊二堡。旋占領之。更進奪泰崖模遙。十九日英軍溯航向蒲甘。二十二日占領之。時緬兵數千屯禦緬緬。英軍突擊之。緬兵悉遁。英置一軍守之。以其餘兵向緬都蠻德勒進發。將抵阿瓦。(緬甸舊都)則緬船一艘。揭白旗自上流下。卽緬甸乞和大使內務大臣宓約五是也。至英船前乞休戰。布連達加德答曰。『獻國王首都軍隊。則應其請』。是夜英艦泊阿瓦。翌日乞和使復至。悉應英軍之要求。阿瓦附近城寨。悉揭白旗。英軍進阿瓦市內。悉收緬兵戰器。是夜卽向蠻德勒進航。城內兵民約十五萬。悉無戰意。英軍整隊入城。外交宮謁見緬王。略談數語。限緬王以二十四時出國都。翌日布連達加德將軍入城。緬王求再展期。將軍取懷中錶視曰『十分』。緬王大哭。旋與王妃及王妃生母少數從者乘英船南向仰光出發。後被禁於印度之厤打拉薩。是役英軍自向征途。不出二週。不遇激戰。而獲緬甸全土。緬甸不一血戰而亡。東洋國如此容易征服。實出歐洲人意想之外。

緬甸編入英領印度之一部

自是布連達加德監督緬甸官吏。改革行政事務。緬民雖屢起反抗。然卒被鎭壓。翌年一月。(光緒十二年)英政府兼併上緬甸。二月合併上下緬甸。五月以緬甸編入英領印度之一部。緬甸國全亡。

第四節　中英中法英法諸協約

中法二國不干涉英併緬甸之原因

乾隆五十五年。緬甸受中國封冊。爲中國藩屬。光緒十年。法國與緬甸結攻守同盟之約。已如第一節及第三節所述。中法二國與緬甸有如此密接關係。乃當英併緬甸之時。中法二國。皆束手任英國自由處分。不加干涉者。一則當時以安南事件。中法構釁。彼此無他顧之暇。一則英將軍自出師不二週占領全緬。以迅雷不及掩耳之軍略。令人欲援不得。故英政府不過第三國干涉。得達合併緬甸之目的。雖是年中法戰爭告終。然我國自與法國開戰以來。兵勞財困。朝野寒心。將士無再戰之勇。朝廷亦外交謹縮。不敢輕啓釁端。除將緬甸拱手讓與英人外。別無長策。而法國乘機另擴利權於南部各省。遂起英法協商與中英再協約之機。英法二國僅依談判而獲無限權利。我國亦僅依談判喪失屬國。且遺腹地無限之憂。茲順序述其情狀於左。

英國自併緬甸。遂與中國接壤。又緬甸之保護權。中英易位。則英國自不得不與中國協商。時我國政府。對於此問題。除承認外。別無抵禦之策。自不得拒其協商。光緒十二年六月二十三日。兩國全權會於北京。結左之協約。

一　英國仍承認緬甸照常例十年遣使進貢中國一次。但其使節限於緬甸種族。

二　中國承認英國對於緬甸有最高主權。

三　滇緬境界由兩國派員會同勘定。邊境通商事宜。另立專約協定。

四　光緒二年芝罘條約許英國派員入西藏一件。茲以中國諸多窒礙。英國允將該件停止。

右條約第四項。與緬甸問題無關。先是光緒二年芝罘條約之別項專條。規定『中國政府許英國派使進西藏探測』。光緒十年。印度民政廳吏員瑪苛烈欲進西藏剌薩府。至北京交涉。由總理衙門發給護照。瑪苛烈得護照後。大變初志。始意由中國本部進西藏。後變由印度進西藏。始意少數人同行。後變爲携多數學者視察西藏之礦脈。我政府聞之大不懌。而西藏人反抗尤烈。有不辭訴之干戈之勢。斯時政府不威壓西藏人。則必取消總理衙門之護照。二者皆不易行。偶以緬甸問題之機會。得於此解決之也。

右條約第三項劃境通商之事。遲數年未履行。至光緒十七年。英兵至雲南省騰越附近。與居民大衝突。於是滇緬劃界問題更迫切。光緒二十年正月二十四日。駐英中國公使薛福成與英外務大臣羅斯伯里。於倫敦締結滇緬境界及通商條約二十四欵。其主要者如左。

滇緬境界及通商條約

甲　關於境界者。

一　自北緯二十五度三十五分起。由格林尼址東經九十八度十四分。即北京西經十八度十六分之尖高山起。南行至北緯二十一度二十七分。格林尼址東經一百度十二分卽北京西經十六度十八分之湄公河岸。爲兩國境界。

二　北緯二十五度三十五分以北之邊界。俟異日勘定。

三　永昌騰越邊界外之隙地歸於英國。木邦科干及從前中緬共屬之孟連江洪二地。歸於中國。但孟連江洪二地若不先與英國議定不得讓與他國。

四　境界綫十英里之內。兩國皆不得建設砲臺營寨。

乙　關於通商者。

一　中國於緬甸之仰光。英國於雲南之蠻允。各設領事館。

二　兩國之交通。暫定蠻允盞西之兩路。

三　英國承認中國人在伊洛瓦底河自由航行。

四　中國課稅。輸入稅照海關稅則減十分之三征收。輸出稅照海關稅則減十分之四征收。

五　接連兩國之電線。

右條約雖爲實行前約第三條之結果然英人一欲擴張權利於中國西南部一欲對峙法國南部各省之侵略其以孟連江洪二地讓與中國而下不准讓與他國一語尤非我國斯時外交家所能測蓋法國自與緬甸結密約以來其野心毫無所逞斷非其所甘心湄公河左岸領土卽緬王許割讓與法國之地英以該二地與中國者所以避己國與法國衝突中國若不能依約保守則得索別項之賠償也。

法國先與緬王密約得領湄公河左岸之地。英用兵緬甸時。法不暇保護條約上之權利。至此中英協約成。緬甸主權。全歸英有。自後法人對於緬甸之權利。不能擴張一步。而湄公河畔孟連江洪之地。依中英條約歸中國領有。則法緬條約上之權利。歸於烏有。於是法政府將前對於緬甸之野心。一轉而用之於中國。駐北京法公使哲拉爾與總理衙門嚴加折衝。要求修正光緒十三年五月初六日之境界與通商條約。總理衙門不能堅拒。慶親王奕劻與法公使另結新約。卽光緒二十一年五月二十八日中法境界及通商續議專條是也。

甲　關於境界者。

一　法國領土擴張至湄公河上流東岸之地。江洪河畔確認爲法國領土。

乙　關於通商者。

一　光緒十三年北京條約。中國允開龍州蒙自蠻耗三處爲國境通商口岸。自後以河口代蠻耗而加開思茅一處。

二　中國將來開雲南廣西廣東三省之礦山時。礦師人員等須聘用法國人。

三　越南鐵道。得接至中國境內。

四　中國之思茅與越南之孟阿間。接續兩國電綫。

五　廣東邊界。與越南芒街相對之東興街。法國派領事駐紮。以任邊界捕務。

依此約法國於法領印度西北部大擴張領土於中國。又增加通商利益。且斯時各國對於中國之經營尙未開採掘鑛山建築鐵道架設電綫之端緒而法國首先着鞭立經營南部各省之基礎。然光緒二十年之中英協約規定『江洪地方非英國認可不得讓與他國』今中法私相授受正落英政府之外交圈套中。中法條約發表後。英國輿論大激昂。英政府先與法國談判。却不爭江洪之地而乘此機會。以解決湄公河上遊二國多年之懸案。且對於中國南部各省利權欲與法國幷享之。英外務大臣與法公使協商於倫敦。兩國領地境界及邊境裁判權與暹羅獨立之事。悉規定外。而對於中國雲南四川二省之一切權利規定兩國同樣享受。且得扶助勢力進行。卽一八九六年一月十五日（光緒二十二年）之英法協約是也。

英國政府。既與法國協約。旋責中國政府背江洪不割讓之約。要求特種權利。更正前約以爲賠償。我國無辭拒絕。不得已命李鴻章與英公使於光緒二十三年正月。締結中英新協約。卽更正光緒二十年滇緬境界及通商條約之新約是也。

茲述其改正之點於左。

甲　關於境界之規定

一　現在仍歸中國所有湄江左右岸之江洪土地及孟連等處自後不先與英國議定。不得將全地片土讓與他國。

乙　關於通商之規定

一　前約定於蠻允設英國領事館。茲以騰越或順寗代之。而英國更得於思茅設領事館。

二　將來中國於雲南築造鐵道時。須與英國之緬甸鐵道相接。

三　前約定兩國交通。限於蠻允盞西路。自後若發見他處便於貿遷之路。仍一律開放。

四　廣西之梧州府廣東之三水縣城江根墟開爲通商口岸英國派領事駐紮。

五　沿香港廣州至三水梧州間水路之江門。甘竹灘。肇慶府。德慶州四處。

開爲碇泊場。按照長江碇泊場辦理。
光緒二十年英外務大臣羅斯伯里以江洪孟連讓與中國之政策。早知爲異日收大效之基礎。至此以英法中英二協約。於印度支那方面則斷英法將來之衝突。於廣西廣東雲南四川各省之經營。則與法國幷駕齊驅。得後來無窮之希望。其外交政策。至此大成功。而我國於不知不覺中。既斷送藩屏。復貽腹地無限之憂。固由國力不強。亦實因外交當局者思力眼光不能洞悉前後數年之事。以致墜其術中而不悟也。

第八章 中日戰爭

第一節 韓國與中日二國之關係

註 韓國古時。多稱高句麗。又稱高麗。自明太祖二十五年。改國號曰朝鮮。至清光緒二十二年李熙時。改國號曰大韓。此書自中日戰爭以前所有一切事實。應稱朝鮮。著者爲謀劃一起見。除第一節叙古史外。統以最後國號爲標準。統稱韓國。免致混淆。

箕子封朝鮮

周武王滅殷。封箕子於遼東。爲朝鮮王。後次第東南侵。其子孫遂建都平壤。大振勢力。半島北部。悉歸箕氏版圖。至箕準之世。燕人衛滿由遼東渡鴨綠江。逐箕準。奪其地。自立爲朝鮮王。其孫被滅於漢武帝。自是漢江以北之地。悉爲漢版圖。

韓國與秦漢之關係

當此時。半島南部。有三韓鼎立。馬韓辰韓弁韓是也。馬韓係箕準避衛滿難南遷所建之國。奄有現時全羅忠清二道。與京畿道之南部。辰韓係秦時中國人民避苦役。由山東渡海至半島南部所建之國。奄有現時慶尙道之大半。弁韓多係中國南部人民由山東渡平安道所建之國。奄有現時慶尙道西南隅之地。至西漢之末。三韓悉衰。

韓國與日本關係之始

韓國與南北朝及唐代之關係

先是辰韓地有新興國曰新羅。滿洲松花江流域之扶餘種族。亦於鴨綠江上流建高句麗國。而高句麗之另一部於馬韓地建百濟國。自是三國鼎立。皆強盛。而高句麗與百濟兩國互結怨不解。其時弁韓加羅者。遣使獻貢於日本。乞其保護。日本崇神天皇賜以國號曰任那。遣鎮將治其國。於任那置日本府。其後日本神功皇后用兵新羅。（漢獻帝建安六年）自是新羅爲日本屬國。未幾百濟亦貢於日本。於是任那之日本府爲南韓全部之政廳。然斯時據北韓之高句麗國。西略遼東。南破百濟。雄視北方。終不降日本。中國南北朝時。納貢稱臣。大示南侵之勢。新羅百濟二國同盟當之。其後高句麗與百濟結合。新羅大恐。頻遣使哀訴於唐。唐大宗親征高句麗。終不勝而還。高宗之世。先遣師破百濟。次李勣以大軍滅高句麗。唐既滅二國。置安東都護府於平壤。此時新羅之武烈王有勇略。頻遣兵侵唐領地。其子文武王終逐安東都護府。是爲韓半島最初之統一者。

文武王後二百年。女主眞聖王寵佞臣。紊朝政。弓裔甄萱二人。各據一方稱王。韓地復三分。其後鐵原之衆。逐弓裔。擁王建爲王。都松岳。(京畿道開城府)國號高麗。王在位十八年。滅新羅號令全半島。是爲高麗大祖。建國以後世世朝貢中國。及遼盛。受遼冊封稱臣。遼滅後臣事於金。高宗卽位。權臣崔瑀擅政。大失信用於元。被元征討降之。遣官駐其國干預政事。及元世祖欲招致日本。命高麗元宗遺國書與日本。怒日本不答。世祖擧兵伐之。高麗起兵四萬戰艦九百爲應援。卒被颶風破壞。敗歸高麗。自是國庫日空。國王世世娶元室之女爲妻。朝覲不絶。全奉元室命令。忠烈王曾孫恭愍王無道。國政日非。又加倭寇猖獗。藉名將李成桂之力。得鎭定之。恭愍王無子。倖臣僧遍照之子辛禑。承遺命爲王。遣使修貢於明。乞封冊。明太祖以辛禑非王統。不准所請。辛禑怒。合蒙古兵侵遼東。李成桂諫之不聽。成桂與諸將謀。廢辛禑。立王族恭讓王。然恭讓王柔懦不服民心。李成桂英邁有謀略。國人擁之爲王。改國號曰朝鮮。徙都漢陽。(今之京城)遣使告明。受明太祖之封冊。是爲朝鮮太祖。(卽韓國最後王家。以宣統二年。亡於日本)

恭讓王之時。與日本對馬島守主宗氏結通商條約。定釜山浦。乃而浦。鹽山浦。爲兩國通商口岸至昭敬王時。遂被日本豐臣秀吉之侵害。初豐臣秀吉將侵明。先欲招致朝鮮。朝鮮馳以報明。大修城池以待日軍。明萬歷二十年。豐臣秀吉起兵侵朝鮮。逕由半島上陸。逼漢陽。朝鮮王棄都逃。乞援於明。明發大軍援之。次第敗迫。不半載八道悉爲日軍占有。二王子被擒。明廷震駭。請和。秀吉怒明使譎詐。於萬歷二十五年復攻朝鮮。翌年秀吉卒。始退兵。

韓國與日本豐臣秀吉之關係

日本德川家康執政。欲修鄰好。遣對馬島主宗義智往朝鮮。明萬歷三十年。朝鮮遣使往日本議和。自是兩國再開交通。萬曆三十四年。昭慶王遣使奉國書往日本。是爲朝鮮聘日本之始。以後德川幕府有吉凶。朝鮮必遣聘使。光海君在位時。設日本館於釜山。歲定貿易船額。兩國通商始復舊。

韓國與日本德川家康之關係

憲文王繼位。値清大祖崛起滿洲。明天啓元年。大祖破明與朝鮮之同盟軍四十七萬於赫圖阿拉之西。是役爲明清決興亡之戰。自是朝鮮大懼滿軍。太宗卽位之年。(明天啓七年)卽遣將伐朝鮮。越二年。太宗親率八旗精銳圍北京。虜明將卒。還軍瀋陽。令朝鮮歲貢。崇禎九年。太宗定國號曰清。翌年親征朝鮮。降之。自是

韓國與清之關係

朝鮮爲中國屬邦。受封冊。奉正朔。朝貢按歲不缺。

第二節　日韓衝突與天津條約

韓國自降服於淸。與日本貿易亦日盛。顯義王以後。與日本使聘交通不絕。熙倫王之頃。日本尊王攘夷論起。不遑議鄰好。兩國使聘中斷。同治二年。熙倫王薨。立興宣君之子熙爲王。年方十二。興宣君爲大院君。攝政。固執鎖國主義。嚴禁耶蘇教。同治五年。法國宣教師被殺。法軍艦七艘進襲江華島。失利退却。同治九年。美國商船溯大同江。船員悉被殺害。美軍艦五艘溯漢江進軍。亦無功退還。自是大院君益驕傲。輕侮外人。日本明治元年。遣對馬島守吏宗重正往韓國修舊好。且告王政復古。韓廷以爲惟中國可用皇帝尊稱。見日本國書中有大日本皇帝及皇勅字樣。不肯接受。宗重正返國報韓國冥頑。非口舌可爭。須以兵力懼之。於是征韓論漸起。旣韓廷對於東萊釜山兩府。撤日韓兩國官吏接見所。

大院君之排日主義

大院君以日本開國。與西人交好。目爲禽獸。不可與交。於國內發布『與日本人交際者處死刑』之條例。時日本外務大輔上野景紀以韓廷暴慢。不可不問。參議西鄉隆盛

日本征韓論

主張「自任使節往諭。如不聽然後興問罪師」。先是日本外務大臣副島種臣以臺灣事件赴中國以韓廷對日本暴慢問中國之責任總理衙門答以「中國對於高麗雖與封冊及正朔然其內治與和戰皆高麗自主。與中國無關係」種臣返國報告日政府遂定以獨立國待遇韓國之方針副島種臣與西鄉隆盛爭任韓使。日廷擬決任西鄉往。時岩倉具視大久保利通木戶孝允視察歐美各國歸朝悟文明進步之次序主張改良內治以立國家之基礎大反對征韓論。西鄉隆盛固執不動。岩倉以下之平和論者悉提出辭表西鄉亦不得已退內閣日廷尋任岩倉爲臨時大政大臣征韓論全失敗時同治十二年也。(明治六年)

江華事變

光緒元年(明治八年九月)日本軍艦雲揚號以測量韓國沿海及中國牛莊等處過韓國月尾島泊江華灣下小艇溯漢江被砲臺守兵砲擊雲揚艦應戰旋破其砲臺奪永宗城報達東京日廷卽利用此機遣黑田淸隆爲全權大臣井上馨爲副使往韓國以陸兵一隊軍艦六艘爲護衛翌年二月抵韓國與韓國欽差大臣申櫶副官尹滋承會見責前年拒絕國書與砲擊軍艦之無禮且要求結修好條約限十

日內與確答。當時韓廷主張開國主義之閔族。雖漸得政權。然大院君之勢力尚大。廷議不能決。日使遂退去艦中。更與四日遲延。時右大臣朴圭壽以下七八人。排羣議。論開國之利益。周旋朝野。衆論漸一。國王及王妃亦納之。於是日韓修好條約成。卽江華條約是也。其最重要者如左。

江華之日韓修好條約

一　韓國爲自主之邦。與日本有平等之權。

二　韓國於沿海二處開通商埠。（光緒六年開咸鏡道之元山津。十六年開京畿道之仁川。）

三　韓國沿海任日本人自由測量。

日本對中韓政略

右條約第一欵如法國與安南第一次條約認安南爲獨立國同一筆法。蓋斯時日本政府對中韓兩國已定絕對之方針。自認韓國爲獨立國以後。便可直接與韓國交涉。斷絕中國一切干預。又使韓國以獨立自主之名義漸與中國分離。以破中韓宗屬關係。且乘其開國之初。以獨立之名代爲紹介於世界。以破各國之中韓宗屬觀念。此其外交政略也。

初江華灣事變起。日廷將遣使問罪之時。對於中韓兩國之宗屬問題。有所顧慮。

遣森有禮爲特命全權公使往北京向總理衙門告「日本政府對韓國之意見」恭親王以中日修好條約有「所屬邦土不相侵越之語」則主張「日韓有問題宜先與中國交涉不應直興師問罪」森有禮以「韓國外交悉由自主則日本應以自主國待之」爲言談判不得要領及江華條約發表我國應極端反抗不辭訴之干戈迫日本取消該條約之第一款庶足以固中韓宗屬關係乃斯時我國政府竟默認之毫不反抗於是日本以後對韓國之一切跋扈可不認我國之發言權我國斷送韓國與日本實以此時爲第一步也惟中韓之前例關係全然繼續

中國斷送韓國之第一步

而韓國亦實認中國之宗主權光緒六年美國政府使水師提督修說德求日本政府紹介與韓國結通商修好約韓廷拒絕之提督轉至中國求李鴻章紹介韓廷始受美國大統領國書許修好光緒八年於仁川港結美韓通商條約是爲韓國與歐美人開商埠之始此條約案係李鴻章所起草美韓條約成德英俄伊法與六國競派使臣往韓國皆得締結修好通商約中國亦於光緒八年與韓國訂商民水陸貿易章程特開京城義州會寗三府爲商埠其章程序言云「今回所

中韓宗屬關係之公認

結水陸貿易章程係中國優待屬邦之意非與各國一體均霑之例』。斯時韓國外交依中國指導。優待屬邦之語。明記約章。則韓國仍實認中國之宗主權。西歐各國亦默認中韓之宗屬關係無疑。而俄韓陸路通商及英國占領巨文島事件。全與中國開交涉。尤爲公認中韓宗屬關係之確證。

註一　自咸豐十年。中國以烏蘇里江圖們江以東地。讓與俄國之後。俄韓兩國自此接壤。韓民移住俄領者日多。光緒十年。俄國派大使韋貝入韓京。與韓廷締結通商條約。及特別議定書後。更要求陸路通商。時李鴻章之幕賓德意志人穆麟德爲韓廷外交顧問。爲韋貝周旋頗力。（初李鴻章聘穆麟德爲幕賓頗器重之。以韓廷聽日本開放海禁。遂薦穆麟德爲韓廷外交顧問。乃穆麟德狡黠。以韓廷積弱。不足立國。視爲奇貨可居。說韓廷『中日兩國不利韓之獨立。不若引俄國爲援』韓廷昏昧不悟。俄韓國交開端自此始。穆與俄廷有何密約。雖不可知。然盡力爲俄國謀利。則昭昭事實也。）李鴻章聞之。草問答錄七條送韓王。極言與俄國陸路交通之不利。韓王納之。其議暫止。乃穆麟德不謀之韓廷用韓國政府之名。與俄使訂陸路通商豫約。至光緒十二年俄公使公然逼韓廷履行豫約。韓廷始疑穆麟德。李鴻章自悔罹其欺詐。召還之。更以幕賓美國人鄧儀爲韓廷外交顧問。鄧儀亦穆麟德之亞流。抵韓國後。即忘李鴻章之舊誼。著中韓關係論一篇。極言韓非中國屬邦。幷攻擊中國對韓態度。蓋亦欲倚俄國以成其志也。俄使乘機與鄧儀結託。復提出豫約。迫韓廷實行。光緒十四年。韓廷卒與俄使結陸路通商約。翌年開慶興府爲商埠。是約比韋貝最初之要求。大爲縮小。李鴻章牽制之力也。

註二　英國占領巨文島事件。在光緒十一年。(一八八五年)當時英以阿富汗境界問題。與俄起爭端。英政府欲得韓國之巨文島爲海軍根據地。爲東洋海面牽制俄國之策。以韓國外交。由中國指導。先向中國政府求承諾。總理衙門命曾紀澤與英外務大臣協商。尋以『占領期間十二個月。及不損中韓兩國之權利爲條件』許之俄國聞之。迫總理衙門『若許英國占領巨文島。則俄國亦占領他之島嶼。或韓國之一部』中國大困難。告英國前約不能簽印。然駐韓英總領事謁韓王。得韓王之許可。英國遂占領之。同年十月。阿富汗境界問題解決。英國依然占領之。俄公使向總理衙門爲强硬談判。總理衙門命曾紀澤與英政府交涉。英政府要求『中國政府爲巨文島不讓與他國之保證。然後放棄之』其後我國政府。得俄公使『若英國放棄巨文島則俄國永不占領韓國領地』之言。以示英政府。翌年二月。英遂撤巨文島之兵。

歐美各國旣公認中國對於韓國有宗主權則日本以韓國爲獨立國紹介於世。界亦不甚得效果。於是日本一方扶勢力於韓國。一方企朝鮮脫中國之宗屬。壬午大院君之亂。日本遂得達一部之目的。先是江華條約後。大院君陷於失意之

境。開化黨漸得勢力。光緒七年。開化黨之有力者。金玉均徐光範十數名。遊日本。察其維新政化。返國。愈倡進步主義。乘大院君謀廢立之嫌。（大院君謀以他子李載先更李熙王位）大排斥守舊派。奉外戚閔族爲中心。建設新政府。力圖新政。聘日本堀本陸軍中尉爲新軍訓練。日韓關係漸密。斯時大院君退隱。見國勢日趨向於日本。又同志退朝。閔氏專政。陰謀糾合與黨。恢復勢力。

大院君與開化黨之衝突

壬午暴兵之亂與日韓起釁

是年。京城有兵營合併之事。掌軍政之金輔鉉閔謙鎬等。貪婪無厭。乘機多呑軍餉。而軍吏更從中侵蝕口糧。兵士大怒。有毆打軍吏至死者。閔謙鎬嚴行軍令捕殺亂兵。亂兵激昂。欲殺諸閔。以洩積憤。訴諸大院君。大院君欲乘機顛覆閔族。陽撫慰之。陰使心腹煽動亂兵入宮。殺閔妃與諸閔。告大院君將爲後援。時七月二十三日也。翌朝。兵士先殺大政大臣李最應。犯王宮。王妃急變服逃尹泰駿家。大院君長子入宮退衆。稱閔妃已戕於亂兵。逼國王自收政權。同時大院君唆兵士殺日本陸軍中尉堀本禮造等七名。又襲擊日本公使館。日公使花房義質與書記等二十八人。突圍赴王宮。以城門閉鎖。不得入。乃冒夜奔仁川。翌日受仁川府

日本之出兵

吏殷勤接待安之。忽被亂兵追襲。巡査及通譯四名死之。公使等奔濟物浦。巡航長崎。以事變告本國政府。時日本政府閣議分和戰兩派。七月三十一日。外務大臣井上馨自赴馬關。以韓廷問罪處分授花房公使。八月十六日。花房公使率護衛兵二中隊入京城。十八日陸軍少將高島鞆之助。海軍少將仁禮景範率海陸兵一千二百名入京城。二十日。花房公使謁韓王。提出要求數件。限三日為最後決答。時大院君已恢復勢力。大政大臣照會日公使云「別有王命將往山陵。本件請俟歸後再議」。花房公使大怒。即去京城歸艦中。時中國駐韓公使馬建忠追花房公使至仁川。告居中調停之意。花房公使嚴拒之。馬公使空歸京城。

中國對韓出兵

先是韓參議金允植。校理魚允中在中國。聞暴兵之亂。請直隸總督李鴻章出兵鎮壓。韓王亦竊請救援。李鴻章命北洋水師提督丁汝昌。廣東水師提督吳長慶等率四千兵赴韓國。是等軍隊自南陽灣上陸。入京城之時。正花房公使去京城入仁川之後。此間李鴻章命駐日公使黎庶昌會日本外務大臣井上馨。告中國調停之意。井上外務答曰「貴國雖視韓國為屬國。日本視韓國為獨立自主國

李鴻章對韓果斷處分

自有明治九年日韓兩國直接協定條約以來爾後無須依賴貴國調停」其後黎庶昌以總理衙門之命復與井上有交涉。井上峻拒之。至此李鴻章以爲日韓開戰。或中日開戰。皆非中國之福利。乃命馬公使斥變亂張本人之大院君。馬公使於二十五日。督軍圍王宮。捕大院君送南陽灣。命丁汝昌擁送至天津。同時捕其黨百七十餘人。而關於日韓之善後策。亦陰有所斡旋。於是韓廷局面一變。韓王旋命李裕元金安集爲全權正副使與日公使結濟物浦條約六欵如左。

日韓濟物浦條約

一　捕究兇徒嚴懲渠魁。

二　償死者恤金五萬圓。

三　償兵費五十萬圓。

四　自後日本以軍隊駐京城衛護公使館

五　兵營設置之費用歸韓國負擔。

六　遣大使往日本謝罪。

右條約締結之後。同年（光緒八年）十月。韓國政府派朴泳孝金晚植爲全權謝罪大

韓國維新之趨勢

使往日本徐光範閔泳翊金玉均等隨行。閔泳翊係閔台鎬之子。王妃之姪。徐光範金玉均夙抱進步主義。特往日本視察學藝施政諸要務。返國大唱改革國政。奏請採日本維新模範。以圖振興國勢。旋聘日本人牛場卓造井上角五郎爲韓廷顧問。又糾合同志。組織獨立黨。期實行維新政治。日本政府。多與協助駐韓辦理公使竹添進一郎以步兵二中隊爲護衛。多與金玉均等畫策。

日本對韓市恩政策

自壬午亂後。中國政府。見日本對韓勢力日增進。亦漸定干涉韓國內政之方針。李鴻章遣商務總辦陳樹棠及德人穆麟德爲韓廷顧問。任袁世凱爲駐韓全權委員。留二千兵屯京城。與閔氏一族相結。託贊助其守舊政策。時日本政府。見中國對韓政策愈緊。則一轉從前之强硬主義。而定欲取先與冀收韓廷歡心之策。時濟物浦條約償金五十萬圓之內。韓國僅償還第一年額之十萬圓。爾來國力疲弊。無舉行新政經費。愈有依賴中國之傾向。日本政府。遂以償金殘額四十萬圓。盡還付韓國。以供改革新政之資。其時韓國分守舊獨立二黨。守舊黨亦稱中國黨。獨立黨亦稱日本黨。互相軋轢。至此獨立黨得日本政府之實力援助。意氣愈昂。其結果遂釀光緒十年之京城變亂。

日公使之陰謀

光緒十年。中國以安南事件。與法國起釁。駐韓日公使竹添進一郎乘此機愈煽動日本黨。日本黨與中國黨之爭鬭愈激烈。其時中國黨之勢力猶優勝。欲處朴金等流罪。朴金之徒。先與竹添公使謀計。欲先發。竹添公使具甲乙二案告本國政府。甲案主張中日二國。到底不能兩立。則甯乘韓國內亂。援金朴擊退中兵。以抑中國。乙案主張若爲保全平和起見。則保護日本黨不受禍而止。然已意注重甲案。日本政府以不欲急開釁。主持乙案。乃電訓尚未達韓京。金朴之亂已作。

甲申金朴之亂

光緒十年十一月（陽歷十二月四日）韓國京城擧行郵便局開業式。各國公使與韓廷高官皆臨之。金朴等與日公使謀既定。於午后八九時。晚餐將終。放火鄰屋。乘屋外騷亂主客驚散之際。刺客刺右衛大將閔泳翊於門外。閔泳翊與其父與台鎬同爲中國黨首領也。金朴二人馳赴王宮告變。遣使請日本公使率兵援王宮。同時廷臣聞變。皆急赴王宮。金朴黨要擊之。殺中國黨領袖後營大將尹泰駿。外衙門督辦閔泳穆。內衙門督辦閔台鎬。吏曹判書趙甯夏。前營大將韓圭稷。左衛大將

袁世凱之活動

日公使自焚公使館退仁川

日本井上馨渡韓

李祖淵等於途。竹添公使以王命率日本兵一中隊守王宮。翌日國王更換大臣。以從兄李載元爲大政大臣。金朴等皆入內閣。政權全歸日本黨。新任左議政洪英植。呈革新國政案於國王。國王以大政一新之詔敕。布告國中。時王宮東門方面銃聲隆隆。則中國全權委員袁世凱以閔妃一族之請求。亦以護衛韓廷爲名。率二千兵來討亂徒。竹添督軍應戰。以衆寡不敵。使巡查背負國王出宮入林間。布毛數地設御座。至夜更奉王至北廟。時王妃依閔族在袁軍。國王以日本勢力不足倚。又以王妃之故。私逃袁世凱營中。至此竹添公使失護衛王宮之口實。不得已自焚其公使館。率護衛兵退仁川。告急於本國政府。於是韓國新內閣僅二日顚覆。中國黨再恢復勢力。沈潤澤爲大政大臣。洪英植被誅。朴泳孝金玉均徐光範徐載弼避難奔日本。是役日本大尉磯林眞三以下三四十人被殺害。

日本政府接竹添公使之急報。卽派外務大臣井上馨爲全權大使往韓國。陸軍中將高島鞆之助海軍少將樺山資紀率步兵二大隊伴之出發。以光緒十年十二月（明治十八年一月三日）抵京城。中國亦派欽差大臣吳大澂率陸兵及海艦向韓國。此

中國吳大澂往韓

時亦既抵京城。井上馨旋謁韓王。呈國書。直請開談判。先是韓國政府以此次變亂。係日本公使之教唆。非僅出於金朴。將遣徐相雨爲全權大使往日京質詢。日本政府。會井上馨已至京城。其議中止。韓廷任左議政金宏集爲全權。與井上馨會商。金宏集全權文憑中有『京城不幸有逆黨之亂。日本公使誤聽其謀。進退失據。致館焚民亂』之文字。蓋韓廷欲究變亂之始末。責罪日公使。以輕韓國賠償之案也。井上馨反抗之。謂不刪除是等文字。則談判不能開始。韓廷不得已改其文憑字句。

日韓談判與吳大澂之干涉

漸入談判。井上馨提出要求案中有韓國代建公使館之項。金宏集主張係日公使自焚。韓國不負責任。彼此論辨。時吳大澂排闥而入。請見井上。井上以『本日係與韓國全權會商。不便與貴官會談之旨』申告。吳大澂固請與聞本日日韓談判。井上固稱『事係韓國者與韓國全權商議。事係中國者與中國全權商議。不可混同。』吳大澂出一書與金宏集而出。井上馨見文意示『韓國係中國屬邦』之旨。詰金宏集不得受第三國干涉。遂結左之條欵。

日韓克復平和條約

一　韓國修國書致日本表謝意。

二　韓國對於此次遭難之遺族出恤金十一萬圓。

三　殺害磯林大尉之兇徒嚴正典刑。

四　賠償新築公使館費二萬圓。

五　護衛兵營舍建設於公使館之側。

本年二月韓國派徐相雨穆麟德爲全權大臣往日本。呈國書表謝意。日韓兩國始克後平和如初。

日本大使伊藤博文來北京

此次變亂之眞相雖爲日韓衝突其實爲中日兩國之衝突當日政府派井上馨渡韓國之時。中國政府照會日廷。亦派全權往韓國與日大使協商兩國對韓之善後策日政府許之。故中國亦派吳大澂與續昌爲欽差會辦大臣渡京城井上見吳大澂氣盛。恐在韓國開中日談判。爲己國不利。於日韓談判結了之後。卽歸國。中日交涉遂擱置然日本欲保護本國對韓之權利與利益。卒不得不與中國協商翌年（光緒十一年）正月日本派宮內卿伊藤博文爲特派全權大使。農商務卿西鄉從道爲副使。來中國。中國政府不欲日使入北京。命直隸總督李鴻章爲全權。

迎日使於天津會商。伊藤必欲捧國書呈皇帝。然後開談判。卒入北京。總理衙門王大臣以皇帝幼冲爲口實。拒其謁見。伊藤向總理衙門說中日兩國之利害。證明李鴻章之全權。再返天津。三月。與李鴻章開談判於總督署。第一次會見。李鴻章對於伊藤之主張。不爲强硬駁辯。及中法媾和草約協定後。李鴻章之態度一變。辯論毫不屈。第六次會見。伊藤以談判不諧。整歸裝。李鴻章始容其一部要求。於光緒十一年三月締結天津條約如左。

一　中日兩國駐紮韓國之軍隊。四個月內各全數撤歸。

二　中日二國。皆不派員敎練韓國軍隊。

三　將來韓國有事。兩國或一國認必要出兵之時。必先行文知照。

此條約成。中日兩國對於韓國之勢力。歸於平等。是爲吾國斷送韓國與日本之第二步。蓋自日公使竹添慫恿金朴爲亂。與井上馨過索賠償之後。韓國上下皆疾惡日本之所爲。有全倚賴於我國之勢。若斯時吾國嚴持宗屬主義。縱不增重宗主權。而扶持固有之權利。已非日本之所能抗。乃事不出此。竟爲此平等關係

日本政府之陰謀

天津條約後中國對韓國宗屬關係之進步

之約。其放棄中韓之宗屬主義益明。

第三節　中日開戰之原因與開戰前之形勢

日本欲扶持勢力於韓國不可不使韓國脫中國之宗屬關係欲韓國脫中國之宗屬關係不可不正其名爲獨立國中日開戰之根本原因卽韓國獨立問題是也中國依歷史關係以韓國爲屬邦日本依明治九年之日韓條約目韓國爲獨立國冀以此與中國開釁將藉戰勝之力以奪中國對韓之地位此明治政府夙昔之隱謀也。然其開戰之趨勢。有遠因近因之區別。遠因有三。一爲天津條約後中國對韓宗屬關係進步。二爲咸鏡道防穀事件。三爲金玉均刺殺事件。近因惟一卽韓國東學黨之亂是也。

天津條約之明年。（光緒十二年）中國遣還大院君歸國。任袁世凱統理韓國交涉通商事宜。欲實行屬邦之待遇。光緒十三年韓國政府爲與締盟列國修好。將派公使往歐美諸國。先派協辦內務府事朴定陽爲美國全權公使。袁世凱以其不請中國政府之命。詰責之。韓廷以遣使臣往締盟國。無請中國協贊之必要。卽夜命朴定陽由京城出發。袁世凱大怒。一方命領事陳同書往朴定陽旅舍。促其歸京。一方電稟李鴻章請訓。斯時李鴻章電訓袁世凱之要旨。『韓國公使至任地之時。必先至中國公使館。由中國公使介紹訪問駐在國之政府。而後韓國公使得任便訪問。又駐在國宮殿內之祝賀公席饗宴等。韓國公使必坐中國公使之下位。有重要事件時。韓國公使必先問中國公使意見。以養成宗屬之誼。』袁世凱奉此旨。卽面呈韓王。猶極力阻止派遣公使。韓政府終屈。具狀經中國政府認可。然後朴定陽向美國出發。乃朴定陽至美國。不先詣中國公使館。駐美中國公使遂與之起紛議。中國政府詰責韓廷。韓廷苦於答辯。不得已罷朴定陽以釋中國之怒。斯時日本政府。命駐韓公使。凡不關於日韓條約上之權利利益。皆不干涉。故袁世凱得實行其宗屬政略。

咸鏡道防穀令事件

光緒十五年。（明治二十二年）咸鏡道發布防穀令。日韓之衝突起。先是光緒九年（明治十六年）日韓貿易規則第五十七條規定『韓國若以水旱事變恐糧食缺乏之時。一個月之前。由韓國地方官通知日本領事。得禁止穀物輸出。』光緒十五年九月。

咸鏡道監司趙秉式以該道凶歉爲詞。禁止穀物輸出。日本之輿論則謂韓國是歲收穫之豐稔。爲近三十年來所稀有。不得適用禁止輸出之條文。日公使屢與韓廷交涉。至翌年四月始解禁。同時日公使報在元山之日本商人因此禁令損害至十四萬圓。要求賠償。韓廷不應。袁世凱從中主持。歷四年經三公使皆不協議。至光緒十九年。(明治二十六年)日本新簡大石正已爲辦理公使。大石氏對韓廷開嚴厲談判數次。不獲要領。卽撤國旗歸國。韓廷大驚。急派委員與大石公使會商。終納賠償金十一萬圓結局。

金玉均刺殺事件

光緒二十年。韓國刺客洪鐘宇刺殺金玉均於上海。日本之輿論騷然。先是韓國日本黨領袖金玉均朴泳孝徐光範徐載弼等。以京城變亂失敗。相率奔日本。朴泳孝徐光範徐載弼三人更赴美國。金玉均獨留日本。未幾朴泳孝歸自美國。復返東京。韓國政府以金朴亂黨在日本不快。光緒十一年。韓國謝罪大使徐相雨穆麟德奉呈國書後。要求日政府將金朴諸人歸還韓國。日政府假口日韓無交換罪人條約。又以國事犯公法不交還之例拒絕之。翌光緒十二年。韓國政府竊派刺客池運永渡日本圖暗殺金玉均。金得韓人密報。以訴日本政府。日政府命駐韓公使與韓廷交涉。告日本命金玉均退出國境。韓國亦召還池運永歸國。其時適値朴泳孝與日本人大井憲太郎小林樟雄等之徒。謀顚覆韓國政府之事。被發覺。韓政府益不安。日本政府以金玉均等妨碍日韓交誼。遂令金玉均退出國境。金玉均臨期不出發。哀訴駐日列國公使。鳴日政府處已之不當。日政府以不聽命令爲辭。放之於小笠原島。韓國政府亦遂召還池運永。至光緒十五年。日政府復許金玉均歸東京。此時朴泳孝由美國返日本。設立親隣義塾於東京。敎育韓國子弟。嘗與金玉均有所計畫。韓國政府復遣李逸植謀暗殺金朴。光緒十八年。李逸植托營商渡日。遇韓人洪鐘宇自法國歸。過日本。李逸植見其有智慧與之謀。動之以恩賞。洪鐘宇遂傾心與李逸植盟。李逸植先紹介洪鐘宇於金朴二人。言其人物之足交。自後李洪定計。將金朴二人。引一人出他方。便同時擧事。一日洪鐘宇謂金曰。「故國革命。非獨力所能達目的。余曾流寓中國十四年。與李鴻章之男李經芳最相親善。若賴李經芳得其父之一諾。則大事成矣。」金玉均大喜。決意與洪鐘宇渡中國。光緒二十年正月由神戶出發。西二月二十七日抵上海。寓東和洋行翌日午後三時。金玉均橫臥旅床。洪鐘宇突出手鎗擊殺之。翌日洪鐘宇就縛。上海列國領事經駐北京列國公使。請於總理衙門。要求「處洪鐘宇相當之罪。而勸韓國政府對金玉均遺體。不加陵辱爲條件。送還韓國」。然李鴻章不認洪鐘宇爲非行。遂將金玉均之死體及洪鐘宇。以軍艦送歸韓京。韓國政府得金玉均死體。擬大逆不道罪。斷其四肢。梟於漢江楊華鎭。而大賞洪鐘宇之功。先是李逸植送金玉均至神戶。卽返東京。與權東壽權在壽李泰源等。謀刺朴泳孝。李泰源洩其計畫。李逸植反被朴泳孝所捕。權兄弟潛伏韓國公使館。日政府請韓公使俞箕煥將罪人交出。終得館外任意捕縛。審判之結果。發見韓公使同謀。又發見韓皇勅書。日本國論囂囂。及聞處金玉均解體殛刑。國論愈不平。蓋金玉均爲日本黨有力人物。其被虐殺。爲日本對韓勢力之大被損害無疑。斯時日本卒不與韓國起交涉者。則避中日之紛爭也。然至此日韓之感情益惡。中日之衝突亦有積薪近火之勢矣。

東學黨之亂與中國出兵

以上所述皆爲日韓中日衝突之遠因其直接近因則與金玉均刺殺事件殆同時韓國全羅道古阜縣東學黨之亂是也東學黨云者對於中國稱東方之學卽韓國國學之義其時韓國政教陵夷民不安命民間有「金樽美酒千人血玉盤佳肴萬姓膏燭淚落時民淚落歌聲高處怨聲高」之謠東學黨以明人倫誅汚吏匡政府之秕政救生靈於塗炭爲宗旨光緒二十年四月起於全羅道古阜縣黨魁全琫準率衆擊敗全羅道官軍漸猖獗到處破州兵占領其地東淸道之民亦響應之韓政府命壯衛營正領官洪啓薰爲兩湖招討使率官軍一千進剿至京州命元世祿率大隊向羅州李文永率七百兵向長城皆被東學黨擊破之尋占領全羅道首府韓政府大狼狽一方命巡邊使李元會率重兵拒賊一方向袁世凱請中國出援兵五月李鴻章派直隸提督葉志超率兵六營由海路赴韓國先鋒聶士成以五月初四日抵牙山海口初五日兵悉上陸葉志超率本隊以初七日入牙山定本營

日本之暗助東學黨

先是東學黨之起也日本派少壯軍人策士一團(後名天祐俠團)渡韓國助東學黨猖亂密與本國通消息天祐俠團之目的在糜爛韓半島以啓中

日兩國開戰之端。天祐俠團投東學黨也。大竭其智勇。卜東學黨之歡心。漸跋扈。爲全琫準所不能制。官軍正領官洪啓薰於兩軍疲戰之時。遣軍使至東學黨議和。東學黨動之。天祐俠團恐事靖不達最大目的。斬軍使以激彼此之戰。卒使韓國糜爛。致中日兩國出兵。

日本國會衝突與內閣決議出兵

東學黨之起也。李鴻章與袁世凱交馳電報。彼此皆以韓國政府請中國政府出援兵爲得策。又李袁電詢駐日公使汪鳳藻探日本情實。汪鳳藻告『日本衆議院與內閣大衝突。無外顧之暇』。李袁大喜。政略一決。其時日本之國論。亦全注於韓國問題。對外硬派屢促政府出兵保護居民。而衆議院以伊藤內閣不信用與政府衝突。四月二十六日通過『政府內治外交俱誤』之奏案。及接中國出兵之報。形勢一變。二十七日。日本政府開內閣會議。決議二件『一解散衆議院二維持中日兩國之均勢。派相當軍隊渡韓國』。蓋斯時日本外務大臣陸奧宗光以『不派軍隊渡韓國。爲非常準備。則日本從來主張韓國獨立之主旨。全歸空文』。因此內閣全體皆協贊之也。

中日出兵照會

五月二十三日李鴻章依天津條約以出兵照會。由駐日公使汪鳳藻送日本外務省。照會中有「我朝保護屬邦慣例」之語。日陸奥外務直以「日本未認韓國爲貴國屬邦」之公文覆汪鳳藻。旋命駐北京公使小村壽太郎以日本出兵照會致總理衙門。總理衙門卽於翌日覆日公使云。「中國以韓國政府之請求出兵。非日本所比。若日本爲保護公使館領事館及商民起見。則無須派大軍。且日兵毋入韓國內地。免中日兩國生衝突」。日政府覆云「日本依濟物浦條約出兵。出兵多寡。日本政府自決之。且日兵紀律嚴肅。縱與貴國兵相遇。不至生事」云云。蓋日本自認韓國爲獨立國以來。早決定與中國開戰。而結天津條約以後。岌岌整理內政。擴張軍備。冀以一次戰爭驅逐中國勢力於韓國之外。至此時日政府遂以爲千載一時之機。決志與中國衝突。故答辯甚强頑也。

日本出兵與日政府決心開戰

時日本駐韓公使大鳥圭介歸國。日政府卽授以「韓事臨機處斷」全權。五月初一日大鳥公使復向韓國出發。初五日抵仁川。初六日向山海軍少佐率陸戰隊四百二十名入韓京。初八日一戸少佐率混成旅團先發隊千餘人抵韓京。初十

日本政府提出對韓共同改革案

日混成旅團長陸軍少將大島義昌率本隊抵仁川。此時日本兵抵韓國者已達七千六百餘人。而當時中國葉志超統率之六營兵亦於初七日定牙山為本營。東學黨以中日兩國皆派大軍進國內恐懼悉散亡。十一日袁世凱以『亂徒已散。中日兩國可同時撤兵』照會大鳥。大鳥不應。其時駐韓京列國外交官皆認韓國為中國屬邦。又以中國出兵係依韓王之請求。皆不以日本出兵為當。大鳥恐增中外疑惑。電請本國政府勿增派軍隊。然斯時日本政府已決意與中國開戰。則命大鳥所率之軍隊步步立於制先機地位。

初日本政府之政略。軍事則務立於主動地位。外交則稍立於受動地位。及東學黨已歸鎮靜。兩國軍隊猶對峙不撤。飛言流語起於其間。日本之閣議則主張外交上亦進一步而立於主動者之地位。即陸奧宗光提出對韓共同改革案付閣議是也。其案之內容。『一 中日兩國兵協同平定韓國內亂。二 韓國內亂平定後。兩國設委員於京城。調查其財政。淘汰其官吏。設警備兵保持其國內安甯。三 整理韓國財政。募公債興一切公益』等。閣議悉贊成之。翌日陸奧新添二條件。求閣僚協贊卽（一）無論中國政府贊成提案與否日本軍隊決不撤回（二）若中國政府不贊成提案之時日本政府以獨力迫韓廷實行改革（蓋陸奧逆料中國政府不贊成提案故付此二項俾異日外交立於自動者之地位也）亦得閣僚全體協贊。伊藤總理直上奏得裁可。五月十二日陸奧招中國公使汪鳳藻至外務省。以前閣議決定之三項（除次日閣議之二項）悉與汪公使言。令其照會本國政府。汪公使則主張兩國先撤軍隊。然後徐圖韓國之善後策。陸奧極言撤兵不可。汪鳳藻不得已應其請求。然陸奧恐汪公使避責任。不果向本國通知。翌日電令小村公使。將提案送總理衙門求回答。更電令駐天津荒川領事將提案送直隸總督李鴻章。

總理衙門之回覆

總理衙門接日本政府之提案。卽研究三項理由。不能表同意（一）韓國之內亂既平靜。無須兩國兵力協同鎭壓（二）日本政府之提案雖美。然韓國之改革應由韓國自行之。中國尙不干涉其內政。日本素認韓國爲自主國。則無干涉韓國內政之權利。（三）天津條約規定事變平定後各撤軍歸國。此際韓國叛亂已平。兩國

日本不撤兵之宣言

各自撤兵無疑。』總理衙門命汪公使將以上理由回復日本政府。告對韓共同改革案中國不表同意。五月十七日汪公使以公文送致日本外務省。翌日陸奧復以公文與汪鳳藻。大旨謂『韓國事變屢起。缺獨立要素。若不代謀匡救。非但有戾鄰邦友誼。且非日本自衛之道。本大臣披胸襟吐誠意。縱令與貴國政府所見不同。帝國政府斷不能撤去現屯韓國之軍隊』云云。陸奧此宣言蓋表示中國政府既不協同改革韓國內政。則日本以獨力擔任之。蓋即宣戰之先聲也。

日本對韓要脅迫案

陸奧既向汪公使宣告日本不撤兵。同時大鳥圭介以兵力迫韓廷。五月十九日大鳥電命大島率混成旅團全軍入京城。二十二日大鳥面謁韓王。呈甲乙二案。甲案『摘錄汪公使保護屬邦與聶士成檄文中愛恤屬國保護藩屬之文字。詰問韓廷承認與否。謂如此派來之中國兵侵害韓國獨立。並滅視日韓條約。不可不使撤退國外』。乙案『日本政府勸告之改革案。促韓廷決答。若不應勸告。則用脅迫責其實行』。韓國政府不敢斷然峻拒。逡巡數日。國王下罪己詔。擇選重臣申正熙金宗漢曹寅承三人為改革委員。與大鳥協議改革事項。六月十四日韓國政府承認大鳥之改革案。至十六日。袁世凱令韓廷取消之。且要求日本撤兵。蓋斯時中韓二國。皆恃有外國干涉。故出此也。

先是五月十八日。李鴻章接日本政府對韓共同改革案。意外驚愕。一方增兵派往韓國。一方請歐美各國出爲調停。其時駐北京俄國公使喀西尼歸國過天津。李鴻章與之審議。喀西尼待本國政府之命。滯留天津。五月二十一日。駐日本俄國公使稱本國政府之命。訪陸奧外務。問曰。『若中國撤兵。日本亦同意撤兵否』陸奥曰。『若中國政府願與日本政府協同改革韓國之內政。或中國政府不贊成協同改革。而日本以獨力擔任。中國政府無論直接間接。皆不妨害。二者之一。能具保證。則中國撤兵。日本亦撤兵』五月二十六日。俄公使送公文一函致日本外務省。大旨謂『韓國政府以內亂既鎮靜。告駐韓各國公使。且要求各國援助。促中日兩國皆撤兵。故俄國政府特勸告日本政府撤兵。若日本不肯與中國同時撤兵。則日本自負重大責任』陸奥接此公文。直訪伊藤。二人熟議之後。卽夜電訓駐俄國日本公使西德二郎。命告俄國政府。『非不承認實撤兵之時機未到』五月二十九日覆俄公使之公文亦如之且云「日本對韓國出兵實出於不得已決無侵略領土之意內亂絕滅之時卽行撤兵希貴國政府信此誠意」六月十一日俄公使復致公文與日本外務省大旨以日本不侵略韓國與亂靜卽撤兵心甚滿足卽暗示日本對韓舉動不能逸出此範圍外之意其後日本對韓國舉動日進步武俄公使復以公文送本日外務省言「日本對於韓國之要求苟有違背韓國與列國條約之項則俄國政府決不承認爲避將來紛爭乞爲注意」此公文送到後未幾中日之平和破裂列國無干涉之機俄國遂注意於戰爭結果以俟機會

英國對中日之調停

與中國有密接利害關係者爲英國中日開戰則英國對於極東之商務大受影響駐北京英公使哈康納爾見俄公使有所調停亦直訪總理衙門勸告中日兩國平和結局爲得策時總理衙門王大臣以爲李鴻章與俄公使之協議可望成功無十分依賴英公使之意而舉朝大吏以中日之事皆歸罪李鴻章一身李鴻章增派大軍渡韓之議亦被斥及事勢危迫總理衙門忽有請英公使調停之意

英公使照會駐日英公使巴色德云。『中國政府對於日本之提案。有附條件再開商議之意。未審日本政府承若否』巴色德卽照會日本外務省。日本政府覆云『若中國政府。承認中日兩國共同改革韓國之內政。本此主義。再有所協商。日本亦不拒絕』。英公使接此報告大喜。周旋於總理衙門與日公使小村壽太郎之間。且向小村告中國政府有轉機。六月初七日。小村往總理衙門會商。則王大臣以俄國干涉可望成功之故。無新案提出。惟堅執原議『兩國撤兵後再謀韓國善後策』而止。小村責英公使所言不實。英公使之周旋全歸失敗。既俄國之調停亦不奏效。英公使復遣譯官往天津與李鴻章有所議。其結果駐日英公使巴色德會陸奧外務。傳北京英公使之意曰『日本政府若有平和之意。則中國政府。亦有再開談判之望。願聞其旨』先是陸奧宗光以六月初七日北京談判不得要領。英公使周旋失敗之時。卽電訓大鳥圭介『苟可不蒙外國大干涉。無論用何項口實。卽施自由行動』至此大鳥既對韓廷提出最後通牒。已成用兵力威迫韓廷之勢。故斯時陸奧對英公使之答詞。逈異前日。謂『今日日本政府既以獨力着手改革韓國內政已不能依前次與中國會商之約爲條件。縱令中國政府贊同日本提案而日本政府已不能允許且今日本大臣之提議若五日內不與確答則日本不再應接若五日內中國有增派軍隊之事卽作爲脅嚇運動依以上條件中國政府再求會商日本政府不拒絕」陸奧此段回答蓋經英公使對中國之開戰宣言也當時英國政府以日本該提議爲不當於六月十九日照會日本政府云「日本對中國之要求與前議矛盾逸出範圍之外且日本對韓獨力着手不許中國協議是背天津條約之精神以此宣戰日本政日不可不獨負責任」日本政府辨之曰「中國政府當初若容日本之提議則依英公使之調停事有轉機事至今日之重大皆中國政府陰險與因循之所致日本不當負責任」云云英國政府接此回示後不久中日之戰端已開。

美國向日本忠告

美國向愛保全平和者六月七日美政府遣駐日美公使忠告日本政府云「美國政府對於日韓兩國皆篤友誼希望日本政府尊重韓國之獨立及其主權若日本興無名之師危殆小國則合衆國大統領深爲惋惜」陸奧向美公使極言

日本對韓廷之極端照會

中國對韓國譎詐陰險。日本若遽撤兵。非所以保東亞之和平。其時美國政府。不深悉極東情實。誤信陸奧之言而止。

先是六月初七日。北京談判不得要領之時。日陸奧外務一方命小村送決絕書與中國政府。一方命大鳥乘英國調停失敗。列國皆處傍觀地位之時。用强硬手段迫韓廷。六月十二日。小村公使以『中國政府之舉措。徒爲好事。將來有不測之變。日本政府不負責任』之意。通告總理衙門。十七日大鳥以韓國政府因袁世凱取消十四日之承諾案。卽向韓廷提出左之極端照會。

一 日本政府自行架設京城釜山間之軍用電信。

二 韓國政府依濟物浦條約。速爲日本建設兵營。

三 在牙山之中國兵。原以不正名義派來。速令撤退。

四 中韓之水陸章程及其他牴觸韓國獨立之中韓諸條約。均一切廢棄。

五 以上各項回答之期。以二十日爲限。

韓廷接此照會。頻開會議。不能決。至二十日。送漠然無要領之回文。大鳥卽照會

日本以兵力迫韓廷與袁世凱歸國

韓外務督辦趙秉稷。告日本不得已依兵力解決。二十一日晨混成旅團長大島。率龍山本營二大隊之兵向王宮進發。王宮護衛兵發砲拒之。日本兵應戰擊退。直入宮城。閔族之事大黨皆狼狽遁逃。開化黨顯得意之色。大院君依王命總裁國政。尋以詔勅招大鳥協商改革內政案。當是時袁世凱見事機已非。卽退出京城歸國。中國在京城之勢力。忽然掃落。韓廷狼狽無所依賴。不得已遂全依大鳥之要求。二十三日韓廷公然將中韓歷年締結之一切條約。宣布廢棄。又託日本

中日開戰

以軍力驅逐中國駐屯牙山之軍隊。同日午前。日本海軍聯合艦隊遇中國軍艦於豐島。無端開戰。尋運送船高陞號載兵千二百名向牙山。被日艦擊沈之。兩國之戰局遂開。

第四節　中日交戰

初葉志超駐軍牙山。兵僅六營。見日本海陸大軍併進。迭向本國催派援兵。李鴻章決意派遣大兵。爲反對派所沮。至六月十九日。僅派運送船十艘。分載八千六百援兵。由大沽向牙山出發。先是六月十七日。陸奧經英公使與中國之照會。有

『五日內若中國增派援兵。則視爲威嚇運動』之語。然斯時中國已於六月十二日下。『遣援兵令』十九日援兵由太沽出發日政府悉探聽之卽命混成旅團向牙山攻擊。更命聯合艦隊游弋黃海方面。二十三日我國軍艦濟遠廣乙二艘向豐島前進。遇日本軍艦吉野浪速秋津州三艘。濟遠先向日艦發砲。日艦應戰。須臾我廣乙艦體大受損傷。向南方奔航。艦長林國祥自放火毀之。率衆奔牙山。濟遠向西方逃走。吉野追擊之不及。時我國砲艦操江號與雇英商船高陞號在西北方海面。日艦秋津州欲逕擊操江。操江旋揭白旗。艦長王永發以下八十二人悉束手降之。浪速號先令高陞號投錨。不應。（時日艦派大尉往高陞號詢情實。船長英人告『船係英國籍。爲中國所雇。載千二百兵將往牙山。初不知已宣戰。故應雇』云。大尉命隨日艦行。船長諾之。乘兵不許。船長再請於大尉。願反太沽。浪速艦長不准。交涉四時久）浪速發砲中高陞船機關。千二百兵之號聲與濤聲相撼。頃之人船皆沒。是役日艦一萬一千一百零六噸中艦僅三千九百十噸。日艦少受損傷。不失一兵。中國失操江廣乙高陞三艦。損失兵力千一百七十二名。

在牙山之中國軍隊。其主力在成歡築五堡壘以爲防禦。六月二十三日日將大

成歡之戰

島率混成旅團攻牙山本營。分全軍為左右二翼。夜半進軍。遇聶士成之伏兵。激戰三十分間。聶兵辟易潰走。同時敵左翼兵用榴散彈爆裂聶營。第一壘遂陷落。既敵兩翼相合。進攻益烈。聶軍氣沮。第二第三第四諸壘。悉次第陷。聶士成以成歡堡壘既失。牙山不可守。率敗軍奔洪州。是役葉志超率守兵千名在天安。不與戰。聶軍實兵約三千五百名。每營銃數僅三百五十枝。其餘為携矛戟之無用戰卒。其兵力遠劣於日本。日本兵死傷八十二名。中國兵死傷五百人。

兩國宣戰

以上二役。為海陸軍開戰之始。其勝敗實將來軍氣消長之所關。於全戰役結果之影響甚大。我國若早依李鴻章派大軍進朝鮮之議。則豐島之禍。成歡之敗。皆未必有。至此朝廷震怒。於光緒二十年七月一日下宣戰詔勅。日本亦於是日宣戰。兩國公使各歸國。

上海中立與日韓新協約

兩國戰端既開。各國次第宣告中立。(法俄墨不宣告)英國請以上海為中立地。中國許之。日本以上海不為戰鬪準備為條件。亦許之。當此時韓國政府全落日本掌握。中日公使大鳥乘機與韓國政府結左之新協約。

一　韓國政府實行改革內政。
二　京仁京釜鐵道許與日本敷設。
三　日本所設京釜京仁間之電線依然保存。
四　全羅道開一通商口岸。
五　兩國不追究六月二十一日之事變。
六　將來兩國派員協議韓國獨立自主。

此七月二十日之條約也。旋於二十六日結日韓攻守同盟條約。卽協定日韓兩國合力驅逐中國軍隊於韓國外。以鞏固韓國之獨立自主者是也。依此二條約韓國遂變成日本之屬國。

平壤大戰鬪

我國牙山援兵由太沽出發之際。同時遣大軍由大連灣向北韓出發。六月二十八日軍渡鴨綠江。七月四日達平壤城。提督馬玉崑統毅字軍。衛汝賢統盛字軍。左寶貴統奉軍。豐陞阿統奉天盛字營。李鴻章初起劉長佑爲總帥。不出。及葉志超迂廻江源道來會。遂以葉充總帥。諸將以平壤負山臨江。爲不可失之險。利用城內外地勢。共築二十七壘。分四軍守之。日軍總指揮野津道貫知中國將官有據險要之癖。必無南進攻擊之勇。則定策『包圍攻擊使我軍彼此不能援應』。令大島率混成旅團攻平壤正面。朔寧支隊與元山支隊之半攻平壤北面。師團本隊則由平壤西南各路進攻。又令元山支隊之他半阨甑山。以斷我軍後路。定八月十六日午前四時起決戰。至期大島之混成旅團猛攻馬玉崑防禦之橋頭堡。馬軍憤戰。至正午日軍死傷甚衆。遂退軍水灣橋。馬軍亦不出壘追擊。攻平壤西南之師團本隊。雖破衞豐兩軍。迫進壘下。然壘堅。至正午不能克。亦遂退兵。攻平壤北面之朔寧元山二軍。用榴霰彈攻牡丹台。左寶貴中彈死。兵氣大沮。潰走。日軍陷牡丹台。旋用榴霰彈攻破元武門。日軍湧進。城內遂懸白旗乞降。時午後五時。天暮大雨。約翌日獻城。是夜葉志超率全軍遁義山。日軍阨甑山之元山支隊截殺葉軍四百餘人。平壤遂失。是役日軍戰勝。多係榴霰彈之力。爲我軍所未有。日軍死傷五百三十五人。我軍戰死二千人。惟馬玉崑軍全師退歸。自是我軍悉退鴨綠江西岸之九連城鳳凰城一帶。

豐島海戰之後。我國艦隊。毫不敢取攻擊之勢。八月十三日李鴻章派劉盛休統銘字軍十二營。乘運送船六艘往平壤。命海兵提督丁汝昌率北洋艦隊定遠鎮遠靖遠致遠來遠經遠威遠楊威超勇廣甲廣丙平遠十二艘軍艦及水雷艇六艘護送之。十五日安抵大東溝。士卒糧砲均運送上陸。後軍艦泊碇於大東溝西南十三海里之處。先是日本聯合艦隊護送山縣大將至韓國。八月十三日抵仁川。聞中國大軍自大連出發。日本海軍司令官伊東祐亨率聯合艦隊進大同江。爲陸軍之援。十七日平壤陷落後。伊東令第一游擊艦隊吉野高千穗秋津州浪速四艦爲先鋒。己率本艦隊橋立千代田嚴島比叡扶桑赤城松島西京丸之八艦向北黃海游弋。見東北海面有縷縷淡煙。搖曳波上。知係中國艦隊。令備戰先鋒隊與本隊均以同一之陣形前進。提督丁汝昌見敵艦至。命作翼梯陣（人字陣）決戰。以定遠鎮遠二巨艦居中央。餘艦列左右兩翼。前進。零時五十分。距敵艦六千米突。卽發砲開戰。日艦不應。進三千米突內外。日艦始應戰。至此兩艦隊激烈交砲。日先鋒艦突過我艦隊右翼。殿後艦突貫鎮遠經遠之間。我艦大亂陣形。而日先鋒艦與本艦夾擊之。此間我艦超勇早起火。未幾沈沒。濟遠稍受損。艦長方伯謙卽懸旗告傷。圖遁。誤撞揚威。沉之。致遠被重傷。艦長鄧正卿欲與敵艦同沒。疾航未及。而沉。經遠誤中水雷。破碎。廣乙初戰卽向陸地逃走。誤坐礁。來遠起火。一時撲熄。鎮遠受彈甚多。艦長林泰曾苦戰。定遠丁提督所在。迭中巨丸。苦戰時齊放巨炮數門。全艦大震。丁提督墮自艦橋。一時悶絕。蘇時復糾合鎮遠及餘艦拒敵。時際日沒。日艦停戰。召還先鋒隊。丁提督亦率殘艦歸威海衞。是役我艦沈沒四艘。殉艦兵將約七百人。餘艦皆受重損。死傷兵約五百人。日艦雖比叡赤城西京三艘受重傷。然皆未沈沒。日軍戰死共九十三名。傷二百名。此次戰敗之原因。一由軍艦之速力與准彈命中。概不及日軍。而將卒恐懼。臨戰慌亂。致陣形不保。進退失措。日艦隊則臨危不驚。得始終維持陣形。兵卒勇敢。不顧一身生死。其精神點全相反對。蓋由平日訓練之所致。自是我北洋之艦隊。不敢復出黃海之制海權。悉歸日本。所有奉天南部黃海西岸。日軍可以處處侵犯矣。

平壤黃海戰敗之後。朝廷且驚且怒。褫奪李鴻章黃馬褂。葉志超革職。任四川提督宋慶帮辦北洋軍務。黑龍江將軍依克唐阿從事遼陽兵站事務。悉受李鴻章節制。李對於鴨綠江之防禦。命宋慶統諸將嚴防安東葦子溝大東溝大孤山一帶。命依克唐阿防禦鴨綠紅上流長甸安平江各要地。又增加東三省及河南山西兵共五十餘營以厚國防。而對於海上之防禦。初請南洋艦隊數艘與北洋殘艦合併防禦。爲軍機處所拒。（李鴻章於九月初十日請求軍機處。軍機處至九月二十四日。始與南洋大臣劉坤一商議）不得已命丁汝昌率修繕殘艦。嚴阨渤海灣口。另以防禦國境之大同軍二千。及天津徐邦道之拱衛軍五營。以厚旅順大連之陸地防禦。又集各省大兵九十二營。分紮天津太沽山海關營口通州之間。以護衛北京。

日本於平壤黃海戰勝後。新組織第一第二兩軍。第一軍以陸軍大將山縣有朋爲司令官。由義州渡鴨綠江。第二軍以陸軍大將大山巖爲司令官。由海路攻大連旅順。九月二十七日。第一軍攻虎山。（九連城東北）先夜架橋隊冒險於鴨綠江架軍橋。我軍昏昧不知。翌日天未明。日軍大渡江攻虎山。虎山鎮守馬金敘激戰二時許。馬玉崑軍出九連援之。未至。馬金敘軍向靉河亂走。敵軍夾攻馬玉崑軍。馬軍不能支。亦退九連。虎山遂爲日軍所據。翌日日軍乘勝收九連安東。自是分軍爲二。一迫鳳凰城。一向大東溝。鳳凰城係元帥宋慶所據地。當時以諸軍瓦解。不克復集。帮辦營務諸人。亦率先私逃。宋長嘆曰。『不料事終至此。馬齒垂八旬。敢復偸生。惟決死戰。報朝廷。』及日軍迫近。終爲懦兵所誘。悉燒城外街市。率軍退走奉天。十月初一。被日軍占領。向大東溝之日軍。乘勝經大東溝。收大孤山。更進擊岫巖。駐防將軍宗室嘉善。與敗將豐陞阿等。不戰退走。自是奉天東南部。悉歸日本第一軍占領。

日第一軍占領奉天東南部

日將大山巖所率第二軍。由花園口貔子窩附近上岸。旋迫金州。金州副都統連順。與總兵徐邦道。以重兵據守。十月十九日。日軍分三路夾逼城下。以爆發彈破碎城門。金州遂陷。明日日軍更分三路。大舉攻大連。迭擊和尙島大藍山之砲臺。不應戰。日軍進近探之。則守兵於先夜聞金州陷落。遁旅順矣。日兵狂喜。入大連。自是日軍視旅順守兵。如籠中鳥。先以書招降。不答。二十日日軍分三軍攻之。時我旅順防禦艦隊已逃威海衛。船局總辦龔照璵。以二十四營兵守旅順。徐邦道

日第二軍攻陷旅順

之援兵副之。二十四日。日軍分兩翼進。右翼先攻陷椅子山。次運大砲於山巔。俯擊旅順背面諸壘。悉陷之。同時日軍左翼攻陷二龍山黃金山砲臺。（時我軍惟黃金山砲臺得轉擊四方。最得力。此處陷落。更無救矣。）龔照璵由海上逃芝罘。其他遁金州方面者多被日兵截殺。日軍狂歌入旅順。屠殺無戰鬬力兵卒及平民四日。（按陸戰法規。非戰鬬員與無戰鬬力之兵卒。不可殺害。日本出此野蠻慘殺。大起各國公論。時有名公法學者霍爾蘭德博士論曰。『日本將校兵員。於旅順陷落後。四日間。舉中國無戰鬬力兵卒及平民之男女小孩盡虐殺之。是等野蠻橫行。殊堪痛惜。』且斯時日美改正條約將調印。美國以日本之野蠻拒絕之。）自是東洋第一要塞。變爲日本海軍根據地。是役日本死傷約二百餘名。中國死傷約四千五百名。敗報至北京。朝廷大懼。起恭親王奕訢爲軍機大臣。任兩江總督劉坤一爲欽差大臣。總轄軍務。

缸瓦寨之戰與蓋平陷落

日第一軍陷岫巖後。休養兵卒以備前進。十一月十五日以來。日桂中將轉戰摩天嶺附近。占領析木城海城各處。我軍分退遼陽牛莊方面。閱數日。宋慶劉盛休馬玉崑率六十餘營。自蓋平向遼陽。逼海城。二十三日。遇日軍於缸瓦寨。馬玉崑軍當日軍大迫之隊。大迫不能支。日桂軍與大島軍急赴援。混戰五時間。日軍人馬死體如山。卒不屈。三次吶喊而進。我軍退向牛莊營口方面。是役日軍死傷四

日軍榮城灣上陸與威海衛陷落

百二十人。我軍全勝無戰死者。爲開戰以來所僅有。日軍經此役頗起戒心。遂由第二軍撥乃木之軍與第一軍相合十二月十五日分三軍攻蓋平守將章高元負傷提督楊壽山副將李仁黨以下二百人戰死蓋平遂陷自後依將軍與吉林將軍長順及湖南巡撫吳大澂所率新軍等屢圖恢復海城皆不利。

旅順陷落之後。北洋殘艦潛伏威海衛不敢出。然以此殘艦尙存。日艦不得由海路侵犯渤海沿岸諸地。時山東巡撫李秉衡與道臺戴宗騫竭全力營威海衛西北方之防禦。登州東南之守備甚疎。日軍乘機派第一游擊隊侵榮成灣。榮成灣東西北三面繞山南面控海成灣。灣內水深可入大艦多艘。時僅有鞏字三哨兵任該灣守備。十二月二十五日午前五時日軍艦七艘入灣內。以小艇運兵上陸。守兵發砲拒之。日兵急退艦上應戰。時大雪。守兵乘雪急走榮成縣附近副將閻得勝參將趙同發各營以爲大敵追迫。各望風潰。雪止後日軍以守兵停砲復操短艇進。始知守兵已遁。旋進榮城縣。休兵三日不遇襲擊。始向威海衛進軍日將佐久間率左縱隊。黑木率右縱隊。分南北二道進。正月初五日午前二時右縱隊由柳家庄進軍。道路險惡。崖雪氷結。前後隊不能接行。兵各銜枚匍匐單進。天曙時已抵孤山後。摩天嶺之守兵大驚。激戰之後。下山逃走。日軍遂占領摩天嶺砲臺。旋據摩天嶺高壘。俯擊各砲臺。不踰時南岸鹿角嘴龍廟嘴。謝家所趙北嘴諸砲臺。次第陷落。逃兵多被截殺。同日日軍左縱隊分軍爲五。轉戰温泉湯鳳林集。虎口村。楊家灘各方面。戴宗騫率諸軍次第退卻。日軍悉占領之。正月八日。日左縱隊更窺威海衛。城兵早遁。日軍從容入城。斯時我軍僅保殘艦隊及留公島日島二砲臺而止。軍勢甚危急。先是丁汝昌接榮城敗報。知陸軍不可恃。欲破壞南岸諸砲臺。使不爲敵用。以全艦隊。戴宗騫反抗之。至是北岸守兵望風潰。丁汝昌急勸戴破壞北岸諸砲臺及火藥庫水雷營等。正月十一日夜。敵水雷闖入港內。定遠被轟壞。次夜敵水雷再由東口襲進。來遠威遠及水雷布設船悉被擊沈。兵氣愈沮喪。將卒皆不欲戰。煽動留公島居民向提督乞生命。兵勇亦結黨爲同一之請求。所雇外國人悉勸提督暫乞降。丁斷然拒絕。慰以援軍卽至。稍安衆情。會芝罘道劉含芳之密使至。丁遣密使告劉『十六十七援軍不至。則船島諸不可

將卒潰亂與丁汝昌自殺

北洋艦隊覆滅

全」。十六日日兵由威海衛北岸砲擊留公島。島內陸兵潰亂。不可制止。十七日得芝罘密書。報李秉衡走萊州。援兵不可望。丁提督遂決計率全艦突出港外一戰。諸將皆不應命。次請盡毀軍艦軍器砲臺無條件乞降。諸將亦不應。且報「諸機關爆藥等。皆已毀損。雖欲破軍艦砲臺而不能」。丁提督大憤退船室。寄李鴻章「始意船沉人盡。而後已奈衆心憤亂無可如何」。電報一通即服藥自殺。總兵劉步蟾張文宣以下做死者七人。道臺牛昶昞等。秘其喪。命英人張爾齊巴伊假提督名作降書。遣廣丙艦長陳璧光送致日司令官伊東祐亨「求勿傷害中西水陸官民兵。而以現在船艦砲臺軍械等獻納之」。伊東大喜即覆書許之。牛昶昞等始報告「提督於接日本司令官回文後自殺」。衆情大哀。仍遣陳璧光以此情實報知伊東伊東命以他官代行降服一切事務牛昶昞於十一日與日委員訂降服條約十一條。伊東准以康濟輪船送丁提督等之柩返芝罘。水陸將卒悉使宣誓後亦由康濟船運出港外。日軍始入威海衛。自是北洋水師全滅渤海南北關門。皆被日軍占領。

註　丁汝昌降服自盡一節。當時朝野上下。皆認爲先降服。後自盡。日本參謀本部所編日清戰史。則謂丁始終無降服之意。初以船沉人盡爲主義。繼以將卒潰亂不可爲。於發李鴻章電報後即飲藥自殺。其乞降書實出於提督死後牛昶昞與所雇外人等偷生濟變之所爲云。按劉公島降服之時。將卒官吏。悉爲俘虜。則日本參謀本部所調查。較爲確實。而當時中外皆傳丁汝昌投降者。實以投降書係丁汝昌之名與提督之印所致。其實出於牛昶昞等數人所爲。故著者敢依日本參謀本部之所主張也。

牛莊激戰與營口田莊臺陷落

遼東方面宋慶以正月二十六日由營口窺太平山。部署五十九營於南北大平山村及東西七里溝爲陣。三十日日軍先擊我東七里溝之軍。姜桂題宋慶次第退却。西七里溝之馬玉崑軍。卒因敵砲猛擊。潰亂退走。其時湖南巡撫吳大澂之新軍。先後至牛莊。銳氣方新。魏光燾李光久等兩次率湘軍擊海城之敵。牛莊之防備疎。二月初七日日將桂自西北奧保鞏自東南。夾擊牛莊。魏李兩軍急返牛莊。與劉樹元所率吳大澂之撫標十五營任城東北防禦。忽被日軍所包圍。失其退路。不得已爲激烈之街市戰。敗兵分數十團據城內家屋抗戰。日兵多被狙擊。旣日軍爆裂民屋。殘兵失所據。或殪或降。牛莊遂陷。是役我兵力約五千。敵兵力共一萬二千。我軍戰死一千九百。俘虜七百。所失軍需無算。日軍將校以下死傷約共四百人。牛莊陷後三日。(二月十日)敵將乃木攻營口。時遼河左岸有營口砲臺。得射擊東南北三面。西方與西南方布設地雷二百餘件。又守兵二千三百。統領蔣希夷聞敵至。不戰退走。自是遼東半島悉爲日軍占領。二月十三日。日桂將等率步兵二十一大隊。騎兵四中隊。於遼河東岸列大砲七十三門。猛擊田庄臺。交戰三時間。宋慶六十餘營大軍全潰。退向雙臺子。此後兩國休戰條約成。奉天直隸山東方面皆停戰。北方大戰鬥以此役終。

日軍占領澎湖島與戰爭結局

威海衛陷落之後。北洋水師全滅。自是黃海制海權。全歸日本所有。至此日本一欲割臺灣爲己有。一欲得澎湖島爲南海海軍根據地。且並欲殲滅南洋艦隊。使中國毫無海上勢力。於是另編一艦隊。先行規取澎湖列島。以窺臺灣。二月十九日。海陸軍向澎湖出發。二十七日。砲擊澎湖島東南端砲臺。同時陸軍由裏正角上陸。陷拱北砲臺。略馬公城。圓頂半島管帶郭潤馨率兵將六百名出降。漁翁島守兵自毀砲臺遁。澎湖列島。遂全歸日軍占領。斯時休戰條約雖成。日本欲割取臺灣。强臺灣。澎湖置休戰約外。戰鬥仍繼續。然未幾日軍疫病大起。又未幾和約成。兩國戰爭遂以此役終。

第五節　中日媾和

英國調停和議之失敗

中日開釁以來。我國軍事外交皆任於李鴻章之一身。旅順未陷之前。朝廷尚無休戰意。李鴻章百方請各國出爲調停。英國政府欲連合各國周旋。光緒二十年九月初旬。駐日英國公使以各國擔保韓國獨立與中國賠償日本軍費二條件。勸日本休戰。其時日本政府以爲英國之提議。已經各國協贊。頗深籌慮。乃未幾德政府首斥英政府之議。俄國外務亦申言中國不直接與日本乞和則非干涉之時機。日本政府遂乘機拒英公使之勸告。時我國既不得各國之援助。即決意

派遣德璀琳議和之失敗

直接向日本探媾和條件。任天津海關稅務司德人德璀琳爲媾和使。授以頭品頂戴。令携李鴻章致伊藤博文之照會。往日本議和。德璀琳以十一月二十日抵日本神戶。經兵庫縣知事求見伊藤。并呈李鴻章之照會。伊藤以德璀琳爲李之私傭。無代表交戰國資格。又以李鴻章之照會爲私書。不足代表中國政府。拒德

美公使調停和議

璀琳會見德璀琳不得已空反上海。

對於中日兩國。不偏不黨。全為友誼之調停。啓媾和端緒者。美國也。美國政府恐中日戰爭事局彌大。於光緒二十年十月十日。命駐日美公使達五訪陸奧外務云。『美國大統領以眞正友情。希望東方平和。依於中日兩國均不毀傷名譽。願執調停之勞』其時日本朝野以本國軍隊有破竹之勢。皆不欲和。陸奧覆美公使云。『中國尚未直接向日本求和。則中國尚無休戰之意』此回覆語外含中國若直接請和之時。願美國斡旋其中也。十月二十五日。駐北京美公使鄧畢寄電駐日美公使達五曰。『中國政府以直接開媾和談判之任務。委託本公使。其媾和條件。則為韓國獨立及賠償軍費。願以此旨達日本外務省』日本政府以此廉價條件。不肯議和。於十一月一日。覆美公使遜五。轉鄧畢云『如貴公使所告中國政府之提議。為媾和基礎。非日本政府所能承認。中國若誠實求和。須派全權委員。與日本全權委員會合時。日本始得提出休戰條件』其時我國政府急欲探詢講和條件。復經兩美國公使。求日本開示。而日本政府以事前提出。恐起

張蔭桓邵友濂兩全權之派遣

第三國干涉嚴申前議我政府不得已從其要求請以上海爲媾和地日本復拒絕之決認於日本內地選媾和地十一月二十四日我政府派總理衙門大臣戶部左侍郎張蔭桓及署湖南巡撫邵友濂爲議和全權大臣往日本日政府定以廣島爲兩國全權會合地而以總理大臣伊藤博文外務大臣陸奥宗光爲議和全權大臣

日本講和內議陸奥外務初欲將對中國要求案預向歐美列强公示或暗示以防異日誤解伊藤則以爲媾和條件預向國外開示是誘其干涉甯專向中國要求事後若有第三國異議時再爲臨時應機處置廷議遂決諭廷臣嚴守秘密以防洩漏及與中國全權會合之日二人又熟商非詳察和使之才能及權限後不開談判正月初七日（光緒二十一年）兩國全權會於廣島縣廳中國全權呈左之國書

大淸國大皇帝問大日本國大皇帝之好我兩國誼屬同洲素無嫌怨近以朝鮮事彼此用兵勞民傷財豈眞出於不得已者現經美國調處兩國派全權大臣會商結局茲特派尚書總理各國事務衙門左侍郎張蔭桓頭品頂戴署湖

南巡撫邵友濂爲全權大臣前往貴國商辦願大皇帝接待俾該使臣得盡職務是所望也。

中國委任全權文憑之不實

右國書性質係平時外交官就任他國由本國元首授以信憑呈之於接受國元首俾接受國認此人爲可信用之國書而非委任全權之文憑也國際上國交斷絕兩國交戰之時公使捲國旗歸國非恢復平和之後一國君主無向敵國君主紹介使臣之理敵國君主亦無受對敵國君主紹介使臣國書之理日本全權詳閱該書之後不認爲委任全權文憑卽返還不受中國全權又提示左之上諭一封。

諭尚書銜總理各國事務大臣戶部左侍郎張蔭桓頭品頂戴署湖南巡撫邵友濂茲派爾爲全權大臣與日本派出之全權大臣會商事宜爾仍一面電稟總理衙門請旨遵行隨行官員歸爾節制爾其殫竭精誠愼謹將事勿負朝命

日本拒絕和使之談判

右上諭係對於張邵二人之命令書亦非正式之全權文憑所謂全權文憑者其文憑上記明爲何項事件又記明該大臣有締結條約及調印之全權者也茲上

論中既不明載事件。又有一面電達總理衙門請旨遵行之文字。則張邵二人之職務。實無全權資格。伊藤陸奥更欲得張邵二人自己之證明。則以照會令其確答權限如何。張邵回書自明無專對專決之權。是日午後第二次會見。伊藤全權爲拒絕談判之演說。其大旨『一　中國慣以孤立猜疑爲政策。外交上缺公明信實之例。不一而足。二　兩閣下帶來之信憑。既不明載談判之事項。又無全權結約之權限。不過貴國政府之通信員而止。三　貴國若誠實求和。非委確實全權有名爵資望堪擔保條約實行之資格者。則談判不能繼續』張邵兩全權請由本國政府改換全權文憑。仍續談判。日本全權復拒絕之。張邵二人不得已退去長崎。馳電北京。我國政府卽由兩美國公使致意日本政府。願更換確實全權文憑。仍依張邵兩全權議和。日本政府亦經兩美國公使決不認已經拒絕之全權續和議。於是張邵兩全權之派遣。全歸失敗。講和條件。絲毫不獲聞知。十二日悄然由長崎開輪歸國。是役之敗。雖由日本故意爲難。實我國政府不諳國際公法之所致。

張蔭桓邵友濂悄然歸國

李鴻章頭等全權派遣

張邵兩全權之拒絕。日本國論大贊本國政府之英斷。歐洲列國。一面憫笑中國政府之失體。一面對於日本之舉動。大加注意。俄英駐日公使。均忠告日本政府對中國要求不可失之大苛。日本見歐洲形勢。將不利己。急望中國速派媾和大使。恢復平和。以新列國之視聽。則媾和條件。前之祕隱不宣者。至此經美國公使。以賠償軍費。認朝鮮獨立外。尙須割讓土地。與得最惠國利益之條項。通知中國政府。時正月二十三日也。二十四日。我國派內閣大學士李鴻章爲頭等全權大臣。經美公使告日本政府。日政府旋經美公使。問李全權有執行二十三日日政府所開各條件之權限與否。總理衙門以『確有是等全權』答之。於是日本定馬關爲兩國全權會合地。

兩全權第一次會見

李鴻章以二月十八日由天津出發。二十三日抵馬關。二十四日兩國全權爲第一次會見。交換全權委任文憑。彼此查閱無異議。李全權卽要求先議休戰條約。日本兩全權約以明日正式之會合。畢。李與伊藤敘舊交。羨慕日本進步。贊伊藤之功績。又論東西洋大勢。說中日同盟之必要。談論風生。亘數時。翌二十五日。第

兩全權第二次會見與日本全權提出之休戰條件

二次會見。日本全權提出休戰條件如左。

一 大沽天津山海關均歸日本軍隊占領。

二 右各處中國軍隊之軍器軍需。全繳與日本軍隊。

三 天津山海關之鐵道。歸日本軍務官管轄。

四 休戰中日本軍隊之軍費。全由中國負擔。

李全權接此案。連呼條件過酷。「謂天津大沽山海關皆北京鎖鑰。若歸日本軍隊占領。則帝都安危之基已壞。豈中國所能堪。」要求另提寬大別案。日本全權。斷言祇可修正本案。不能另提別案。李全權復謂「兩國主要目的在克復平和。不在休戰。請暫置休戰問題。直入講和談判。」日本全權則謂「非撤去休戰問題不可。若休戰問題不先決撤否。斷不論及講和問題」李全權請延緩三日。以資熟慮。

兩全權第三次會見與李全權之遭難

二十八日。第三次會見。李全權決言撤去休戰問題。要求即時開示講和條件。日本全權約以明日。兩全權分散。李由會議所春帆樓歸旅館。出門不遠。一暴徒日

無條件休戰條約成立

平民小山六之助者以短銃刺擊之。李全權左頰負重傷。日本全權聞驚。馳赴旅館問慰。日天皇旋賜御醫診治。皇后賜御製繃帶。待遇頗鄭重。李全權被刺之號外一出。中外皆驚。斯時若李全權以負重傷爲辭。使事半途中止歸國。一方咎日本之行爲。一方動歐洲各國之感情。巧誘干涉。則日本對中國之要求。有不得不讓步者。故日本兩全權以爲儀式優隆待遇之外。尙須與中國以實際之利益。以滿足李全權之心。卽主張無條件休戰。廣島行在閣僚及大本營諸將皆不認可。伊藤卽夜赴廣島。終得勅許。三月三日。陸奧就李病床。告勅許無條件休戰之事。李全權大喜。卽請於病床協商。半日間議成休戰條約如左。

一　奉天直隸山東三省地方。兩國海陸軍休戰。

二　兩國休戰軍隊。各有保持現在駐屯地之權利。但休戰期限內。不得出進現在駐屯地之外。

三　兩國政府。於休戰期限內。不得對於敵之方面。準備進擊。及增派援兵。與一切增加戰鬥力之事。然非爲現時戰地從事戰鬥之目的。而爲新兵之配布運送。則爲無妨。

四 海上運送兵員軍需及一切戰時禁制品等。仍依戰時法規捕獲之。

五 休戰期間自本約調印之日起。以二十一日間爲限。卽以明治二十八年四月二十日。光緒二十一年三月二十六日之正午爲止。若期限內和議不成時。本約卽歸無効。

右休戰約第一條之規定。則休戰地域。僅限於東北三省。台灣澎湖列島方面。依然繼續戰爭。與本條約毫無關係。李全權苦口爭之。不得。蓋斯時日本政府決冀割讓臺灣全省也。休戰條約旣成立。媾和談判開始。陸奧全權案談判順序方法。定甲乙二案。甲案將媾和條件之全體。一時提出協議。乙案將媾和條約分條提出次第協議。是也。招李全權之子李經芳。自擇便宜。李經芳要求甲案。三月初七日。日本全權提出媾和案全體。送附李全權。要求四日內回覆。其概要如左。

一 中國確認韓國爲完全無缺之獨立國。

二 中國割讓盛京省南部。及台灣澎湖列島。與日本。

甲　盛京省南部之地。以自鴨綠江口至三叉子。由三叉子北至榆樹底下。更正西至遼河下至北緯四十一度之地點。更沿同緯度至東經百二十二度（張家屯止）沿該二經緯線以內之地。及遼東東岸與黃海北岸之諸島嶼。均爲割讓地域。

乙　台灣全島。及澎湖列島與其附近諸島嶼。均爲割讓地域。

三　賠償日本軍費三億兩。

四　以現時中國與歐洲各國所有諸條約爲基礎。結中日新條約。即歐洲列國對中國所有之利權。日本皆得享有之。此外中國更讓與左之七項。

甲　開北京。沙市。湘潭。重慶。梧州。蘇州。杭州。爲通商口岸。

乙　楊子江上流宜昌重慶間。西江下流廣東梧州間。自楊子江溯湘江至湘潭。自上海入吳淞江入運河以達蘇州杭州間之四航路。准日本汽船自由航行。

丙　中國對於日本人所輸入之貨物。除納原價百分之二之抵代稅外。其餘一切稅金皆免除之。對於日本人在中國內地購買之輸出貨物。無論何項稅目、皆免除之。

丁　日本人輸出入之貨物。有借貸倉庫之權利。免除入倉稅。

戊　日本國民對中國所納之諸稅及手數料等得以日本銀貨代納。

己　日本人得在中國內地從事各種製造業。

庚　浚渫黃浦河口之吳淞淺灘、

五　爲擔保條約之實行。日本軍隊暫時占領奉天府威海衞二處。俟賠款償還。及通商條約批准交換、然後撤回軍隊。且占領中之軍費由中國負擔。

兩全權之駁辯

李全權接此提案。於三月十一日。草長文駁辯書。分朝鮮獨立。割讓土地。賠償軍費。通商權利之四大綱、分段辯論之、要求輕減條件。翌日日本全權通李全權勿徒爲怨言哀訴、須速覆全案諾否或分條諾否之決答。同日我國政府以李全權負傷。恐礙和局。任李經芳爲全權大臣。由美公使照會日本政府。十二日伊藤招李經芳至旅館。謂『休戰期間。僅餘十四日。期以明日與確答』李經芳以割地、

李鴻章提出之修正案

償金二問題。過於重大。請再經兩國全權會商之後。提出回文伊藤嚴拒之謂『貴使臣須熟慮今日兩國之地位卽日本爲戰勝國中國爲戰敗國是也戰爭結果之要求不可以通常談判爲比例不幸談判破裂六七十艘之運漕船以一令之下載大軍向戰地北京之安危不可知故此已非遷延日子之時』李經芳歸與父協議。翌十三日。李全權向日本全權提出修正案如左。

一　中日兩國共認韓國爲獨立國。彼此不侵犯其獨立主權。

二　割讓地奉天省限於安東縣寬甸縣鳳凰廳岫巖州之四處南方限於澎湖列島。

三　償金爲一億兩分四年半作五次還淸。無利息。

四　中日通商條約以現時中國與歐洲列國之條約爲基礎自後兩國彼此皆以最惠國待遇。

五　爲擔保條約實行。日本暫以軍隊占領威海衞。

六　將來兩國間有紛爭。或條約上有誤解。起異議時。請第三友國爲仲裁者。

日本全權最後修正案

日本全權接此案。卽於十五日與李全權爲第五次會見伊藤强辯之後。提出最終修正案與李全權。

一　韓國獨立。不能更改原案第一條之字句。

二　土地割讓。臺灣與澎湖列島如原案不變更。奉天省南部則改爲鴨綠江至安東河口。由該河口亘鳳凰城海城及營口以南之地。幷遼東灣東岸黃海北岸之諸島嶼。

三　償金減爲二億兩。分七年八回還淸。每年付百分之五之利息。

四　通商條約。如原案不變更。但新開市場。減爲沙市重慶蘇州杭州四處。自由航路。改爲宜昌沙市間。與自上海入吳淞江入運河至蘇州杭州間。

五　不認設仲裁者處理兩國紛爭之條件。

李全權力爭營口不割讓。凡以日本軍隊並未占領臺灣。力駁臺灣割讓無理由。然伊藤切言此係最終提案。一字不能更改。限三日送確實回答。李以俟北京回電。請延期。伊藤祇許延長一日。此間休戰期間將滿。日本運兵船陸續過馬關。李迭發電報與總理衙門。陳形勢迫切，總理衙門覆電『可爭轉一分則爭一分』。十九日李全權致總理衙門電云：『本日三十餘艘運兵船已過馬關，向大連。明日小松親王等督隊次進。明日午後爲最終會議，過期和議不成，則京師不可保，故不得已擬不俟電訓，將條約蓋印。』三月二十日（西四月十五日）兩國全權爲第六次會見。李鴻章竟不爭一語，全認日本之要求，結媾和條約二十一款。其主要如左，即光緒二十一年馬關媾和條約是也。

馬關媾和條約

一　中國確認韓國爲完全獨立自主國。所有該國向中國修貢獻典禮等，自後全行廢絕。

二　中國將左開之地域，及在該地域之城壘兵器工廠及一切官有物，永遠割讓與日本國。

甲　奉天省南部。即自鴨綠江口溯江至安平河口。從該河口折線至鳳凰城海城及營口而止。所有折線以南地方及遼東灣東岸黃海北岸屬於奉天省諸島嶼，概爲割讓地。

乙 臺灣全島及其附屬諸島嶼。

丙 澎湖列島卽英國格林尼址東經百十九度起至百二十度及北緯二十三度起至二十四度間之諸島嶼。

右割讓地方之中國人民願還居割讓地方以外者准於二年內任便變賣產業遷居界外但二年期滿後尙未遷徙者卽認爲日本臣民。

三 中國賠償日本軍費庫平銀二萬萬兩內一萬萬兩自本條約批准後十二個月內分二期交還餘一萬萬兩自本條約批准後七年內分六次交還。未納銀每年付五釐利息。

四 兩國從前之條約一概作廢中國以與歐洲各國現行約章爲基礎速與日本結通商航海及陸路交通貿易新條約又遵行以下諸項。

中國現今已開通商口岸之外爲日本國臣民新開沙市重慶蘇州杭州爲通商口岸日本得置領事官且享有中國已開市場之同一特典與便宜

自宜昌至重慶自上海入吳淞江入運河至蘇州杭州間之航路准日本汽

船自由通航。

日本臣民。在中國內地購買貨品及生產物。又向中國內地輸入之運送品。皆有租棧房存貨之權。免除稅鈔及一切派徵諸費。

日本臣民在中國各通商口岸。得自由從事各種製造業。又各種機器。僅納進口稅便得自由裝運進口。

日本臣民在中國內地製造之貨物。其一切稅課。及租借棧房之利益。均照日本臣民輸入貨物之例辦理。并享受一切之優例豁免。

五 爲擔保本條約實行。日本暫以軍隊占領威海衞。俟第一第二兩次賠款交淸。所餘賠款之元利。以關稅作抵。又通商行航條約批准交換之後。日本始得撤退威海衞軍隊。

本條約締結之外。更訂別約三條。規定『占領威海衞之軍隊。不得越一旅團。駐屯地域限於威海衞灣沿岸四十里之地。週年軍費。由中國津貼庫平銀五十萬兩。又休戰期限。延長至四月十五日止』和議既終。李鴻章於三月二十三日歸國。日本旋命內閣書記官伊東已代治爲換約全權大臣。與中國換約全權大臣伍廷芳聯芳於四月十四日在芝罘交換。右條約割台灣與擴張通商權利二事皆在日本戰勝應得權利之外。日本既不認韓國之獨立。又割遼東以斷中韓之聯絡。則韓國明落日本掌握中。以後日本據旅大爲海軍根據以制黃海渤海之海權。卽扼中國北部數省之命運。據澎湖爲海軍根據以制南海海權。卽扼南部數省之命運。又大擴張商工業於中國內地。並享片面的最惠國條例以收永久利益。則我國之損害實不可思議。一時廷臣奏章數十件。皆反對和議。湖廣總督張之洞且主張割新疆北數城與俄。割西藏南數城與英。以期代擊日本。又臺灣紳民。不肯爲異族覊囚。宣言爲獨立民主國。舉臺撫唐景崧爲總統。哀求故府與各省及列國之贊助。朝廷以大信所在。勵行和約。四月十七日。諭中外臣工不必再行論奏。五月初旬。欽派李經芳爲交付臺灣大臣。初九日。李經芳會日將樺山總督於澎湖舟次。舉行臺灣授受式。臺民大失望。

交付臺灣之後。復於同年六月十一日。總理衙門與日公使林董依馬關和約所規定。另締中日通商行船章程二十九條。其主要者如左。

一 日本得派全權公使駐中國北京。中國得派全權公使駐日本東京。各照公法上公使應享之一切權利相待遇。日本得派總領事領事副領事及代理領事駐中國之各開埠場。中國亦得派是等領事駐日本。日本領事駐中國者。享領事裁判權及一切優例豁免之利益。中國領事在日本者。除無領事裁判權外。得享通例之權利優例。

二 日本臣民得攜家屬駐中國已開約開諸通商口岸從事商工業。其賃房租屋建築等事。享最優待國臣民之例。日本臣民得持執照前往中國內地各處遊歷。

三 中國現准停泊港如安慶大通湖口武穴陸溪吳淞等處。及將來准停泊之港。日本船照現行各國通商章程辦理。日本船進中國通商各口。按噸數納船鈔。滿一百五十噸以上者。每噸納鈔銀四錢。百五十噸及以下者。每噸納鈔銀一錢。

四 凡日本臣民向中國輸出入貨物。其所輸進出口稅。比相待最優國臣民。不得加多。或有殊異。

凡貨物係日本臣民由別處或由日本運進中國。照章由此口運至彼口時。無論貨主及運貨者係何國人。亦無論運器船隻係屬何國。所有稅賦鈔課釐金雜派各項。一概豁免。

日本臣民。欲將貨物進售中國內地。願一次納子口稅時。如係。應。完稅。之貨照進。口。稅。一。半、輸、納。如係免稅之貨。照值百兩徵二兩五錢輸納。此外內地各稅。一概豁免。

日本臣民。在中國通商口岸購買中國貨物土產。運出海外時。若非禁止出口貨物。只完出口正稅而止。所有內地稅賦鈔課釐金雜派。一概豁免。若在中國各處購買貨物。由此口運彼口時。准現行章程辦理。

此次所定稅則。及本約通商各條。以後十年酌改一次。

五　在中國之日本人民及財產歸日本領事管轄日本人自相控告或被外國人控告歸日本領事訊斷與中國官無涉中日兩國臣民起財產訴訟時歸被告國之官吏訊斷被告國官吏審出被告人犯眞罪時準本國法律懲治

六　日本人在中國犯罪潛逃中國內地或船屋經日本領事照會中國官吏即將該犯交出中國人在中國犯罪潛逃在中國之日本臣民家或中國水面之日本船上經中國官照會日本領事即將該犯交出

七　中國將來對於別國國家或臣民給予優例豁免利益時日本國家及臣民一律享受之

第六節　三國干涉與遼東返還

俄國干涉之原因

俄羅斯經營極東。欲於太平洋岸得一自由通路。已非一日。海參威（浦鹽斯德灣）每年長期結冰。又易爲日本海軍所制。多感不便。當時俄國雖尙無占領旅順大連之意。然此地一旦爲日本所有。則俄國永絕東海之希望。日本未將媾利條約發表

法德加干涉之因

之前。俄國不料有割讓遼東之事。故英國連合調停之議。與李鴻章之要求干涉俄國悉拒絕之。及馬關議和。日本提出要求案。李鴻章一方求日本輕減條件。一方將過大要求通告駐北京各國公使。俄國政府接割讓遼東之報。遂決意實際干涉。三月十五日(西四月九日)俄國開陸海軍委員會。討議以俄國之力。可否妨止日本軍隊進北京。決議『陸上無制日本軍之力。然聯合俄法二國之東洋艦隊。足制日本於海上。』遂依議實行運動。先是以歐洲政略上。有德伊澳三國同盟。牽制俄法。因此俄法亦結二國同盟以相對峙。於光緒十七年(西一八九一年)俄法二國同盟愈加鞏固。故遼東事件。法國有不能拒俄國之關係。德意志則三國同盟之主位。與俄法對立。不易牽合者。又對於中日戰爭。首先拒絕英國連合調停之議。與日本表同情者也。至此忽一變加入俄國干涉遼東之盟。蓋斯時德意志之政略。對於歐洲方面。見俄法二國日加親密。欲乘機與俄國相接。以薄俄法二國之感情。對於東洋方面。見日本大擴張商工業於中國。有損德國貿易利益。欲乘機挫日本以伸勢力於東方。故出此舉也。三國干涉之運動既成。三月三十日。(西四月二十三

三國忠告日本返還遼東

日）駐日本俄法德三國公使。先後訪日本外務省。告以本國政府之命。勸日本政府放棄遼東半島。其詞令皆謂「日本若占領遼東半島。則不僅中國之國都日危。即韓國之獨立。亦歸於有名無實。是極東平和之大障礙。應特以誠實之友誼。勸日本政府放棄該半島之領有權。以保全平和云。」

俄國開戰準備

俄國原爲干涉遼東之主動力。既與德法二國對日本提出抗議。即着着準備軍力。以爲最後之對付。時俄海軍中將智爾多福統俄國太平洋艦隊共二十九艘。約七萬三千噸。在東洋方面。而當時碇泊於中日兩國各港者。同受本國政府命令。限時刻退歸本港。以示戰鬪迫於頃刻之勢。又東部西伯利亞總督統轄之現役兵預備兵共五萬。全集於海參威。該港軍務知事。以公文通知日本領事云。「奉本國政府之命。本處爲臨戰地境。」日本居留人民。多倉皇退去。俄國之決心如斯。而此時日本之形勢。全國精銳之師。悉屯駐遼東半島。又優勢之軍艦。悉向臺灣澎湖出發。本國沿海各方面海陸軍備。全然空虛。伊藤總理急往廣島行在所。開御前會議。提議三策。「一」斷然拒絕三國勸告。「二」遼東問題附列國會議議

日本政府之苦狀

決三依三國之要求返還中國」閣員以內外形勢不能新增一敵國決議行第二策時陸奧外務養病於舞子伊藤卽夜奔舞子徵其意見陸奧極反對之謂『招請列國會議則俄德法外必另請二三强國到會是等强國肯參與列國會議與否不可知卽肯參列此種問題一附列國會議則各國主張自己之利益必不能限論遼東半島一事而止倘議論橫生則馬關條約不至全體破壞不止』伊藤以爲然遂決行第三策陸奧又恐中國政府乘三國干涉不批准馬關條約則主張對三國與對中國之政策全然劃別卽對三國讓步對中國毫絲不讓是也同時陸奧電訓駐俄公使以『日俄兩國永年親密勿傷善鄰關係求俄國政府再加深慮』又電訓駐英公使以『滿韓關係英國有特殊利害日本以如何報酬始可望英國援助問英國政府』又電訓駐美公使以『中日媾和係依美國調停之力請其勸止俄國干涉以全調停有終之美』適日駐俄公使回電『俄政府嚴拒請求且嚴整軍備』駐英美公使回電『英美兩國限於局外中立之範圍內可與協力』則英美二國之最後援助已不可望斯時惟伊太利政府以德俄相

親。恐破歐州列國之平衡。有連合英美以助日本之意。然勢已不能。日本政府除對三國讓步外。別無長策。

日本返還遼東之宣言

四月初七日(西四月三十日)日本政府復命駐俄國公使。以『日本除留金州廳外。其餘遼東半島悉依俄國勸告放棄其占有權但日本得向中國索相當報償』之照會送俄國外務省。然俄國政府以日本領有旅順與領有遼東全半島無異。毫不變其初志。其時中國政府以三國干涉爲口實。由美公使介紹要求日本展限條約批准與交換期間。至此陸奧以對中國對三國之兩問題錯雜不決。恐招不測之患。旋與閣員會議。主張全聽三國勸告。以截外交難局。而迅速行條約批准交換之事。閣議一決。四月十三日陸奧外務電命駐俄德法三國公使向三國政府提出下之照會『日本帝國政府依俄德法三國政府友誼之忠告願將遼東半島永久占有權。全然拋棄』十七日駐日本俄公使向日本政府稱本國政府之命贊揚日本政府爲宇內謀平和。述祝詞。德法二國公使亦次第向日本政府爲同意之宣言。其時日本換約全權大臣已向芝罘。三國政府已無他意。於是中日

還付遼東條約

兩國全權大臣。遂將條約交換。日本政府旋發布返還遼東詔勅。日民唏噓憤恨。痛嘆不堪。旋任林董爲駐北京全權公使。命與中國交涉還付遼東之事。至北京與李鴻章談判數次。後於九月二十二日。(西十一月八日)締結還付遼東條約。卽日本將馬關條約第二欵奉天省南部割讓地。全行返還中國。而中國納庫平銀三千萬兩與日本以爲報償是也。至此中日戰爭全然結局。

第九章　列強分割中國之開端

第一節　俄國之勢力範圍劃定

俄皇對中國之市惠政略

方中日戰爭尚未結局之時。甘肅回匪蜂起。斯時全國軍力。專任東方防禦。回匪乘隙蔓延全省。陝甘總督楊昌濬陝西提督雷正綰等剿討皆不奏功。及中日媾和成。喀什噶爾提督董福祥雲南巡撫魏光燾西甯辦事大臣奎順等以大軍會剿。至翌年(光緒二十二年)七月。關內外及青海全境始一律肅清。當此外患內亂交迫國步益莅艱難。而斯時朝廷一欲急償日本賠款以收回威海衛一欲整修軍政以備後患。國庫空虛。共需募外債三億兩。戰敗之餘。各國銀行皆不應募。我政府實陷於十分窮境。俄皇尼哥拉斯二世揮其偉略下俄國政府擔保之詔勅命俄法銀行以四分利息應中國初期公債一億兩以救中國之窮困並不向中國索何項報酬。其對於我國友誼可謂隆厚之甚也。

然俄國對於我國此等舉動。全係市惠政策其野心正不可懸揣先是俄國自干

俄皇加冕禮與李鴻章之使俄

涉割讓遼東以來。將大向我國索報償。因李鴻章自馬關議和歸國後。不立於中央有力地位。於是俄公使喀西尼不得依李鴻章達索償之目的。蓋李往馬關議和時。與喀西尼私約『俄國若能干涉則中國當與俄國以何項報償』。其後俄國干涉割讓遼東。雖全出於己國之極東侵略政策。然對於李鴻章之詞令。則謂實行當日之約束。以李退出中央政府。不得實行前約。於是喀西尼百方盡計。謀恢復李之勢力。及一八九六年五月二十六日（光緒二十二年四月十四日）爲俄皇尼哥拉斯二世加冕巨典。我政府派王之春爲奉賀使。（光緒二十年曾派王之春往俄國弔先帝崩御賀新帝即位至此復遣之）喀西尼乘機謂『王之春位卑言輕。非列國信用人物。不足當俄皇加冕重典之使節。必李鴻章之人物然後可』云。且謂『遼東事件。俄國有力於中國甚大。不可不確定報償條件。又日本以還付遼東之恨。將捲土重來。中國欲保全疆土。不可不與俄國爲協同防禦。故須與李鴻章全權俾得協定一切』云。我政府悉應其要求。李鴻章奉使命於三月十八日至聖彼得堡。謁見俄皇。呈國書後。俄政府恐列國大使窺破中俄密約之故。外務大臣羅拔諾甫避當談判之局。命大藏大臣微德與李鴻章會議於莫斯科訂結左之中俄密約。

一　日本國如侵占俄國亞洲東方土地或中國土地或韓國土地即牽礙此約應立卽照約辦理如有此事兩國約明應將所有水陸各軍屆時所能調遣者盡行派出互爲援助至軍火糧食亦盡力互相接濟。

二　中俄兩國現經協力禦敵非由兩國公商一國不能獨自與敵議立和約。

三　當開戰時如遇緊要之事中國所有口岸均准俄國兵船駛入如有所需地方官應盡力援助。

四　今俄國爲將來轉運俄兵禦敵並接濟軍火糧食以期妥速起見中國國家允於中國黑龍江吉林地方接造鐵路以達海參威惟此項接造鐵路之事不得藉端侵占中國土地亦不得有碍大清國大皇帝應有權利其事可由中國國家交華俄銀行承辦經理至合同條欵由中國駐俄使臣與銀行就近商訂。

五　俄國於第一欵禦敵時可用第四欵所開之鐵道運兵運糧運軍械平常

無事。俄國亦可在此鐵路運過境之兵糧。除因轉運暫停外。不得借他故停留。

六　此約由第四欵合同批准舉行之日算起照辦。以十五年爲限。屆期六個月以前。由兩國再行商辦展限。

傳聞之喀西尼密約

然斯時世界喧傳之中俄密約。與此全異。即所謂喀西尼密約者。其主要如左。

一　俄國西伯利亞鐵道。得由布拉郭威什臣斯克渡黑龍江經瑷琿齊齊哈爾伯都拉吉林琿春接海參威線。

二　俄國經黑龍江吉林二省之鐵道。全由俄國出資築造。準用俄國鐵道規則修理。中國不得干與。滿三十年之後。中國得出相當資金買收。

三　自山海關至奉天之鐵道。俄國代中國出資築造。滿十年之後。由中國買收之。

四　自山海關經牛莊蓋平金州至旅順之鐵道。雖由中國自修。爲謀兩國通商便宜起見。準用俄國鐵道規則築造。（軌道與俄鐵道之廣狹同）

五　俄國爲保護鐵道財產起見。於各處車站。得駐屯步兵騎兵特別大隊。以資防衛。

六　黑龍江吉林兩省。及長白山脉之鑛產。中國雖禁止開採。然此約批准後。准中俄二國人民開採。

七　滿洲之中國軍隊。聘俄國士官將校訓練。

八　俄國於東洋方面。尙無不結氷良港。爲防近時有戰爭。便俄國太平洋艦隊自由運動之故。中國以膠州灣租借與俄國。十五年返還。

九　旅順大連及其附近地方。爲軍事上之要害地。中國須速築堡壘。嚴防戰備。俄國爲保護此二港灣。無論何國侵略。必竭力援助中國。若事勢切迫。中國爲使俄國易於攻守起見。准俄國海陸軍得於該二港集中。

以上二密約之性質。前者爲防日本之侵略。酷似中俄攻守同盟。而俄國利用此名義。使西伯利亞大鐵道得避迂繞西伯利亞東部之線（俄國西伯利亞大鐵道。原擬經黑龍江北岸。更沿烏蘇里江南下至海參威。其距離固遠。而沿途又皆不毛。工事需巨大資金。竣工後不能收多大利益。）而更爲橫貫黑龍江吉林二省。平時無事亦可由此鐵道運過境之兵糧以逞其侵占滿洲之志後者則全假援助中國防禦別國侵略之名義使滿洲全立於俄國勢力範圍之下當時各國相傳驚愕然以後來實際觀察之則前者之密約較爲確實其時李鴻章尙在歐洲漫遊中喀西尼直持密約要求總理衙門奏請批准恭親王以下悉不應皇上亦拒不批准喀西尼以間接直接之運動我政府卒承認之於是華俄銀行不得不實行設立是爲俄國窺入滿洲境內之始

中俄密約之批准

初俄國貴族鄔多穆斯契倡辦華俄銀行一爲東洋各國與俄國交通貿易設金融機關一爲扶植經濟勢力於中國及中俄密約成俄國遂派鄔多穆斯契來北京以報俄皇加冕使之禮多携珍貴品物廷貴皆有所獻貢及提設立華俄銀行之議不稍生制碍淸廷遂於光緒二十二年七月二十日命駐俄公使許景澄與俄國結華俄道勝銀行契約如左

華俄道勝銀行契約

一　中國政府出庫平銀五百萬兩與華俄道勝銀行合同營業自此欵交付該銀行之日起其一切贏虧照股金分派

二　每年俄曆一月一日。該銀行爲總決算。依中國政府之股金以定準率。至年末核算中國政府之總嬴虧。依此準率以庫平銀計算。

三　該銀行章程所得利益。先提若干爲各總辦之酬勞金外。其餘之利益。照中國政府與該銀行之股金分派。但此分派之利息。各出一分爲存欵作資本計算。

四　該銀行之月報年報。經股東總會審議。由中國駐該銀行管理人遞交東清鐵道之中國總辦查閱。

五　若該銀行因事故或損失閉鎖時。清算之後。中國政府之股金。除損失外。所餘之資金。由銀行交還。

此條約之內容。毫不能發見有損害我國之處。蓋各國對我國之慣用手腕。常於正約上爲寬大之文語。而於附約或別項條例中。以簡單數言規定其權利。俾我國不及注意。俄政府既與我國結此契約。旋草華俄銀行條例九章。共數千言。其第二章銀行業務之第十項規定對於中國之業務如左。

華俄銀行對於中國之業務

一 領收中國內之諸稅。

二 經營與地方及國庫有關係之事業。

三 鑄造中國政府許可之貨幣。

四 代還中國政府募集公債之利息。

五 布設中國內之鐵道電線。

此數語之精神卽以一銀行之名義實行政治上之侵略。政府昧於遠見卒承認之於是俄國實際侵略我國之基礎得十分作成是爲俄國侵入滿洲及內地之始。

華俄銀行之政治上侵略

華俄道勝銀行契約成立之第三日卽光緒二十二年七月二十二日。駐俄公使許景澄復與華俄銀行訂結東清鐵道會社條約。蓋中俄密約俄國所獲築造滿洲之鐵道權不能發表至此遂假由中國政府之命委任兩國共同出資之華俄銀行承辦也該條約爲後來滿洲問題大有關係。特錄全文如左。

東淸鐵道會社條約

中國政府現定築造由俄國赫塔城接續南烏蘇里河之鐵道。其築造經理之一切事務全委任於華俄銀行使其承辦特約定左之各條。

一　華俄銀行爲建造經理該鐵道。別設一會社。名中國東三省鐵道會社。該會社之印章。由中國政府製造給付。該會社之章程。照俄國鐵道會社之成規定之。總股票准華俄兩國人民購買。該會社之總辦。由中國政府選任之。其公費由該會社支出。總辦之責任。隨時查察該銀行及鐵道會社果實力奉行中國政府委任之事務否。該銀行及該會社與中國政府及地方官交涉事宜。歸該總辦經理。該銀行與中國政府往復之計算書類。該總辦得隨時查察。該總辦住北京。該銀行亦派管理人住北京。便就近商辦一切事務。

二　勘定該鐵道之線路。由中國總辦所派之員。與該會社委員及鐵道經過地之地方官。共同和衷辦理。但遇有墳墓村落城市之時。須設法迂繞

三　本約批准之日起。十二個月以內。該會社卽應着手工事。勘定線路及將敷地交與會社之日起。六個年以內。一切工事卽應竣成。至鐵軌之廣

狹。與俄國之鐵軌同一。俄尺五幅地。卽中國尺四尺二寸半。

四 中國政府。諭令各處地方官關於該會社建造鐵道必要之材料工夫雇人及水陸運送之船車夫馬匹馬糧等須竭力補助之皆依市價由該會社自行買取。至其運送事項。中國政府應設簡便敏捷之法。

五 鐵道及鐵道使任人員中國政府應設法保護之。凡因經理鐵道。雇用內外國人均由該會社之便鐵道關係之地方有人命盜案爭訟等件地方官照條約辦理。

六 該會社認建造鐵道與經理防護之必要地方。又鐵道附近開採砂土石塊石灰之必要地方。此等地方若係官有地由中國政府給付不納地價若係民有地。由該會社依時價向地主買收。而該會社之所有地槪免地稅准該會社一手經理建造各種家屋幷電線。以專供鐵道之用除開礦地方別定辦法外。凡該會社之收入（卽由轉運乘客及貨物之收入）槪免稅釐。

七 凡該會社建造鐵道或修理鐵道之必要物件。皆免除各種稅釐。

八　俄國海陸軍隊及軍械通過國境之時該會社直任運送之責除沿途暫時停車外不得託他事逗留。

九　外國乘客由此鐵道入中國內地者。必持有中國之護照。若無護照者概不准進入中國內地。

十　貨物及手提物自俄國經該鐵道至俄國境內者（如自西伯利亞至海參威）一切概免釐稅但此種貨物除手提物之外須積載於別之車輛入中國邊境之時由其地之中國稅關固封之至出國境時亦由其地之中國稅關檢查之若查驗途中未開封許其通過若查有開封之事則沒收該貨物。自俄國經此鐵道運送至中國或自中國經此鐵道運送至俄國之貨物。各照本國通商稅則徵輸出入之正稅但中國對於此稅照海關稅則所定之額減三分之一徵收若運送至中國本部之時則照海關稅則減三分之二課通過稅以後通關過卡概不重徵若不納通過稅者逢關征稅。遇卡抽釐。中國於此鐵道交界之兩地點設置稅關。

十一　乘客之車價貨物之運價及起卸貨物之運搬費由該會社定之但中國公用文書等類免納稅金中國海陸軍及軍械通過之時祇納運價半額之通過稅。

十二　該會社自鐵道開車之日起八十年內鐵道所得之總利益歸該會社所專有若有損失時該會社自彌補之中國政府不爲保障八十年期滿之日鐵道及鐵道之一切財產無條件全歸中國之所有（中國不納償金）又自開車之日起三十六年後中國政府有收買之權即該鐵道使用之資本及所負債務并利息通盤合計之額中國照數給與而會社以所得利益按股分派尚有剩餘之時則全歸中國所有中國卽於償金內扣除之中國政府將該償金存於俄國銀行之後始得收管該鐵道又鐵道開車之日該會社卽將中國政府之庫平銀五百萬兩交還中國

此條約之最大注意點所規定中國權利全屬虛文所規定俄國權利則甚廣大而後此俄國所獲實權更逸出此約範圍之外如總股票准華俄兩國人民購買

東清鐵道會社之採鑛權與警察權

其實爲俄國獨有而最後一條且規定開車後將中國庫平銀五百萬兩全數還清則兩國合營華俄銀行之契約被一筆勾消又第十條中國於鐵道交界之兩地點有設置稅關征收關稅之權然該鐵道竣工後我國政府亘數年不實行（該鐵道以光緒二十九年竣工。中國於光緒三十三年。始與俄國議定試辦北滿稅關章程大綱。規定各車站悉爲免稅地域。故此約第十條之權利。亦爲虛文。）而俄國則除享本條約規定權利外更享條約外之無稅貿易權後日且假本約第六條之文字爲爭哈爾賓行政權之張本尤不僅此俄政府於締此條約之後旋於同年十一月發布東清鐵道條例三十條悉得我政府之承諾此條例爲異日滿洲問題之最大關係者一爲開採礦山一爲置警察隊之事其第一條規定採礦條文如左

會社經中國政府之許可得採掘與鐵道連帶或與鐵道無關係之炭抗且同時得營中國之別礦業及商工業

其第八條規定警察條文如左

爲保護鐵道及附屬物之地段內之安甯秩序會社委任警察部執行其事因

俄國侵略北滿洲之成功

此會社得制定鐵道之警察規則。

前者規定會社之採礦權不設制限（無距鐵道左右若干里以內之礦山之制限）遂起後來無窮之損害後者之警察權更起不可思議之問題卽準此條例俄國於鐵道沿線僅得設警察而止。然俄自鐵道竣成之後於鐵道沿線或置本國軍隊或設華俄護勇變警察而爲軍隊其違反條約之處實誠不可思議（喀西尼之密約既屬虛傳則俄國無設軍隊之權）要之俄國陽假干涉遼東之報償與共同防禦日本之侵略爲口實而陰定攫取滿洲爲已有之政畧我國當局者昧然不知一悞再悞步步趨入於俄國之網羅中俄政府遂得以一合立銀行與私立會社之名義奪北滿洲置於己國勢力範圍之內至此俄政府對於北滿洲之侵略政策全告成功。

光緒二十三年十月。德國以宣教師被害。占領膠州灣。俄以德占領膠州灣爲口實於十一月二十五日。命西伯利亞艦隊入旅順口。旋以防禦他强國侵犯滿洲爲辭。要求租借旅順大連二港。且要求築造自哈爾賓至旅順之鐵道權。時英國政府雖不反抗俄國租借旅大。然以俄國對於旅大若爲軍事上之占領則開瓜分中國之端。勸其將旅大開作商埠。然俄政府以各海軍國皆於中國有海軍根據地。俄國不應獨無拒絕之。光緒二十四年三月初三日。駐北京俄公使巴布羅福卒與李鴻章張蔭桓結旅順大連租借約九條。即世稱巴布羅福條約是也。其主要者如左。

旅順大連租借條約

一　中國將旅順口大連灣二處及其附近一帶之地以二十五年為期限租借與俄國但期限滿後得由兩國會商斟酌續借。

二　旅順口作為俄國海軍港祇准中俄兩國船舶出入大連灣開為商港各國船舶皆得出入。

三　俄國自備經費於大連旅順建築砲臺營塞中國軍隊不准在界內住居

四　自哈爾賓至旅大之鐵道與自牛莊沿海濱至鴨綠江之鐵道由俄國築造。

旅順大連租借續約

此條約締結月餘。更於聖彼德堡締旅大租借續約如左。

一　自遼東西岸亞當司港起。穿亞當山背。至遼東東岸貂子灣。劃一線。其以南之水陸。爲租借區域。

金州城之行政權及警察權。雖歸中國所有。然中國舊屯軍隊。悉撤退金州之外。代以俄兵。

中國民無使用海岸之權。

二 自遼東西岸蓋平河口經岫巖沿小洋河至大孤山港。劃一線。其以南至租借線界以內之地。爲中立地。非俄國許可。凡中立地及沿岸與中立地內鐵道礦山商工業等。不得讓與他人。

以上二條約締結之後。俄國政府向各國宣告大連爲自由貿易港。至此三國干涉返還之遼東半島一變而爲俄國所有。俄國積年所望東洋方面之不凍港得全達其目的。此後惟着着經營旅大之防備是務。翌光緒二十五年三月二十八日。兩國專派委員勘定租借地境。更約左之數項。

一 租界東西岸附近水面諸島嶼。歸俄國享用。

二　中立地東西岸附近水面諸島嶼依中立地辦理。

三　遼東半島以南之廟列羣島雖不編入租界。然中國不得讓與他國或他國人享用。又不得開為通商口岸。該島內鑛業及工商利益亦不得讓與他國人民。

俄改遼東租地為關東省

同年八月。俄政府以遼東租借地改建關東省。置總督治之。以旅順為首府。原俄國除本國本部外。如高加索中央亞細亞西伯利亞諸領地皆設總督治之。以短期之遼東租借地亦行領內之制度。其視二十五年之租借期為虛設之具文已可想見。

俄國侵略南滿洲之成功

夫俄國對於北滿洲之侵略。尙用柔滑浸潤之術。其對於南滿洲則純出強暴橫奪之策。不顧逼日本返還遼東之口實。不辭開瓜分中國之端緒。惟依鯨呑之慾望。將囊括滿洲為已有物。而我國羸弱無力。拒寇不能。惟有束手以待其宰割。於是南滿洲之廣大區域。旅順之東洋第一要塞。悉劃歸俄國勢力範圍之內。

中日戰敗之後。中國自悟交通不靈。致軍事政治上多生缺憾。而認南北貫通之

俄國攫取京漢鐵道權

路爲尤急。於是築造京漢鐵道之議起。然該鐵道築造費。共須五千萬兩。本國僅籌得一千三百萬。餘三千七百萬兩。不可不仰資於外國。戰敗之後。財政上之信用大失墜。各國對於該鐵道貸欵皆付過酷之條件。不能成議。俄國陰誘比利時合股公司。僅以鐵道擔保借欵之輕條件應之。光緒二十三年四月初六日。鐵道督辦盛宣懷與比國合股公司先後訂借欵契約二章。比公司於第一期繳欵之時。忽倡條件過輕之故。不能履行。要求更改條約。我國不得已。翌年五月。命盛宣懷復與比公司訂第三次契約。約中規定「自保定至漢口之鐵道建築費。由華俄道勝銀行出資。而該銀行卽得承辦該鐵道之權」。於是江北大幹線之鐵道權。歸俄國。

俄國攫取山西鐵道權

所有同年山西省商務局倡修正大鐵道借華俄道勝銀行六百八十萬兩。附六分息。限二十五年償還。並規定「如期內不能還清。則銀行有代管該鐵道之權」。山西煤礦。足供全球二千年之用。俄國既得蘆漢鐵道。復擴勢力於山西。政略上之計劃。乃覺完美。先是英國聞俄假比公司之手。獲蘆漢鐵道之實權。恐其蹂躪楊子江之利益。（楊子江爲英國勢力範圍）向總理衙門質問虛實。王大臣力辯其

關外鐵道借款之英俄衝突

英俄協約劃蒙古爲俄國之勢力範圍

妥及契約成立之後。英亦無可如何。英公使遂急與我國結關外鐵道借款契約。卽以「二百三十萬磅借與中國修山海關至新民屯與牛莊之鐵道。而以關內外鐵道作抵」英之此舉所以斷俄國滿洲鐵道與蘆漢正大鐵道相聯絡卽阻俄國馳騁北部數省之勢也俄公使甚憤之迫總理衙門破棄關外鐵道借款契約。英公使嚴拒之。英俄衝突甚激昂。英外務大臣巴爾忽爾招駐英俄公使烈斯薩至外務省爲嚴峻談辯曰。「俄國若干涉英國純然商業上之業務。與侵害英國條約上之權利。斷非容易之事。」烈斯薩別出一案規定英俄對中國之鐵道範圍。卽「俄國承認楊子江爲英國鐵道築造範圍。英國承認滿洲爲俄國鐵道築造範圍」是也。巴爾忽爾雖大致同意。然主張關外鐵道。英國之既得權。不可不保有。結局於一八九九年(光緒二十五年)四月十六日。俄國外務大臣穆拉威福與駐俄英公使查爾斯可德於聖彼德堡結有名英俄協約。卽規定「楊子江流域爲英國之鐵道築造範圍。長城以北爲俄國之鐵道築造範圍。互相承認不相侵害。」於是滿洲蒙古之地。俄國居然明認爲己國之勢力範圍。我國亦不能如之何。此協約不經我政府之認可。僅由英俄二國自爲議定。以視十九世紀列强之處分亞弗利加。祇爭一間耳。

第二節　德國之勢力範圍劃定

德意志自十九世紀後半期以來。商工業日隆盛。人口益增殖。急圖擴張殖民地。以發展國力。於是對於亞弗利加南洋各處。力索殖民地。而東洋貿易以中國爲最大利益場。又値極東問題發生。德遂注意中國海面。欲求一貿易上軍事上之根據地。頻遣人測量中國海岸各港口。於四十年前德地理學者某研究膠州灣爲最有望之地。光緒二十一年。俄促日本返還遼東。德意志爲有力之援助。翌年俄皇對中國斡旋外債。獨與法國協同。不謀於德。又翌年中俄密約成。俄國對於遼東之干涉。得最大報償。而德毫無所獲。自是德皇以俄不信用。有必得中國海陸軍根據地。以爲對抗之思。然自中日戰役以來。俄法二國同盟。益加鞏固。德意志方恐法思報普法戰爭之恨。俄思雪柏靈會議之耻。則三國同盟。將被其蹂躪。故萬不肯顯怨俄之情。斯時德外交家出雙全之策。遣密使德璀琳（李鴻章顧問）與俄密使伯爾諾福會議唆『俄國乘日本海軍尙未擴張之前占領旅順口而德先占領膠州灣以資俄國占領旅順之口實』此議爲俄政府所歡迎於是二國方俟機以決實行不三月有山東暴徒殺德國宣敎師之事德遂借此爲占領膠州灣之機會。

光緒二十三年十月初七日山東曹州府鉅野縣暴民鬧敎殺德國敎師二名暴徒多係山東巡撫李秉衡解散之遊勇被殺二敎師係山東南部牧師長德國高僧安守之弟子安守以光緒五年入山東傳敎光緒十二年被羅馬法王任爲山東南部牧師長先是咸豐八年中法天津條約法國得保護在中國天主敎徒之權凡各國之天主敎徒皆由法公使保護德相畢斯麥自一八八三年以來認本國殖民政策之必要遂取利用宣敎師以行政治上之目的對於在中國天主敎徒屢欲破壞法國獨力保護權一八八七年(光緒十三年)安守歸柏靈畢斯麥優遇之告以後布敎事業由德國政府懇懃保護勸將山東南部之天主敎會改置德意志帝國管轄之下安守牧師欣然承諾之自是山東南部天主敎會與法國公使

德國之出兵

無關係。故曹州教案之起。德遂直接出兵。

初教師被殺之報至柏靈。德皇卽命海軍少將齊德黎率鐵甲巡洋艦一艘。二等巡洋艦三艘。先赴膠州灣。旋任皇弟顯理親王爲極東巡洋艦隊司令長官率大艦隊續向膠州灣出發。少將齊德黎以十月十九日抵膠州灣。逼青島砲臺守將高元章退出砲臺。直占領之。翌日占領膠州府城。駐北京德國公使海靖以膠州府城占領之次日。始向總理衙門開談判。要求左之六欵。

賠償談判及德公使之翻案

一　巡撫李秉衡革職。永不敘用。

二　給教堂建築費六萬六千兩。賠償盜竊物品銀三千兩。

三　巨野河澤渾城單縣曹縣魚臺武涉之七處各建教師住房一所。共給工費二萬四千兩。

四　擔保以後永無此等事件發生。

五　以兩國人資本設立德華公司。築造山東全省鐵道。并許開採鐵道附近之鑛山。

六　德國因辦理此案所費之數百萬兩。均由中國賠償。總理衙門數次折衝。將第一欵删除永不敘用四字。第二第三兩欵全承諾之。第四第六兩欵全削除之。第五欵許以自膠州灣至濟南府一段鐵道。由德國築造。議漸就緒。忽曹州復有驅逐敎師殺害洋人之說。德公使復翻前議。時顯理親王率大艦隊抵膠州灣。忽向總理衙門要求租借膠州灣九十九年。王大臣驚愕無措。因敎案之結果要求築造鐵道。開採礦產。已非情理之正。况租借地域耶。然大軍已抵膠州。非恃口舌所得空爭。我政府不得已於光緒二十四年二月十四日與德公使另訂租借條約三章。

膠州灣租借條約

第一章　膠州灣租界

一　灣內各島嶼及灣口與口外海面之羣島。又灣東北岸自陰島東北角起劃一線東南行至勞山灣止。灣西南岸自齊伯山島對岸劃一線西南行至笛羅山島止。又灣內全水面以最高潮爲標之地爲租借區域

二　租借區域德國得行使主權建築礮臺等事。但不得轉租與他國。中國軍

艦商船來往。均照德國所定各國往來船舶章程一例待遇。

三　租借期限。以九十九年爲期如期限內返還中國。則德國在該灣所用欵項。由中國償還另以相當地域。讓與德國。

四　自膠州灣水面潮平點起周圍一百里（中國里）之陸地。爲中立地。主權雖歸中國然中國若備屯軍隊。須先得德國之許可。但德國軍隊有自由通過之權。

第二章　鐵道鑛務辦法

一　中國准德國在山東築造自膠州灣經濰縣青州等處至濟南及山東界又自膠州灣至沂州經萊蕪至濟南之二鐵道

二　鐵道附近左右各三十里（中國里）內之鑛產德商有開採之權

第三章　山東全省開辦各項事務之法

一　以後山東省內開辦何項事務。或須外資。或須外料。或聘外人。德國有儘先承辦之權。

山東全省劃入德國之勢力範圍

此條約之性質。租借地域。於租借期限內。德國除不能租與他國之外。有完全主權。租借地外之中立地。雖承認中國主權。然中國不得駐兵該地。而德國則有軍隊自由通過之權。不稍受制限。又許與鐵道鑛山權。與全省開辦事務之優先權。則山東全省悉劃入德國勢力範圍（行使政治權之地域）與利益範圍（獲商工業優先權之地域）之內。本條約締結之後。翌年（一八九九年）西四月二十七日。德皇對於國內發布左之勅令。

德皇之詔勅

依一八九八年三月六日朕之政府與中國政府在北京締結之條約。其所指定之膠州灣領土。歸德意志帝國之所占有。茲朕以帝國之名。置該領土於朕保護之下。

（註）德國保護領法第一條『德意志保護領之保護權。以帝國之名。由皇帝行之』蓋德意志殖民地之保護實權。無論軍政民政。全集中於皇帝。故稱置該領土於朕保護之下。

依此勅令。德意志政府直以有期租借之膠州灣。與德意志獲得之殖民地同一待遇。遂改其名稱為『膠州灣保護領』然其統治膠州灣之制度。則與統治他殖民地之制度絕不同。卽德自一八九〇年以來。凡殖民地之中央行政機關統歸

膠州灣保護領之統治制

於外務部之殖民局轄理獨對於膠州灣則令其歸海軍部所轄理（一八九八年一月二十七日之勅令）其用意蓋以經營膠州灣之目的全重軍事上之施設也其知事以海軍少將充之其行政之組織區分軍務民政二項民政分內務部長與華人事務部長。華人事務部長之下置華人事務長官一人劃全區爲青島市街與李屯二區青島區長專任華人訴訟事務李屯區長除任華人訴訟事務外兼辦警察及其他行政事務蓋現時各國對於殖民地人民之司法制度與對於殖民地本國人民之司法制度判然劃別即對於本國人民司法與行政分離對於殖民地人民司法與行政混合李屯區長除掌訴訟外兼任行政事務者蓋視華人與未開化之土人等無區別行政司法之必要也（監獄亦白人與華人不同）至其經營鐵道礦山之事務則

德華公司之經營鐵道令

德政府於結約後命本國商會組織德華合股公司其關於鐵道對該公司之命令條文如左。

一　自青島經濰縣至濟南之幹線及博山支線公司於五年之內便應建設開業。

德華公司之經營鑛山令

二　軌道準普通廣軌。爲一米突四三五。暫用單線。俟將來改爲複線。

三　公司分派利益上五分之時。對於膠州灣修繕港灣費及一般行政費。有負擔其一部之義務。

四　德意志帝國於六十年後。有買收該全部鐵道之權利。

五　膠州灣知事有監督公司一切之權。

其關於鑛山對該公司之特許及命令條文如左。

一　五年以內。公司若能發見鐵道兩側三十華里以內之一切鑛產。准其有鑛山所有專權。

二　爲實行上條之權利。公司於三個月內。創立一個或數個之殖民地公司於膠州灣保護領內。

三　公司資本金爲千二百萬馬克。開辦會資爲三百萬馬克資本由德華兩國人募集。每股爲三百馬克。

四　前期經過後十年間。尙不能完全開採。則取消其鑛山所有權。

英德協約德勢力超出山東範圍之外

五　鑛山公司。分派利益上五分之時。對於膠州灣之修繕港灣費及一切行政費。有負擔其一部之義務。

六　公司依帝國政府之希望。以所採掘之石炭。先充帝國海軍之所需用。

觀以上德國政府對於膠州灣及鐵道鑛山之勅令法令。不僅視膠州灣租借地爲德領。且鐵道所通之處。鑛山隨之。使皆爲實際之開設。其對於山東全省爲積極之侵略。實可概見。及英德協約成。（光緒二十四年八月爲津鎭鐵道之協約）自天津至山東南境之鐵路。又歸德國所有。於是德國勢力所及。且超過山東範圍之外。要之以殺害二宣敎師之故。爲此重大之結果。實國際上所罕見。當時與東洋有利害關係諸國。皆默爾不干涉者。則因俄德早有密議。法惟俄意是從。美國對中國無政治上之勢力。日本則內政尙未淸。對於俄租旅順。尙不能干涉。更何力及此。英則與德之交誼頗深。先年協同應中外國債一億兩。而顯理親王率艦隊向膠州灣時。寄航英國。訪女皇。與訂『英征蘇丹德守中立』之約。故英政府亦不能提出抗論也。

第三節　法國之勢力範圍劃定

干涉遼東返還之三國中對中國似索報償而得利益最早者法國也。中日和約以光緒二十一年四月十四日在芝罘交換。同年五月二十八日。駐京法公使智拉爾與慶親王奕劻結中法境界及陸路通商續約專條二章。即「關於境界者。法國領土擴張至湄公河上流東岸之地。江洪河畔確認爲法國領土關於通商者。新開思茅河口爲貿易場。開採兩廣雲南之鑛山。時法國有儘先商辦權。安南鐵道得延長至中國境內。陸路關稅比光緒十二年之條約減輕。思茅至安南接續兩國之電線」等是也。此條約之權利。法公使於中日戰爭時。早向總理衙門要求。至此時成功。類似干涉遼東之報償。其實遼東報償非可以此輕條件了局也。

法國自伸勢力於雲南廣西以來。多派商工業團體。組織調查中國會。深入兩廣雲貴四川諸省。考察農工商礦之實狀。與英國經營各省之程度。均作詳細報告。以啓發國人。於是法國對於我南部數省商業上之經營。與政治上之方針。益確定。光緒二十二年。法公使勸我政府再興福州船政局。訂擔任再興契約。自是福州船局實權。歸法人之手。同年十二月。英法協約成。（即一八九六年一月十五日之英法協約詳第七章）法國

海南島不割讓與他國之許可

龍南龍百之鐵道權與兩廣雲南礦山權之許與

所獲我國南部數省之利益。多被英國所蹂躪。於是法國遂轉求報償於中國。光緒二十三年二月。法外務大臣伊穆哈多命駐北京公使伊穆哲拉向總理衙門要求左之二欵。

一　海南島不割讓與他國。

二　延長龍州鐵道開採兩廣雲南鑛山。修繕滇安間通商道路。

前項總理衙門以二月十三日覆公文。誓海南島不割讓與他國。後項於五月初十覆下之公文「鐵道俟諒山龍州線修成後可更延龍州至南甯與龍州至百色之線開採兩廣雲南之鑛山時依前約法國有儘先商辦權紅河之航路與自河口經蠻耗蒙自至雲南省城之道路中國卽時起工修繕」至此法國之慾壑一時告饜。

至光緒二十四年。列國對中國之形勢一變。卽正月十八日英結楊子江不割讓與他國之約。二月十四日。德結租借膠州灣之約。三月三日俄租旅順大連。三月四日日本約福建不割讓與他國。列國之宰割如斯。法政府豈能袖手傍觀。斯時

兩廣雲南不割讓與他國之許可

滇越鐵道權之許與

法外相伊穆哈多。以保均勢爲詞。命駐北京代理公使伊穆秋貝爾。先後向總理衙門提出左之要求案。

一　廣東廣西雲南三省不割讓與他國。

二　自東京至雲南府之鐵道由法國築造。

三　租借廣州灣九十九年。

四　郵便事務由總稅務師。(英人赫德)分下時。用法人承辦。

右案第四項。以英國之反抗。不能成議。第一第二兩項。總理衙門於三月二十日覆公文承認之。第三項之廣州租借。總理衙門雖大體承認之。然租借區域與期限問題。兩相抗議。不易協定。翌二十五年。夏。法國派提督克爾若爾。中國派廣西提督蘇元春。爲劃境委員。彼此强硬不相讓。動有國際破裂之勢。此間法公使與本國政府之往復公信。前後至四十九通。其談判困難情形。亦可想見。忽廣州灣附近遂溪縣法國士官二名宣教師一名被地方殺害。法新任外相德爾喀色向克爾提督下嚴勵訓令。克爾提督遂以剿暴徒爲名。率艦隊直逼港內。蘇元春不得已讓步法亦縮小區域於二十五年十月十四日兩提督締結租借廣州灣條約如左。

一　陸地南自遂溪縣所屬通明港沿官道北至志滿墟東北轉至赤坎更東進調神島北部復東至吳川縣所屬西礮臺後面之間水面自吳川縣之海口外三海里(中國十里)之水面起沿岸西進至南通明港口外三海里之間又東海島(即湛川島)硇州島之全部皆爲租借區域

二　租借期限爲九十九年

三　期限內全屬法國管轄得爲軍事上設備又對於人民得發布法令但不妨害中國之主權。

四　中國船舶往來準中國各通商口岸同一待遇。

五　赤坎至安鋪之間法國得設鐵道電線。

廣州灣內水尋深東口南口共逼狹足妨外敵法據此爲海軍根據地一足以爲東京方面之防衛一足以保兩廣之利益且與香港對峙足與英國保平衡之局。

南甯北海鐵道權之許與

至此法國對於中國所獲之勢力範圍。利益範圍。比之各國。不稍有遜色。又同年四月法宣教師伯爾德勒被殺於廣西法政府更要求南甯北海間之築造鐵道權以爲賠償。總理衙門亦承認之。

第四節　英國之勢力範圍劃定

光緒二十二年八月。喀西尼密約現於字林日報也。各國驚駭。英國尤大注意。斯時英政府暫以中國割江洪地與法國爲背光緒二十年之中英協約爲口實先於英法協約中。規定得與法國同享雲南四川之權利。次於光緒二十三年正月爲中英新協約。規定中國開騰越思茅梧州三水甘州等處爲通商口岸。又許滇緬鐵道相聯絡。』（詳第七章）同年十月德海軍少將齊德黎突然占領膠州灣。英國方籌反抗。忽德皇弟顯理親王於東侵途次親訪女皇。許以英征蘇丹德守中立之約。女皇政府一時不能伸反抗之意。然對於極東之政策。卽以斯時確定其時中國募第三次外債。將落於俄人之手。英公使與德公使相提携。仍於英德銀行募集一億兩。其條件之一。英公使要求開大連灣爲通商口岸。以制俄國於機先俄

揚子江流域不割讓及其他項之承認

公使巴布羅福極力反抗之。其議遂不成。至十一月二十五日俄西伯利亞艦隊忽然占據旅順。英公使瑪德納特遂於翌年(二十四年)正月。以本國政府之命。向總理衙門提出左之要求。

一　揚子江沿岸各省之土地。不得租借割讓與他國。

二　開放內河。

三　二年後開長沙為通商口岸。

四　中國總稅務司。永久雇聘英國人。

總稅務司永聘英人之原因

總理衙門接右各要求案。次第承認之。英公使要求第四項總稅務司襲任英人之件。淵源頗深。初康熙年間。於甯波福州上海廣東設四海關。課外國商稅。委幫商經理其事。弊竇百端。誅求頗苛。英商屢請減輕稅額。不達目的。至鴉片戰爭南京條約第十條規定『進口出口貨稅餉費均秉公議定則例』。於是洋商希望之新海關得成立。(自是稱原關為舊關)其課稅方法。由各國領事按貨課稅。交與我國政府。因各領事各徇其私。我政府遂於咸豐元年廢其制。改由本國官吏直接課稅。咸豐三年。洪秀全之兵占領上海。街市關吏逃走。稅關閉鎖。託英美二國領事照洋商貨單徵從價五釐之稅。轉交上海道。咸豐四年正月。仍以上海道避居租地爲稅關長。以其貪婪無智。英美法三國領事。遂請改良稅關之組織。時稅關全在各國保護之下。我國不得已命上海道於同年六月與三國領事協商約『以三國領事推舉之代表人爲稅務監督官』於是三國各派代表入上海稅關爲稅務司。是爲我國稅關染指於外人之始。三稅務司雖立於平等地位。然英稅務司微德者。(後爲北京公使)富才氣。善華語。又海關事務大部分皆係英商貿易。故微德名譽特高。實權漸歸其手。微德在任一年。讓其職於譯官勒伊。勒伊才學不劣於微德。在職中稅關大發展。稅額大增加。我政府甚喜之。然外商多嫌其稅重。屢欲改輕稅則。咸豐八年。英法軍入寇天津。條約中特規定『改訂稅則』。同年十月。我國欽差大臣桂良花沙納何桂清與各國公使會於上海協商新稅率。結果我國任勒伊爲總稅務司。總攬海關稅務。(當時隸屬於理藩院咸豐十年以後隸屬於總理衙門)咸豐十一年。勒伊請假歸國。以廣東海關副稅務司英人赫德(赫德生於道光十五年。咸豐四年爲香港英國監督貿易官之書記官。咸豐九年。我政府以外人爲稅務司較本

（國官吏為優。於是廣東海關亦任外國人為稅務司。赫德遂獲廣東副稅務司之職。）署理其職。及同治二年。遂任為總稅務司。赫德就任後。統一事權。誠實盡職。海關業務大發展。英國商務亦於隱隱中受大利益。至此時列國以犄角之勢競爭中國之權利與利益。總稅務司之要職。遂亦為列國窺覦之一。其後任問題。非僅為個人問題而止。實為國家問題。所關此英公使向總理衙門要求襲任英國人之所以也。

英政府聞俄人租借旅順之說。一方勸中國拒俄要求。一方忠告俄國開旅順為通商口岸。勿為軍事上設備。俄政府拒其忠告。申明旅順為軍港。於是英國政府。援均勢之例。命英公使向總理衙門。要求以俄租旅順之條件。英亦租借威海衛。其口實則謂『俄以旅順為軍港。則中國異常危險。惟以威海衛租與英國。庶足制俄國之跋扈』云。斯時我國北洋海軍根據地之旅順。已被俄國占據。威海衛尚以擔保賠欵為日軍所占領。王大臣多設口實。希圖拒絕。然英公使强硬不屈。表最後之決心云『能毀俄租旅順之約。則英不租威海衛』王大臣愕然。廟議遂決。以光緒二十四年五月十三日命慶親王與英公使瑪德納特締結威海衛租

威海衛租借條約

借條約如左。

一 威海衛灣內之水面全部灣內劉公島及諸島嶼與沿灣濱岸達內地十哩。（合中國三十里）之地爲租借區域

二 以俄租旅順二十五年爲期限

三 租借地歸英國管轄但限於不妨碍租借地之兵備中國官員仍可在城各司其事。灣內水面。中國兵船仍可使用。

四 格林尼址東經一百二十一度四十分以東之海岸。（即甯海州以東至築成角之北海岸）及附近爲中立地。歸中國管轄。但英國得於域內擇地戍兵卒築礮臺爲一切防護。與適用諸事務（如修道路設醫院諸事）又域內除中英二國兵外不許他國兵進入

同年（二十四年）三月。中法談判時。中國政府對法公使許不割讓兩廣雲南三省與他國。又廣州灣之租借亦大體承認之。英政府以己國對於中國南部數省之勢力將被法國蹂躪爲口實。遂要求租借九龍地方以爲抵制。九龍半島北方高巒層起。俯瞰香港。巒上若建砲臺。則香港街市瞬刻可碎。故英政府乘機要求之然

中國對於香港之軍備早已寒心。況復擴張至大陸耶。又以兩廣地早與法約不割讓與他國。故總理衙門對於此要求始爲嚴行拒絕。旣以英公使強硬之故。不得已欲以九龍山上不築礮臺爲條件承認之。然英公使毫不讓步。憤然曰「中國租廣州灣與法國以危香港。故英租九龍以爲抵制。其爲軍事之設備固不待言。若中國能拒法不租廣州。英亦不租九龍」斯時法租廣州之事大體已經承認。不能反齒。九龍租借之議遂定。光緒二十四年五月十八日。李鴻章與瑪德納特締結九龍租借條約如左。

一　自大鵬灣之西角起。沿大鵬灣北岸。以一直線橫貫九龍半島。沿深州灣北岸與西方小半島。出外海以一直線南下至南大澳島（大嶼）西南海面。東折橫過香港南端而東。與大鵬灣南下直線相會合。凡線內九龍半島全部。香港附近大小四十餘島嶼。又大鵬深州二灣及香港四近水面。悉爲租借區域。

二　租借地以九十九年爲期。歸英國管轄。以不妨碍兵備爲條件。中國官員。

仍可在城內司事居民依舊樂業大鵬深州二灣水面中國兵船仍可使用依以上兩租借條約英國對中國之勢力北與俄國均勢南與法國平衡且大鵬深州二灣面寬水深足資大軍艦自由操縱比之廣州灣之形勢遠過之英國東洋海軍大根據地至此已十分完備

山西河南二採鑛契約

然英國對於中國內部擴張之利益欲有足驚者同年（二十四年）四月初二日英福公司與山西商務局締結山西採鑛附設鐵道條約名義上山西商務局借福公司銀一千萬兩爲採鑛之資其實不啻福公司以一千萬兩自行開採蓋契約中規定『六十年間採鑛全權歸福公司承辦』是也五月初三日福公司復以山西採鑛同樣條件與河南豫豐公司結河南採鑛契約（黃河以北即懷慶左右諸鑛山）同時盛宣懷與比公司結第三次京漢鐵道借欵契約成立英公使瑪德納特嚴責總理衙門背信欺英蓋第三次京漢鐵道借欵契約未成之前總理衙門對於英公使質問力辯該鐵道與俄國無關係至此該契約發表明載自保定至漢口之線由華俄道勝銀行出資而法文別約規定委該公司以築造全權故英使大怒面責李鴻

章親俄損英。背信食言。提出左記各鐵道亦以築造全權爲條件。由英國築造。以爲賠償。

一 天津鎭江間。

二 山西河南襄陽間。（山西河南二採鑛契約中所規定之運鑛鐵道）

三 九龍廣東間。

四 上海南京間。浦口信陽間。（經安徽接京漢鐵道）

五 蘇州杭州甯波間。

總理衙門接此要求公文。反覆辯明。不克收効。（李鴻章以此時免總理衙門之職）先後或以草約。或以正約承認二三四五各路之築造權。惟津鎭鐵道以英德兩公使激爭之故。我國政府無認許之權。經兩公使慘澹交涉後。於同年八月爲英德協約規定「自天津至山東南境之路由德國築造。自山東南境至鎭江之路由英國築造」然後兩公使同以築造全權爲條件。要求由英德兩國築造。我國政府悉承認之。

先是關內鐵道成後。（光緒四年開採開平炭鑛。十二年創築塘沽天津鐵道爲運炭之用。十四年成。二十一年津榆鐵道成。二十二年京津鐵道成）政府

關外鐵道權之攫取與英俄衝突

英俄協約劃楊子江流域爲英國勢力範圍

漸認鐵道之利益。決築關外鐵道。（自山海關至新民府與營口之路）設立關內外鐵道總局。即起工事。適際皇大后萬壽。鐵道築造費全被消散。又以中日戰敗後國帑空乏不能填充。工事不克繼續。至蘆漢鐵道假比公司歸俄國之手。英公使令英滙豐銀行巧與鐵道督辦胡燏棻交涉。於光緒二十四年八月二十五日。結關外鐵道借欵契約。由總局借滙豐銀行二百三十萬磅。爲築造關外鐵道費及還付關內鐵道舊借洋欵之用。即以關內外鐵道之一切財產及運賃利益爲抵當。並由總理衙門向英公使以證書申明『決不以該鐵道讓與他國』之旨。英國此舉蓋斷俄國東清鐵道與蘆漢鐵道之聯絡。俄公使雖極端反抗。然已無可如何。爲防將來兩國對中國之勢力衝突。駐俄英公使查爾斯可德與俄外務大臣穆拉威福。於光緒二十五年三月十九日在俄京締英俄協約規定『長城以北爲俄國築造鐵道範圍。楊子江流域爲英國築造鐵道範圍。彼此不相侵害』又申明不侵害現存條約。於是俄國亦承認山海關至牛莊之鐵道爲英國之已得線。依此協定英國遂公然認楊子江流域爲己國之利益範圍。同年英國外務次官答議員質問

『該流域所轄地』之言。謂括雲南貴州四川湖北湖南江西安徽江蘇河南浙江之十省云。

觀英國對於我國之侵略不爲戎首僅以均勢抵制之名義爲要求我國之口實而其所定之勢力範圍與利益範圍北與俄國均勢南與法國平衡合俄法二國所獲之權利利益英國兼取之於是舉吾國精華富裕之區全括之於其範圍之內其外交辣腕蓋如此。

第五節　日本之勢力範圍劃定

福建不租借割讓與他國之約

中日戰爭之後。日本松方（正義）內閣缺統一。外交方針。不能確定。俄租旅順時。日本不能向俄國施干涉遼東之報復。英租威海衛時。日本尚以兵屯駐該地。不能以抵制俄租旅大爲辭。以拒英國之要求。至光緒二十四年春。（明治三十一年初）伊藤博文第三次內閣成立。於三月初二日命駐北京矢野公使以福建省與臺灣相接。利害關係甚大爲辭。要求總理衙門以公文申明福建省及沿海一帶永不租借割讓與他國。總理衙門備文承認之。

伊國要求租借三門灣

美國開放中國門戶宣言之原因

第六節　伊太利之要求

當各國齊向中國提出要求時，伊太利政府亦欲援均勢主義於中國海而得一海軍根據地。光緒二十五年一月，伊國外務大臣喀尼滑諾於議會演說發明斯旨。旋派地中海軍艦數艘向中國海出發，同時命駐北京伊公使瑪爾七諾向總理衙門要求租借三門灣爲伊國東洋海軍根據地。總理衙門嚴拒之，返其要求書。先是伊政府以三門灣在福建舟山之間，於提議之前，先照會日英兩國政府。日英兩政府皆無異議，但英國政府附言「希望勿用兵力」。及中國返還要求書，瑪爾七諾公使不待本國政府之訓，直向總理衙門發最後通牒，要求四日內爲確答，勉備兵力迫壓。本國政府聞之，以背英政府之附言，直取消其最後通牒，命瑪爾七諾公使返國。其後伊國新公使雖與總理衙門開數次談判，卒無所成功。

第七節　美國開放中國門戶之宣言

俄德法英日伊諸國對中國之情勢，儼如十九世紀初列強對阿非利加之狀況，勢力範圍利益範圍之名辭不同，或直接迫中國政府認可，或間接列強協商中國全局已十分危險列强之利益衝突亦在在含伏斯時之中國問題亦在列强疑難之間將不知所底止美國大統領麥荊來以超然第三者之地位（時美國僅於光緒二十四年三月與我國公使伍廷芳締結粵漢鐵道借款契約。以四百萬鎊借入。不以鐵道作擔保。與蘆漢鐵道等大異其趣。）謀世界公共之平和於光緒二十五年八月至十一月先後命國務卿赫伊向關係中國之英德俄法日伊六國宣言開放中國門戶先是中國開放政策係英國倡導。英外務次官特於上年（一八九八年三月）在議會爲此演說。然英政府不以中國開放政策向各國交涉者以已國處嫌疑之地。恐各國猜忌不贊成之故。至此美國國務卿赫伊審察時機作左之開放中國門戶宣言書。

合衆國政府爲欲除去各國將來衝突諸原因。與謀各國商工業同等之利益。希望對於中國要求勢力範圍與利益範圍之諸國。承認左之三條件。

一　各國對於中國所獲之利益範圍或租借地域或別項既得權利。互不相干涉。

二　各國範圍內之各港。無論對於何國入港商品。皆遵中國現行海關稅率

各國贊成美國之宣言

列强對中國保全領土與商工業機會均等之新局面

賦課（自由港不在此例）其賦課關稅歸中國政府徵收。

三　各國範圍內之各港對於他國入港船舶不課本國船舶以上之入港稅。

各國範圍內各鐵道對於他國貨物不課本國貨物以上之運賃費。

國務卿將右宣言書。命本國駐六國公使先後向駐在國政府交涉英國政府首先贊成。餘五國之贊成覆書以翌年（一九〇〇年光緒二十六年）西三月中旬悉至國務卿更於同年西三月二十日以「各國皆贊成美國提議本問題確定」之旨通告各國政府自是中國之形勢一變各國以相互之利益爲相互之約束從前對中國單獨競取之利己主義一變而爲列强統一合議之緩和行動中國之保全與商工業利益均霑之新局面至此爲列國所公認蓋所謂利益範圍勢力範圍其結果不外壟斷範圍內之一切利益不准他國政治權之侵入更進一步卽促中國瓜分之局開放門戶之宣言實救出中國於瓜分場中而開爲世界之公市場中國保全依此利益均霑之新主義而定於是列强歛步息爭中國問題一時息焰。美國爲此宣言之原因固出於公平正義謀世界公共之平和然亦係謀本國利溢之所出。蓋美國農商業異常發展。製造業尤增進。有四億人口之龐大中國。爲將來之大消貨場無疑。倘列强各據要港。占中國貿易之特權。不與他國均霑。則美國將大受其影響。況自合布哇領菲律賓以來。們羅主義之國是。早移轉於帝國主義之方針。乘機調和列强之衝突。希擴張本國經濟勢力於中國。是其裏面之原因也。

義和團之略歷

第十章　八國聯軍入京之禍

第一節　拳匪得勢之原因與宣戰之形勢

拳匪自稱義和拳。原出於白蓮教。白蓮教之名始於元朝之韓林兒。至明末魁首徐鴻儒率黨起事。明廷目爲教匪。剿討之。及清朝入關。教中徒黨遂有抱恢復明朝之宗旨者。乾隆末年。白蓮教紛起四川湖北蔓延河南陝西甘肅各省。剿撫經八年始平定。至嘉慶十八年。魁首河南滑縣李文成直隸大興林淸等。以恢復明祚爲名義。起於直隸河南。一時震駭京畿。及敗。白蓮教被嚴禁。其教遂分天理教。八卦教之二派。義和團之名亦起於其時。爲八卦教之一分派。稱八卦教義和門。復因朝旨嚴禁。遂避義和拳名目。改稱梅花團大刀會紅燈會等名目。其黨仍蔓散各省。而山東爲最多。黨中性質不歸統一。或利用宗教迷性以惑愚民。或利用黨徒以拒暴吏。而潛圖不軌。欲乘機肇亂者亦間有之。然歷無殺外人仇外教主義至此忽標扶清滅洋之宗旨。起自山東。震動京畿。蔓延各省。共殺外人與教徒數

拳匪得勢之第一原因

千釀成八國聯軍入京之大禍者。實由二大原因之所致。一則戊戌變政之失敗。二則列强威壓過甚。與天主教徒橫行內地是也。

中日戰爭大敗之後。割臺灣。輸賠欵。未幾俄據旅順大連。德據膠州。英據威海衛。法索廣州灣。又各國要求各省之鐵道敷設權與鑛山採掘權。紛紛如麻。不可究竟。國是日非。朝野驚駭。淸德宗英年親政。急思發憤圖雄。適廣東南海康有爲以布衣五上書。痛論變法維新。當二十三年十二月德人占領膠州灣之時。德宗擬召見康有爲。諮詢時事。恭親王以本朝成例。非四品以上官不召見。諫止之。德宗乃命王大臣進達康之意見書。所進皆大悅。翌二十四年春。德宗密與大傅翁同龢謀。決計變法。適恭親王以四月十日薨。德宗遂於四月二十三日下更新國是之詔。五日後。召見康有爲於頤和園仁壽殿。諮詢革新政略。五月五日。廢八股取士制。天下耳目一新。先是康有爲於召見之前。開保國會於北京。士大夫熱心集合者數百人。其時御史潘慶瀾黃桂鋆李盛鐸等屢加彈劾。召見之後。彈者益多。德宗不動。且擢康有爲同志楊銳林旭劉光第譚嗣同四人爲四品京卿。參與新政。凡奏章皆經四人閱覽。上諭皆依四人起稿。維新詔勅。日如雨下。又許天下士民皆得上封奏。維新政論。日益增勢。而各省督撫熱心改革者。以湖南巡撫陳寶箴爲首。一時治績大可觀。既德宗欲效康熙乾隆之例設懋勤殿。選英才。聘外人共議興革制度。先草一詔。求皇大后諭允。乃事變莫測。未幾遂有大后垂簾窮治黨人之事。蓋改革過急。其主義與利益皆相反對之守舊派王大臣等。厭德宗之所爲。竭全力妨碍之。勸皇大后訓政。先以榮祿易王文韶爲直隸總督。次黜同龢職。八月七日。皇大后垂簾訓政。十三日。捕揚銳林旭劉光第譚嗣同楊深秀康廣仁六人戮於市。政府實權全歸守舊派之手。詔天下萬事諸復舊。康有爲梁起超逃海外。自是守舊派以德宗在位。恐與己不利益。陰有所謀。八月十一日。詔天下名醫診帝疾。當時中外物議沸騰。莫知朝廷命意之所在。兩江總督劉坤一電爭死不奉詔。英國公使向總理衙門忠告『萬一皇帝有意外之變。影響所及。歐西各國將與中國以不利益』。自是德宗日在憂鬱中。翌二十五年十二月二十五日。忽下『謹遵慈訓立端郡王載漪之子溥儁爲穆宗毅皇帝之子以繼皇緒』之上諭。初。穆宗崩御無嗣。依順序繼嗣。當立惇親王之子端郡王載漪爲皇帝。然斯時之廟議。以『德宗繼文宗之統異日德宗生子撫爲穆宗之子爲皇儲』卽光緒

宣宗(道光帝)
- 大　子(早薨)
- 二文宗(咸豐帝)——穆宗(同治帝)無子
- 三惇親王——端郡王(載漪)——溥儁(大阿哥)
- 四恭親王
- 五醇親王——德宗(光緒帝)

元年正月十二日之詔是也。端郡王敢怒而不敢言。惟埋怨以俟時機。至此德宗以維新招尤。端郡王巧爲運動。諸王大臣遂勸皇大后仍依順序繼嗣之例。以端郡王子繼穆宗之嗣。大后允之。此大阿哥(溥儁)冊立爲皇儲之原因也。斯時德宗居閒散。端郡王以皇大子生父之故。勢力俄然增大。且性剛愎。有胆略。素富排外精神。而軍機大臣剛毅徐桐榮祿等。皆與之深相結託。端郡王遂隱然爲北京排外派之大首領。適義和團起自山東。東撫毓賢極言義和團忠君愛國。有驅逐洋

拳匪得勢之第二原因

人能力端郡王與剛毅等迷信之奏請保護於是朝廷不僅不剿義和團一時政府且化爲義和團之一體拳匪得勢之最大原因實由於此

義和團之祖法原非以排外尊君爲宗旨至此忽標扶清滅洋之旗幟由是各省無論匪不匪皆以殺洋人爲快排外風潮如響之應不數月蔓延全國蓋自中日戰爭之後各國對於中國割地租地採鑛築路之要求爲日不息早發起一般人民愛國嫉外之思又在內地之天主教徒乘中國國權衰弱逞其仇視外教之祖傳性質凡關於教徒與平民爭訟其宣教師不問教徒之曲直與否直與極端援助屢不經地方官顚倒情實訴於駐北京本國公使使直接與總理衙門交涉不達其所欲不止總理衙門避煩累屢飭地方官關於教徒爭訟須保護其利益免貽累於中央政府因之地方官雖明知曲在教徒不能依理判決屢歸教徒制勝而地方奸民且故投教會爲護身符以欺害平民因此各省士大夫及平民無不視外國宣教師與教會堂如蛇蝎義和團至此遂以扶清滅洋爲宗旨而殺教士焚教堂之風一時風靡各省者此其第二之原因也

拳匪猖獗之始

先是光緒二十三年。山東曹州教案。兗州教案。與二十五年沂州教案。實義和團分子所爲。同年夏秋間。義和團嘯集平原縣。公然與官軍對仗。此間前後巡撫排外派李秉衡。溫和派張汝梅。皆不嚴加剿討。至毓賢爲東撫。與匪首李中來甚相契合。陽雖剿討。陰爲庇護。私致書剛毅。稱『義和拳實係義民。其神技可大用。若保護之。可用以驅逐山東之洋人』云。其時朝廷冊立大阿哥之謀方熟。端郡王剛毅徐桐等大占勢力。甚悅毓賢之說。竊定利用義和團之計。然德國公使以毓賢有縱匪情實。迫總理衙門。更換東撫。時政府亦恐遽激事端。旋開毓賢缺。命入京。毓賢面呈義和拳義勇情實於當路。且介紹李中來於端王。端王大悅。旋任毓賢爲山西巡撫。義和團得窺政府意旨。山東之匪禍愈熾。及袁世凱爲東撫。前後七囘剿討。（自二十五年至二十六年春）拳匪悉流入直隸境。直督裕祿。初雖不信其爲義民。然見北京王大臣有庇護之意。不敢出果斷處置。匪愈猖獗。二十六年三四月間。天津京畿一帶。到處設壇練拳。以妖言惑民。從者益衆。官紳助資。直督漸加崇信。凡以義和團三字名片進謁者。直與分庭抗禮。漸至北京王宮貴宅。亦延聘大老師入宮。設壇敎拳。斯時拳匪聲勢洶湧。遂毫無忌憚。

附錄　拳匪之系統

拳匪以八卦分團。坎字團爲最舊。乾隆年間河南商邱縣郜生文之所創。服色尙紅。匪首曹福田率之。(於天津獨流鎭設壇。稱天下第一壇。屢受直督裕祿之恭迎者。)乾字團近年新創。服色尙黃。相傳其祖爲憂世先師。憂洋敎害華。特謁江西龍虎山張眞人求滅洋救華之術。張眞人授以金丹秘法。服丹能出入水火。練法能攻堅破敵云。大刀會梅花拳屬之。(被袁世凱剿討。流入直隸。暴發於淶水涿州。破鐵道電線。入北京與王大臣相結者。)震字坤字諸團。不甚著名。後起之派。曰紅燈照。妙齡之女子爲主。服尙紅色。黑燈照以老婦成之。青燈照以孀婦成之。服尙黑色。皆與義和團同宗異派。相傳其祖爲九連道人。恐團道未深。特遣紅燈照爲護助云。其頭目稱大師姊。董福祥之妹董二姑。劉永福之妹劉三姑亦在內。就中最著名者。爲黃蓮聖母。(直督裕祿。朝服跪迎入衙署欵以祀神之禮。羣團擁護入侯家神堂居焉。聖母坐神龕中。黃幔低垂。供獻盈几。香燭拜跪。擁擠無揷足地。實係天津一妓女。以通各種戲術。誑惑愚民。事敗後。拳匪中數人捕之送聯合軍。獲重賞。聯合軍終放釋之。)然各派頭目之外。其總首領爲陝西李中來。李素以洪秀全自居。至此定扶淸滅洋之宗旨。與東撫毓賢相結合。因之甚見隆重於北京王大臣。得肆其志。

拳匪之倡亂

各國水兵犯北京

當拳匪設壇練拳氣勢最盛之時。值易州鄉水縣鄉民某與天主教徒訟敗。大惹起拳匪之憤。將出焚殺之暴舉。教堂告急總督。總督急派馬隊營分統楊福同。率馬隊七十五騎往鎮壓。至則教堂已焚。教徒六十餘人被殺害。福同諭以大義。責其狂暴。匪直與交戰。福同擊斃匪十八名。餘衆悉散。此四月十九日也。翌日匪復來襲。斃十餘名。至二十三日。匪變裝束。悉衣紫衣。頭腰皆裹紅帶。惡罵官軍挑戰。福同追擊之。至一村落。伏匪悉起。福同所率之騎。悉被鏖殺。拳匪乘勝進北京。二十九三十等日。連焚琉璃河鎮長辛店蘆溝橋豐臺諸車站。并破壞其鐵道電線。北京保定間之聯絡全斷絕。在長辛店保定之外國人。悉依官軍保護。倉皇逃北京。北京各公使强請招近海諸國之水兵入北京。護衛公使館。總理衙門不得已許之。五月初四初五。英日美俄法伊德七國之水兵。共五百餘人。次第進北京。端郡王大怒。謂如此誤國之總理衙門。不若廢除。免使洋人跋扈。大倡利用義和團以張國威之議。時軍機大臣榮祿在病假中。連上七奏。請剿匪。端郡王剛毅徐桐。與軍機大臣刑部尚書趙舒翹禮部尚書啓秀等。皆反對之。榮祿入朝面爭大后

政府混化義和團

不得已派趙舒翹剛毅赴涿州。諭解匪徒。此時拳匪四起。黃村之車站被焚。京津鐵道全破壞。聶士成率武衛全軍拒匪於落岱。殪匪四百八十人。端郡王等大怒。旋下旨責聶士成過激。命返蘆臺。十三日召董福祥率甘軍移紮京城。十四日總理衙門溫和派慶親王奕劻廖壽恒俱退職。而以端郡王啓秀徐桐溥興等代之。政權悉落排外派手。初董福祥爲甘肅提督。於光緒二十四年入京。其部下曾加害外國人。至此各公使要求董軍屯於距北京五十里以外地。董深恨之。同氣相求。遂爲端郡王剛毅等所倚重。至此甘軍之排外性質。與拳匪無甚區別。十五日董福祥之兵。殺日本公使館書記生杉山彬於永定門外。同時拳匪焚北京內外各教堂洋房不絕。火正陽門繁富街市三千餘戶。付之一炬。朝廷知事局彌大。召王公以下。六部九卿等。會議剿撫義和團之利害。時王公宅內多聘大老師設壇教拳。實信拳民忠憤。有挽回國運之力。而剛毅歸自涿州。力奏拳民忠憤可用。趙舒翹亦附和之。廷臣多數。遂主張撫循說。惟內閣學士聯元。太常寺卿袁昶。兵部尚書徐用儀戶部尚書立山。吏部左侍郎許景澄等。冒死痛呈拳匪應剿。外釁不

大沽陷落與廷議決戰

東南各省不奉宣戰詔

可開。然頑固派跋扈專橫。皇大后亦不能制。終決議三事。「一保護義和團。二不攻公使館。三拒絕洋兵上陸」其時各國軍艦集大沽口。以京津鐵道電信皆斷絕。不知公使之安危。又英海軍中將西摩亞所率救援軍被拳匪困於楊村耶坊間。天津租界亦有攻圍之勢。各國軍艦將校遂決議先占領大沽礮臺。二十日夜。砲擊開始。二十一日午前七時陷之。政府聞警急開御前會議。頑固派遂決議開戰。榮祿請先保護各國公使出北京。啓秀祗准陷二十四時逼其退出。各公使要求遲緩二日。總理衙門不與回答。二十四日。德國公使林德克自往總理衙門有所要求。途中被董福祥之兵找殺之。事勢至此。戰局愈開。端郡王率虎神營董福祥率甘軍。皆與義和團合拒聯合軍入京。二十五日。頑固派矯發宣戰詔。勅命莊親王載勛與剛毅。統率義和團勇。左翼總兵工部侍郎英年右翼總兵輔國公載瀾。為會辦。共發米二十萬石。銀五千萬兩以獎激義軍。

北京之戰局既開。東南各省之總督巡撫。洞悉大局者。惟保全本省之安甯秩序。不與聞戰鬥。山東為拳匪發源地。巡撫袁世凱素持剿討主義。凡頑固黨所奏請。

視爲僞政府命令。不奉行。部下武衛左軍在直隸者。悉召歸本省。任保護外人剿討拳匪之務。兩江總督劉坤一。湖廣總督張之洞。兩廣總督李鴻章。閩浙總督許應騤。互相協議。視五月二十四日以後之上諭爲僞詔。不應命。各督一致。以正式公文通知上海領事團。告以「無論北京成如何形勢。本省內之平和秩序。與外國人條約上之權利。保護不怠」。領事團欣然承認爲中立地。於是東南各省居然成新聯邦組織之勢。當時管內居民。雖私人暴動虐殺外人之舉。尙不能免。然眞正排外團體。終不發見。外國宣教師與商民領事等安之若素。而南海黃海楊子江一帶。亦不受外國兵輪所蹂躪。此外則殊不然。北京天津大沽爲戰場不俟論。其他直隸欒平縣官民生埋宣教師一名。掘宣教師墓投水中。景州教民。多被攻殺。京正鐵道之技師與家族。大受拳匪襲擊。大名。元城。南樂。諸縣之宣教師。大受虐遇。山西以毓賢爲巡撫。故排外特甚。大原殺外國男女四十名。汾州殺教師以下十名。河津殺教師家族七名。大甯殺女教師三名。孝義殺女教師二名。忻州殺外人十餘名。歸化殺教師以下十四名。隰州殺教師一名。曲沃殺教師一名。教

排外風之蔓衍

師家族三名。和林格爾城托克托城共殺外人與教民一千五百餘名。此外大谷。甯遠呼蘭。皆有殺害。盛京省殺外國教師四名。中國教師二名。副都統督兵焚天主教堂。追逐教民甚衆。黑龍江省齊齊哈爾殺教師三名。呼蘭城殺教師之頭懸於廟門。巴彥州殺教師二名。掘十三年前教師之墓。焚教堂三所。殺教民多人。蒙古搭拉特王殺教民八百餘名。蒙古喀拉善王驅逐天主教民出境。蒙古中醫爾王亦殺害教民甚衆。其他以排外影響。偶然鬧教者。浙江衢州殺外國男女七名。湖南衡州刮教師之雙目。江西南城縣破毀教堂。南豐縣殺害教民。河南南陽府教師被殺。教堂被毀。教民多受慘害。此外虐待教民之事。幾於無處無之。

第二節　聯合軍入北京與俄羅斯占領東三省

西摩亞率陸軍犯北京

京津鐵道破壞之時。各國公使見形勢不穩。向碇泊大沽之各國軍艦。請增派兵入北京。英國東洋艦隊司令長官西摩亞。以五月十四日。率英美俄日德澳意法八國之陸戰隊二千五百人。由天津鐵道向北京出發。同日至楊村。以鐵道大破壞。駐軍修繕之。翌日黎明。拳匪約百人來襲。被聯合軍擊斃三十餘名。十八日開軍至郎坊。拳匪三百人來襲。被聯合軍擊斃八十餘名。同日午后拳匪以大軍圍攻落岱之聯合軍。被聯合軍擊斃二百餘名。翌十九日拳匪破楊村以南之鐵道。以斷聯合軍與天津之聯絡。於是聯合軍困於楊村郎坊間。進退維谷。同時拳匪攻天津租界。各國碇泊大沽軍艦之海軍將校。從前立於被動地位。至此一變而出主動之謀。決戰領大沽砲臺。以爲制勝地步。各將校協議。決定左之方針。

列國海軍將校之協議

一 我等以保護同胞之生命財產爲目的。取平和之防禦態度。

二 目下本國尙與中國政府保全平和。故我等決非對於中國政府進軍。

三 今回進軍。專以討伐義和拳匪爲目的。

四 爲保護同胞生命財產。助中國政府剿討拳匪。若中國政府不剿討時。列國自當剿討之任。

五 我等之行動。限於交通不遮斷時。須得各國公使之同意。又關於各國一般利害時。須取共同一致之主義。

六 事務迫切。無暇與本國商謀之時。我等以協議決定。有暇時須與本國海軍長官商謀。右協議之結果。於翌二十日。以「大沽砲臺暫時讓與聯合軍」之公文。由俄國士官送付砲臺守將羅榮光。羅榮光答以「非直隸總督之命。決不將砲臺讓與若强要求。即開砲擊」。俄使辯「聯合軍要求正當。同夜十二時不撤兵。則聯合軍將自取之」云。不得要領而退。同日午后。英俄陸戰隊各二百名。德兵百餘名。日本兵三百餘名。皆由塘沽上陸。夜深零時。聯合艦隊向砲臺前面發砲攻擊。陸戰隊亦同時進擊。原白河砲臺。分南北二座。夾白河位於河口。北岸砲臺有二。稱第一砲臺第二砲臺。爲天津咽喉。陸戰隊聞砲聲。旋進攻第一砲臺之背面。俄兵當第一線。英德兵當第二線。日本兵當第三線。自塘沽至大沽。路皆泥淖。艱於步行。又砲臺彈丸雨注。俄兵逡巡。英德兵亦躊躇不進。惟日本兵勇進無所畏。服部中佐命以野砲二門爲中心。左右作縱隊。衝英俄德兵而前。渡流斷橋。兵益勇進。砲臺之砲擊愈急。服部中佐中彈立死。兵氣不沮。奮勇突入砲臺下。英俄德兵見日軍之勇。亦漸進入壘下。日本兵殊死戰。攀壘登城。守兵驚走。日兵先登城。第一砲臺遂

西摩亞軍退返天津

陷。旋據第一砲臺猛攻第二砲臺。登時亦下。次南岸砲臺皆依陸戰隊占領。戰爭以二十一日午前零時起至七時結局。於是日軍據第一砲臺。英軍據第二砲臺。俄德軍據南岸砲臺。敗報至北京。排外黨大怒。官軍公然與拳匪聯合之勢遂成。斯時西摩亞所率之聯合軍。以拳匪之妨害。困於楊村郎坊間。二十二日董福祥率甘軍攻楊村。交戰半時敗退。西摩亞以董軍與拳匪共扼前後。決依水陸相持。退天津。二十五日。我國下宣戰詔勅。聶士成軍。即於是日拒西摩亞軍於北倉南倉之間。西軍苦戰三時。死傷甚衆。即夜棄北倉依白河堤微遁。二十六日。天未明。西軍先鋒隊。邀西沽保甲局。旋占據西沽堡壘。閉城不應戰。此間聶士成攻擊甚急。西摩亞密遣從僕往大沽告急。大沽之聯合軍。即派俄兵二千英兵一千五百。德兵五百赴援。途中遇聶士成軍。且戰且進。二十七日。抵西沽。與城內軍相會。六月初一日。聯合軍攻北洋機器局。占領之。奪武庫鎗砲。焚火藥庫。率全軍退還天津租界。西摩亞軍自四月十四日出發。已歷半月。雖不達救使署之目的。然亦得全軍退還。

初拳匪事變之起也日本外務大臣青木周藏視爲奇貨蓋得出大兵援北京公使館者日本以地近爲惟一之便利國也時青木以日本對於此事件宜與英國爲同一行動爲得策五月十五日命駐英日公使松井密照會英政府云『若中國政府無恢復平和秩序與保護外國人能力之時女皇陛下政府將出如何行動』英政府答曰『列國軍艦之在大沽者其派出之軍隊目下已向北京女皇陛下政府業將合宜處分之大權委任於北京公使與東洋艦隊長官貴國若與列國共同一致恢復秩序女皇陛下之所願也』青木對此回答不稱意於十九日經駐日英公使照會英國政府曰『大沽上陸之列國軍隊若遭何種危險時日本政府得女皇陛下政府之贊成可出大兵往救但女皇陛下政府對此無相當之處置則日本不出兵』斯時英國政府認無出大兵之必要漠然置之青木外務復于二十六日召集列國公使於外務省報稱『聯合軍形勢迫切日本政府甚欲與關係列國決定一致之行動』云云次日駐日英公使再訪青木外務述『接本國首相電訓西摩亞軍已困重圍英國政府以日本地理上便宜特望出

兵』云青木大喜即以英國政府勸請出兵爲名決派一師團向大沽然恐他國見疑復請英國周旋於列國政府求其承認於是英國政府遂照會俄德二國政府俄國政府覆云『以目下情勢而論日本出兵固俄國之所贊成無妨害日本行動自由之意但日本決當與列國爲同一之行動也』德國政府覆云『德意志帝國政府對於恢復中國平和秩序認爲有利之事可表同情但日本干涉之詳細條件尚不聞知則日本之行動果影響及於第三國之利害與否與德意志能任贊成之責與否猶難預料近來各國對於中國之主義以維持全帝國之存立與秩序及世界平和爲一致故德意志帝國政府對於女皇陛下之提義苟非確知不破壞歷來主義則不能贊成』觀此俄德二國之回覆俄雖贊成德則反抗然恐日本出兵得特別權利詞意間特爲制限之則一也斯時北京公使館與天津租界被拳匪攻圍益急英國政府遂不顧德政府之異議頻促日本出兵日本政府以派遣大軍需軍費殊多故意躊躇英政府復照會日政府云『能救北京公使館焦眉之急者惟日本最爲便利至財政上之補助英國除對於已國軍隊

外尙可竭力擔任女皇陛下政府以爲現時救援公使館之行動與將來之處分。應截然區別蓋關於後者之一切問題且讓之他日可也」英政府此次照會卽擔保日本軍費之宣言於是日本政府卽派一師團兵向大沽出發

先是日本參謀本部見拳匪之起知非僅派海軍所能解決（中五月十六日日本派佐世保海兵團將校以下三百五十名向大沽）五月十五日以來頻開內閣會議決編成步兵二大隊騎兵一中隊砲兵一大隊工兵一中隊及輜重隊等爲混成枝隊向大沽派遣一爲保護本國臣民一爲如有決裂得與列强保均勢之資也閣議既定由青木外務巧與英國政府交涉表面上假依英國政府勸請出兵以解俄德二國之猜忌又得英國政府擔保軍費之提議然後將準備軍隊全師出發（軍費未擔保之前僅於準備隊中派步兵一大隊騎兵一小隊工兵一小隊向大沽出發爲第一次派遣）福島安正爲司令長官伴第一次派遣隊於五月二十七日抵大沽六月初三日抵天津斯時天津附近之中國軍隊有直隷提督聶士成之武衛前軍二十五營浙江提督馬玉崑之武衛左軍十五營天津鎭總兵羅榮光敗退之兵約三千總督裕祿直轄之兵約二千兵力甚厚聯合軍尙不敢輕進此間聯合軍

聯合軍攻天津與天津陷落

屢被聶士成馬玉崑之軍襲擊。聯合軍但立於防禦地位而止。至六月中旬。日本第二次派遣隊。與俄英法美之增援軍漸次抵天津。各國兵總數達一萬四千人。始依福島計畫。於六月十七日爲天津總攻擊。

六月十六日。聯合軍開軍事會議。福島司令長官提出作戰計畫案。『一俄德二國兵。沿淀河前進。迫水師營附近砲臺。以出天津城之背面。二日法二國兵由本道攻天津南門。以迫前面。英美二國兵。次日法兵。張兩翼前進。爲後援』各國將校皆贊成之。卽以翌日午前三時。由租界分二軍出發。攻天津南門之軍。以日本軍爲主力。午前四時至海光門。無一守兵。急入之。海光門至南門城僅千三百米突。城兵卽發砲拒之。日軍作縱隊進行。多死傷。至九時頃。進距城門三四百米突之間。依地勢隨物避彈丸爲戰。因前有深濠。日兵駐不前進。入夜工兵往濠架橋。至則橋梁依然。旋進城下。裝綿火藥二十餘件。天明時爆發。城裂。大軍兩進。直入城內。然外城雖破。尙有內城。其時大軍已集城下。城上之砲彈瓦礫如雨下。迫於進退皆窮。日軍冒死攀壘登城。截鎖啓門。日兵突進。城遂潰。英法兵相次入城。美

聯合軍掠奪官民財產

兵則直追敗兵於白河。殺獲甚衆。日美法英四國兵。分占領天津四門。各掠奪區域內所有之官民財產。（戰時國際法民有財產公有財產與官有財產不供戰爭用者不得沒收。）沿淀河進擊之俄德二國兵。十七日尚未至水師營。十八日午前六七時屯天津車站之日軍。探知天津城陷。中國兵皆逃走。遂急攻水師營附近砲臺與海關道衙門。及俄德二國兵至時。已悉爲日兵占領。初聶士成恨拳匪竊忠義之名。誤國殃民。屢襲殺拳匪多人。被朝旨譴責。至大沽陷落之後。士成任天津南方防禦。拳匪乘士成攻聯軍之時。盡殺其家屬。掠其家財以報怨。士成聞驚。率兵追擊拳匪。傍軍多稱聶軍反。士成至此前後皆敵。憤不欲生。天津總攻擊之前數日。聯軍攻聶軍於競馬場八里臺之間。士成身進敵前。中彈死。官軍失此有力大將。南方之防禦遂疎。故聯軍進攻城南。如入無人之境。

北倉陷落

天津陷落之後。聯軍欲逕擊楊村。卒恐衆寡不敵。以俟援兵上陸。然後進擊。楊村帶白河連鐵道。京津間形勝地也。津城陷後。提督宋慶馬玉崑。總兵何永盛呂本元各軍。約二萬人。分屯北倉楊村間。而直督亦自駐楊村。六月末各國援兵漸次

楊村通州陷落

由大沽上陸。聯軍會議進軍方略。以欲攻楊村。須先破北倉。議定分二軍。沿白河兩岸。夾攻北倉。日英美三國兵爲右翼。攻北倉西北面。俄德法澳伊五國兵爲左翼。攻北倉東面。而日兵更分一枝隊。沿白河攻北倉南面。七月初十日。各隊由天津出發。日英美右翼軍雖以攻北倉爲目的。然不先破北倉西南火藥局韓家樹之官軍。則有後顧憂。十一日午前二時。右翼軍突攻火藥局。出官軍不意。激戰一時。破之。旋攻韓家樹。亦破之。乘勝迂右方。迫北倉後面。時沿白河攻北倉南面之日兵枝隊亦至。兩軍南北夾擊。官軍進退失度。少抗卽潰。北倉遂陷。先是官軍跨白河。沿鐵道。作直線防禦。引白河水。氾濫東方。以遏敵兵。俄德法澳伊之左翼軍。恰遇河水陡漲。不克進軍。故北倉攻破。又以日本軍力爲首。

北倉陷落之次日。聯軍進擊楊村。英美俄法軍沿白河左岸進。日本師團本隊沿白河右岸進。楊村官軍少。與左軍戰。卽走。日軍未至。已被聯軍占領。翌十三日。日軍以一枝隊。破南蔡村。占領之。直督裕祿自盡。是日聯軍會議軍略。福島主張長驅直犯北京。悉贊成之。自是聯軍沿白河進。西河務。擊馬頭。占領張家灣。直破通州。所至皆無大戰爭。敵陷通州時。獲精米五萬碩。火藥兵器無算。帮辦直隸軍務李秉衡以十八日自殺。

北京陷落與聯軍分占

通州失守。李秉衡自殺之報。至北京。朝廷大懼。端郡王所率之神機營。及虎神營。董福祥之武衛後軍。榮祿之武衛中軍。及武衛左軍。與其他殘兵約四萬人。任北京防禦。而莊親王及剛毅所統之義和團。分置城內外防戰。聯軍會議。定以二十一日大犯北京。十九日。令先鋒隊各向城門方面定陣地。俄軍以大倉通州皆容易陷落。意北京亦如之。貪功背約。於十九日夜間。卽猛向東便門開砲攻擊。日本福島與山口師團長大着急。卽令本國全軍由通州出發。二十日天曉。日軍抵朝陽門外。以野砲十八門。山砲三十六門。運置距朝陽門千五百米突之高臺。猛向城門轟擊。城堅。自午前九時砲擊起。至午後四時。僅破壞城上砲孔而止。此間山口師團長募集工兵決死隊七名。突至城下。裝置爆發彈。悉被城兵擊死。山口旋下令工兵。限本日夜間九時十時。爆裂城門。工兵旋組織朝陽門第一門第二門破壞隊。與東直門第一門第二門破壞隊。之四攻城隊。午後九時頃。黑雲掩月。東直門第一門破壞隊。卽被黑外套潛行至城門下。裝置藥函返。由隊長啓導電氣。轟然一聲。東直門之外城破裂。第二門破壞隊。卽以此時爲機如法破裂第二城。朝陽門之破壞隊。以同一方法破碎其第一第二兩門。二門破裂之後日本軍如潮湧進。城兵且戰且潰由東直門進入之日軍沿城北占領安定德勝西直之三門。由朝陽門進入之日軍。一枝沿天文臺東便門通公使館。一枝依朝陽門大街進據皇城。結局皇城三面東安地安西安三門皆被日兵。於二十一日午前一時占領。同時俄美二軍於東便門攀壁入城。惟英軍於二十日午後一時乘廣渠門之虛。敎民啓門。不戰得最先入城。法軍在後。以二十一日天曉入城。至此聯軍協議。由朝陽門畫一橫線。其北部皆歸日本軍管轄。南部以正陽門爲中心。以東歸俄法二軍管轄。以西歸英美二軍管轄。設民政廳。各自整理其區域。

先是通州陷落。卽有兩宮西巡之旨。因車輪不備。未卽起驛。十九日俄軍攻東便門。砲聲不絕。二十日日軍攻朝陽門。砲愈急。百官皆逃。無一朝者。上召剛毅王文韶等五次不至。午後十時。剛毅王文韶趙舒翹三人進謁。大后曰『剩爾等三人在此。其餘各自回家去。丟我母子二人不管。爾三人務須隨駕同行。』又諭王文韶。『汝年老難喫這樣辛苦可隨後趕來。』卽夜馬玉崑率兵千人端郡王率神機營虎神營及八旗練軍約二千保駕大后皇帝各乘馬車。（皇室轎輛皆爲軍事拏散）由地安門德勝門向萬壽山啓行出城不久日軍卽攻德勝門馬玉崑殿戰。兩宮依居庸關岔道方面蒙塵。隨駕者端郡王慶親王肅親王倫貝子剛毅趙舒翹溥興鹿傳霖等。除皇大后皇帝外。殆皆徒步。是日宿泊貫市。僅獻麥粥蔬食得士民供獻駝轎三乘。二十二日抵岔道。大雨。居庸關到處山水漲溢。皆徒涉。供給甚困難。僅獻清水一盞。二十三日抵懷來縣。縣令獻服食始充飢寒。兩宮倉卒就道。皇大后僅著藍布夏衫。皇帝僅著黑紗長衫及黑布戰裙一條。被褥服食均未携帶。而沿途一帶被敗兵搶掠。到處店舖皆空無物可買。故三日間皇大后皇帝均睡土坑。無褥被。亦僅得麵飯小米粥充飢。至懷來宣化後。由地方官絡繹奉進。始覺稍裕。二十七日抵宣化府。駐蹕四日。八月初二日抵大同府。駐蹕四日。十七日抵太原。駐蹕二十日。閏八月初八日由太原西幸長安。

北京陷落後聯軍之大掠奪

聯軍入京。北京內外之混亂。不可言狀。城破之際。混戰紛擊。城兵戰死者。總數二千餘名。被傷呻吟地上者無數。而文武官之自殺與舉家投井投城自盡者不可勝紀。故城市井戶到處尸橫。而逃匿者皆棄家財不顧。僅以身免。敗兵逃走。皆爲搶虜。所過皆空。聯軍各利其私。所管區域內之官有民有金銀寶物皆掠奪之。一時慾薰心。互相猜忌。其大者俄法二國軍。占有景山萬壽山。與沿北海南海諸宮殿。大起日英將官之忌刻。而日軍收戶部金銀與占領皇城東北西三門。亦大起各軍之紛議。雖屢開會議。協定皆歸於有名無實。於是皇都之精華與數千年歷史相傳之寶物。分散爲聯軍八國之戰勝紀念品。

聯軍占領塘沽山海關

聯合軍占領北京之後。知和議不易成立。以大沽冬季結冰。海運將杜絕。遂決議占領山海關。依關內外鐵道以謀海陸聯絡。（秦皇島大連灣皆不結冰）斯時北塘砲臺有守備兵三四千人。八月下旬。聯軍要求北塘守將撤兵將砲臺讓與。守將不應。激戰十一時。陷之。旋要求山海關守將讓與砲臺。守將如響交讓。不戰歸聯軍占領。此時俄軍亟亟占領關內鐵道。

瓦爾德色元帥抵北京後之行動

初各國向中國之出兵也。恐進退不一致。思置總司令官爲宜。然以何人物當其任。頗不易協定。德意志外務大臣畢羅公先與駐柏林英俄二國公使商議。任德意志第三軍都督瓦爾德色爲聯合軍元帥。得二國之贊成。瓦爾德色之夫人係美國人。又日本遊學柏林之軍人。亦皆素仰其威望。故日美二國亦贊成之。於是德皇勅任瓦爾德色爲聯合軍元帥。元帥以閏八月抵大沽。時北京已陷。入北京後。就聯軍各國將校組織司令部。聞義和團與董福祥殘兵尙以保定府爲根據。令進攻保定府。以德兵爲甲縱隊。英法伊兵爲乙縱隊。連日占領定興固城安肅等縣。抵保定。亦不遇抵抗。占領之。盡燒拳匪匿跡之邸宅堂宇。嗣以和議漸開。元帥惟以修繕京津京保津楡鐵道。與電信電話。及設北京軍事警務衙門。又設北京行政委員會。與天津及各占領處之軍事行政爲事。至翌年正月。以元兇處罰問題。不得要領。元帥更下令遠犯西安府。組織一萬五千大兵。將迫陝西。旋由西安發布英年趙舒翹啓秀徐承煜等皆處死刑之上諭。遂終止。

當大沽陷落。發布宣戰上諭之後。東三省之官軍。漸與俄人開戰。先是光緒二十二年七月。俄國得由西北利亞。經呼倫貝爾。齊齊哈爾。哈爾賓至海參威。修東清鐵道。二十三年三月。俄國又得修自哈爾賓經長春奉天至旅順大連鐵道。至此東清鐵道。將以本年冬翌年春全部開通。南滿洲鐵道旅順至鐵嶺之線。亦已開車。北京拳匪之起也。奉天府土匪。忽焚火藥庫。攻俄鐵道警衛兵。經將軍增祺鎮定之。及宣戰上諭發布。奉天副都統晉昌督兵燒天主教堂。破毀鐵嶺鐵道。掠洋庫。旋攻遼陽鐵道。俄鐵道技師長。卽命近本國國境之鐵道員退去國境。南滿鐵道員退關東省。中部鐵道員。退哈爾賓。時滿洲三將軍。皆受開戰命令。俄鐵道員之退去者。多受襲擊。死傷頗多。自是官軍拳匪相合。關東省總督所出之兵。除占領牛莊外。僅得保遼東中立地不受侵害。六月下旬。哈爾賓（隣近各區之俄國鐵道員與婦女小兒均集於此）東西北三面皆被攻擊。俄少將額爾古羅斯率少數鐵道警衛兵防戰。同時黑龍江副都統。砲擊黑龍江俄國船舶。黑龍江戰爭自此開始。俄市布拉郭威什臣斯克守兵甚少。而我薩哈連之官兵。以砲八門向布市射擊。（按此大激俄兵憤恨。後驅布市華民三千投黑龍江。燒毀薩哈連。又北滿市邑。大半破壞慘殺。皆報此恨。）布兵僅以砲二門應戰。自此黑龍江將軍壽山。分軍

俄羅斯東三省進軍

俄兵驅布市華民三千投黑龍江

爲二。以一大隊阻絕黑龍江航路。以一隊由齊齊哈爾出後背加爾。占領鐵道。俄國政府聞警。急委黑龍江軍管區之軍隊。進攻北滿洲。委關東省之軍隊。進攻南滿洲。（以鐵嶺分南北界）北滿洲之俄軍。分四道進入。西方支隊。由後貝加爾沿呼倫貝爾進齊齊哈爾。中央支隊。由布拉郭威什臣斯克。沿愛琿墨爾根進齊齊哈爾。東北支隊。沿松花江進哈爾賓。東南支隊。沿阿什河鐵道。進甯古塔。西方支隊。依哥薩克兵組成。沿西方鐵道進。完工之戰。我軍戰死九百名。退呼倫貝爾。額克兒之戰。統領保全死之。兵皆潰散。俄軍旋進迫齊齊哈爾。與中央支隊會合。先是中央支隊。恐布市中國商民與愛琿官軍通聲氣。迫中國商民三千餘人。棄財產。同時渡黑龍江。抗之者加以斧。商民不得已。全體起行。至江邊。則無一船。哥薩克兵持鎗銃迫其後。三千之男女老弱。號泣震天。一時同投大江溺死。中央支隊。旋攻薩哈運。陷之。盡焚其家屋。愛琿之戰。我軍敗北。大部向齊齊哈爾退走。俄軍焚我軍死屍七百人。旋占領墨爾根。進陷齊齊哈爾。將軍壽山自殺。殘兵敗走伯都訥。此間俄軍西方支隊。與中央支隊會合。自是次第進占長春吉林鐵嶺等處。所至不

俄羅斯占領東三省

遇抵抗。吉林官軍一千五百名自投鎗砲於松花江爲俘虜。俄軍收銀元局銀九百萬兩。收大砲六十九門。東北支隊以同時進軍沿松花江破俄軍兵哨。三姓城之戰。我軍四千棄武器逃奔。俄軍陷三姓城。旋進哈爾賓解額爾古羅斯少將之圍。次逼阿什河激戰四時占領之。東南支隊。初依葉河向甯古塔進軍。以步兵過少。與占領琿春之別隊相合。遂占領甯古塔向吉林與中央支隊相合攻南滿洲之關東軍隊。初以派出北京直隸兵數過多餘兵甚少。至此以戰術得宜。先略蓋平。次取海城。海城之戰。官軍戰死約六百人。殘兵向北方潰走。然俄以衆寡不敵。卒不遽進奉天。八月中旬。本國援軍至。遂有沙河遼陽之戰。皆占領之。閏八月初旬進擊奉天。將軍增祺率軍隊大部走蒙古。拳匪馬賊。到處掠奪放火。奉天府內外連日焚燒不絕。其混亂不讓北京陷落時狀態。自是南北滿洲之俄軍會合。東三省全被俄軍占領。關東總督更欲占領關內外鐵道。便俄軍直抵北京無障碍。聯合軍遂急占領山海關。以斷其慾望。(述前節)

第三節　議和前各國之意見衝突與英德協約

及北京公使會議

北京陷落後俄政府之宣言

拳匪事件之起也。俄國政府。一方命關東總督向北京直隸出兵。一方命西比利亞沿海州二省軍管區發大軍進東三省。其時俄國對中國之野心。正不可懸揣。然北京陷落後十日。俄政府忽向聯合各國發左之宣言書。

此次聯合軍意外敏速。得救出列國公使館於重圍中。且驅逐北京附近暴徒。其主要之目的已達。今俄國政府。對於北京事件之善後策。具四要旨。『一維持各國之共同一致。二維持中國從前之國家編制。三排除分割中國之諸原因。四各國協同恢復北京中央政府。以維持國內安甯秩序。』以上諸點。想列國皆同。惟俄國以布拉郭威什臣斯克受砲擊之故。向滿洲出兵。實出於一時保護鐵道起見。斷非有特別行動。將來滿洲恢復秩序之後。俄國卽當撤兵。現欲謀北京善後。須合列國協同之力。恢復中國中央政府。今中國皇帝蒙塵。大臣扈從。則此目的。不容易達。俄國政府。以爲中國皇帝既不在都。則公使無駐北京之理。將命俄國駐北京公使。率同俄國軍隊。退返天津。俟中國政府恢復

各國反對俄之宣言

實力與列國開談判時俄國當與列國一致另任全權委員協商前途關於此事希望各國政府共表同情。

俄國當拳匪尚未全滅之時即提北京撤兵之議者蓋乘列國威迫中國之際用一種懷柔政略裝仁俠態度以買中國政府之歡心將索報償於異日（如後日滿洲密約是也）宣言書中特諄諄言恢復舊政府者蓋斯時列國實有不滿足中國頑固政府之意見德皇派遣軍隊之訓諭曰「朕對於處分中國問題以鎭定暴徒懲罰元兇恢復秩序設立足以維持公法之强固政府爲目的其政府以何人組織則非朕之所敢知」云云而倫敦太晤士報論中國善後策曰『聯合各國若謀中國問題根本解決則勿使守舊政府返北京另組織新政府爲根抵之改良庶足以謀中國眞正之保全不然斷難免瓦解之虞』云云斯時中俄二國之關係頗密俄以保全中國舊政府爲己國之便利故特於此三致意然拳匪餘黨尙徘徊於附近而蒙塵政府中之頑固派尙無眞實求和之意於是英德美三國同以撤兵時期未到回覆俄國而日本之回答更爲圓滑謂「今日撤退北京之兵反有害

德政府之提議與各國之不同意

中國之平和。難保變亂不再發』云云。於是俄國不能固執己見。撤兵問題。遂自取消。

當媾和談判開始之際。德意志外務大臣畢羅公。忽向各國政府提議。『和局未開之前。須令中國政府將國際法上犯罪之元兇。先行交付』。求各國之贊成。此提議在聯合各國。雖無不可行。然端郡王莊親王剛毅等。皆屬親貴。且握兵權。非兩宮所容易處決。且斯時俄國專以向中國市恩爲政略。對於元兇格外持寬大主義。日本亦如之。美國以本國大統領改選。務望從速議和。因之俄美日三國。先回覆不同意。法國不贊可否。英國躊躇不作答。惟澳意二國。以三國同盟之關係。表同情。事勢至此。德政府之提議。已不能實行。適德宗以諸臣庇匪開釁。貽辱宗社之故。上諭『莊親王載勛。恭親王溥靜。貝勒載濂。載瀅。均着去官職。端郡王載漪着從寬撤去一切差務。並着停俸。交宗人府議處。輔國公載瀾。都察院御史英年。着交該衙門嚴加議處。協辦大學士剛毅。刑部尚書趙舒翹。着交部議處』(閏八月初二日上諭)同時對於德國公使林德克日本書記生杉山彬被兵戕害一節。着大臣

法政府提出之媾和案

各國贊成法國之提案

賜祭。德宗親電德曰二國皇帝。表弔意。畢羅公乘此機會。撤回前議。更向列國提新議曰『中國皇帝既下處罰元兇上諭。上諭中之人名果係應罰之人與否。其處罰悉得當與否。應依如何方法列國始得監視行刑。凡此望各國一致令駐北京公使協力調查』云云。

當德國提出新議。各國意志尚缺統一之時。法國外相。忽向各國提出議和案六條如左。

一　在北京各國公使指定之犯罪元魁。處適當之罰。（即與德國新提議同意）

二　禁止中國輸入兵器。

三　中國對於各國政府團體及各私人出相當之賠償金。

四　爲保護公使館各國組織護衛兵住北京。

五　拆毀大沽砲臺。

六　天津北京間擇二三地方置守備兵。以保大沽至北京之交通自由。

法國此提議。卽媾和之議案。比俄德之提議較爲緊切。大致爲各國所贊成。惟日

北京公使會議與英德協約

本以「第二項禁制中國兵器輸入。有令中國不能維持平和秩序與保護外人生命財產之虞。第四項組織國籍言語不同之各國兵爲一隊。駐北京頗困難。不若由各國自置相當之兵守衛公使館爲優」。各國皆同意。遂將此案提出北京公使會議。

先是北京公使恐議和時。各國要求不一致。有碍談判進行。先開八國公使會議於北京。磋商和案。開會之後。一時元兇處罰問題。皇大后處分問題。政府改造問題。賠償金程度問題。各公使提議紛紛。莫衷一是。殊難協議。斯時英德二國政府。忽然向各國政府。發表英德二國在倫敦締結之英德協約如左。

一 中國之河川及沿海諸港。無論何國臣民貿易及其他各種正當經濟上之活動。皆得自由開放。以謀各國通共永久之利益。凡英德二國勢力可及之中國領土。相約守此主義。

二 英德二國政府。不利用現時之事變。爲自己謀中國範圍內領土上之利益。且維持中國領土不變更之政策。

英德協約之原因

三　列國中若有利用現時事變冀獲中國領土內利益之時英德二國政府爲保護在中國自已利益起見得協商對付之手段

四　英德二國政府以本協約通知法意日澳俄美各關係國並勸告各國承認本協約記載之主義。

此協約締結之原因當時日本與歐洲各政治家學者多倡道中國瓜分時期已到而俄羅斯出大軍進滿洲有囊括全體之勢原來英國在中國之貿易利益甚大萬一實行瓜分則列國爭奪英受重大損害又英俄二國對於亞細亞之勢力原互相對抗斯時英出大軍征南阿弗利加不易奏功無干涉俄國之力欲聯合德意志以牽制俄國於歐洲大陸而其時德意志於拳匪擊退之後再派瓦爾德色將軍率大軍進北京英政府疑德有蠶食中國領土之意此英政府欲與德政府協商之原因也德意志所獲山東省之利益不及英獲楊子江利益之廣大德國對中國經濟政策早欲與英人並享楊子江權利此英德協約容易成立之原因也協約既成二國政府直要求關係諸國表同意原開放中國門戶係美國提

英德協約效力適用滿洲與否之問題

議早爲各國所贊成至此固無不同意之理至領土保全各國中雖不無含反抗之意者然外面不能顯露於是日俄美法澳意諸國皆公認之然以該協約第一條有『英德二國勢力可及之中國領土』之一語俄國遂主張『該協約之効力僅限於英德二國勢力範圍內之各區域不適用於滿洲云』斯時俄德相接近（畢斯麥避俄政策。至此變爲親俄主義。翌千九百一年九月。俄皇訪德皇於坦澤港、兩帝交歡極深。）又德意志對於滿洲無利害關係遂與俄國爲同一之主張（畢羅外務對駐伯林俄公使明言英德協約與滿洲無關係）然英政府結該協約之原因實爲阻俄人侵占滿洲之故則主張滿洲不在勢力範圍之外日本與滿洲有密切關係亦主張滿洲包含於英德協約之中（日本政府。對衆議院議員質問。解釋英德協約。包含中國之全領土。）一時該協約果適用於滿洲與否遂爲列國間之一大問題

當英德協約發表之後北京公使會議漸得維持共同一致之主義以法國提議爲原案斟酌損益自閏八月中旬始至九月下旬止共費四十餘日議決媾和案十二條卽將法國原案之各項加修正又由德公使提議加『中國皇帝簡派勅使往柏林』一條由日本公使提議加『中國政府向日本政府爲名譽保障』一條

由美公使提議。加『中國地方官不盡保護外人之任者革職不叙用』一條。由英公使提議。加『改正現行條約』一條。由伊公使提議。加『整理中國財政使爲損害賠償』一條。更由各國公使公共意見。加『改革總理衙門制定謁皇帝禮式』一條。卽光緒二十六年十一月初二日各國公使交付中國媾和全權大臣之媾和案是也。如左。

列國公使會議之和案大綱

一 德國公使被虐殺一件。中國皇帝。欽派皇族一人。往柏林表哀悼之意。於遇害地。建築紀念碑一座。用拉丁德漢各文叙中國皇帝惋恤兇事之旨。

二 中歷閏八月初二上諭中指定之犯罪人。與今後各國公使指定之犯罪人。各科以該當之嚴刑。又戕殺外人之各府縣市五年間停止一切科擧。

三 日本書記官被虐殺一件。中國政府。向日本政府爲名譽之賠償。

四 中國政府。對於被汚瀆破壞之外國墳墓。建設贖罪紀念碑。

五 中國政府。允依各國協定之條件。禁止兵器與製造兵器彈藥等材料之輸入。

六　中國政府。對於此次各外國國家團體個人及雇傭中國人之蒙損害者。爲公平之賠償。又中國政府。容列國處理中國財政之意見。

七　各國爲保護公使館。得置守兵於公使館區域。自行防禦。中國人不得在區域內住居。

八　大沽砲臺。與自北京至大沽有妨禦自由交通之各砲臺。悉破壞之。

九　爲維持北京至大沽之自由交通。列國以軍隊住屯各要地。

十　中國政府。永久禁止排外團體。犯者處死刑。各省督撫地方官吏等。遇有排外事變。不即鎮壓與處罰罪人者。即罷官。此等上諭。二年間頒布全國。

十一　中國政府。承認各國政府之意見。修正通商航海條約。又爲通商關係上謀便利。得商議其他通商事宜。

十二　中國政府。允改革總理衙門。並變更外國使臣謁見皇帝之禮節。

第四節　北京媾和

中外官吏接近之始與慶親王李鴻章進京

初。北京陷落之時。帝室蒙塵。京官或自殺。或從塵。或逃難。北京陷於無政府。而列國軍隊。餘勇勃鬱。殺人放火掠物。紛亂不可名狀。日本副島少將。知事局必以和議了結。不若乘機市恩。密探漢軍正白旗參將申烏珍（與副島有舊識）之所在。暗遣人持日軍旗往。通申烏珍。卽攜日旗求見副島。告以『帝室蒙塵。慶親王扈從向宣化府』。副島囑令『速迎慶親王歸京。與列國公使協議善後策。不然事局不知所底止』。次日申烏珍與敬信、阿克丹、崇禮四人。再往會副島。途中崇禮被澳兵捕縛。三人會見之結果。副島囑迎慶親王由日本兵保護入京。尋崑岡、裕德、那桐、聯芳、世續等。再會副島後。卽派章京樸壽追迎慶親王。慶親王卽請旨歸京。時兩宮在宣化府。卽諭慶親王、李鴻章便宜行事。俄公使聞慶親王將至。欲以俄軍保護由阜城門入城。福島聞之。卽備騎兵。將强迎慶親王由德勝門入。然慶親王自決由德勝門進城。俄謀遂不獲實行。慶親王入京後。副島往訪慶親王。卽以寄李鴻章『入京議和』電報一通。託副島由日本野戰電信。經盛宣懷寄李鴻章。福島承諾之。李鴻章始悉已受全權議和之命。旋乘俄國汽船由廣東赴北京。
慶親王、李鴻章皆至北京後。各國公使會議之媾和案已成。經西班牙公使照會。

媾和談判開始

（西公使為北京駐紮主席公使）於十一月初二日我媾和全權大臣與列國公使會於西班牙公使館列國公使提示媾和案我全權大臣直電奏西安府初七日奉上諭批准全權大臣報知列國公使兼請撤兵列國公使復照會我全權要求送付批准之正式上諭然後開詳細談判又關於細目令先以書信磋商大綱然後會面十一月二十六日我全權大臣以西安府御書諭旨及全權大臣意見書送附列國公使其意見書對於各國公使提示之媾和案逐條述意見有全然承認者有僅質問而止者有關於內容求再議者列國公使接受之後旋與我全權會於西班牙公使館為逐條談判開始與會者為俄美德法英日澳意西比荷之十一國西班牙公使為議長談判中最難解決者一為元兇處罰問題一為償金問題

中央元兇處罰問題

關於元兇處罰分中央元兇處罰地方元兇處罰中央元兇處罰問題初開會議於英國公使館西班牙公使起立問中國全權曰『媾和案第二條有首禍處嚴刑一項經數次照會尚不聞決定何故』慶親王曰『此事敝國必認眞辦理但端郡王係國家懿親各國從來之例皆無處死罪之法余等依皇大后皇上之意認

二人爲首禍處刑。」西公使問曰。「何刑」慶親王曰「死罪。」再問曰「二人爲誰。」慶親王曰「莊親王係統拳匪者。毓賢係縱拳匪者。此二人應負一切責任。」列國公使皆倡不可。爾後開會數次。列國公使皆以端郡王遠謫禁錮爲輕罰。而以莊親王。毓賢。趙舒翹。英年董福祥。載瀾。啓秀。徐承煜等皆應處死刑。最後英公使讓步。提出左之要求書。交付我國全權大臣。

端郡王罪宜處死。以帝室之親。由皇帝特恩減刑。永禁錮新疆地方。董福祥載瀾從輕免死。亦永禁新疆。莊親王毓賢英年趙舒翹啓秀徐承煜六人處死刑。

我全權大臣將此案電奏西安。越日奉左之上諭。

朝廷處莊親王毓賢以死。實爲全睦誼之故。豈能多殺無辜。該王大臣等須力與各國公使磋磨。

李鴻章接旨。旋訪英公使。英公使固執前議不動。各國公使皆然。全權大臣更電奏西安。又旋奉上諭。

莊親王載勛賜自盡。端郡王載漪輔國公載瀾著革爵。永禁新疆。毓賢正法。剛毅雖病死。着追奪原官革職。董福祥革職降調。英年趙舒翹斬監候。徐桐李秉衡雖身已殉難死。均着革職。啓秀徐成煜着革職。

全權大臣復以此上諭報知列國公使。希望元兇處罰問題。以此上諭了結。乃列國公使以此等上諭。不經列國公使之承認。自行宥某死刑處某死刑爲不當。强硬拒絕。列公使憤我政府之緩慢。瓦爾德色元帥發遠攻西安之令。法軍隊急築軍事道路。英德軍派遣偵察隊。各國軍隊。集中於北京。大有平和破裂之勢。全權大臣將情形電奏西安。復於翌年正月初三日頒下　上諭「英年趙舒翹命自盡。啓秀徐承煜命正法。

至此悉合英公使之要求。先是拳匪初起之時。吏部左侍郎許景澄。太常寺正卿袁昶。兵部尚書徐用儀。戶部尚書立山。內閣學士聯元。極論拳匪不可撫。外釁不可開。被首禍諸臣交章參劾。身罹重辟。至此奉上諭。均着開復原官。列國公使愈滿足。中央元兇處罰問題。遂告結局。

地方元兇處罰問題

地方元兇處罰問題。列國公使。先派委員調查。作成元兇名簿。將提示中國全權。

俄國以滿洲事件。將與中國另開談判。反抗不簽押。斯時列國既一致協議。不因俄一國反抗中止。經西班牙公使將地方元兇名簿交付中國全權。後迭奉上諭。（三月十一四月十七七月初六諸上諭）山西歸化道鄭文欽。山西陽曲知縣白昶。浙江衢州城都司周之德。直隸灤平知縣文星。斬立決。蒙古搭拉特王革爵查辦。蒙古喀拉善王。中醫爾王。故直隸總督裕祿。故駐藏辦事大臣慶善。傳旨申飭。浙江巡撫劉樹堂。倉場侍郎長萃。呼蘭城副都統倭克津泰。直隸大名鎮總兵王連三。景州知州洪壽彭。大名知縣苗玉珂。元城知縣張丙吉。南樂知縣恭寅。河南南陽鎮總兵君嘉賓。鄭州知州湯似慈。浙江衢州知府洪思亮。湖南衡州知府裕慶。清泉知縣鄭炳。歸化城副都統奎成。澤州知府陶家騮。潞城知縣璧理。高平知縣于岱霖。長子知縣恩順。山東思縣知縣屠乃勛。江西按察使陳澤霖。南豐知縣鄧家猷。南城知縣翁保仁。革職永不敘用。浙江布政使榮銓。盛京副都統恩普。黑龍江副都統鳳祥。巴彥統領鄂英。發往極邊充苦差。浙江衢州鎮總兵喻俊明。金衢嚴道鮑祖齡。湖南衡永郴桂道隆文。山西汾州知府徐繼孺。歸化城同知郭之樞。隰州知州嵩澄寰。忻州知州徐桂莽。和林格爾通判毛世黼。托克托城通判樊恩慶。曲沃知縣王廷英。河津知縣黃廷光。大甯知縣曾季鳳。壽陽知縣秦鑑湖。大谷知縣胡德修。孝義知縣姚學康。甯遠州司獄李鳴和。太原城守營石鳳岐。革職。發往極邊。河北道岑春榮革職。河南縣丞李俞仙斥革。地方元兇處罰問題。以此了結。

媾和條件中。最困難不易解決者。爲償金問題。蓋要求償金者共十國。而各國利害關係各異。損害情形不同。其損害額之多寡。與賠償請求之標準。及其方法。均不容易確定。又中國財政紊亂。將以何項財源。爲償金之擔保。又以何項方法。管理擔保之財源。與償還期限長短諸問題。列國公使會議時。甲論乙駁。不可收拾。卒舉德澳荷比四國公使。爲確定償金之調查委員。四國公使先定賠償金基礎五條如左。

一　因此事變受直接之損害者。得請求賠償。

二　賠償分三種。一對於國家之損害賠償。二對於商社及個人之損害賠償。三對於外人雇用華人之損害賠償。

三　此次軍事費與死傷者撫恤費及公使館領事館修繕費與政府一切財產蒙損害又關於此次之調查費作爲國家之直接損害。

在中國各處之外國商社其房屋財產被破壞之損害又工場業務中止之損害又紛失之貨物錢票股票又不可收回之債權債證又賣買契約不實行之損害又個人失業務之消費又一切私有財產之損害又關於此項之調查費均作爲商社個人之直接損害。

被雇華人之一身或財產上損害與失生命之撫恤料作爲雇人之直接損害。

四　私人之請求賠償由本國公使呈出列國公使會議由列國公使調查之後定適當之賠償額。

五　賠償金自財產破壞之日起民事以五分商事以七分利息計算。

以上條欵僅規定要求損害賠償之目的物而止其依如何標準以定損害額則各國寬猛之度不同。德意志偏於高價之傾向俄日法次之最寬大者美國也。又賠償之標準。美國以中國負擔力爲範圍。國務卿赫伊電訓駐北京美公使云。「償金總額。宜竭力制限於英貨四千萬磅以內」。（約中國四億圓）然各國皆主張以損害額爲標準。公使會議之結果。卒確定償金總額爲六千五百萬磅。卽合中國海關銀四百五十兆兩（百萬曰兆）其中俄國以出兵滿洲。損害最大。獨占多數。德意志於事平後派大軍至北京。次之英美日伊澳荷比。次之表如左。

俄	一三〇、三七一、一二〇兩
德	九〇、〇七〇、五一五
法	七〇、八七八、二四〇
英	五〇、七一二、七九五
美	三二、九三九、〇五五
日	三四、七九三、一〇〇
伊	二六、六一七、〇〇五
澳	四、〇〇三、九二〇

荷　　　　七八二、一〇〇

比　　　　八、九八四、三四五

其他　　　　二一二、四九〇

合計　　　　四五〇、〇〇〇、〇〇〇

償金總額與利息額之確定

中國全權接償金總額公文。驚歎過巨。回書『償金準以三十年還清。由稅務司經理。但請酌減。兼請增加海關關稅』。各國公使。不僅無減少之意。以回文中不言及利息。再開公使會議。照會中國全權。慶李兩全權。不得已擬償金四百五十兆兩。週年加四釐行息。電奏西安。旋奉上諭批准。償金額與利息額。遂確定。然償還方法與財源指定。均不可不妥爲協議。列國公使。先選英法日德四國公使爲調查償還方法及財源委員。四國公使。先定償還方法案四項如左

一　使中國無列國保證。自行募集公債。但此樣公債。係導中國以危亡。

二　列國協同爲中國公債之保證。依此方法。中國公債容易募集。列國償金容易攤還。又中國人民不感困難。商業受善影響。惟各國政府。負重大責任。

若協同列國中有要來中國歲入之監督權意見不一致之時列國陷於非常困境。

三 由中國政府按償金應納額發行定期公債劵交附列國。

四 使中國爲年賦償還但此方法有使償還年限意外遲緩之弊。

又四國公使調查財源之後定左之六種收入爲償金之財源。

甲 現時外人監理之中國海關稅總額每年約二千八九百萬兩。（現時此額之用法。以二百五十萬兩爲稅務費。十二萬兩爲北京大學校費。百三十萬兩爲外國公使館費。二千四百萬兩爲舊債抵還費。）

乙 海關稅率從價增加爲五釐除鴉片煙外每年可增收入百五十萬兩。

丙 現外國輸入之粉類牛酪乾酪織物及酒精等之無稅品自後課輸入稅。

丁 內地關稅移於海關監理可得三百萬兩以上千萬兩以下之收入。

戊 海關稅率增加爲一分可增千五十萬兩以上千八百萬兩以下之收入。

己 鹽務課稅可得四百萬兩以上二千萬兩以下之收入。

（前四項四國調查委員一致後二項不一致。）

償金方法與財源之決定

以上二案。四國公使向公使會議提出之後。一時議論紛起。關於償金方法。俄國主張協同保證案。(即第二方法)英國主張定期債券交付案。(即第三方法)然各國欲避擔保責任。美德二國贊成英國主張。法國雖始贊成俄國。終傾英案。償還方法。遂確定英國主張之債券交付案。關於財源。列國亦各依己國利害主張不同。關稅案俄國主張增爲一分。英國極力主張不過五釐以上。他數公使贊成鹽務賦課。德公使恐徵收方法。仍入海關稅務司英人之手。反抗之。經數月不能協議。至七月上旬。列國公使始一致決議如左。

一　以海關稅內地關稅及鹽稅之三項充償金之財源。

二　海關稅增定爲五釐。

三　海關稅中從來之從價稅一切改爲從量稅。

北京講和條約

元兇償金二問題解決後。此外諸問題中國與列國無大議論。各國間亦無大意見衝突。談判頗容易進行。光緒二十七年七月二十五日。北京和議成。其條約主要如左。

一　德公使被害一件中國皇帝欽派醇親王載灃爲頭等專使往德國表謝意。於遇害處建坊一座。以拉丁德漢各文叙中國皇帝惋惜兇事之旨。

二　端郡王載漪輔國公載瀾。加恩禁錮新疆。永不赦免。莊親王載勛英年趙舒翹均賜自盡。毓賢啓秀徐承煜均正法。剛毅徐桐李秉衡追奪原官革職。徐用儀立山許景澄聯元袁昶均開復原官。董福祥革職。各省地方獲咎官吏。依本年三月十一。四月十七。七月初六各上諭。所定各罪案懲辦。又虐殺虐遇外人之城市府縣。均停止文武考試五年。（參考附錄二）

三　日本書記官被戕一件。由中國皇帝簡派戶部侍郎那桐爲專使。往日本表惋惜之意。

四　外國墳墓被汚瀆挖掘之處。由中國政府給費建立滌垢雪侮碑坊。

五　中國政府允准二年之內。將兵器彈藥與製造兵器彈藥之材料。禁止入口。

六　中國皇帝允付諸國償欵海關銀四百五十兆兩。

甲　此四百五十兆兩係以海關銀一兩依左率兌換各國之金貨計算。海關銀一兩。即德國馬克三·〇五五　澳國克勒尼三·五九五　美國圓〇·七四二　法國佛郎三·七五　英國先零三·　日本圓一·四〇七　荷國佛樂林一·七九六　俄國盧布一·四一二

此四百五十兆兩按年加四釐行息以三十九年按表攤還（參考附錄一）本息皆用金貨付給或按還時市價易金付給。

乙　還欵事宜在上海執行。各國各派銀行董事一名爲委員。專任收受中國本息償金。與分給關係諸國之任務。

丙　中國政府將償金總額債票一紙。交付駐北京公使。此總額價票。以後分作零票。每票由中國官員劃押。各國銀行委員關於債票發行一切事務。遵本國訓令執行。

丁　擔保債票財源之進欵。按月交付銀行董事。

戊　所定擔保債票之財源如左。

一　新關稅之收入內除給付擔保舊借外債之本利外所剩餘之欵又進口貨稅現今增至實行值百抽五所得之欵

二　各通商口岸舊稅關改歸新關管理之收入。

三　鹽稅收入之總額（但除擔保舊債之一部）

但現行稅率改正爲值百抽五。依下二條件各國承認之。

一　從前之從價稅改爲從量稅其改定之方法依最近三年間各貨品卸貨後之平均價格爲議價基礎。

二　白河黃浦江兩水路改良中國分擔經費。

七　中國政府准依附圖劃淸各國使館境界使館區域內全歸公使管理不准中國人住居且各國爲保護公使館得置護衛兵於使館區域。

八　中國政府允將大沽礮臺及有碍北京至海濱間交通之各砲臺一律削平。

九　中國政府承認各國占領黃村郎坊楊村天津軍糧城塘沽蘆臺唐山昌

黎灤州秦皇島山海關等處以保北京至海濱無斷絕交通之虞

十　中國政府對於各府廳州縣二年之內須布左記各上諭

甲　永禁加入排外團體違者處斬

乙　列舉懲辦犯罪人罪案

丙　虐殺苛遇外人之府縣城鎭停止考試

丁　各省督撫文武大吏及有司各官倘遇有傷害外人之事不能立卽彈壓懲辦者革職永不叙用

十一　中國政府承認襄辦白河黃浦江二水路之改善方法如左

甲　白河河道改善工事於光緒二十四年會同中國開辦玆由各國委員管理重修俟天津行政返還中國之後卽可由中國派員與諸國所派之員會同合辦但中國每年納海關銀六萬兩爲維持工事費

乙　現時設立黃浦江河道局監督水路改良諸工事其最初二十年間每年須海關銀四十六萬兩中國政府與諸關係國人按年分擔其半

十二　中國政府將總理各國事務衙門改爲外務部班列六部之首又更定各國欽差大臣謁見皇帝禮節

右條約以七月二十五日批准除第七條各國置護衛兵於使館區域內與第九條各國占領各要地外其餘各國軍隊以八月上旬退出直隸北京陷落後至此一年有餘以各國保全中國領土主義幸無要求割讓土地之事然禁止兵器彈藥輸入削平北京大沽間砲臺無期占領各處要塞其侵害主權特甚而賠欵本利總額依當時戶部奏案共達九億八千二百二十三萬八千一百五十兩其實不止此數條約第六條甲項明規定依兌換金貨率計算則不以海關銀兩爲標準而以兌換金貨率爲標準成爲金貨負債條約締結之翌年（光緒二十八年）以來銀價非常低落每年按表還償外須額外津貼海關銀三百萬兩之譜吁賠額已超過各國實損之上而固守銀本位之我國孤立於四面金本位各國之間銀價動搖屢受無窮之損害殊堪痛矣初各國公使協議與各國相互照會皆言銀數無一語道及金磅者卽條約第六欵甲項雖明定依兌換金貨計算然總句仍用四百

賠欵變成金貨負債

各省攤派賠款

五十兆兩之文字且當時付交各國債票與利息均以銀兩計之各國無一反抗。者翌年西五月二十四日英外務大臣蘭斯頓電訓駐柏林英公使云『四百五十兆之公債係依金磅計算』德外相畢羅公驚曰『北京公使協議係依銀兩爲標準然貴國若用金磅敝國亦依馬克換算』各國附和之而準之條約第六欵甲項規定之明文毫無疑義中國無如之何蓋締約之當時各國公使意亦糢糊依銀兩之時價定率耳而我國外交當局者粗心昏暗對此大事件條文規定時不爲精細注意遂遺誤至此其後雖派慶親王王文韶與劉張二總督有所運動。又派那桐遍訪列國公使。以德法二國公使强硬拒絕。不收寸効。卒之我國哀請關稅亦用金貨徵收被英使嚴拒僅得每年兌換差金不再起利息而止。當時戶部籌欵依債表年限每年由中央政府提三百餘萬兩其餘量各省財力按年攤派。江蘇每年攤二百五十萬兩四川二百二十萬兩廣東二百萬兩浙江一百四十萬兩。江西一百四十萬兩湖北一百二十萬兩安徽一百萬兩山東九十萬兩。河南九十萬兩。山西九十萬兩。福建八十萬兩。直隸八十萬兩。湖南七十萬兩。陝西六十萬兩。新疆四十萬兩。甘肅三十萬兩。廣西三十萬兩。雲南三十萬兩貴州二十萬兩。其後因每年磅虧無着。於光緒三十年借滙豐銀行一百萬兩以爲補還磅虧之用。

附錄一　北京媾和條約之附件十二

賠欵償還年付表

期	年	本金	利金	合計
第一期	一九〇一年（光緒二十七年）	兩	九〇〇〇〇〇兩	九〇〇〇〇〇兩
	一九〇二年	一九二三〇七七	一八〇〇〇〇〇	一九〇二三〇七七
	一九〇三年	同	一七九二三〇七七	一九八四七一五四
	一九〇四年	同	一七八四六一五四	一九七六九二三一
	一九〇五年	同	一七七六九二三一	一九六九二三〇八
	一九〇六年	同	一七六九二三〇八	一九六一五三八五
	一九〇七年	同	一七六一五三八五	一九四六一五三九
	一九〇八年	同	一七五三八四六二	一九五三八四六二

	一九〇九年（宣統元年）		同	一七四六一五三一	一九三八四六一五
	一九一〇年		同	一七三八四六二五	一九三〇七六九三
第二期	一九一一年	三九二三〇七七		一七三〇七六九二	二一二三〇七六九
	一九一二年（民國元年）		同	一七一五〇七六九	二一〇七三八六四
	一九一三年		同	一六九九三八四六	二〇九一六九二三
	一九一四年		同	一六八三六九二三	二〇七六〇〇〇〇
第三期	一九一五年	九六二三〇八		一六六八〇〇〇〇	二六三七二三〇八
第四期	一九一六年	一一六九二三〇八		一六二九二三八八	二七九八四六九六
	一九一七年		同	一五八二四六一五	二七五一六九二三
	一九一八年		同	一五三五六九二三	二七〇四九二三一
	一九一九年		同	一四八八九二三一	二六五八一五三九
	一九二〇年		同	一四四二一五三八	二六一一三八四六
	一九二一年		同	一三五九三八四六	二五六四六一五四
	一九二二年		同	一三四八六一五四	二五一七八四六二
	一九二三年		同	一三〇一八四六一	二四七一〇七六九

一九二四年	同	一二五五四七六九	二四二四七〇七六
一九二五年	同	一二〇八七〇七七	二三七七九三八五
一九二六年	同	一二五一九三八四	二三三一一六九二
一九二七年	同	一一五一一六九二	二三八四八〇〇〇
一九二八年	同	一〇六八四〇〇〇	二二三七六三〇八
一九二九年	同	一〇二一六三〇七	二一九〇八六一五
一九三〇年	同	九七四八六二五	二一四四〇九二三
一九三一年	同	九二八〇九二三	二〇九七三二三一

第五期

一九三二年	二四四七〇〇八六	八八一三二三一	三三二八三三一七
一九三三年	同	七八三四四二七	三三三〇四五一三
一九三四年	同	六八五五六二四	三一三二五七一〇
一九三五年	同	五八七六八二〇	三〇三四六九〇六
一九三六年	同	四八九八〇一七	二九三六八一〇三
一九三七年	同	四一一九二一三	二八五八九二九九
一九三八年	同	二九四〇四一〇	二七四一〇五九六

一九三九年	同	一九六一六〇六	二四一三一六九二
民國二十九年 一九四〇年	同	九七八八〇三	二五四四八八八九
合計	四五〇〇〇〇〇〇〇	五〇二〇六四〇七四	九二二〇六四〇七四

附錄二 北京媾和條約之附件八

滋事地方停止考試上諭

光緒二十七年七月初六日。內閣奉上諭。本日奕劻李鴻章具奏各國議定滋事地方停止文武考試各五年一摺。據稱順天太原地方鄉試。仍應停止。其單開山西省之大原府。忻州大谷縣。大同府。汾州府。孝義縣。曲沃縣。大寧縣。河津縣。岳陽縣。朔平縣。文水縣。壽陽縣。平陽縣。長子縣。高平縣。澤州府。隰州。蒲縣。絳州。歸化城。綏遠城。河南省之南陽府。光州。浙江省之衢州府。直隸省之北京。順天府。保定府。永清縣。天津府。順德府。望都縣。獲鹿縣。新安縣。通州。武邑縣。景州。灤平縣。東三省之盛京。甲子廠。連山。餘慶街。北林子。呼蘭城。陝西省之寧羌州。湖南省之衡州府等地方。均應停止文武考試五年。着各該省督撫學政。遵照辦理。出示曉諭。欽此。

第五節 中俄密約與日英同盟

初。拳匪事變之起也。俄國乘布拉郭威什臣斯克受砲擊。以保護滿洲鐵道爲口實。直派軍隊進迫滿洲。恐各國疑忌。俄皇向外宣言曰「俟滿洲秩序恢復之後。俄國卽撤兵。不意斷無占領滿洲之意」云云。時一九〇〇年（光緒二十六年）八月二十五日也。其後俄既占領滿洲全部。欲與中國締特別條約。先提議北京撤兵。次反抗元兇處罰。以買中國政府之歡心。冀收滿洲之圓滿利益。及英德協約發表之後。俄國外面雖贊成。然其解釋。隱示該協約不適用於滿洲。北京議和開始之際。各國喧傳關東總督與增祺將軍締結密約九條。全置滿洲爲俄國之保護領。及光緒二十七年正月。（西二月二十八日）倫敦太晤士報載駐俄中國公使楊儒與俄外務大臣拉穆斯多福締結滿洲密約如左。

一　俄皇願與中國結好。不料有滿洲之事。俟滿洲歸還之後。中國之吏治。一切復舊。

二　東清鐵道條約。同會社有置兵保護鐵道之權。現地方未靖。不應撤兵。暫留一部。俟地方勘定。與本條約第四欵辦到之日爲止。

三 若遇變急。留駐之兵。得以全力助中國彈壓。

四 此次攻擊俄軍者。多係官軍。因此之故。鐵道未竣工。與列車未開運以前。中國不得設置軍隊。他日設置軍隊時。須先與俄國商定數目。又禁止兵器彈藥。輸入滿洲。

五 滿洲之將軍大員。辦事不合邦交者。經俄國聲訴。卽與革職。所設馬步巡捕。須與俄國商定數目。除機關砲供差人員外。不得用外國人。

六 中國照前成議。北方之海陸軍。不用他國人訓練。

七 爲保全地方起見。旅順租借約中第五欵之隙地。由地方官別立專章治理。並廢除光緒二十四年旅大租借續約第四項之金州行政權。

八 國境各處。滿蒙及新疆之塔爾巴哈臺。伊犁。克什噶爾。葉爾羌。和闐。于闐。等各處之礦山鐵路。及他項利益。非俄國許可。不得讓與他國或他國人。又非俄國許可。中國不得自行造路。且除牛莊以外之地。不得租與他國人。

九 此次俄國軍費。照各國賠償還淸。其賠償之抵押。會同各國辦理。

十　鐵道與會社技師所受毀損及工事遲誤之損害均由中國與會社商議賠償。
十一　上項之賠償應以他項利益爲抵當或酌改舊條約或別讓新利益。
十二　中國允俄國得由東三省鐵道幹線或支線修一路向北京直至長城。其路準現行鐵道條約辦理。

右密約發現於太晤士報也。英國政府卽向俄國質問。俄外相力辯其無。駐華盛頓俄公使喀西尼亦向美國國務卿力辯其妄。然楊儒公使以俄政府之迫壓。不得已結此約。電經慶親王李鴻章轉奏請旨。蓋陰促慶李假列國力以拒絕之也。李以該條約本文提示各國公使。日英美德澳伊六國先後向中國警告。德澳伊三國警告之主旨。則以『北京和議未定之前。中國不可將國家重要財源先與一國作抵』。美國警告之主旨。略同。日英二國則進一步。謂『中國若批准該條約。是自開瓜分之端』。時慶親王首倡反抗。劉張兩總督與兩廣總督陶模巡撫德壽等。均奏請拒絕。東撫袁世凱。鐵道大臣盛宣懷。電稟李鴻章。告密約不利。其他

俄廷廢棄密約之宣言

上海志士百九十餘人。向日本國民同盟會寄下記之電報。『滿洲密約。繫東亞存亡。希貴政府之義力爭。』先是日本聞關東總督與增祺結密約。國論大沸騰。公爵近衛篤麿為首。組織國民同盟會。迫本國政府反抗。及此密約發表。同盟會直要求政府直接向俄國抗議。決意訴之兵力不辭。蓋日本假地理人種之關係。欲對中國占優勝之勢力。依密約則滿洲為俄國所奪。非其所能忍也。斯時日本政府大決心。一方向議會宣言『滿洲包括於英德協約之內』。一方向俄國政府。請將密約提示列國會議。俄政府言托左右。旋剷除第八條。迫中國以西四月一日批准。中國以各國反抗為辭。直拒絕之。而日本於此間迭開軍事會議。準備戰鬥。形勢如斯。俄政府亦無如之何。旋向各國申明廢棄密約。遂告結局。

第二次密約。雖由俄國自行廢棄。然俄對滿洲之政略。斷非以如斯處理而甘心者。同年七月。北京和議成立後。由西安發布皇太后皇上暫不回鑾之上諭。俄國以北京主權尙未確定為辭。申明繼續占領滿洲。慶李等迭請兩宮早回鑾。不報。俄公使乘機迭加要求。李鴻章不得已。於九月中旬。復與俄公使協商。其協商案當時外間所傳不同。茲就其條件較輕者述之。

一 俄國將滿洲及牛莊與山海關鐵道交還中國。但中國不得將該鐵道之保護權。委與他外國人。

二 俄國以本年內撤退盛京省之兵。

三 俄國以兩年內漸次撤退吉林黑龍江省之兵。

四 滿洲軍隊。用俄國將校訓練。

又關於牛莊鐵道交還之條件如左。

一 牛莊鐵道交還中國之後。自後該鐵道不得受他國干涉。

二 日英二國之軍隊。不得由此鐵道輸送。

三 今度中國若築造此鐵道之支線。須先得俄國之同意。

四 該鐵道不得渡遼河與阻害俄國商業上之利益。

五 俄國對該鐵道所費一切費用。由中國支償。

當時兩全權嚴保秘密之故。協約眞相。外間不得窺知。觀右條件。則此第一次密

李鴻章棄世與密約廢棄

約。俄國之讓步實大。然當時皇太后納劉張兩總督之奏疏。拒不批准。嚴命李鴻章廢約。時李年七十八。以北京議和。身當難局。勞心過度。肝疾增劇。知滿洲事件。不與俄國幾分要求。難望撤兵。欲依此約了局。及接廢約諭旨。（九月二十三日）病勢頓加。旋於九月二十七日病卒。俄公使以李既卒。亦頗躊躇。至十二月復更改條件。與慶親王王文韶交涉。斯時兩宮已回鑾北京。俄失繼續占領滿洲之口實。又以日美兩國政府之反抗。密約終不成立。

日英同盟之原因

同年十一月兩宮北京回鑾。迭促俄國撤滿洲之兵。不應。日本國民同盟會大激昂。要求本國政府以兵力迫俄國撤兵。其時日本桂（桂太郎）內閣新成。以北京和議斡旋有力之小村壽太郎爲外務大臣（第一中俄密約。小村周旋各國公使間。爲破壞密約有力人物）小村在北京議和時。凡諸問題。屢與英公使相提攜。蓋三國干涉遼東以來。日本以英國無與欲相接近。及拳匪起。巧誘英國。託日本出兵。爲二國相接之好機會。滿洲密約固與日本有不利。而英對極東政策。素持與俄國勢力均衡主義。其時俄國不僅囊括滿洲。且對於西藏大有所活動（光緒二十七年九月。達賴喇嘛派使節至俄國。翌年六月。第二使節至俄國。皆賜謁見受隆遇。）英

日英同盟條約

政府大驚而德相畢羅公主張英德協約與滿洲無關係英國政府遂有不得不再求同志之勢由是日英二國實際之接合遂成光緒二十八年正月初四日。（一九〇二年一月三十日）駐英日本公使林董與英外務大臣蘭斯頓。締結日英同盟條約如左。

一　兩締盟國以相互承認中韓兩國之獨立聲明該兩國無論何方不爲全然侵略的趨向所牽制但兩締盟國之利益卽英國以對於中國之利益爲主日本對於中國之利益及韓國政治上商工業上之特殊利益若因他國侵略行爲至締盟國之利益受侵害或因中韓兩國自起騷擾致締盟國之利益及締盟國臣民之生命財產受侵害兩締盟國爲擁護該利益起見各得執行必要之手段

二　兩締盟國若一方因防護利益與乙國交戰之時他一方之締盟國須守嚴正中立並努力妨碍第三國加入乙國與同盟國交戰。

三　上記戰鬭中。若他之一國或數國。加入敵國。與同盟國交戰之時。他一方之締盟國卽當出兵援助協同戰鬪媾和亦與該同盟國合意爲之。

四　兩締盟國無論何方若不經他一方協議。不得與他國結妨害上記利益之別約。

五　英國或日本。若認上記利益。迫於危殆之時。兩國政府互相竭全力通告。不得隔閡。

六　本協約自調印之日起。五年間有効力。若第五年期滿時之十二個月以前。兩締盟國皆不照會廢約。則本協約以締盟國一方表明廢約意思之日起。仍繼續一年間有効力。但此一年間期滿時。若締盟國一方在交戰中。則本同盟之効力。必繼續於媾和結局之時。

日英同盟之精神

右同盟條約之精神雖以保中韓兩國獨立爲名其實日英本國在中韓兩國之利益恐被俄國所侵害結同盟抵禦之而極東大局遂亦藉以維持之也繹第一條之意義締盟國一方爲防護利益得以獨斷向對敵國（含中韓及歐州各國）開嚴重談判極至於開戰他一方之締盟國決不反抗第二條之嚴正中立譬之日俄開戰則

英國之地中海蘇彝士海峽（蘇彝士雖非英領主權在英）印度洋中國南海與南洋羣島之英國領地皆不准俄國軍艦下碇又英領與英商皆不得運賣軍器石炭糧食等與俄國軍艦依此一項東洋方面日俄若有衝突其勝敗可以想見第三條之協同戰鬪則防法德助俄國之規定也。

日英同盟條約發表之後。各國多表歡迎。俄國以該同盟係與己國爲敵而出。對於滿洲永久占領之慾望。至此不敢固執。然恐日英同盟之結果有害極東俄國勢力之權衡。遂將俄法同盟關係擴張至極東方面。西三月十二日。向各國發表。如左。

俄法同盟之範圍擴張

俄法兩同盟國政府。以保持極東現狀及全局之平和爲目的。對於一千九百二年一月三十日之日英協約。確信其以保全中韓兩國領土及商業上兩國門戶開放爲基礎。與俄法兩國從來主張之諸原則。不相違異。表十分滿足。俄法兩國政府。尊重前記之諸原則。且信此諸原則爲兩國在極東特別利益之保障。若因第三國侵略行動。或中國新生騷擾。致中國之保全與其自由發達不能鞏固。因之兩締盟國特別利益受侵犯之時。兩國政府。得取防衛之手段。

俄國滿洲撤兵條約

先是俄法同盟之關係。依歐洲方面之政略而出。至此因日英同盟之故。遂將該同盟之効力擴張範圍於極東方面。蓋顯示日英同盟之對峙也。同時俄國政府。更向各國宣言。大意謂『日英協約之目的。全與俄國素持之主義同揆』。於是滿洲問題之解決。更進一籌。同年三月初一。(西三月二十六日)俄公使雷薩爾與慶親王王文韶訂結滿洲撤兵條約如左。(一名東三省交收條約)

一　俄國皇帝表明對中國皇帝交誼親厚。將東三省邊境暴擊俄民之事。付之不問。允將東三省各地交還中國治理。一如俄軍未經占據之前。

二　中國政府自接收滿洲自行治理後。須實力遵行光緒二十二年八月二日與華俄銀行締結之各條欵。又對於鐵道鐵道員與住在滿洲之俄國一般臣民。併所創設事業。均極力保護。

中國政府。承認上記各情。再無變亂發生。又無他國之防害。俄國政府。依左記方法。撤退滿洲軍隊。
本協約調印後限六個月俄國撤退盛京省西南段至遼河之軍隊並將該鐵道交還中國。
再六個月撤退殘餘盛京省各段之軍隊及吉林全省軍隊再六個月撤退黑龍江省全部之軍隊

三 爲恐兩國官軍再起衝突。俄軍尙未撤退之前。應先協定中國駐屯滿洲之兵額。與其駐屯地方。中國於此協定兵數外。不得另派軍隊。

俄軍全撤之後。中國酌核滿洲駐兵。應添應減時。仍隨時知照俄國政府。蓋中國增添滿洲軍隊。俄國亦必增添邊境軍隊也。

關於滿洲綏靖地方。設巡捕等事。除東清鐵道會社所管各地段外。各省將軍須專用中國之馬步捕隊。以充巡捕。

四 俄國政府。依左記條件。將山海關營口新民廳各鐵道交還中國。

甲 自後中國自任該鐵道之保護責任。不得請他國代理。又俄國退還各地段。不准他國占據。

乙　該鐵道經營各節必遵照一八九九年四月十六日之英俄協約。(即光緒二十五年聖彼得堡協定之英俄協約)與一八九八年九月二十八日中國與一私會社借欵契約。(即光緒二十五年八月二十五日中英山海關牛莊鐵道借欵契約)辦理。該私會社不得藉端占據或經理該鐵道。

丙　自後南滿洲鐵道延長。或敷設支線。或營口建築鐵橋。或山海關鐵道終點有遷移之計畫時。由中俄兩國協商辦理。

丁　俄國修繕山海關營口新民廳各鐵道費貲。以未包於償金總額之內。俟協定金額後。由中國政府賠償。

俄皇交還滿洲之宣言

本條約簽押之後。俄國政府付長文之宣言書。向各國發表。大旨言『俄國占領滿洲。實因暴徒蜂起。為保護滿洲利益不得已之所為。今平和克復。俄國之利益既得確保。故遵迭次宣言之主義。與中國政府締結本約』云云。至此俄國無特許權之規定。將滿洲原狀歸還中國。準之日英同盟以前之中俄密約。俄之讓步實可驚。義和團禍變。至玆全然結局。然而俄國果遵約實行撤兵與否。則俟下章述明。

第十一章　日俄戰爭與中國之關係

第一節　日俄開戰之原因

日本對於遼東之遺恨

中日戰爭之結果。馬關和約第一條。中國將奉天省南部與遼東灣東岸黃海北岸諸島嶼。割讓爲日本領土。其時俄國協同德法二國。以『遼東半島若歸日本。則不僅中國首都危險。韓國獨立。亦歸於有名無實』爲口實。干涉之。日本不得已揮淚奉還遼東。乃日本去。而俄國進。光緒二十二年以來。俄國對於滿洲所結條約。無非欲括滿洲爲已有物。拳匪事變起。滿洲官軍先發難。俄國視爲千載一時之機。以保護東清鐵道爲名。實行占領東三省。卒以日英同盟之故。權與中國結滿洲撤兵條約。然其實非俄國所果欲實行者也。

光緒二十八年九月十五日。爲俄國滿洲第一次撤兵期滿之日。俄政府果於前半月間。撤兵開始。至期錦州遼河西南部之俄軍悉撤退。野戰用之郵便電話局亦閉鎖。關外鐵道。全交還與增祺將軍。第一期撤兵。全遵約實行。光緒二十九年

俄國第二期撤兵不實行與新要求

三月十五日。為俄國滿洲第二次撤兵期滿之日。金州牛莊遼陽奉天鐵嶺開原長春吉林甯古塔琿春阿拉楚喀哈爾濱各處所駐紮之俄兵。應如期撤退。至期俄國不僅不撤兵駐北京俄國代理公使布拉穆損反向我外務部提出新要求七款。

一　俄國還付東三省之土地。中國決不租借割讓與他國。

二　俄國撤兵之區中國不得開作自由通商港。

三　東三省行政與軍事中國不得聘用俄國以外之人。

四　牛莊一切公務歸俄人經理。

五　牛莊關稅收入。永遠任華俄道勝銀行管理。

六　滿洲衛生事務歸俄人經理。

七　中國所設滿洲之電線。俄國得使用之。

右要求案。當時傳聞雖有異同。然大體閉鎖滿洲門戶。而置於俄國保護之下。日英美三國。同向中國警告。美國更勸中國開牛莊奉天大東溝為通商口岸。又道

雷薩爾公使之新要求

接結問俄廷眞意。斯時皇太后以日英美三國之外援。與各總督反對之故。命慶親王拒絕俄國要求。俄公使見形勢已非。卽撤回要求案。且贊成開奉天大東溝爲商埠。問題一時消滅。至五月中旬。俄公使雷薩爾歸任北京。更向慶親王提新議四欵如左。

一 擴張華俄道勝銀行之營業權。凡東三省中國經營之事業。與中俄共同事業。悉由該銀行貸給資金。

二 營口稅關事務。今後二十年委托華俄道勝銀行管理。

三 奉天吉林兩府設交涉局。由中俄兩國委員組織。關於兩省之政治軍事經濟衛生司法等事。相互協商辦理。

四 由北京至張家口經庫倫達恰克圖之蒙古鐵道。歸華俄道勝銀行修造。

五 西藏西北部行中俄協同行政制度。

苦魯巴金東遊與日本主戰論

當雷薩爾向慶規王提此議時。正俄國陸軍大臣苦魯巴金東游。以提議後三日抵日本東京。日本風傳苦魯巴金此行。爲與日本政府訂交換滿韓條約。日本國論大沸騰。先是三月十五日俄國第二期撤兵不實行。日本國民組織對外同志會主張開戰。聞交換滿韓之說詰責政府甚急。戶水寬人。富井政章。金井延。高橋作衛。小野塚啓。原次。寺尾亨。中村進午七博士相携訪桂總理大臣。總理力辨其無。同時進步黨總理大隈重信竭力主張開戰。日本主戰論漸熾。

極東俄官大會

苦魯巴金駐東京四日。卽向旅順出發。至旅順開極東俄官大會。俄國駐紮中韓兩國公使。華俄道勝銀行總理。關東總督及滿洲各地守備隊之一等參謀皆列席。審議十日始散會。滿洲問題之俄國方針。殆以是會決定。雷薩爾反北京。卽訪慶親王曰『俄國鑒於東三省現狀。縱令列國干涉。斷不能無條件撤兵。雖因此事與日本開戰亦不辭』。

俄設極東大總督府與威逼韓國

同時俄國政府新設極東大總督府。卽以關東總督亞歷氣哲福爲大總督。凡極東外交行政軍事最上權力（含黑龍江沿岸東三省之陸軍。與太平洋艦隊。）皆歸其所總轄。與高加索大總督之制相同。依此制。俄國對於滿洲已實行統治本國領土之制。且同時向韓國。逼壓。援逾期之採伐森林權利。（該條約係光緒二十二年七月韓國與俄人訂結。約定五年以後不着手卽作爲無効。至此逾期一年有餘矣）强韓國履行條約。且要求租借龍崖浦。韓廷不應。俄人遂强於該地築炮臺。又布設至安東縣之軍用電線。且改其名爲尼哥拉斯浦。（仍俄皇名）至此日本政府遂與俄國開正式談判。極東之外交中樞漸去北京而移於東京。

註　初中日戰爭後。韓國全入日本勢力範圍。其時駐韓日公使井上馨草改革內政案二十條。迫韓皇矯正積弊。內閣各部。皆聘日本顧問。軍隊亦由日本人訓練。然排日派以閔妃爲中心。與俄公使威巴私通聲氣。乘井上歸國。以七月七日（明治二十八年）政變。日本黨首領朴泳孝逃日本。井上聞變渡韓。復組織日本黨內閣。以金宏集爲總理大臣。然後歸國。九月十月間。閔妃一派與俄公使密謀。將一舉顛覆日本內閣。日本黨謀制機先。以十月八日。擁大院君率兵入王宮。閔妃罹白刄於殿中。自是韓廷多怨日本。俄公使乘機。愈與排日黨謀覆日本黨。翌年一月。排日派煽動春川地方愚民起暴動。金總理悉發京城守兵往鎮壓。排日黨乘京城之虛。率俄國水兵百數十名。由仁川入京城。擁國王世子及世子妃等入俄國公使館。旋由俄使署頒出上諭。罷金宏集內閣。且令嚴罰殺害王妃之首謀者。事出倉卒。金宏集以下多被慘殺。日本黨一時掃盡。俄國黨內閣成立。至此中日戰後日本對韓扶植之勢力全喪失。而俄公使事實上握韓廷主權。于是日本不得已以俄皇加冕禮（光緒二十二年）派山縣有朋爲賀使。與俄廷結第一日俄協約。『一兩國政府爲救濟韓國財政困難。勸告韓國政府。省一切冗費。兼保歲入平衡。若不得已改革費必仰外債時。兩國合意援助之。二兩國按韓國財政上經濟上之狀況。令不藉外債。創設本國人組織之軍隊及警察。以保本國之秩序。且由韓國自行維持。三爲使通信容易。日本已經占有之電信線。得繼續管理。俄國自設由京城至國境之電線。』同時駐韓日公使小村與俄公使威巴在韓京結協約。『一日本爲保護京釜間日本電線。得派憲兵二百名分守各處。二爲備韓國人襲擊居留民。日本於京城置步兵二中隊。釜山元山各置一中隊。俄國爲保護公使館領事館起見。於日本置兵各地。亦置同數之兵隊。』依以上二約。日俄對韓之勢力。歸於平等。締約後一二年間。俄公使忽背約。前後迫韓廷聘俄國將校三十餘名爲軍隊敎練。又迫韓廷罷度支顧問兼海關總稅務司英人布拉安之職。而改聘俄人亞歷氣哲福任之。英國大怒。東洋艦隊巨艦七艘。突然逼仁川。韓廷震慄。旋復布拉安舊職。自是韓廷憤俄專橫。排俄黨日增勢。而斯時俄國注全力於滿洲。恐日本妨害。對韓政策。忽變緩和。光緒二十四年二月。俄公使率財政顧問陸軍敎練等官歸國。而與日本結第二日俄協約。『一兩國互認韓國之主權。及其完全獨立。皆不干涉其內政。二韓國向二國求助言助力之時。關於練兵財政二項。非兩國協商後不應聘。三俄國認日本有多數居民在韓國之故。不妨碍日本對韓國營商工業之發達。』此條約俄國之眞意。暫將韓國優勢利益。讓與日本。便己國得傾全力於滿洲。遂來俄以拳匪事件。既實行占領滿洲。苦魯巴金東游。見日本實有干涉之意。遂欲威攝日本。故特向韓國加逼壓。此日俄衝突愈切迫也。

俄交涉日本提案

一九〇三年七月二十八日（光緒二十九年六月）小村外務電命駐俄栗野公使卽訪俄國外務省告『極東兩國之特殊利益須協商劃淸』俄外務大臣拉穆斯多福承諾之。小村遂草協約草案。令栗野公使向俄廷提出。

一 日俄兩國相互尊重中韓兩國之獨立及保全其領土。對於該兩國之商工業。相互保持機會均等主義。

二 俄國承認日本對於朝鮮之卓越利益。日本承認俄國對於滿洲經營鐵道之特殊利益。

三 日俄二國限於不違背本協約第一條。日本對於韓國。俄國對於滿洲之商工業活動。互不阻碍。韓國鐵道延長至滿洲南部。與東淸鐵道山海關牛莊鐵道相接。俄國不得阻碍。

四　爲保護本協約第二條之利益、日本對於韓國。俄國對於滿洲。認必要派遣軍隊之時。其所派軍隊。相約不超過實際必要兵額之上。且事平後卽召還。

五　俄國承認日本對於韓國改革。有與助言及援助並含軍事上之援助之專權。

拉穆斯多福外相接日本提案之時。値俄皇巡遊歐西。將扈從。又以該事件爲極東地方實際問題。欲命駐日本俄公使與極東大總督當談判之局。而移談判於東京。且主張俄國另作一對案。與日本提案同爲談判基礎。日本不得已承諾之。西十月上旬。駐日本俄公使羅栓。與極東大總督亞歷氣哲福會商之後。向日本政府提出俄國對案如左。

俄國提出之對案

一　俄日兩國。相互尊重韓國之獨立。與保全其領土。

二　俄國承認日本對於韓國之卓越利益。限於不違背第一條。凡韓國民政改良。日本有助言及援助之權利。

日本修正俄國對案

三　俄國不阻碍日本對於韓國之商工營業限於不違背條一條。不反對日本保護商工營業之一切行爲。

四　俄國承認日本爲上記目的得向韓國派遣軍隊。但兵數不可過實際必要兵額之上。且事平後卽召還。

五　韓國領土內不爲軍略上之目的使用。韓國沿海岸。不築有妨害自由航行之兵事要工。

六　北緯三十九度以北之韓國領土。作爲中立地。兩國皆不引軍隊進入。

七　日本承認滿洲及其沿岸。全然在日本利益範圍之外。

右對案關於日本對於中國所規定之一切條項盡削除之。單就韓國協定。蓋俄國不僅不尊重中國之獨立與保全其領土且欲侵略韓國故關於日本對於韓國之權利利益且加限制也。其與日本原案之主義。全不相侔。西十月中旬小村外務修改俄國對案。提示俄公使。其修改文如下。一俄對案第二條『韓國之民政』改爲『韓國之內政』『援助』之下。添『含軍事上之援助』二對案第三條『商工營業』改爲『商工業活動之發達』二『保護商工營業』改爲保護是等利益。』三對案第四條。改爲『日本爲前條所揭目的。向韓國派送軍隊。俄國承認爲日本之權利』四對案第六條。改爲『滿韓境界兩邊各五十吉羅米突之地爲中立地帶』五對案第七條全削除。改爲下之三條(甲)俄國對於滿洲。尊重中國主權。及保全其領土。幷不妨害日本對於滿洲之商業自由。(乙)日本承認俄國之滿洲特殊利益。限於不違反甲之規定。俄國爲保護該利益所出行爲。日本承認爲俄國之權利。(丙)今後韓國鐵道與東清鐵道延引至鴨綠江畔時。約不阻碍該兩鐵道之連絡。

右修改案提出之後。小村與俄公使談判數次。關於韓國數件。俄國雖同意改正。滿洲問題。彼此確執。不能相下。西十月三十日。小村更向俄公使提出第二修正案。

一　相互尊重中韓兩國之獨立。又保全其領土。

二　俄國承認日本對於韓國之卓越利益。及對於韓國行政改良。與助言及援助並軍事上之援助之權利。

三　俄國不阻碍日本對於韓國商工業之活動發達。日本爲保護此等利益所出一切行爲俄國不反對。

四　日本爲上記目的。向韓國派遣軍隊之時。俄國承認爲日本之權利。

五　日本不於韓國沿岸建築妨害自由航行之兵事要工。

六　滿韓境界兩側各五十吉羅米突之地。定爲中立地帶。非兩國相互承諾。不得引軍隊進入。

七　日本承認滿洲在日本特殊利益範圍之外。俄國承認韓國在俄國特殊利益範圍之外。

八　日本承認俄國之滿洲特殊利益。并承認俄國爲保護此等特殊利益出必要處分之權利。

九　俄國對於韓國條約上所獲得關於商業及居住之權利與豁免。日本不妨害。日本對於中國條約上所獲得關於商業及居住之權利與豁免。俄國不妨害。

十 今後韓國鐵道與東清鐵道延長至鴨綠江畔時。約不阻碍該兩鐵道之聯絡。

羅栓公使接此案。將全文電告本國政府。同時小村電命栗野公使向俄國政府申明日本之要求爲正當。時俄皇與拉穆外相。巡遊歐西歸國。（西十月三十日至巴黎。與法國大統領及外務卿德爾巴喀會見。十一月五日。受德國歡迎。與德皇及首相畢羅公會見。然後歸國。）栗野公使遂訪拉穆外相。數次不獲要領。至西十二月十一日。俄公使忽向小村外務提出俄國第二對案如左。

俄國提出之第二對案

一 兩國相互尊重韓國之獨立。又保全其領土。

二 俄國承認日本對於韓國之卓越利益。及對於韓國民政改良與助言及援助之權利。

三 俄國不阻碍日本對於韓國商工業之活動發達。又不反對日本爲保護此等利益之行爲。

四 日本爲上記目的。向韓國派遣軍隊之時。俄國承認爲日本之權利。

俄國最後讓步案

五　韓國領土內不爲軍畧上之目的使用韓國沿岸不築妨害自由航行之兵事要工。

六　北緯三十九度以北之韓國領土爲中立地帶兩國皆不引軍隊進入。

俄國此案仍削滿洲條項不認承保全中國之領土而限制韓國比前較輕小村修正其第二第五兩條刪除第六條提示俄公使且申言『滿洲不加入本協約內爲日本萬不能承認求俄國再思』翌年一月六日俄公使提出覆案第二條全依日本之要求五六兩條仍第二對案之原文更新增左之一條。

滿洲及其沿岸日本承認爲己國範圍之外但日本或他國於滿洲區域內依條約上獲得之權利及特權俄國不阻碍、

至此已爲俄國最後之讓步然日本早視韓國爲己有物斷不認其利權有制限且夙持東亞霸權主義斷不肯置滿洲於範圍外一月十三日小村再促俄國反省俄遷延不答各圖軍事上之豫備二月四日日本開御前會議決議取自由行動旋電命栗野公使向俄政府提出斷絕國交公文命歸國并促俄公使以同日

國交斷絕與宣戰

退出東京。先是俄國提出第二對案時日本政府卽決計外交上雖緩和軍事上則努力立於自動制勝地位十二月以來着着豫備戰鬭至此凡戰時軍政軍隊財政交通等均已迅速整備二月五日斷絕國交後聯合艦隊卽以翌日自佐世保出發八日夜半襲擊旅順之俄艦九日正午擊破俄艦於仁川初十日日本宣戰俄國關於極東之外交軍事均統轄於亞歷氣哲福大將前後對案均由大將作成至本年一月下旬見形勢日非始由旅順派步兵二大隊送韓國北境命鴨綠江附近及海參威之軍隊均準備戰鬭至二月八日九日軍艦受日艦襲擊俄始宣戰。

第二節　開戰時中國之中立問題與韓國變爲日本保護國

中國中立問題與各國之意見

日俄旣開戰各國次第宣告中立我國朝野皆與日本表同情然萬一與日本爲攻守同盟則戰局之結果不可測蓋蒙古新疆之邊境俄國處處可侵入又財政更加紊亂賠欵有不能履行之虞且一經宣戰國內排外熱復發再釀拳匪之禍不可知是皆爲各國所深慮者故當時各國皆認中國應守局外中立西三月九

日。日本政府以公文勸中國守嚴正中立。同時向英美德法墺伊各國政府要求確保俄國亦尊重中國之中立。十二日美國政府勸告日俄兩交戰國『劃定交戰區域。尊重中國之中立并保全滿洲之行政。』英德兩國政府亦以『除滿洲外。中國全部領土中立』之旨告二交戰國。蓋美英德三國之意。皆欲限滿洲爲交戰區域。令中國守局部之中立也。十三日我政府向日俄二國發左之公文。

中國局部中立之宣言

日俄失和。朝廷均以友邦之故。特重邦交。奉上諭守局外中立之例。所議辦理方法。已通飭各省。使之一律遵守。且嚴命各處地方監視一切。使保護商民敎徒。盛京及興京因爲陵寢宮闕所在之地。責成該將軍嚴重守護。東三省所在之城池官衙民命財產。兩國均不得損傷。原有之中國軍隊。彼此不相侵犯。遼河以西。凡俄兵撤退之地。由北洋大臣派兵使之駐紮。各省及邊境內外蒙古。均照局外中立之例辦理。不使兩國軍隊稍爲侵越。如有闖入境界內之時。中國自當竭力攔阻。不得視爲有乖平和。但滿洲之地爲外國駐紮軍隊尚未撤退各地方。中國因力所不及。恐難實行局外中立之例。然東三省疆土權利。兩國無論誰勝誰敗仍歸中國自主不得佔據。

日俄二國接此公文皆承認之於是公認遼河以東爲交戰地以西爲中立地翌年一月俄騎兵團犯遼西其後遂以溝帮子至新民府之鐵道爲中立交戰區域之境界。

日本陸軍入韓京

韓國爲日本保護國之日韓議定書

日俄開戰之初日本外交方面最聳動中外之耳目者駐韓日公使林權助與韓國外務大臣李址鎔締結之日韓議定書是也初苦魯巴金在旅順開俄官會議決定俄國極東方針之後駐韓俄公使旋向韓廷要求租借龍巖浦日英二國公使聯名警戒韓廷且勸其開義州龍巖浦爲通商埠韓廷以畏俄之故不敢應及日本艦隊擊破仁川之俄艦後日本旋派陸軍二大隊入韓京韓半島遂全落日本勢力之下韓國政府以日本宣戰詔中有保全韓國領土之語視日軍爲仁義師甚表歡迎林權助遂乘機於二月二十三日與李址鎔結日韓議定書韓國以此日爲日本保護國。

一　日韓兩帝國間爲保持永久不易之親交確立東洋平和韓國政府關於

日本監督韓國財政外交條約

施政改良確容日本政府之忠告

二　日本政府以誠實親誼俾韓國皇室得安全康寗。

三　日本政府確實保障韓帝國之獨立及領土保全。

四　因第三國侵害或內亂韓國皇室與領土有危險之時。日本政府可速出臨機之處置。韓國政府爲使日本容易行動與十分便宜。日本爲達此目的。得臨機收用軍略上必要之地點。

五　以後不經兩國政府承認。不得與第三國結違反本協約之條約。

六　關聯本協約未悉之細目。以後由兩國臨機協定。

此議定書卽一種保護協約韓國雖尙存獨立之名義然內政容日本干涉版圖內任日本爲臨機處分卽韓國以此約拋棄重要國權事實上承認爲日本之被保護國也此約旣成立。林權助旋要求韓廷將俄韓兩國之一切條約宣布廢棄。日韓遂成攻守同盟。至八月二十二日。更結保護新條約。規定韓國之財政外交悉歸日本之監督。其約如左。

一　韓國政府聘日本政府所推薦日本人一名爲財政顧問凡關於財務事宜悉聽其意見施行

二　韓國政府聘日本政府所推薦外國人一名爲外交顧問凡關於外交事宜悉聽其意見施行

三　韓國政府自後與外國締結條約及其他重要外交案件須先與日本協議。

右協約成後。日本政府。旋薦日人目賀田種太郎爲韓國財政顧問。薦美人思齊文爲韓國外交顧問。韓政府旋與目賀田種締左之契約。

韓政府與財政顧問之契約

一　目賀田種太郎。監理韓國之財政。關於財政上事宜。誠實審議立案。

二　韓國政府。關於財政上一切事宜。經目賀田種太郎之同意。然後施行。

三　目賀田種太郎關於財政事務。得請謁上奏。

四　本契約雖不預定期限。主客一方認本契約無必要之時。相互協議後。經日本公使之同意取消之。

韓政府與外交顧問之契約

韓國政府更與思齊文結左之契約。

一 思齊文以外交顧問資格從事韓國外部事務。凡韓國政府與他國所起一切外交案件。思齊文誠實審定立案。

二 凡韓國一切外交案件。必經思齊文之同意。然後處理。

三 思齊文關於外交事務。得請謁上奏。

四 本契約雖不預定期限。主客一方認本契約無必要之時。經日本公使之同意取消之。

此外韓國教育警察礦山悉聘日本人爲顧問。而郵政事務委托日人辦理。尤爲日本對韓扶持勢力之所在。及戰局告終。日勝俄敗。於是韓國國權愈落日本掌握中矣。

第三節 日俄交戰

戰鬪開始

一九〇四年二月六日。(明治三十七年光緒三十年正月)日俄國交破裂。日本聯合艦隊司令長官東鄉平八郎中將率艦隊自佐世保出發。於朝鮮近海。捕獲俄國汽船一艘。八日夜。命驅逐艦隊襲擊旅順港外之俄艦。翌九日。再以聯合艦隊之一部。擊破俄艦於港外。俄艦不敢輕出。日本遂得以別艦隊護送第十二師團之兵於仁川上陸。碇泊仁川之俄艦二艘。即被日艦擊沉之。

鴨綠江之激戰

日軍第十二師團既由仁川上陸。即急向平壤進發。蓋平壤形勝之地。若被俄兵占領。則大非日軍之利。三月十一日。全師團次第抵平壤。占領之。二十八日。破俄軍於定州。此間俄東洋艦隊蟄伏旅順港內。日陸軍近衛師團與第二師團。得由海路安全護送至韓國鎭南浦上陸。四月三日。日軍三師團六萬兵皆集平壤。即以該三師團編爲第一軍。大將黑木維楨出周密作戰計劃。令全軍對鴨綠江作陣。四月二十九日。令工兵隊於鴨綠江架橋。工兵冐彈丸而進。當日正午二時起至翌日午前三時。軍橋完成。（日本評鴨綠江戰勝工兵隊爲功首）日軍次第濟河。時俄軍張左翼至水口鎭東北。伸右翼至安東縣西南。主力集於九連城。日軍以五月一日行九連城總攻擊。第二師團破九連城正面之俄軍。占領摺鉢山。近衛師團攻破俄軍右翼。奪腰溝馬溝楡樹溝諸壘。第十二師團攻破石城之俄軍。九連城全陷。是役爲

日俄陸軍第一次會戰勝敗之數全軍之士氣所關難攻易守之九連一戰而歸日有遂乘勢向遼陽進發

日軍閉塞旅順口

日本大本營作戰計畫之重要點一出雄師團至關東州一制黄海日本海之海上權爲達此目的遂決議閉塞旅順口使俄艦不能出港行第一次閉塞時東鄉司令官編制閉塞艦五艘招集決死將卒七十七名立應募者二千餘人二月二十四日午前三時齊向旅順口進發俄軍發見日艦進襲以探海燈照射閉塞艦目眩莫定路針又以俄兵由炮臺猛放彈丸不達目的而退三月二十七日行第二次閉塞閉塞艦四艘決死員六十五人以是日午前三時突進旅順口距港口二哩許俄軍探海燈始發見閉塞艦冒彈幷進港口中央投錨爆沉之(有名廣瀨少佐死之)悉達其目的然鐵甲艦尙得出入港口閉塞之効尙未全收於是日軍再決行第三次閉塞決死隊應募者達二萬人閉塞船十二艘向港口進發五月三日午前三四時五艘安全入港口沉沒之自是巡洋艦以上之船不能通航閉塞旅順之目的全達

註　旅順港口水滿時。三十二尺深。須沉船閉塞之後。俄軍用炸藥破壞沉船。冀圖出路。然船內積載石鐵等。堆水底七尺以上。因此吃水二十七尺之鐵甲艦。不得通過。

日軍封鎖金州半島

旅順口既閉塞。日大將奧保鞏所率第二軍。(第一第三第四師團)以五月五日。由海軍護送自貔子窩之鹽大墺上陸。破附近俄軍前進。五月十四日。第一師團進攻金州城。第四師團之一部爲後援。第三師團與第四師團之一部。阨貔子窩普蘭尼之間。以防俄軍自遼陽南下。第一師團以十六日占領老虎山脉一帶天險。二十六日轉戰至金州城下。工兵以棉火藥爆裂東南二門。金州遂陷。日軍乘勝進攻南山。得金州灣海軍之援助。南山亦下。尋占領南關嶺柳樹屯青泥窪等處。封鎖金州半島。

日軍大破俄軍於得利寺

俄將苦魯巴金當日軍自貔子窩上路與攻陷南山之時。不急南下夾擊者。蓋其戰略將集大軍於遼陽奉天附近。與日軍決一大野戰也。然日第二軍於攻破南山之後。卽留第一師團守金州。率新加第五師團與騎兵第一師團。以疾風之勢北進。六月十五日。乘俄軍大兵尚未集中之時。大破之於得利寺。至此俄軍南下

海上權全歸日本

之計劃。全被沮止。旅順遂斷救援之望。日大將乃木組織第三軍。（第一第九第十師團）於六月二十六日。占領歪頭山及劍山。愈迫旅順方面。七月二十三日。進達距旅順市街僅二里之地。旅順俄軍不得已退伏本防禦線之內。

潛伏旅順港內之俄艦。以日軍海陸兩方迫壓日益加甚。外援不可望。遂圖逃出旅順。八月十日。黎明。俄艦十八艘順次出港口。向南方逃遁。日本聯合艦隊包圍猛撲之。激戰數時。俄艦過半遁還港內。餘艦分遁膠州灣芝罘上海樺太等處。初海參威港俄艦之一部。以四月二十五日擊沉日艦金州丸於新浦沖。六月十五日擊沉日艦和永丸常陸丸於對馬海峽。八月十四日。日本上村艦隊偶遇海參威艦隊於蔚山沖。猛交砲戰。沉其一艘。毀其三艘。海參威殘艦遂屏息港內不復出。於是極東俄羅斯之海軍力大被破碎。海上權全歸日本所有。戰局上受無限便利。

七月一日。日本軍總司令官大山巖。率參謀總長兒玉大將以下。移總司令部於滿洲。親揮三軍略遼陽。先是日第一軍鴨綠江役戰捷之後。略鳳凰城。寬甸。賽馬

遼陽大激戰

集諸城。以七月十七日激戰摩天嶺。十九日占領細河沿。八月一日激戰於楡樹林子。及本溪湖附近。第二軍沿南滿洲鐵道北進。以六月二十一日略熊岳城。七月九日略蓋平。旋破苦魯巴金之軍於大石橋。長驅占領營口。八月三日占領海城牛莊二處。第四軍（日本於第二軍自鹽大澳上陸之時。另遣河野大將率第十師團由大孤上陸。北進。使謀第一軍與第二軍之聯絡。後爲第四軍。野津大將統率之。）以六月八日占領岫崖。二十七日占領分水嶺。七月十三日占領析木城。至此總司令部移於滿洲。依兒玉作戰計畫。分三軍進略遼陽。以第一軍爲右翼軍。出遼陽之東北。第二軍爲中央軍。出遼陽之正面。第四軍爲左翼軍。出遼陽之西北。右翼軍自八月二十五至二十七日。由遼陽東南至紅沙嶺。轉戰至弓張嶺附近。自九月一日至四日。進擊遼陽東北。破黑英臺之俄軍。占領之。左翼軍自八月廿七至九月一日。激戰首山堡方家屯新立屯方面。自九月一日至三日。追殺俄兵甚多。四日占領遼陽車站。中央軍自八月二十七日。破遼陽西南甘泉堡鞍山站新立屯之俄兵。九月一日至四日。猛攻遼陽。占領之。是役日軍自八月二十六日運動始。至九月四日終。苦戰十日。死傷共一萬七千五百餘人。鴨綠江激戰後

沙河大會戰

第二次之大戰鬪也。

初俄以西北利亞鐵道係單線。又貝加爾湖之迂繞線尚未完工。其輸送甚不完備。大軍不易集滿洲。邇來銳意營貝加爾湖之迂繞工事。又設回避線。遼陽敗後。俄國本部之精銳大軍始陸續集奉天附近。約達九師團以上之軍力。俄皇以九月二十七日。諭苦魯巴金速恢復遼陽以救旅順之急。苦魯巴金遂分全軍爲中央縱隊。左縱隊。右縱隊。及總豫備隊。南下進擊。時日軍雖大小戰爭已敗俄軍十六次。然精壯軍士多被損傷。國中現役豫備兵悉已召集。後備軍年限延長至十二年。以爲兵力之補充。更募集國民兵。其窮境亦可想見。日軍探俄軍南進。仍分右翼左翼中央三軍禦之於沙河附近。十月七日至十八日之十二日間。兩軍演慘憺猛烈戰爭。就中馬耳山。黃花山。歪頭山。三塊石山。林盛堡等處之戰。最爲猛烈。日軍死傷將校以下一萬五千九百餘人。俄軍死一萬三千三百人。捕虜七百人。俄軍敗退沙河北岸。旅順救援之目的。至此全歸水泡。

南山陷落之後。日將乃木希典編成第三軍專攻旅順。八月下旬行第一次總攻

旅順之降服

擊。十月十九日。行第二次總攻擊。二十六日行第三次總攻擊。旅順俄軍。以勇毅之軍隊。精良之武器。嚴守東洋第一天險之要塞。屢以猛烈炮彈殪日軍攻圍將卒無算。日軍雖得逼進防戰線內。然死傷過多。軍力漸薄。不克再進。至十一月二十六日。以新加第七師團後援軍至。始行第四次總攻擊。十二月五日。日軍肉薄進襲。得占領二〇三高地。由此地俯擊俄艦。如弋池中之鷗。同時日艦隊由港口砲擊港內。十四十五兩日。日水雷隊殲滅旅順港外之殘艦。至此旅順要塞已淪於落日孤城之悲境。日軍更於十二月十八日。占領東鷄冠山。二十八日占領二龍山。三十一日占領松樹山。翌年一月一日。占領望臺。即攻擊旅順背面炮臺。旅順俄總司令官斯德色爾將軍。以旅順既無防守之力。於是日午后着軍使至日軍乞降。乃木喜甚。一月二日。兩軍委員會議旅順開城規約。將校八百七十八人。兵卒二萬三千四百九十一人。悉爲俘虜。堡壘炮臺五十九所。其他兵器彈藥車輛艦船等。悉爲戰利品。沙河會戰後。兩軍對沙河作陣。天氣漸酷寒。各休養兵力。

俄軍犯遼西中立地

欲俟越年決一大戰。翌年一月。俄將斯密秋哥率新到騎兵團犯遼西中立地。襲

奉天大會戰

擊牛莊營口。日軍以出其不意。一時大狼狽。尋克里伯爾克將軍率大兵八萬五千大砲三百五十門。渡渾河。一月二十五日。襲日右翼軍於黑溝臺。日軍敗退。旋得第八第二第三各師團之援。始於一月二十九日。擊退俄兵於渾河右岸（當時日軍兵力甚少。若俄軍提全力攻擊。則遼東方面勝敗之局。尚不可知。事不出此。日軍自信爲天祐云）

爾後陸軍之大戰爭。惟奉天會戰之一役。其時兩軍皆不進攻。專休兵力。且俟援軍。二月間在滿洲之俄軍兵力。步兵三十八萬八百人。騎兵二萬六千七百人。砲兵三萬四千人。大炮一千三百六十門。分作四軍。以第三軍陣中央。第二軍陣左翼。第一軍陣後方。第四軍爲總豫備隊。日本兵力。步兵二十萬人。砲騎工輜重兵等十五萬人。大炮一千一百門。以第四軍（野津）陣中央。第一軍（黑木）陣右翼。鴨綠江軍（河村）陣最右翼。第二軍（奥）陣中央部隊之左翼。第三軍（乃木）陣最左翼。大山巖爲總司令官。依兒玉作戰計劃。以俟戰機。戰線亘四十餘里。兩軍總數達八十五萬。大炮二千五百蓋。開戰以來之第一大戰鬪也。大山巖爲牽制俄軍。命鴨綠江軍先發。以二月十九日由城廠北進。轉戰靖河城。救兵臺。馬羣丹等處。進迫撫順。

三月十日陷之。遂向奉天後面進攻。苦魯巴金誤認日軍主力向此方面轉進。命總豫備隊由此方進禦。此間日本第一軍以二十四日渡沙河。謀與鴨綠江軍聯絡。第四軍以二十七日開戰。第二軍亦同時前進奮戰。俄軍强頑對抗。十日間勝負不決。而日本第三軍以二十七日由渾河遼河間迅速迂繞北進。三月一日達新民屯。更西轉出俄軍之後方。八日破壞奉天以北鐵道。斷俄軍退路。斯時俄軍探知己軍已限包圍中。力阨日本第三軍之進路。然以日軍各路進擊甚勵。苦魯巴金不得已命總軍退却。日第四軍以九日渡渾河。十日占領奉天北方之魚鱗堡。第二軍出奉天西方。追擊敗兵。以三月十日與第四軍之一部協力奮戰。遂占領奉天。是役日軍死傷總數達四萬一千二百名。俄軍死戰場者至二萬八千。被捕虜者四萬以上。其激戰情形可想見。俄軍敗退後。日軍以兵力缺乏。不能進追。至十二日始進奉天北十里之地。苦魯巴金以此戰敗辭職。大將李尼維齊代之。以恢復敗軍秩序。不遑作戰。日軍乘機追進。十六、十九、二十一等日。次第占領鐵嶺開原昌圖等處。

俄國波羅的艦隊東航

國干涉海艦隊東航

當海參威艦隊破滅。與旅順圍急之時。俄國政府決意派波羅的海艦隊向極東出發。以解旅順之圍。一九〇四年九月。以波羅的艦隊組織第二太平洋艦隊。(共四十七艘)羅哲斯德威斯克中將爲司令長官。九月十一日。由波羅的海出發。同時俄政府要求土耳其政府許黑海艦隊通過他大尼里海峽。以與第二太平洋艦隊同往極東。英國政府以日英同盟之故。迫土耳其嚴重執行閉鎖他大尼里海峽條約。卽千八百五十六年之巴黎條約是也。俄政府不得已中止之。及旅順既陷。俄更擧波羅的殘艦全部。組織第三太平洋艦隊。一九〇五年二月十七日命少將尼波喀多福引率東航。三月下旬。先發艦隊繞喜望峯(俄艦隊全部不取道蘇彝士運河者。運河實權。歸英國。恐其妨害。又恐日艦阨紅海峽禦戰。且運河規則。運河內交戰國之軍艦相會。一方出發二十四時後。他方軍艦始得發航。俄以數十艘軍艦。若遇此妨害。則延期大久。故寧繞喜望峯)集合於法領馬達加斯加島。四月八日。過麻剌甲海峽。十四日入法領安南西貢灣。日本政府嚴向法國政府抗議。遂以四月二十日退西貢灣。避入漢可而灣。(在西貢灣北方約二百七十海里。水深而曲。僅有自新嘉坡一月一回往復之汽船行走。諸外國無通信機關。適避他國船視線。)第三太平洋艦隊以五月五日過麻剌甲海峽。九日與第二太平洋艦隊會合於漢可而灣。此間日本政府。

迭向法國政府詰問眞意。法外務省屢促俄艦退出。時俄艦以旅順已陷。欲進海參威爲根據。五月中旬。備載石炭糧食游弋黃海方面。日師令官東鄉平八郎確信俄艦隊必由對馬東水道通航。豫爲百般準備以俟之。五月二十七日。俄艦隊三十八艘延長數海里。聯艫向日本海進發。午後一時過對馬島水道。東鄉司令長官下『皇國興廢在此一戰。各員須努奮戰』之令。日本海大海戰遂開始。交戰十餘分間。俄艦或沉或沒。或起火。運動不能一致。（波羅的海係內海。船員不慣習大風濤。故俄兵不及日兵之鎮靜）艦隊紛散錯亂。及暮日本主力艦隊集合於鬱林島附近。行夜戰。俄艦三面受日本水雷攻擊。二十八日晨。日片岡艦隊追俄殘艦。俄司令長官中將羅哲斯德威斯克少將尼波喀多福揭白旗乞降。戰局遂終。是役俄戰鬭艦共八艘。擊沉六艘。捕獲二艘。巡洋艦共九艘。擊沉四艘。逃走五艘。海防艦三艘。擊沉一艘。捕獲二艘。驅逐艦九艘。擊沉五艘。捕獲一艘。逃走三艘。假裝巡洋艦一艘。擊沉之。特務船六艘。擊沉四艘。逃走二艘。病院船二艘。皆被捕獲。俘虜總數六千一百四十二名。俄國海軍力始全滅。實特拉法加海戰（納爾遜滅拿破崙艦隊）後之大海戰也。先是中日戰爭之後俄國亟亟經營極東之海上權日本歷年擴張海軍之計畫即以俄國東洋艦隊與波羅的海艦隊合計之總勢力爲標準而保持其優勝之勢也十年計畫之目的至此悉達時俄國內亂漸起日本財政亦極困難因此二國媾和之機遂啓。

第四節　日俄媾和與中日滿洲善後條約

盧斯福大統領調停和局

旅順降服之後俄國已喪失經營極東之樞要地即克復平和之先機也奉天大會戰後俄君臣不少挫一方派大軍進滿洲一方派波羅的艦隊東航和機尚未熟四月中旬風傳美國大統領盧斯福將調停和局然不見諸實行及日本海海戰之後美大統領果向二國斡旋。（英爲日本同盟國法爲俄同盟國德與俄接近斡旋和局者除美國大統領他無適當之人）六月上旬大統領以『謀人類幸福終止戰鬭由兩國即時直接媾和』之意勸告日俄兩國政府兩國政府皆應其勸斯時日本以連戰連勝之故欲以戰勝者之態度臨俄國將要求賠償軍費然俄國以日軍尚未進俄領一步僅失所獲中國之利益而止毫不以戰敗者自居又媾和意思不由本國發起方調大軍進滿洲示繼

兩國全權之會合

日本全權提出之媾和案

續戰爭而日本精銳士卒悉盡爲俄國所知此日本媾和談判困難之所以也日本派小村外務爲首席全權駐美公使高平爲次席全權小村全權以七月二十五日抵紐約俄派微德爲首席全權前駐日公使羅栓爲次席全權八月二日抵紐約美大統領介紹兩國全權會合舉杯祝慶定波子瑪斯爲會商地六月九日兩國全權第一次會於波子瑪斯翌十日爲正式會見互證全權狀締結休戰條約然後入和案談判小村全權提出媾和條件全部如左

一　俄國承認日本對於韓國有政治上軍事上經濟上之卓絕利益凡行必要指導保護及監督時俄國不阻碍不干涉

二　俄國以一定期間撤退滿洲軍隊又俄國侵害中國主權妨害機會均等之一切領土上利益與優先讓與等權利均一概拋棄

三　日本現時占領滿洲全部皆還附中國惟遼東租借地域不在此限

四　中國爲發達滿洲商工業謀各國公共利益時日俄兩國互不阻碍

五　樺太島及其附屬諸島嶼割讓與日本

波子瑪斯
之慘憺談
判

六　遼東租借權俄國獲得之領土領水及其關聯之一切利益與俄國所建房屋等均讓與日本。

七　哈爾賓以南之鐵道及附屬鐵道之一切材料與炭礦等無條件讓與日本。

八　橫貫滿洲鐵道限於以商工業使用爲條件歸俄國管有。

九　俄國賠償日本軍費其金額還期方法以雙方合意協定。

十　逃走中立港之俄國軍艦作爲正當捕獲物交付日本。

十一　極東海面俄國之海軍力加制限。

十二　日本海鄂霍次克海白令海之俄領沿岸濱港河川等地許日本民有漁業權。

俄徵德全權接此案卽公言曰『俄國雖戰敗未被征服割地償金之屈辱尙無忍受之必要』彼此約十一日會見至期俄全權嚴拒絕割地償金二欵且言『因此條件破裂談判非所避也』小村請依和案逐條審議徵德許之十四日會見。

午前議決韓國問題。午後議決滿洲撤兵。十五日會見第一議題。爲保全滿洲領土。與開放門戶之件。一時間議終。次爲割讓樺太問題。討議三時不決。移議旅順大連租借權之議。與一時間議定。十六日議決滿洲橫貫縱貫之二鐵道。十七日討議償金與中立港逃艦及制限海軍之三件。激論終日不決。十八日爲第八次會見。續議制限海軍之件。不決。移議沿海州漁業問題。一時間決定。此後遺償金樺太中立港逃艦。及制限海軍之四件。卽媾和成立與否之所關。微德全權以此四欵非戰爭目的之條件。而爲戰爭結果所生之條件。有傷俄國威嚴。絕對不承認。兩全權協定談判延期至二十三日止。此間日本外交大事秘密運動美大統領雙方勸其讓步。然俄皇電訓微德全權。『償金一錢不能承認』二十三日第九次會見。小村撤回中立港逃艦與制限海軍二條。另立『樺太北部還付與俄國。俄國出報償金十二億圓』之新案提示微德。微德峻然拒絕。談判破裂。不容一髮。日本全權更請以二十六日會見一次。微德許之。二十四日微德具文一篇。向聯合通信會社發表。大要謂『日本以返還樺太北部。要求報償金十二億圓名

波子瑪斯媾和條約

託賣却實爲補償戰費此如讓步不得認日本眞正希望平和今日之事在日本單云金錢問題在俄國則爲體面與威信問題日本不撤此要求平和斷不成立」云二十六日小村遂撤回金錢問題單要求割讓樺太全島而止。仍被微德所拒絕。小村不得已請以二十九日再會一次。此間日本伊藤山縣井上三元老與各大臣審議之結果二十九日小村提出最後大讓步案則僅割樺太南半部與日本是也。德微許之媾和案遂成其條文如左。

一　日俄兩國皇帝陛下與兩國臣民之間將來當平和親睦。

二　俄國承認日本對於韓國有政事上軍事上及經濟上之卓絕利益日本對於韓國認指導保護及監理之必要處置時俄國不阻碍不干涉但俄國臣民在韓國者受最惠國臣民之待遇。

兩締約國爲避一切誤解於俄韓國境不爲一切軍事備置。

三　日俄兩國互約左之各事。

甲　遼東半島租借權効力以外之滿洲地域全然同時撤兵。

乙　遼東半島租借地域外現時日俄兩國軍隊占領之滿洲全部還付中國。全屬中國行政。

俄國於滿洲侵害中國主權及妨碍機會均等主義之領土上利益。又優先及專屬之讓與等權利。概不得有。

四　中國因使滿洲之商工業發達爲各國共通一般之設置時。日俄兩國。互不阻碍。

五　俄國以中國政府之承認。將旅順大連及附近領地領水之租借權與關聯租借權及組成一部之一切權利特權及讓與又租借權効力所及地域之一切公共房屋財產均讓與日本但在該地域內俄國臣民之財產權受安全之尊重。

六　俄國以中國政府之承認。將長春（寬城子）旅順間之鐵路及其一切支線并同地方附屬一切權利特權及財產與其所經營之一切炭坑無條件讓與日本。

七　日俄兩國於滿洲各自之鐵道。相約限於商工業之目的經營。決不爲軍略上之目的經營。但遼東半島租借地域之鐵道不在此限。

八　日俄兩國爲增進交通運輸。且使便宜爲目的。使滿洲之鐵道相接續。另訂別約規定接續業務。

九　俄國將樺太島北緯五十度以南之半部。及其附近一切島嶼。與該地方內之一切公共房屋財產之主權。完全讓與日本政府。但兩國皆不於樺太島及附近島嶼之自領內。建築堡壘。及其他軍事上之工作。又相約不爲有妨害宗谷海峽及韃靼。海峽自由航海之軍事上事件。

十　割讓地域之俄民願賣其不動產退歸本國者。聽其自由。願在舊地域居住者。以服從日本之法律及管轄權爲條件。受完全之保護。不服從者日本有自由放逐之權。但其財產權仍受完全尊重。

十一　俄國許日本臣民於日本海鄂霍次克海白令海之俄領沿岸。有漁業權。

十二　兩國通商航海條約。以戰爭廢止。玆以戰爭前之約爲標準。從速締結新約。

十三　本條約實施後。兩國從速還付一切俘虜。各將俘虜之死亡數及供給俘虜費資之實額提出。兩品之後。俄國急償還日本供給俘虜之過多額。

十四　本條約經兩國皇帝批准後。於五十日內日本經法國公使通告俄國政府。俄國經美國公使通告日本政府。自雙方通告後。本約全體有効力。

十五　本約英法文各作二通。有誤解時。以法文爲主。

右媾和案之外。另於附約中規定『兩締約國爲保護滿洲鐵道。於每吉羅米突得置二十五名之守備兵』此條約成立後。日俄戰爭告終局。日本政府以日俄和案所生中日兩國滿洲諸關係。不可不從速協定。旋派小村全權來北京。光緒三十一年十一月二十六日（明治三十八年十二月二十日）與中國全權大臣慶親王奕劻瞿鴻機袁世凱締結中日滿洲善後協約如左。

一　中國政府承認日俄媾和條約第五條與第六條俄國讓與日本之各項

協定滿洲鐵道守備兵之附約

中日滿洲善後協約

二　日本政府。承認遵行中俄兩國締結之租借地及築造鐵道諸條約。將來生何等案件時。隨時與中國政府妥商釐定。

三　本條約以調印之日起施行。限二箇月在北京交換批准。

中日滿洲善後協約之附約

又同時結附約十一欵。其重要者如左。

一　中國政府。於日俄二國撤退軍隊後。開左記之地方爲通商埠。

甲　盛京省之鳳凰城遼陽新民屯鐵嶺通江子法庫門。

乙　吉林省之長春(寬城子)吉林哈爾濱甯古塔琿春三姓。

丙　黑龍江省之齊齊哈爾海拉爾愛琿滿洲里。

二　如俄國允將滿洲鐵道護衛兵撤退或中俄兩國另商別項辦法。日本之南滿守路兵亦一律照辦。又如滿洲地方平靖。中國能周密保護外人生命財產時。日本亦可與俄國將護路兵撤退。

六　中國政府允將安東奉天間軍用鐵道仍由日本政府接續經管改爲專運各國商工貨物鐵道。自此路改良竣工之日起。(除運兵歸國耽延十二個月不計外。)以二年爲改良竣工之期。）以十五年爲限。卽至光緒四十九年止。屆期雙方選請他國評價人一名。妥定該鐵道各物件價格。售與中國。至該鐵道改良辦法。由日本承辦人與中國特派員妥實商議。所有辦理該路事務。中國政府援照東淸鐵道條約。派員查察經理。

七 中日兩國政府。爲增進交通運輸起見。准南滿洲鐵道與中國各鐵道接續聯絡。

八 □國政府。允南滿洲鐵道所須各項材料。豁免一切稅捐釐金。

九 營口安東奉天府各商埠。由中日兩國派員劃定日本租界。

十 中國政府允設一中日合同材木公司。以採伐鴨綠江右岸之森林。其地區年限與公司如何設立。及一切共營章程。另訂詳目規定。總期兩國股東均分權利。

十一 滿韓交界陸路通商。彼此以最惠國之例待遇。

以上中日二約。名義上爲日本戰勝俄國之結果。代俄國悉有關東州租借地與

日本依附約擴張滿洲權利於俄國所獲權利之外

東清鐵道所獲之一切利益而止其實日本依附約大擴張權利於俄國所獲利益之外其最著者爲安奉鐵道先是俄國恐日本伸勢力於滿洲故拒絕滿韓鐵道之聯絡爲開戰原因之一日本欲囊括滿洲不可不使滿韓鐵道聯絡故於未開戰之前以此條件爲提出案之一既開戰之後則乘進軍滿州赶築安奉軍用鐵道以爲異日要求中國許可之基礎我國外交當局者若能窺破其包藏禍心固不難執波子瑪斯和約與之力爭蓋波子瑪斯和約限於俄國所獲中國之權利利益讓與日本而止且尙須經中國政府之承認而後可安奉鐵道在俄國所獲利益之外則日本無要求管理該路之權縱以該路已經築成之故由中國出重資收買之可也再不然許以現狀之路歸日本經營數年刻期由中國自行改良工事亦可也事不出此使日本得聯絡滿韓鐵道勢力益加膨脹遺滿州以絕大之憂實由外交當局者弱昧之所至。

日本爲此戰役共募國債總額十七億二千萬圓。實際戰爭消費爲十五億八百四十七萬圓。而波子瑪斯媾和條約。不獲一圓之償金。因此日本政府財政膨脹

日本列入世界一等國之所以

至二倍。國民負擔。亦遂增重。然其報償。使極東島國。一躍而列世界一等國之班。次其報償。不可謂不大。蓋歐洲之事。不經六大强國之認可不克行。南北美兩大陸之事。不經美國之認可。亦不克行。至玆東洋之事。不經日本之認可。亦不克行。此大名譽大効果。實趨勢之自然所致。日本獲之於波子瑪斯和約與滿州善後協約之外者也。至其後合併韓國。經營滿州。則實由二約開之端矣。

中國朝野之驚醒

日俄交戰於滿州之野。亘年半有餘之歲月。我國上下受其刺激。亦頗如睡獅初醒。光緒三十一年八月廢科舉取士制。一時游學東西洋者。至一萬四五千之多。而清廷悟時局之非。亦知非變法不足以圖存。派載澤端方李盛鐸載鴻慈尙其亨五大臣出東西洋考察各國憲政。翌年歸國。奏憲政之利益。軍機大學士及封疆之有力者。皆力表贊成。清廷遂於七月十三日發布預備立憲詔。以數千年之寡人專制政體。一變而許人民以參政權者。蓋由日俄戰爭間接之影響所由至。

第十二章　西藏問題

第一節　西藏內服之沿革

西藏開國與佛教之盛

西藏在我國西南部。廣袤六十五萬一千五百方哩。域內分前藏後藏。人口有六百萬。即古三苗種族。（漢書舜竄三苗於三危即喀木及藏之地。）亦稱圖伯特族。南北朝時圖伯特族始知牧畜。事戰鬭。有酋長。惡疾病。重兵死。隋開皇中滅土谷渾。建國跋布川。（大清一統志跋布川約今雅魯藏布江地）國號禿髮。後訛其音稱吐蕃。及唐代吐蕃最强。大屢寇邊。太宗以文成公主尙其王噶木布以和親。公主信佛敎。自中國鑄釋迦牟尼像迎奉之。其後尼泊爾（一名廓爾喀）國王又以其女拜木薩妻王。拜木薩亦篤信佛敎。王受二后之化。令臣下多譯佛經。國中多建寺院。西藏佛敎自此盛。（佛經入藏始於東晉義熙三年）僧侶稱喇嘛。喇嘛圖伯特語無上之義也。其後吐蕃以種族分立。國勢與唐並衰。此間僧侶大受朝野尊奉。信徒漸衆。階級漸高。舊貴族皆曲意事之。其勢力漸出國王之上。元憲宗三年。世祖忽必烈降吐蕃。於河州置吐蕃宣慰司都元帥府。（今甘肅省河洲）於

紅教興替與元明之關係

四川徼外數處置宣撫司。至元六年。世祖於烏斯藏（今前藏地）置宣撫司。爲郡縣。其後命喇嘛高僧發思巴領其地。初發思巴五歲讀羣經通大義。國人目之爲聖。十五歲來謁元世祖。世祖深服之。後尊爲國師。封大寶法王。使領藏地秉政教大權。居後藏札什倫布附近。是爲紅教之祖。明初以西藏地曠人悍。難於撫綏。利用紅教以制馭之。凡元代法王後嗣之來朝者。遇以殊禮。共封法王者八。授西天佛子者二。授灌頂大國師九。灌頂國師十八。法王等死。其子孫徒弟相承續。每歲來朝貢。略與土司等。此輩喇嘛。既受中國尊仰。漸流侈惰。又專事密咒及呑刀吐火怪術。以惑俗人。大失佛教眞旨。於是宗教革命者宗喀巴出。憤紅教之腐敗。以改革自任。西藏喇嘛遂另起一新派。

宗喀巴一名羅布藏札克巴。永樂十五年。生於甘肅省西甯府。長憤僧侶腐敗。入大雪山修苦行。以改革宗教自任。爲衆所敬信。別立一宗。排紅教之密咒怪術娶妻等事。更用黃衣黃冠以示別。是爲黃教之祖。其徒皆通大乘學行出紅教徒上。未幾盛行於前藏。勢與法王相匹。宗喀巴於成化十五年圓寂。臨寂囑令其徒達

黃教隆盛與滿清利用達賴喇嘛以安邊陲之政略

賴喇嘛班禪喇嘛二高弟。依『呼畢爾罕』以演大乘。呼畢爾罕者。轉世化身之義。達賴與班禪守呼畢爾罕之訓。謂雖死不失通力。臨死知轉生之處。所囑其徒迎立。遂世以爲繼續法。達賴喇嘛一世爲吐蕃王室之裔。國人推之爲烏斯藏主。烏斯藏法王。遂不傳位子孫。而傳於轉生之喇嘛。自是黃教兼有西藏政治權。達賴喇嘛三世有高德。漸得蒙古諸部落之尊信。三世親往青海及漠南說教。各部靡然向化。東西數萬里。皆膜拜視若天神。紅教諸法王。悉改宗爲其弟子。然不蒙明廷之封冊。滿清勃興遼東。志在滅明。恐蒙古爲後患。欲利用達賴五世以安北陲邊境。崇德八年。(明崇禎十六年)太宗遣使逾塞外數萬里至剌薩。訪達賴五世。賜以殊贈。達賴五世大喜。尊太宗爲曼殊師利大皇帝。又尊爲曼殊師利菩薩。(曼殊蓋滿洲之音)蓋極表崇敬之意。順治九年。世祖復遣使封達賴五世爲西天大善自在佛。使領天下之佛教。終達賴五世之世。西北無邊患。

康熙三十一年。達賴五世卒。第巴(代理國政職名)桑給者。秘不發喪。自專國事。自是西藏大亂。殆四十年。當是時。圖伯特人所立達賴六世。與厄魯特部(西甯)所立達賴

西藏確爲中國屬地與達賴喇嘛之冊立法

六世。彼此爭眞假。準噶爾汗策妄郡布坦乘隙。於康熙五十五年襲西藏。陷刺薩。執圖伯特人所立達賴六世幽之西藏。遣使來北京乞援。五十七年正月聖祖詔安西將軍額倫特及侍衛色楞等督滿漢兵先後自西甯出青海赴援。被準噶爾兵大破於哈喇烏蘇河（怒江上流）全軍盡覆。此五十七年九月也。十月詔皇十四子允禵爲撫遠大將軍駐師西甯。改四川巡撫年羹堯爲總督。備兵成都。期以明年分道進軍。會圖伯特人以喇嘛法座久虛。欲承認厄魯特部所立之新達賴爲眞呼畢爾罕。乞中國兵護之入藏。聖祖恐準噶爾兼有藏地。則西陲無甯日。決意進兵。五十九年春。詔允禵移駐木魯烏蘇。治餉。以西甯軍屬都統延信出青海。以四川軍屬統領噶弼。出打箭爐。分道入藏。詔卽軍中封「新達賴爲宏法覺衆六世達賴喇嘛」。兩軍以八月進西藏。準噶爾兵再戰再北。而川軍於八月二十三日入刺薩。號召大小第巴宣示德意。誅不法喇嘛五人。幽九十餘人。僧俗震慴。準將策零敦多布由舊路北竄。延信軍以九月八日送新封達賴入藏。西藏全平。令拉藏汗舊臣康濟鼐掌前藏政權。頗羅鼐掌後藏政權。留蒙古兵二千鎭之。及雍正二年。噶布倫（職名屬於達賴）三人忌康濟鼐之權。誘準噶爾入寇。頗羅鼐以後藏兵鎮定之。世宗封頗羅鼐為郡王。使總轄西藏事務。另設駐藏辦事大臣正副二名。是為駐藏大臣之始。（此時駐藏大臣。以保護安寧為主。不干涉西藏內政）乾隆十五年。為朱爾墨特（頗羅鼐之子欲除駐藏大臣倡亂）之亂。增駐藏兵千五百名。廢舊來之汗王貝子等。設四人之噶布倫。分掌政權。使統轄於達賴。乾隆五十六年。為班禪喇嘛六世之弟舍瑪爾巴。誘尼泊爾人入寇。（乾隆四十五年。班禪喇嘛六世祝高宗七旬萬壽來朝。以痘病卒於北京。其徒奉遺骸西歸。擁所獲中朝王公寄贈之珠品巨金。悉私攘取之。班禪弟舍瑪爾巴憤之。入尼泊爾誘其入寇。全藏震動。）高宗發大軍進尼泊爾。尼泊爾乞印度總督出兵為援。以中國兵迅捷。不及待英兵。即乞降。尼泊爾自此對中國行朝貢禮。自是高宗亦注意西藏守備。禁藏人與四邊交通。於印度方面禁之尤力。增戍兵。又命駐藏辦事大臣行事與禮制。悉與達賴班禪平等。秉握政治財政及兵備之權。凡噶布倫以下官吏。悉歸辦事大臣與達賴會同選任。於是辦事大臣之權力始大。政治上實權與達賴平等。又高宗以呼畢爾罕繼嗣法。積久弊生。往往兄弟子姓繼登法座。等於世襲。恐為後憂。特乘此用兵後。創製籤法。頒金奔巴（瓶）二。一貯西藏大招寺。一貯京師。

雍和宮。（雍正朝爲掌中國本部佛教之駐京喇嘛。特建雍和宮使居之。）凡達賴與班禪爲呼畢爾罕出世有爭議時。由駐藏大臣會同各僧至大招寺書名投金奔巴誦經降神掣籤定之。若內外蒙古等地之大胡土克圖。（喇嘛高僧職名）爲呼畢爾罕出世有異議時。亦報之理藩院。由理藩院大臣會同駐北京之章嘉呼土克圖。（即駐北京雍和宮喇嘛）掣籤定之。自是西藏平靖不生事變者殆百年。

附錄　擇立達賴班禪法

初。達賴喇嘛圓寂時。先以降生地示人。其弟子大堪布（僧官）往訪。得其小兒。即爲呼畢爾罕。達賴喇嘛一世二世出於後藏。三世出前藏。四世出蒙古。五世出前藏。六也出裏塘。皆非出於一地一族。班禪亦然。至乾隆末年。各大喇嘛。代代皆出於兄弟子姓間。而斯時佛家傳言。達賴六世班禪七世以後不再來。故登座不復有眞觀密諦。祗憑垂仲（巫師之類）降神之指示爲標準。高宗遂乘兵後之機。創掣籤法。爾後達賴喇嘛圓寂。由駐藏大臣行文各路。命民間生子有靈異或有徵驗者。其父母携帶來德慶。（地名）遇有靈異小兒二人以上時。由駐藏辦事大臣。擇日掣籤。於前七日命各大寺喇嘛虔誠誦經。掣籤日辦事大臣至大招寺行禮。用牙籤書各小兒名彌縫之投金奔巴瓶內。封好後。由辦事大臣啓封。掣取其一。當衆拆封。當籤者即爲呼畢爾若。旋率衆至德慶。迎其小兒至大招寺。由堪布朝夕保護之。具奏中國皇帝。將其名登入呼畢爾罕冊中。皇帝即命駐京之章嘉呼土克圖。至西藏照料之。令該達賴喇嘛六歲學經七歲受小戒學禪。常坐不臥。此時西藏公事。皆由班禪與呼土克圖代決之。達賴至十六歲。始自理事。

第二節　俄國之窺伺西藏

俄國利用佛教以行政治上之策略

俄國對於東方之經營實本彼得大帝之遺訓。然其初僅從事西北利亞蒙古黑龍江方面而止。其對於西藏活動則起自三十年前。初俄國經營蒙古准布里雅多人（居庫倫恰克圖及西比利亞貝加爾地方之佛教徒）信教自由。且保護其寺院。又獎勵其教徒。發達蓋利用佛教以行政治上之策略也（俄以希臘教爲國教。本國內不許信教自由）於是布里雅多族之喇嘛往西藏修學者日多。同時俄政府亦多誘是等青年至本國修學。施以文明教育。就中有德爾智者。頴敏有才。既通俄語。知歐洲大勢。又善蒙古文學。大爲俄國經營東方盡力。俄皇優遇之。賜勳章。授以對西藏密策。給巨資命往西藏留學。德爾智研究藏語藏文數年。學識超衆。被選爲達賴喇嘛十三世之侍講。（即宣統三年奔印度之達賴是也。）

德爾智爲俄國經營西藏之盡力

達賴十三之陰結俄皇

德爾智被選爲未成年時之教師）德爾智既得此地位其對於達賴十三之教授常以「英國將來侵略西藏之可畏中國政府不足賴惟俄羅斯是將來喇嘛教之惟一保護者」爲教旨且指示俄國版圖與黃教經文之豫言以證明之（黃教未來記某喇嘛豫言異日佛教紊亂將底滅亡時北方之國有力佛法大王出世統一之爲西藏一般人所迷信德爾智即指俄皇爲北方佛法大王）達賴十三幼時受此教育先入爲主後來睠睠於親俄主義實源於此及光緒十七年達賴成年侍講漸閑德爾智携諸種證據物件報告俄國政府俄政府復給與重費使常往來於西藏俄都間因之達賴十三與俄皇之關係益漸親密光緒二十五年冬俄皇尼哥拉斯二世遣使齎珍物至刺薩訪達賴十三達賴十三大喜翌年九月達賴十三遣大僧至俄國俄皇於黑海離宮賜謁斯時我國以八國聯軍入北京兩宮西狩無詰責達賴十三之暇二十七年夏達俄十三復遣使至俄國俄皇與皇后於西七月七日賜謁待遇隆重時北京之和議尚未成中俄二國除滿洲密約外更有西藏密約之風說（即中國以西藏權利讓與俄國俄國盡力保全中國存立之風說是也）英國輿論大激昂俄政府假維也納新聞社申明「俄國對於西藏毫無政治上之野心僅與藏使定中亞俄民佛教徒之待遇而

日俄開戰與俄國經營西藏之影響

止」云。然斯時達賴十三陰結俄皇。欲乘中國不能干涉。親往俄都。以恐生他變不果。及日俄開戰。英軍侵入西藏。（光緒三十年）達賴十三遂隨德爾智與布里雅多護衛兵七十名。自西藏出青海。將奔俄國。翌年春至甘肅境。聞俄國連戰連敗。遂聲言此行爲訪庫倫大嘛喇哲布宗丹巴而來。（庫倫大喇嘛哲布宗丹巴以世世轉生之信仰。其威力遙凌蒙古王之上。亦被俄政府所籠絡。）遂由嘉谷關至庫倫而止。於是俄國窺伺西藏之計劃不獲成功。

英國與西藏之接近

第三節　英國之侵略西藏

喜馬拉雅山中尼泊爾（亦稱廓爾喀）不丹（亦作布坦）二獨立國之間。有哲孟雄王國。（亦作西金）其國王於前二百七十年頃。自西藏來王此國。列代王妃皆求之西藏貴族中。國內人種風俗宗教全與西藏同。上流語即用西藏語。成西藏之天然附屬國。英國自擴張勢力於北印度。欲開一與西藏交通之路以侵入內地。察以哲孟雄爲便宜。嘉慶十九年。英與尼泊爾（尼泊爾自乾隆五十六年以來爲中國朝貢國）開戰。割其二地以與哲孟雄國王。而使其與本國相親善。道光十五年。英政府定以年金三百磅與哲王而收買其首府附近爲英殖民地。咸豐十年。約增年金一千二百磅。而償英國以擴張貿

英人探測西藏約之取消

易與築造國內鐵道權。於是哲孟雄全歸英國之勢力範圍。英國遂漸與西藏接近。光緒二年。英政府乘雲南殺瑪加里事件於芝罘本約外。另以專條規定英人得進西藏探測一事。及光緒十年。印度民政廳吏瑪苛烈欲實行探測西藏。求總理衙門發給旅行護照。總理衙門許之。并照會西藏官吏以優禮相遇。乃瑪苛烈得護照後。大變從前計劃。將件多數學者詳察西藏之鑛脉。又不由中國進西藏。將逕由印度向剌薩。我政府大不喜。西藏人反抗尤烈。有不辭訴之干戈之勢。於是我政府不以威力壓西藏人。則不可不取消總理衙門之旅行護照。二者皆不易行。偶以英併緬甸。於光緒十二年之中英緬甸條約內。（第四欵）取消西藏探測之事。其條文如左。

芝罘條約別欵。英國派員入藏一事。現因中國察看情形。諸多窒碍。英國允將派員中止。至英國欲在藏印邊界通商。應由中國政府體察形勢。設法勸諭。如果可行。再行妥議通商章程。若仍窒碍難行。英國亦不得强請。

右條約英國雖承認停止探測西藏之一節。然對於印藏邊境通商之事。仍望其

英國占領哲孟雄與中英談判

必行。西藏人接英國使節中止之報。大喜。以英人不足畏。誇示哲孟雄王。謂英國使節中止。實畏西藏之故。益干涉哲孟雄與印度通商之事。翌年（光緒十三年）西藏人乘英國不備。送兵哲孟雄境內。於哲印境上建設砲臺。嚴武備以斷英人貿易路。且勸哲王移居西藏境內。王從之。（居西藏二年）印度政府大怒。於光緒十五年出師破西藏軍。悉逐出哲孟雄境外。索王歸國。議和。結果英國置統監於哲孟雄國內。監督其內外政。王徒擁虛位。名雖為英國保護國。實與英國領土同等。於是英國與西藏關係愈密。接英政府以哲藏有歷史關係。則英國對於哲孟雄之主權。不可不得中國之承認。又藏哲境界不可不確定。且印藏交通之路。以哲孟雄為捷徑。亦欲乘此機會。實行印藏邊境通商之事。於是英政府遂命駐北京英公使迭與總理衙門交涉。要求我國派全權委員。協商哲孟雄主權歸英與藏印境界通商之事。我政府派駐藏幫辦大臣副都統升泰為全權。與印度總督蘭斯頓會於印度加爾各答。於光緒十六年二月二十七日締結藏印條約。（亦名哲孟雄條約）如左

中英藏印條約

一　以東自不丹西至尼泊爾藏哲間之一帶分水嶺。為兩國國境。

二　中國承認哲孟雄之內政外交。專由英國保護監理。兩國派員協妥。

三　藏哲通商。印藏官員交涉文件。哲孟雄邊境遊牧三事。俟後日兩國派員

本約協定後數年。英國迭要求規定通商交涉遊牧三事。光緒十九年。我政府派參將何長榮稅務司赫德爲委員。與英特別政務司保爾會於加爾各答締結藏印續約九條。主要者如左。

一　中國定於光緒二十年三月。開西藏之亞東爲通商市。准英國派員住居。又准英商自境界至該處自由來往。與租賃房棧等事。除禁制品外。凡輸出入貨物五年內概免納稅。俟五年限滿。由兩國酌定稅則納稅。

藏界內彼此商民因貿易起爭訟時。由中國邊境官與英派遣哲孟雄辦事大臣。秉公會商。依被控所屬國法律辦理。

二　兩國交涉公文。由甲國邊務官交付乙國邊務官。乙國邊務官。火速遞呈

西藏排外與英國之進兵

本國辦事大臣或總督。

三　亞東開放一年後凡藏人仍在哲孟雄遊牧者照英國隨時所定游牧章程辦理。

此約未締之前期兩國雙方受利益及條約發表游牧事西藏人大受制限通商事英人獨得便宜結果該條約爲西藏大不利益之約又邇年來英國對於北方之侵略。大進步武。哲孟雄不丹次第被其所蠶食。於是西藏人大加恐懼排英之心愈熾確持閉關主義所約亞東開市之事絕對不准實行中國政府亦無如之何英公使疊與總理衙門交涉亦遷延不得要領光緒二十二年以後英國方用全力對中國本部劃定勢力範圍西藏通商之事一時閒擱此間俄國對於達賴喇嘛十三世之運動日進步二十七年中俄滿洲密約時更傳西藏密約之風說。（中俄滿洲密約。英國與日本協同拒之。俄政府知英國爭滿洲甯爭西藏。遂與達賴使節有所密商。蓋欲分英日協同拒滿洲密約之策也）英國大驚及日俄開戰英政府遂乘機侵西藏命邊務大臣榮赫鵬大佐率一千兵向西藏襲入西藏兵約千五百持火繩銃長鎗禦戰被英兵擊死七百潰散英軍進駐孜江促達賴

達賴十三奔蒙古

喇嘛派全權委員開談判。委員至時。大佐要求先撤礮壘兵隊。談判不諧。大佐遂率軍直逼剌薩。達賴喇嘛聞驚。以印授噶爾丹寺大喇嘛。而已偕德爾智等向青海出奔。藏兵遠遁。英兵進據剌薩。亦不驚擾居民。主客甚相安。駐藏大臣有泰訪大佐。告以盡力和議。大佐迫速開談判。有泰與西藏高官各避責任。皆致書達賴。催還剌薩。達賴反向蒙古遠遁。於是副王班禪額爾德尼（駐後藏班禪喇嘛）身任和局。與大佐締結英藏媾和條約。卽光緒三十年七月二十八日之約也。

英藏剌薩條約

一 西藏遵照光緒十六年中英所立印藏條約施行。又依該約第一條所定哲藏邊界。建立界碑。

二 西藏允將江孜噶大克亞東三處。照光緒十九年規定亞東開埠各欵。一律辦理。又將來發見他處可開商埠時。亦許一律開埠。

西藏承認除將來規定稅則外。概不徵收他稅。

現在所開三埠。及將來續開之埠。英藏皆派員住居。又自印度邊境至江孜噶大克各通路。不得稍有阻碍。

三　西藏賠償英國軍費五十萬磅。卽合盧比銀七百五十萬圓。每年分兌十萬盧比。作七十五年還清。

四　英國仍暫駐兵春丕。俟賠欵清繳。商埠實辦三年後。然後撤退。

五　西藏允將自印度境界至江孜剌薩之礮臺山塞等一律剷平并將所有妨碍通道之武備。全行撤退。

六　西藏承認以下五事。非先得英國政府之許可。不得舉辦。

甲　西藏土地。無論何外國。皆不准有讓賣租典或別項出脫事情。

乙　西藏一切事宜。皆不准何外國干涉。

丙　無論何外國。皆不許派員或派代理人進入藏境。

丁　無論何項鐵路道路電線鑛產或別項權利。均不准各外國及外國人民享受。若讓此項權利時。則以相同相抵之權利。給與英國政府。（此項即原約第九條之第四項）

戊　西藏各進欵。或貨物金銀錢幣等。皆不許結與各外國及各外國人民抵押撥兌。

本條約將西藏土地全劃歸英國勢力範圍之內未簽印之先榮赫鵬要求駐藏大臣有泰同時簽印。有泰以全文電告外務部。外務部直以本約有害中國主權。電飭有泰勿承認。僅得西藏政教高官簽印而止。斯時我政府雖向英政府抗議。

印度總督之聲明

英政府頑然不顧。同年西十一月十一日。印度總督俺士爾於批准該條約之時。更出一種市恩政策。以收西藏民心。聲明『賠欵減爲二百五十萬盧比。分二十五年還淸。商埠開辦三年。及前三年賠欵繳淸後。英國卽撤春丕之兵』。爾後我國派委員至加爾各答。與印度總督迭開談判。英國之主張不稍屈。斯時我國以該問題延久不決。反使西藏士民起不信用之虞。遂請移談判地於北京。光緒三

中英藏印續約

十二年。欽差外務部侍郞唐紹儀與英全權公使薩道義自三月中旬談判起至四月初四日。締結藏印續約六欵。其重要者如左。

一　光緒三十年七月二十七日英藏在剌薩所締和約。與印度總督聲明之文據。（即減少賠欵與撤兵期限之聲明）均作爲本約之附約。彼此承認切實遵守辦理。

唐紹儀之功績

二　英國尤不占併藏境及不干涉西藏一切政治中國亦承認不准他外國干涉藏境及其一切內治

三　光緒三十年七月二十八日剌薩和約第九款（即本史前記約之第六項）內第四項所聲明各項權利除中國獨能享受外不許他國及他國人民享受惟經與中國商定英國得自印度境內聯給三商埠之電線

四　所有光緒十六十九年中英所締處印條約其所載各款與本約及附約不相違背者概應切實施行

先是英藏剌薩和約不經駐藏辦事大臣之調印與我國政府之認可而英政府視該條約爲有効則是認西藏爲獨立國已不承認西藏爲我國之領土矣經唐紹儀折衝之結果本約第一款雖仍認剌薩和約爲有効然第二第三兩款令英國明認中國完全主權於是中國對西藏之地位始確而關於償金一事我政府以延長二十五年爲不利以『西藏財政貧乏二百五十萬盧比之賠償金由中國政府以三年償淸』之旨迭與英政府交涉英政府亦承認之春丕之駐屯兵

以三十三年十二月撤退。

第四節　英俄協約與達賴喇嘛廢立

英俄協約之原因

當英兵進西藏及剌薩結約之時。正俄國連敗於日本。無干涉英國之餘力。又日俄媾和之前。日英二國新同盟成立。印度邊境之權利利益。皆含於該協約之內。於是英國對於西藏之地位更增長。勢力俄國以戰敗之餘。不能再與何國起爭端。中亞方面英俄兩國積年之衝突。至此不得不依平和政策以相維持。於是關於波斯阿富汗西藏之英俄協約。以一九零七年八月三十一日（光緒三十三年八月）成立其關於西藏之規定者如左。

英俄之西藏協約

一　兩締盟國爲保全西藏領土。各不干涉其一切內政。

二　兩國承認中國於西藏之宗主權。自後非經中國政府。不得與西藏爲何等交涉。但一九〇四年之英藏條約（光緒三十年剌薩和約）與一九〇六年之中英條約（光緒三十三年中英印藏續約）仍遵約照辦。

英俄二國人民之佛教徒。關於宗教事務。得與達賴喇嘛及西藏僧官爲直接交通但兩國政府對於是等交通應防範其不違犯本約之所規定。

三 英俄兩國政府互不派代表者駐剌薩。

四 兩締盟國無論爲自己爲國民相約不要求獲取西藏之鐵道道路電信鑛山及其他權利。

五 西藏各進款或貨物金銀錢幣等兩締盟國或兩締盟國人民不得取爲抵押撥兌。

右條文外由俄政府之意更增加『春丕屯兵英國不可不如期撤退』一條依本協約之精神英俄二國互相牽制承認中國於西藏之宗主權從前二國之爭先侵略主義一變而爲保全領土不干涉其內政不派代表不要求權利之約束西藏安全之基始固。

先是達賴喇嘛見俄國連敗於日本始悟俄國不足倚賴大失望然以英兵屯藏境又以中國政府對於己有疑心（以其奔俄故）不能安遂請入北京籌善後策我政府勸其速歸剌薩無仍進京達賴不樂斐留西寧之塔爾寺不進及英俄協約成

達賴十三之入朝

彼此互相約束不再侵略西藏我政府遂容達賴之請命其入京達賴以光緒三十四年四月率從人五百自塔爾寺出發八月入朝皇太后欲依舊例之優禮相遇廷臣諫止用屬臣禮待之（行拜跪禮）而各國公使多視達賴爲奇貨款待優隆英俄二公使往來饋贈尤多我政府稍監視之達賴敢怒不言十月兩宮崩御宣統嗣立達賴以帝年幼意懷輕侮十一月二十八日達賴自北京出發逡巡於途翌年（宣統元年）十月始抵刺薩（自達賴出奔至此五年）

達賴十三反刺薩之謀叛

欲謀叛遣使致書駐北京英公使告『中國駐藏軍隊之行動不利於英國』且慫恿土民起暴動先是達賴奔蒙古後藏民之暴擾年盛政府恐賚英國口實欲實行統治政策命趙爾豐爲駐藏辦事大臣趙爾豐奏請『練新式軍隊以武威震懾土民』爲第一義朝廷准如所請命以巴塘爲根據練屯田兵經營番界以俟時機及達賴歸刺薩數月駐藏大臣聯豫電

趙爾豐征西藏與達賴十三奔印度

奏達賴歸藏後教徒之暴動尤甚於是政府對藏政策一決命趙爾豐率新軍進征西藏趙爾豐遣部將鍾穎等率勁旅一千五百機關砲四門自巴塘向藏內出發沿進進剿始達刺薩達賴十三倉皇向印度出奔報達北京詔『廢達賴十三

達賴十三廢立與英俄之勸告

世。命駐藏大臣依例求靈異小兒立新達賴喇嘛」。達賴十三親訴於印度總督、更派近臣德爾智求俄政府之援。英俄二國以西藏協約認中國宗主權之故。不能爲極端援助。駐北京英俄二公使。僅以『喇嘛教徒視達賴爲神聖。哲孟雄教徒逾一千萬。西北利亞教徒逾百五十萬。貴國處分過烈。恐釀他變』之旨照會外務部。外務部答以『達賴十三爲釀禍之源。不若另立新達賴。足保西藏之安甯秩序』。且向英公使爲開發西藏之保證。而遠近教徒。亦不起變動。西藏問題。一時無事。蓋喇嘛教之勢力。雖遠及於甘肅四川新疆內外蒙古青海西藏及西伯利亞不丹尼泊爾哲孟雄諸地。其教徒亦不下二千九百萬人。然是等地方交通不便。人民獰猛之性。悉爲教旨所消磨。又無精銳武器。其不足爲有力之團結可知。然晚清政治泄沓。不懷遠謀。既廢達賴十三。却不冊立新達賴。以弭後患。而西藏之統治方針。亦不能決定。及宣統三年武漢起義。民國肇立之時。外蒙古受俄人之使嗾。宣告獨立。西藏遂大受其影響。卒迎達賴十三返拉薩。亦稱獨立。遂起民國成立後之中英大交涉。（詳第十五章第二節）

第十三章　日本國威膨脹與中國之關係

第一節　日英新同盟及日法日俄日美諸協商與中國之關係

日英新同盟之原因

一九〇二年一月三十日（光緒二十八年正月初四）之日英同盟條約。以五年爲期。日俄戰爭中日本以此同盟受無限利益。（法國不敢明助俄國。俄國黑海艦隊不得與波羅的艦隊同往極東。東洋英國殖民地不許俄艦碇泊。又英國維持西歐之輿論。）及一九〇五年日俄戰爭尚未結局之時。日本恐俄國聯合他國重來。欲繼續日英同盟。且增重其關係。以資援助。而英國初與日本結同盟之目的。實爲維持本國在極東勢力。與俄國均衡起見。茲以日本之力驅逐俄國極東之侵略。遂亦欲擴張同盟效力於印度方面。以制俄羅斯對於中央亞細亞之侵略。當日俄媾和尚未成立之時。駐英日公使林董與英外務大臣蘭斯頓締結日英新同盟協約。以一九〇五年八月十二日（光緒三十一年七月）發表其全文如左。

日英新同盟條約

日英兩國政府。願將一千九百二年一月三十日兩政府間締結之同盟協約。代以新約。

甲　確保東亞及印度地域全局之平和。

乙　確保中國之獨立與領土保全及列國商工業機會均等主義以維持列國之公共利益。

丙　保全東亞及印度地域兩締盟國之領土權并防護該地域兩締盟國之特殊利益。

以上記之三項爲目的協定左之各條。

一　上文記述兩國之權利利益有迫於危殆之時兩國政府互相通告爲保護被侵迫之權利利益協同商取對付手段。

二　兩締盟國之一方非自挑發而受一國或數國之攻擊與侵略行動該締盟國爲防護上文記述之領土權與特殊利益至於交戰之時他一方之締盟國直與援助爲協同戰鬭媾和亦雙方合意爲之。

三　英國以日本對於韓國有政事上軍事上及經濟上之卓絕利益若日本爲保護增進該利益對韓國執行指導監理及保護之必要處分時英

國承認之但該處分不得反乎列國商工業機會均等主義。

四　關於印度國境安全之一切事項英國有特殊利益若英國爲擁護印度領地對於印度國境之附近執行必要處分時日本承認英國有此權利。

五　兩締盟國無論何方若不經他一方協議不得與他國另結違背本協約之別約。

六　現在之日俄戰爭英國繼續守嚴正中立若他一國或數國援助俄國與日本交戰之時英國卽援助日本協同戰鬥講和亦雙方合意爲之。

七　兩締盟國之一方依本協約規定對於他一方出兵力援助之時其條件與其實行方法由兩國海陸軍當局者協定之又該當局者關於相互利益之問題當隨時協議不稍隔閡。

八　本協約限於不牴觸第六條之規定自調印之日起十年間有効力若第十年期滿時之十二箇月以前兩締約國皆無廢約之意思時則本協

約以同盟國之一方自表示廢約意思之日起仍繼續効力一年但此一年間期滿時若同盟國一方在交戰中則本同盟當繼續至媾和結局之時。

一千九百五年八月十二日作本書二通於倫敦

日本皇帝陛下之特命全權公使　林　董

大不列顚國皇帝陛下之外務大臣蘭斯頓

日英新同盟之精神

此日英新同盟與舊同盟之相異點一爲適用之範圍前限於中韓地域玆則擴張至印度方面二爲同盟之性質前近似防守同盟玆則純攻守同盟三爲權利之承認前英國僅承認日本對於韓國有特殊利益而止玆則承認日本對於韓國有指導監督保護之必要處分權　故本協約中特刪　除舊同盟約中之「韓國獨立」文字　日本則承認英國對於印度國境等處有必要　處分權利其結果爲日本合并韓國與英國對於雲南西藏及其他印度邊境得爲自由處分之張本於是日本遂昇入世界强國之伴伍占東洋外交之重要地位

附錄　至宣統三年六月十八日。（千九百十一年七月十三日）日英第三次同盟協約。忽然發表。蓋其時日本已合併韓國。又日俄親交。爲英國所不懌。又日美開戰說甚高。准日英第二同盟。日美開戰。英國必助日攻美。爲英國情勢所不能。因此種種變遷。故該同盟變更。玆附其新同盟條約於左。

日英第三次新同盟協約

大不列顚國政府及日本國政府。於千九百五年八月十二日締結之英日協約以來。見事態有重大之變遷。特改締該協約。俾適用其變遷。以資全局之靜寗安固。玆代前協約以左之新約。

甲　確保東亞及印度地方全局之平和。

乙　保全中國之獨立及領土。又確保列國對於中國商工業機會均等主義。以維持列國之共通利益。

丙　保持東亞及印度地域兩締盟國之領土權。幷防護該地域兩締盟國之特殊利益。

以前記三項爲目的。協定左之條欵。

一　英國又日本。認前文記述之權利及利益。無論何方有迫於危殆之時。兩國政府相互竭誠通告。不稍有隔意。爲擁護被侵迫之權利及利益起見。協同商量應採之措置。

二　兩締盟國之一方。非自挑發。而受一國或數國之攻擊。與一國或數國之侵略行動。該締盟國為防護本協約前文記述之領土權與特殊利益，至於開戰之時。其攻擊與侵略行動。無論發生於何方。他一方之締盟國。直與援助。為協同戰鬬。講和亦雙方合意為之。

三　兩締盟國無論何方。非經與他一方協議。不得與他國締結妨害本協約記述之目的之別約。

四　兩締盟國之一方。與第三國結總括的仲裁裁判條約時。限於該仲裁裁判條約有效期間。前記締盟國。不負與該第三國交戰之義務。

五　兩締盟國之一方。依本協約對於他一方出兵力援助時。其條件及該援助之實行方法。由兩締盟國陸海軍當局者協定之。該當局者關於相互利害之問題。當隨時協議。不稍有隔閡。

六　本協約自調印之日起實施。十年間有效力。

右十年期滿之前十二個月。兩締盟國皆不通告廢約之時。則本協約以兩締盟國之一方。表示廢棄本協約意思之日起。尚一年間有效力。若此一年間期滿時。同盟國一方在交戰中。則本同盟繼續至媾和成立之時。兩國全權大臣各受本國政府之委任於本協約署名調印以為證據

千九百十一年七月十三日在倫敦作本書二通

大不列顛國皇帝陛下之外務大臣　伊　古　烈

駐紮大不列顛國之日本特命全權大使　加　藤　高　明

日法日俄
日美諸協
商之原因

日俄戰爭之結果日本國威張揚於世界日英新同盟之結果日本東方霸權之地位愈確實於是日本政府大定對於中國之政略將括列强之軌道於一致而俄法美諸國亦對於日本抱不安法國則以日本戰鬭力强大將與法國東洋平和事業不利且安南領土有難保安全之虞俄國則恐日本不滿足於波子瑪斯條約將乘虛迫太平洋沿岸之俄國領土與蹂躪俄國所護中國條約上之權利美國在日俄戰爭之前與日本之交誼最親善至日俄戰爭後兩國民情漸缺圓滿蓋曩日美國開放中國門戶之宣言其主義一面提倡平和與人道主義一面保障本國對於中國之貿易利益而反對俄國閉鎖滿洲之行動也故其時美國之民情不期與日本契合及日俄戰爭之後日本之强大海軍勃興於太平洋中太平洋之海權將爲日本所獨有是美國前途之大敵又日本對於滿洲之貿易。

努力奮進。驅逐美國商品於滿洲之外。美國以日本之行動。爲背開放門戶主義。日美違言漸起。於是美國之排斥日民問題。桑港禁止日童入學問題。日美戰爭論。太平洋艦隊建設議。次第起。至是日法協約。日俄協約。日美照會之新局面。次第逼來。其原文如左。

日法協約

日法兩國政府。爲鞏固兩國友誼。各除去將來之誤解。締結本協約。日本國政府。與法蘭西國政府。相約尊重中國之獨立。保全其領土。及在中國之各國商業臣民均等待遇主義。又兩締約國。爲保全兩國在亞細亞大陸相互之地位與領土權。對於兩國所有主權保護權占有權諸領域接近於中國之諸地方。相約互維持其平和安甯。

一千九百七年六月十日作本書於巴黎

日本帝國特命全權大使　栗野愼一郎

法蘭西共和國外務大臣　而斯畢創

日俄協約

日俄兩國政府。爲克復平和。鞏固善隣關係。且除去將來兩國一切誤解。締結左之協約。

一 締約國之一方。保全他一方之領土。又締約國間。以謄本交換兩國與中國現行諸條約及契約所生之一切權利。（但限於不違反機會均等主義之權利）及一千九百五年九月五日波子瑪斯條約。與日俄間締結諸特殊條約。所生之一切權利。相約互相尊重之。

二 兩締約國承認中國之獨立。與保全其領土。及列國對中國商工業機會均等主義。且相約照本國應行之一切平和手段。以繼續維持現狀與確定前記主義。

一千九百七年七月三十日作本書於聖比德堡

日本帝國特命全權公使 本野一郞

俄羅斯帝國全權大臣 伊賓渥爾斯克

日美照會

日美兩國政府關於太平洋方面之政策。彼此確認左之宣言。

一　兩國政府希望獎勵太平洋兩國商業之自由平穩發達。

二　兩國政府之政策。其目的均以保護太平洋之現狀。及中國商工業機會均等主義。不得有何等侵略之趨向。

三　兩國政府實意尊重太平洋方面他一方之所有領地。

四　兩國政府準權內之一切平和手段。維持中國之獨立。及保全其領土。與列國對於中國商工業機會均等主義。以保存列國在中國之公共利益。

五　前述之維持現狀與機會均等主義。有侵迫事件發生之時。兩國政府。爲協商有益之處置。可得交換意見。

一千九百八年十一月三十日作本書於華盛頓

日本帝國特命全權大使　高平小五郎

北美合衆國國務卿　盧　多

以上諸協約之性質皆以尊重締約國之領土權利與保全中國領土及列國機會均等爲主義蓋日本乘一躍爲東洋雄國之機會遂定對於中國之大政策陽爲保全中國之盟主陰爲分滅中國之先鋒蓋日俄戰爭後日本縱不倡保全中國之說各國亦無倡瓜分中國之事者日本以此政策括列強軌道於一致者一則確實本國爲東洋盟主之資格二則以中國處分問題欲以日本爲原動力俾異日得收最大之希望也故諸協約成而中國之前途反危如第一次日英同盟以保全中韓兩國之獨立爲名至第二次日英同盟便删除韓國之獨立文字不先倡保全反難收合併之效其明證也

第二節　日本合併韓國與中國之關係

日俄開戰之初駐韓日公使林權助與韓國總理大臣李址鎔締結日韓議定書旋結日韓協約爲韓國變爲日本保護國之始其後一千九百五年（光緒三十一年）八月十二日之日英同盟新協約與同年九月五日之日俄波子瑪斯媾和協約同

日本擴張韓國保護權之條約

規定日本對於韓國有政事上軍事上經濟上之卓絕利益。又承認日本對於韓國有指導監督保護之必要處分權利。於是日本積年以來之併韓政策。將告成功。遂乘機實行其監督保護權。派伊藤博文爲勅使。伊藤以同年陽曆十一月九日抵韓京。與駐韓公使林權助審議對韓政策。旋與韓國外務大臣朴齊純數次協議。以陽曆十一月十七日締結左之日韓新協約。

一 今後韓國對於外國之關係事務由日本國外務省監理指導之。在外國之韓國居民及利益。由日本派出公使與領事保護之。

二 日本政府代行韓國現在與他國所有諸條約。自後韓國政府不經日本政府之手。不得與他國訂何等國際條約與契約。

三 日本政府置統監一員於韓國京城。專管理外交事務。有親謁韓國皇帝陛下權利。又日本政府於韓國開港場與日本政府所認必要地方。得置理事官。執行從來日本領事之職務。悉受統監指揮。

四 日韓兩國間現存諸條約及契約。限於與本條約不相牴觸者。繼續有効

日本統監府理事廳官制之內容

力。

五　日本政府確保韓國皇室之安寧與其尊嚴。

於是日本政府廢韓京之日本公使館新設統監府旋公布統監府理事廳官制。該官制規定『統監除管理韓國外交事務外得干涉韓國之一切施政又得命駐韓司令官使用兵力理事官除執行從來之領事職務外得干涉韓國各地方之一切施政又得命駐在該地司令官使用兵力』即以一統監府與數理事廳制全韓之政治生命也該官制公布後即親任樞密院議長伊藤博文爲韓國統監又於京城仁川釜山元山鎭南浦木浦馬山及其他要地各設理事廳

附錄一　日本設置統監府理事廳之勅令

本明治三十八年十一月十七日帝國政府與韓國政府締結協約第三條。於京城設置統監府。於京城仁川釜山元山鎭南浦木浦馬山及其他要地。置理事廳。使依於該協約掌諸般事務。

附錄二　統監府及理事廳官制

統監府執行從來帝國公使館當分之職務。理事廳執行從來帝國領事館當分之職務。

第一條　韓國京城置統監府。

第二條　統監府置統監。

統監爲親任官

統監直隸天皇。關於外交事務。由外務大臣內閣總理大臣。關於其他事務。經內閣總理大臣上奏。受裁可。

第三條　統監代表帝國政府。統轄在韓國之外國領事館。及外國人之事務。併監督韓國施政事務與外國人有關係者。

第四條　統監爲保持韓國之安寧秩序。認必要時。得命駐韓守備軍司令官使用兵力。

第五條　韓國施政事務。爲履行條約義務之必要者。統監直照會韓國政府。求其執行。若認急切時。直命韓國當該地方官憲執行。然後通知韓國政府。

第六條　統監監督帝國官吏。及其他韓國政府聘傭者。

第七條　統監得發統監府令。附禁錮一年以下。罰金二百圓以內之罰則。

第八條　統監對於所轄官廳之命令或處分。有認違條約。犯法令。害公益。侵權限者。得停止或取消其命令處分。

第九條　統監統督各部官吏。奏任官之進退。經內閣總理大臣上奏。判任官以下之進退。統監專行之。

第十條　統監經內閣總理上奏。爲諸部官吏之敘位敘勳。

第十一條　統監外於統監府置左之職員

總務長一人。勅任。農商工務總長一人。勅任。又奏任。警務總長一人。勅任。及奏任。秘官專任一人。奏任。書記官專任七人。奏任。警視專任二人。奏任。技師專任五人。通譯官專譯十人奏任。屬警部技手通譯官專任四十五人。判任。統監府與所屬各官廳受事務囑託之韓國人。得高等官判任官之待遇。

第十二條　總務長官。佐統監總理府務。

第十三條　統監有事故時。在韓守備軍司令官與總務長官臨時代理統監之職務。

第十四條　農商工務總長。受上官之命。掌農工商及其他產業事務。

第十五條　警務總長受上官之命。掌警察事務。

第十六條　秘官受上官之命。掌機密事務。

第十七條　書記官受上官之命。掌府務。

第十八條　技師受上官之命。掌技術。

第十九條　通譯官受上官之命。掌文書飜譯通譯。

第二十條　技手受上官指揮。從事技術。

第二十一條　統監得使統監府之技師通譯官及技手往理事廳任職務。但受當該理事官之指揮監督。

第二十二條　韓國內樞要地置理事廳。理事廳之位置及管轄區域由統監定之。

第二十三條　各理事廳置左之職員。

理事官奏任。副理事官奏任　警部判任。通譯判任。

前項職員外。統監認必要之理事廳。依奏任置警視。

理事廳置二人以上之理事官者。其一人主掌法律事務。

理事廳之職員定額別定之。

第二十四條　理事官受統監之指揮監督。執行從來領事事務。又依條約法令。掌理事官應執行事務。

第二十五條　理事官爲保持安寧秩序。認緊急必要、不遑請命統監之時。得請駐在該地方帝國軍隊之司令官出兵。

第二十六條　韓國施政事務。爲履行條約義務之必要者。認緊急不遑請命統監之時。得照會韓國該地方官憲。令其執行。然後報告統監。

第二十七條　理事官得發理事廳令。附罰金十圓以內。與拘留又科金之罰則。

第二十八條　副理事官受理事官之命。掌廳務。理事官。有事故時。臨時代理其職務。

第二十九條　統監府及理事廳之警視。受上官之命。掌警察事務。

第三十條　統監府及理事廳之屬官。受上官之命。從事庶務。

第三十一條　統監府及理事廳之警部。受上官指揮。分掌警察事務。監督部下之巡查。

第三十二條　統監府及理事廳之通譯生。受上官指揮。從事文書飜譯及通譯。

第三十三條　統監府及理事廳置巡查。爲判任官代遇。巡查定員。由統監定之。

海牙密使事件與韓皇退位

伊藤統監以翌年（明治三十九年光緒三十二年）陽曆三月赴韓京。依條約上明文。統監僅得管外交事務而止。伊藤赴任之後。凡韓國一切施政事務。無不干涉。韓皇苦之。愛國志士。憤國權旁落於外人之手。結黨圖恢復。然日本陸軍大將長谷川好道以重兵駐紮京城。又警務嚴密。凡結社集會。悉行禁止。悲憤新聞。停止發刊。愛國志士。卒無所措。翌年六月。韓皇遣密使李儁李相卨李鍾瑋三人。赴海牙平和會議。訴日本之暴虐。求各國干涉。以期脫日本保護關係。爲海牙平和會議所拒（日英同盟新協約。與波子瑪斯媾和條約。皆經各國承認。故拒絕之。）於是日本政府以韓國違反條約侮辱日本爲辭。七月日

保護權再擴張條約

本外務大臣林董親渡韓國。與統監協商對韓善後策。此間伊藤大爲秘密運動。結果統監不發一聲由韓國大臣李完用宋秉畯與韓國政黨一進會等以保韓國社稷爲詞勸韓皇讓位於皇太子以消日本之怒韓皇(李熙)不得已引責自讓其位於太子李坧爲皇帝然伊藤更乘機逼韓國總理大臣李完用締結日韓新協約更擴張保護權範圍卽日本明治四十年七月二十四日(光緒三十三年六月)之日韓新協約是也。其全文如左。

日本國政府與韓國政府。以圖韓國富强與增進韓國國民之幸福爲目的。約定左之各條。

一　韓國政府關於施政之改良受統監之指導。

二　韓國政府制定法令。與重要行政處分須豫經統監之承認。

三　韓國之司法事務。須與普通行政事務區別之。

四　韓國高等官吏之黜陟。以統監之同意行之。

五　韓國政府依統監推薦之日本人。任命爲韓國官吏。

韓國軍隊之解散

保護權再擴張條約

六 韓國政府無統監之同意。不傭聘外國人。

七 明治三十七年八月二十二日之日韓協約第一條。（即財政顧問聘傭之件）廢止之。

明治四十年七月二十四日 統監 伊藤博文

光武十一年七月二十四日 總理大臣 李完用

此約締結之後。伊藤統監卽以執行協約第一條之義務爲辭。除留韓皇宮中侍衞兵一大隊外。悉解散韓國軍隊。以日本軍隊代之。陽曆八月。舉行新皇帝（李坧字君邦年三十三歲）卽位式。九月日政府於統監下復置副統監。以曾禰荒助任之。十月。日本皇太子渡韓。示與韓皇加親善。翌年。韓新皇帝遣皇太子英親王往日本遊學。拜伊藤統監爲太傅。邇後伊藤專事懷柔手段。冀韓民不起反動。然山縣樞密院長與桂總理大臣。皆欲與伊藤協議韓國最後處分策。因更換統監。明治四十二年六月。伊藤辭監統職歸國。副統監曾禰荒助繼任。本伊藤之意。於七月十二日（宣統元年六月二十五日）與韓國總理大臣李完用結司法權與監獄事務之約。全文如左。

日本國政府及韓國政府。改良韓國司法與監獄事務。以確保韓國臣民及駐韓外國臣民之生命財產與鞏固韓國財政基礎爲目的約定左之各條。

一 韓國之司法及監獄事務未完善以前韓國政府將司法權及監獄事務委托於日本政府。

二 日本政府以有一定資格之日本人及韓國人任爲在韓國之日本裁判所與監獄之官吏。

三 在韓國之日本裁判所對於協約法令規定外之韓國臣民適用韓國法規。

四 韓國地方官廳與公吏各隨其職務對於司法監獄事務受日本該官廳之指揮命令爲其補助。

五 韓國司法經費與關於監獄之一切經費由日本政府負擔。

明治四十二年七月十二日　統　監　曾　禰　荒　助

隆熙三年七月十二日　內閣總理大臣　李　完　用

至是韓國所有政治機關盡行委諸日本僅留一形式上韓國名辭而止日本朝

韓國志士安重根刺殺伊藤

韓國政黨一進會之賣國

野漸起日韓合邦之議。同年（宣統元年）陽曆十月。伊藤博文借名漫遊滿洲。實帶使命來哈爾賓與俄國大藏大臣哥烏左福（十月中旬帶本國使命來哈爾賓）密約韓國與滿洲事件。二十六日於哈爾賓車站被韓國志士安重根以手鎗刺殺之日本大譁韓國上下大震駭。數遣謝罪大使往日本。由是日本政府爲合併韓國之運動愈熾。同年陽曆十二月韓國政黨一進會突然向統監與韓皇提出日韓合邦之議瀝『呈日韓合邦爲韓民無疆之福且韓國皇室得倚日本天皇永享無窮之祚』云蓋一進會裏面多潛日政府有關係之日本策士承本國政府之密旨利用一進會會長李容九等之功名心陰陽左右其中。欲假李容九等之手以成合邦之事李容九等被其運動。誓不達其賣國目的不止。先是伊藤辭統監歸國時日政府漸定合併韓國之議然波子瑪斯會議錄中日本對於俄國尚承認韓國有主權（參觀本章第三節日俄新協約）且韓國合併之影響與俄國有直接利害關係不與俄國交換利益得其承認尚難直情徑行曩伊藤博文哈賓之行卽帶此祕密使命將與俄國協商以意外之變使命不全遂。二月美國爲滿洲鐵道中立提議遂促日俄二國

合併前之日俄密約

寺內正毅爲統監與合併前之手段

韓國總理大臣李完用之賣國

韓國合併條約

接近之機宣統二年春夏之間日俄祕密協商之電報往復於東京聖彼德堡之間至陽曆六月大定（日俄新協約以陽曆七月四日發表）適曾禰統監以病辭職日皇遂親任陸軍大臣寺內正毅爲統監準備決行前議爲防韓民反抗於新統監未赴任之先命在韓參與官石塚代統監與韓廷交涉將韓國警察權委託日本辦理七月一日命憲兵司令官陸軍少將明石元治郎爲韓國警務總長旋以二萬憲民警察遍配韓國各樞要都市部署旣定後寺內統監以陽曆七月二十三日渡韓卽以八月十六日親向韓總理大臣李完用表示日本政府之意見提出合併韓國案李完用原善於逢迎伊藤曾禰之意旨者又能操縱韓廷上下日政府利用之使固其位李益志得意滿冀收合邦之功接寺內合併案後旋奏韓皇十七日韓廷開內閣閣議不能一致李完用金允植尹德榮主張合併甚力後與統監數次會合韓國當局者悉不敢異議二十日寺內電告本國政府日政府旋開樞密院會議裁決同時李完用以合併條約案奏呈韓皇言合併之不得已韓皇無如之何痛哭揮淚許之二十二日寺內與李完用締結併韓條約其全文如左

日本國皇帝陛下及韓國皇帝陛下。以兩國特殊之親密關係。欲增進相互之幸福。與確保東洋永久之平和。爲達此目的。確信不若將韓國合併於日本帝國。茲兩國決訂合併條約。日本皇帝命統監寺內正毅。韓國皇帝命總理大臣李完用。各授全權委任。協定左之諸條。

一　韓國皇帝陛下將韓國全部之統治權完全永久讓與日本國皇帝陛下。

二　日本國皇帝陛下承受前條所記之讓與。且全然承認合併韓國於日本帝國。

三　日本國皇帝陛下對於韓國皇帝陛下大皇帝陛下皇太子殿下。并其后妃及後裔。使各稱其位置。享有相當之尊稱威嚴及名譽。且爲保全之故。約供給充裕之歲費。

四　日本國皇帝陛下對於前條以外之韓國皇族。及其後裔。使各享有相當之名譽及其待遇。且爲維持之故。約給與相當之資金。

五　日本國皇帝陛下對於有功勳之韓人。應與相當之表彰者。授榮爵且給

韓國之滅亡與日本合併韓國後之處分

恩金。

六　日本國政府以合併之結果全然擔任韓國之施政對於遵守法規之韓國人身體財產與以十分之保護且圖增進其福利。

七　日本國政府對於誠意忠實尊重新制度之韓人且有相當之資格者依事情登用爲韓國之帝國官吏。

八　本條約已經日本國皇帝陛下及韓國皇帝陛下之批准自公布之日施行。

明治四十三年八月二十二日　　統監　子爵　寺內正毅

隆熙四年八月二十二日　　內閣總理大臣　李完用

右條約以八月二十九日發表韓國領土遂以此日變爲日本國領土即韓國以此日滅亡日本政府旋發表關係此條約之各種新法規對於韓國皇室之處置則冊封韓國皇帝（李坧）爲昌德宮李王其妃爲王妃皇太子及將來之世嗣爲王世子其妃爲王世子妃大皇帝（李熙）爲德壽宮李大王其妃爲大王妃又李王之

懿親李堈李熹二人爲公其妃爲公妃。皆待以皇族之禮。與殿下稱號。對於韓民。則行大赦。免積年逋租。並減本年租稅。廢韓國國號。改稱朝鮮。廢統監改置總督。使統率海陸軍。總轄諸般政務。又向與韓國有最惠國待遇之德美澳比中丁法英伊俄諸國。爲左之宣言。

一　韓國與列國之條約。自今廢棄。以後適用日本國與列國之現行條約。在留朝鮮之諸外國人從來享有之領事裁判權。歸於消滅。自後立於日本國法權之下。受居留日本內地同一之權利。

二　日本政府。與從前條約無關係。今後十年間對於自朝鮮輸出外國又自外國輸入朝鮮之貨物。及出入朝鮮開埠場之外國船舶。課現在同率之出入稅與噸稅。

各國接此宣言。無一起異議者。卽韓國民間。以日本到處配布軍隊及憲兵警察之故。亦無一處得起反抗者。偶有慷慨悲憤之新聞。卽被封禁。實不啻滅人國於夢寐之中。而最失望者爲一進會黨徒與其會長李容九。先是日政府與韓國結

李容九之末路

保護協約。與大皇帝讓位。及日韓合邦之大運動。間接直接利用一進會者。幾於無一事離關係。及至實行合併時。則不使彼等關與。李容九不能收合併之寸功。不得已稱病避養仁川。及合併後。寺內以一進會之目的既達。自後該會便無須存立』爲辭。令其首先解散。以爲他黨之率。李容九請與韓民選舉議員權。寺內瞋目不答。李失色而退。

附錄一　合併後日本皇帝之詔書

詔一。　朕念維持東洋永久之平和。爲保障帝國安全之切要。顧韓國常爲禍亂之淵源。曩命朕之政府。與韓國政府。協定置韓國於帝國保護之下。期杜禍源。以確保平和。邇來四年有餘。其間朕之政府。銳意改良。韓國之施政。雖不無成績可觀。然韓國現制。尚不足保全治安。疑懼之念。每充溢於國內。民不安堵。欲圖維持公共安寧。以增進民衆福利。其不可不更新現制瞭然也。

朕與韓國皇帝陛下。鑑此事態。不得已舉韓國合併於日本帝國。以應時勢之要求。茲永久將韓國合併於帝國。韓國皇帝陛下。及其皇室各員。雖合併之後。仍受相當優遇。其民衆直接受朕之撫息。增進其康福。產業貿易。從此可顯著達發於治平之下。東洋平和基礎。因此愈加鞏固。朕所深信不疑也。

朕特置朝鮮總督。使承朕命。統率海陸軍。總轄諸般政務。百官有司。其克體朕意。從事施設。須得緩急之宜。俾衆庶永賴治平之慶。

詔二。 朕欲宏天壤無窮之丕基。備國家非常之禮數。冊封韓國皇帝爲王。稱昌德宮李王。使後嗣世襲此隆錫。以奉其宗祀。皇太子及將來之世嗣爲王世子。大皇帝爲大王。稱德壽宮李大王。其各儷匹。爲王妃。王世子妃。大王妃。皆待以皇族之禮。特用殿下之敬稱。至世家率循之道。朕當別定禮制。俾李家子孫。奕葉賴之。增綏福履。永享休祉。特宣示有衆。以昭殊典。

詔三。 朕惟李堈李熹爲李王之懿親。令聞夙彰。槿域瞻望。宜加錫殊遇。賜以榮稱。玆特封爲公。其配匹爲公妃。幷待以皇族之禮。用殿下之敬稱。使其子孫。世襲此榮錫。永享寵光。

詔四。 朕惟依統治之大權。自玆始施治化於朝鮮。爲昭示綏撫蒼黎體恤赤子之意。對於朝鮮舊刑所犯之罪四中。情狀殊可憫者。特行大赦。並減免積年之逋租。及今年之租稅。俾知朕所軫念。

附錄二　韓皇之最後詔書(八月二十九日)

朕以非德承艱難之業 臨御以來。關於維新政令。孜孜以圖。用力未嘗不至。然以積弱爲痼。

日本滅韓國之裏面

疲憊已極。卒無挽回之望。晝夜憂慮 亦不得善後之策。至茲支離益甚。因思旣不能自善終局。不若托大任於人。俾得以完全之方法。奏革新之鴻功。朕用瞿然自顧。確然自斷。茲將韓國之統治權。讓與親信畏仰之隣國大日本國皇帝陛下。以外固東洋之平和。內保疲憊之生民。惟爾大小臣民。深察國勢與時宜。無須煩擾。各安其業。服從日本帝國之文明新政。享受幸福。朕今日之出此舉。非忘爾有衆。實出於救活爾有衆之意旨。爾有衆其克體朕意。

初。日本對韓政策。慣用裏應外合之略。當中日戰爭前東學黨之起亂也。日本政府。密派策士軍人等。（天祐俠團）助東學黨爲亂。冀開中日戰爭之局。卒完全達其目的。旣韓國忽增俄國之勢力。天祐俠餘黨。以本國政府之密旨。與韓國之日本黨大相結託。光緒二十一年十月閔妃被害之事。實出此黨之所爲。及伊藤統監韓國。用此等黨徒爲暗中援應。海牙密使事件。統監不發一聲。李完用等力勸韓皇退位。又一進會與伊藤結合。李容九竭死力爲合邦運動者。實由此等策士於裏面爲種種運動之所致。此日本滅人國之新法也。

日本旣合併韓國。將來及於中國之影響。自大韓國爲日本保護國時。滿洲之邊

韓國合併與滿洲之關係

境。已日多事。況韓國變成日本領土。則滿洲更多事無疑。且日本未併韓國之前。尚有韓國問題橫亘其中。既併韓國之後。則其侵略趨向將專馳騁於滿洲方面。故韓國既滅。南滿洲實有朝不及夕之虞。惟以列强現存諸協約皆以保全中國領土與機會均等之故。日本亦不能遽然對於滿洲爲法外之行動。則藉開放之名義。實際發達滿洲經濟力。以增進日本之特殊地位。俟有機可乘。則行隨機進取之策。無機可乘。則收菓熟實落之效。是日本經略滿州之現狀。亦卽滿洲風前燭火之趨勢也。

第三節　南滿洲問題

日本南滿洲鐵道株式會社之制

日俄媾和條約締結之後。小村全權歸國數日。卽來北京。與中國結滿洲善後本約三條。附約十三條。依本約中國承認波子瑪斯和約第五第六條俄國讓與日本之諸權利。依附約日本大擴張滿洲權利於波子瑪斯和約之外。當戰局初結。萬事倉忽之時。日本政府一方向韓國定統監之制。一方向滿洲設立南滿洲鐵道株式會社。兼於關東州置都督府。南滿洲鐵道株式會社之制。以營滿洲鐵道

日本關東州都督府之制

爲業務。定總資本金爲二億圓。內一億圓爲日本政府之資。卽以長春旅順間已成之鐵道。及附屬之一切財產充之。餘一億圓。名義上由中日兩國人募集。其實不使中國人入股。由本國臣民募公債及外債充之。本社置於東京。支社置於大連。會社置總裁副總裁各一人。皆以勅選任命。關東州都督府之制。與俄國關東省總督之制度。無甚差異。其權力實及於南滿洲全體。(參考附錄)惟南滿鐵道株式會社之性質。卽與英國之東印度會社相同。蓋以一會社之名義。受政府之特許而實行其拓殖政策者也。然英國對於印度。於印度總督府成立後。卽廢止會社使特許會社與殖民官署不並存。日本對於南滿洲則二者同時並進。其經略滿洲之野心。蓋可知矣。且另設領事五人。總領事住奉天。當一切外交之任。其職務。與內地知事相同。一南滿洲而日本置重要機關數所。此滿洲所以岌岌也。

附錄 日本關東州都督府之組織

關東都督府之官制

第一條 關東州設關東都督府。

第二條　關東都督府設關東都督。

都督管轄關東州。兼掌保護南滿州鐵道線路及監管之事。又監督南滿洲鐵道株式會社之業務。

第三條　都督親任。以陸軍大將及陸軍中將充之。

第四條　都督府統率部下軍隊。承外務大臣之監督。統理諸般政務。

第五條　都督依特別委任。得與中國地方官憲交涉事務。

第六條　都督關於軍政及陸軍軍人軍屬之人事。承陸軍大臣之旨。關於作戰及動員之計劃。承參謀總長之旨。關於軍隊教育。承總監之旨。

第七條　都督依其職權與特別委任。得發都督府令。附禁錮一年以下。罰金二百圓以內之罰則。

第八條　都督爲保安甯秩序。於緊急時得發超過前條制限罰則之命令。

依前項發布之命令。發布後直經外務大臣請勅許。若不得勅許時。都督直公布該命令將來無効。

第九條　都督掌管區域內防備之事。

第十條　都督爲保持管轄區內與鐵道線路之安甯秩序。認必要時。得使用兵力。

前項事件。須即報告外務大臣陸軍大臣及參謀總長。

第十一條　都督對於所管官廳所發命令及處分。見有違成規害公益犯權限之時。得停止其命令及處分。或取消之。

第十二條　都督統率所部之官吏。對於奏任文官之進退。由外務大臣經內閣總理大臣上奏。對於判任文官以下之進退都督專行之。

第十三條　都督所部文官。叙位叙勳之事。由外務大臣經內閣總理大臣上奏。

第十四條　都督懲戒所部之文官係勅任官及奏任官時。由外務大臣經內閣總理大臣上奏。

第十五條　都督府設都督官房。

都督官房置副官一人。及秘書官專任一人。掌機密事務。副官以陸軍佐尉充之。秘書官奏任之。

第十六條　都督府置民政部及陸軍部。

第十七條　民政部掌軍事行政外之一切行政事務。

關於陸軍部條例別定之。

第十八條　民政部設左之四課與署。

庶務課　警務課　財務課　土木課　監獄署

第十九條　關東州分三區。各區設民政署。其位置名稱及管轄區域。都督定之。

第二十條　緊要之地。須設民政支署。及監獄支署。其位置名稱及管轄區域。都督定之。

第二十一條　都督府設左之職員。

民政長官一人勅任。參事官專任二人。事務官專任六人。民政署長專任三人。技師專任十八人。警視專任六人。典獄專任一人。繙譯官專任三人皆奏任。屬警部。技手。監吏。監獄醫。繙譯。專任二百二十八人。判任。

第二十二條　民政長官。佐都督總理民政事務。

第二十三條　參事官承上官之命。掌審議立案又助各課事務。

第二十四條　事務官爲各課之長。又分屬於各課。承上官之命掌理事務。

第二十五條　民政署長。承都督之指揮監督。施行法律命令。管理部內之行政事務。

第二十六條　民政署長。依於職權與特別委任。對於管內一般及一部。得發民政署令。附十圓以內罰金。及拘留之罰則。

第二十七條　民政署長爲維持管內安寧。得請於督都使用兵力。但非常急變時。得要求附近隊長出兵。

第二十八條　民政署長。監督所部之官吏。關於判任官進退。稟請都督。

第二十九條　民政署長。得設署中處務細則。
第三十條　民政署長有事故時。上席官吏代理其職務。
民政署長得使部下官吏。臨時代理其事務之一部。
第三十一條　技師承上官之命掌技術。
第三十二條　警視承上官之命掌理警察事務。
第三十三條　典獄爲監督署長。承上官之命掌理監獄事務。
第三十四條　翻譯承上官之命掌翻譯通辯。
第三十五條　屬承上官之指揮從事庶務。
第三十六條　警部承上官之指揮。從事警察事務。部下之巡查。受其指揮監督。
第三十七條　技手從上官之指揮從事技術。
第三十八條　監吏屬於監獄署。承上官之指揮。從事監獄之戒護及庶務。指揮部下之看守且監督之。
第三十九條　監獄醫屬於監獄署。承上官之指揮。從事醫務
第四十條　翻譯生承上官之指揮從事翻譯通辯。
第四十一條　民政支署長。以警視屬及警部充之。

署長以監吏充之。

第四十三條　都督府設巡查及看守。同判任官之待遇。

巡查及看守之定員。都督定之。

關東都督府民政署

名稱。	位置。	管轄區域。
大連民政署。	大連市街。	元關東州管轄區域
金州民政署。	金州城內。（普蘭店支署、貔子窩支署、）	元關東州民政署金州支署管轄區域。
旅順民政署。	旅順舊市街。	元關東州民政署旅順支署管轄區域。

關東都督府警務署

為保護南滿洲鐵道線路。及管理事務。於南滿洲鐵道附屬地置警務署及支署。

大石警務署。管轄海城以南。（含營口線）

奉天警務署。管轄鐵嶺以南。（含各支線）

公主嶺警務署。管轄寬城子以南。

奉天警務署遼陽支署。管轄沙河以南。

奉天警務署鐵嶺支署。管轄新臺子以北。

關東都督府陸軍部條例

第一條　關東都督府陸軍部。掌關東都督所轄地關於陸軍一切之事。

第二條　關東都督陸軍部。依左之各部成。

參謀部　副官部　法官部　經理部　軍醫部　獸醫部

第三條　參謀部佐都督參畫陸軍之機務。監督命令之普及與實施。又監督關東都督府陸軍部一般之業務。

第四條　幕僚之各將校及同相當官。受參謀長之指揮。各掌分擔事務。

第五條　法官部長。隸於關東都督。掌軍事司法事務。

第六條　經理部長。隸於關東都督。監督駐搭諸部隊之會計經理。陸軍土地建造物事項。及經理部士官以下之人事與教育。歸其統轄。又掌兵營及其他之臨時工事。但關於會計事務之監督。及土地建造物之經營事務。直隸於陸軍大臣。關於經理部士官以下之人事及教育。受陸軍省經理部長之命令。

第七條　軍醫部長。隸於關東都督。監督駐搭諸部隊之衛生業務。衛生部士官以下之人事及教育與關於衛生材料諸事務。歸其統轄。但受陸軍省醫務局長之命令。

第八條　獸醫部長。隸於關東都督。監督駐搭諸部隊之軍馬衛生業務。獸醫部士官以下之人事及敎育與關於獸醫材料蹄鐵事項。歸其統轄。但受陸軍省軍務局長之命令。

第九條　各部長具呈關東都督之事項。須豫先開陳參謀長。經其承認。

第十條　法官部經理部軍醫部之部員。受該部長之命令。各自服擔任之部務。

第十一條　下士判任文官。受上官之命服事務。

日本政府。以光緒三十二年五月。設立南滿洲鐵道株式會社。同年七月。設立關東州都督府。自是着着實行經營滿洲。中日兩國政府間之紛爭問題次第起。其重要者。爲採伐鴨綠江森林問題。撫順炭坑問題。新法鐵道問題。營口支線問題。安奉鐵道問題。新奉吉長兩鐵道借欵問題。是也。此諸問題中。惟鴨綠江採伐森林事件。最先解決。其餘各案。殆俱以光緒三十三四年發生。經東三省前後總督趙爾巽徐世昌與軍機兼外務大臣袁世凱在任中。與日本領事公使交涉多次。皆不獲端緒。及辰丸事件之結果。大觸我國官民之惡感。是等懸案。遂一時擱置。同年十月。兩宮崩御。袁世凱以十二月罷歸河南。我國之政局一變。日本新公使伊集院彥吉乘機提出安奉鐵道問題。談判數次後。日本政府爲自由行動。（宣統元年

第二辰丸事件

六月二十一日）我國不能抗禦。羣案遂因之而解。茲先述辰丸事件。後述滿洲各問題。

光緒三十四年正月初三日。日本第二辰丸密載澳門商人購買日商銃器九十四箱彈藥四十箱。由神埠出發直入澳門冲過路環島東二哩許停碇。將密輸中國內地。廣東砲艦探知。以密輸危險物論捕獲辰丸。卸日本國旗代以龍旗。日本政府責中國違法。要求賠償謝罪。我外務部以辰丸載禁物入中國領海內準備卸貨。實有密輸目的。應依稅關規則附共同調查委員會審議。日政府主張辰丸載物。係澳門商人所購買停碇處非中國領海。係葡萄牙領海。與中國無干。與稅關規則。尤無關係。一方向中國抗論。一方嗾葡國政府乘機擴張澳門之領地。先是光緒十三年。我國承認葡國有統治澳門之權。然未劃清境界。至此葡國政府果聽日本之使嗾。向中日二國聲言辰丸停碇處係葡國領海。日本接此聲言。要挾更厲。中國一方斥葡國之無狀。一方提議辰丸事件附仲裁裁判解決。日本欲先決領海問題。主張葡國亦加入仲裁裁判。中國不欲。日本遂拒絕仲裁之提議。將取自由行動。中國不得已。悉依日本之要求。於二月十七日。派軍艦會同日本領事向辰丸舉禮砲二十一發以謝罪。又賠償抑留期間之損害。處罰官吏。並收買其銃器彈藥以結局。原辰丸實際向中國秘密輸入日本稅關吏不究其最終之輸入地點。又不究其有無中國政府之許可輸入證公然任其輸出。其心實不可問。當然辰丸負其責任。然日政府恃强辱中國。故一時中國上下皆憤懣。廣東發起排斥日貨之運動。滿洲國際諸重大問題。亦一時擱置。

採伐鴨綠江森林條約

光緒三十一年十一月北京附約第十條。規定設立中日合同材木公司。以採伐鴨綠江右岸森林。至光緒三十四年四月十五日外務部會辦那桐與日公使林權助協定中日合同材木公司章程。本問題遂解決。其條約如左。

一 自鴨綠江右岸帽兒山至二十四溝之間距江岸六十里（中國里）內之材木。由兩國合資公司採伐。

二 本公司資本定三百萬圓。中日兩國。各出半額。

三 界外及渾江之森林。仍歸中國木把採伐。但木把需要資金時。由本公司借入。其採伐之材木。除浙江鐵道公司所要枕木。及渾江沿岸居民自用材木。由木把直接賣出外。其餘全部皆歸本公司買收。

四　本公司營業期限爲二十五年期滿後中國政府認公司經營妥當時公司得請延長期限。

五　本公司置督辦一人。監督公司之經營事業。由奉天督撫命東邊道臺兼任。置理事長二人。經理公司一切業務由中日兩國各任一名。其他理事技師。由理事長協議選任。

六　本公司以純收入百分之五爲報効金納與中國政府。其餘兩國股東平分。

撫順炭鑛。距奉天府東約六十里。其炭田沿走渾河延長三十餘里。炭層最厚處約百七十五尺。最薄處亦八十尺。其所含炭量。至少在八億噸以上。光緒三十三年春。日公使林權助主張『該炭鑛爲東淸鐵道之附屬事業。依波子瑪斯條約第六條。與北京條約第一條。應歸爲日本之權利』向外務部要求。外務部以該炭鑛在東淸鐵道三十里之外。不認爲東淸鐵道附屬財產。林權助以『俄國於光緒三十年春旣修炭坑鐵道中國政府不反對且以東淸鐵道會社所得採掘權之鑛山大抵在三十里距離之外』（東淸鐵道條例第一條僅規定經中國政府之許可會社得採掘與鐵道連帶或與鐵道無關係之炭坑無規定里數之明文）爲辭堅持之雙方不下遂成懸案之一

次起之最大紛議爲間島問題初中韓國境西南方以鴨綠江爲界自古無疑議東北方圖們江流域及兩江水源相接近之長白山附近地方所屬不明康熙五十一年兩國各派勘邊大臣實地戡定於鴨綠江圖們江水源之白頭山上樹立界碑規定西以鴨綠江東以土門江（即圖們江）爲兩國國境於是國境問題根本廓清然淸廷以發祥之地不准人民移處因之吉林東部到處人煙稀少圖們江北部之間島地方雖西置敦化縣東設琿春廳然以居民寥落遂爲政令所不及儼同無主屬地同治間韓國咸鏡道人民以本地飢饉多渡圖們江移居間島開田圃設村落遂漸成韓人之部落咸鏡道官吏居然徵收該地韓民之租稅光緒九年吉林將軍銘安過其地大驚卽令韓人退去韓國政府以界碑之土門江非圖們江爲辭抗辯之光緒十一年互派勘邊使會議卒不獲要領我國遂於間島中

新法鐵道問題

央。新設延吉廳。幷屯軍隊。重課韓民租稅。韓民屢訴於本國政府。求救濟。數年前韓國派使往間島與延吉廳官交涉。會日俄開戰中止。日俄戰爭後。韓國爲日本之保護國。日本以侵略之方針。與韓國官民爲種種計畫。光緒三十三年七月。伊藤統監代韓國直接侵占間島。派齋藤中佐以統監府理事官之名。稱率文武官多名及多數憲兵入間島。於延吉廳東盛湧地方設統監府派出所（即統監府理事官廳）公然與中國爭主權。此問題發生。我國政府大驚訝。迭要求撤退理事廳。日政府以保護韓民爲辭。不僅不應。且多誘本國商人及醜業婦等往移之。遂爲懸案之二。

滿洲開放以來。商務日盛。日本於開放滿洲名義之下。實行壟斷之策。營口英商。勸中國政府借英欵修新法鐵道。（新民府至法庫門）且延長至齊齊哈爾。以實行開發滿洲商務。且以抵制日本南滿洲之壟斷。爲我國政府所歡迎。正交涉中。日政府以「新法鐵道係南滿洲鐵道並行線。即南滿鐵道之競爭利益線」據北京會議錄抗議之。（光緒三十一年十一月二十六日之本約附約外。另存會議錄。申明南滿鐵道附近不修競爭線云。）斯時英國輿論。多攻日本爲迫壓中國之舉。英外務大臣薩古烈答議員質問云「此問題之解決。如何。即滿洲將來之影響所關。滿洲開放主義。與租借地域外悉恢復中國主權。已爲日本政府之所承認。則可望日本政府自解決之」云云。又當時牛莊與上海之商業會議所。皆以日本爲閉鎖滿洲之策。決議左之二條。以鳴日本之不法。

一　不認新法線營業區域爲南滿鐵道附近區域。

二　無論何國。於同等之地形人口地方有三十五哩以上之距離者。縱令爲競爭線。不禁止築造。

日本當局者之辯解。則謂「三十五哩內不禁築造他線。爲無根據。而新民屯奉天間之距離。僅三十二哩三。法庫門鐵嶺間之距離。僅二十七哩二。且各國與中國鐵道契約。皆有禁築附近競爭線之約」云云。我國政府無如之何。提議付海牙平和會議仲裁。裁決日本政府拒絕之。遂爲懸案之三。

營口支線問題

我國以條約上之義務。要求日本履行。亦爲日本所拒絕者。爲營口支線問題。先是光緒二十五年中俄東清鐵道會社第一增補條約第四款規定「爲築造南滿洲鐵道線路。（哈爾賓旅順間）使運送一切材料便利起見。中國准會社得設營口支線。便與諸港聯絡。但南滿鐵道落成之後。由中國政府之要求。將該支線撤去。」俄國規定營口支線。異日必撤去者。蓋欲發達大連。必奪營口之繁榮也。營口支線。既以此條件築造。其後主權歸日本之後。依然此性質不變。至此我國政府依條約明文。要求日本撤去該路。非果欲其廢棄。實欲歸中國自營之意。然日本抱囊括滿洲之志。不肯實行前約。其回覆我國之口實。則謂『俄以封鎖滿洲爲志。故惟恐營口發達。日本以開放門戶使滿洲公平開發爲主義。故不能不與俄國變通辦理』云云。我政府亦無如之何。遂成懸案之四。

吉長新奉鐵道借欵與吉會鐵道問題

遼河以東之鐵道。日本悉欲括之於勢力範圍之內。吉林長春間。奉天新民間之兩鐵道。日公使林權助屢向外務部要求借南滿鐵道會社資金築造。光緒三十三年三月三日。那桐瞿鴻機唐紹儀與日公使林權助結新奉吉長鐵道借欵契約如左。

一 中國政府。以新奉鐵道爲自營鐵道。其遼河以東部分所需資金。由南滿鐵道會社借其半額。

二　中國政府以吉長鐵道爲自營鐵道。其所需資金。亦由南滿鐵道會社借其半額

三甲　借欵期限。新奉鐵道十八年。吉長鐵道二十五年。

乙　以遼河以東部分之新奉鐵道與吉長鐵道之財產及收入。爲借欵之擔保。若吉長線延長。或添設支線。資金不足時。再由南滿鐵道會社借入。

丙　借欵本利不能籌還之時。卽以上記鐵道及一切財產歸南滿鐵道會社經營。（限於本利未淸以前）

丁　借欵期限中聘日本技師長一名。會計員一名。該會計員對於鐵道會計事務。有布置監督之權。

戊　上記兩鐵道之一切收入。均存留日本銀行。

依此契約。日本對於該兩鐵道之權利遂確定至光緒三十四年十月十五日。日本阿部書記官再與郵傳部結兩鐵道借欵續約。規定『遼河以東之京奉鐵道。借日幣三十二萬圓。吉長鐵道。借日幣二百十五萬圓』。於是該問題遂完全解

決然日本之要求無饜至此更欲將吉長鐵道延長至延吉廳南邊境以與韓國會甯鐵道相聯絡且照吉長鐵道之例。於南滿鐵道會社借資本之半築造之爲我國政府所不承認遂爲懸案之五。

以上諸問題。自日本設南滿洲鐵道會社與關東州都督府之後。次第發生至光緒三十四年冬。皆成懸案。不獲解決。爲解決諸懸案之動機者。則爲安奉鐵道問題。先是安奉鐵道。我國以光緒三十一年十一月二十六日之北京附約允該鐵道仍歸日本經營。改爲商工業鐵道之用。依該條約所規定。日本政府應於光緒三十二年秋冬之交。卽向我政府開交涉。蓋北京附約第六條所規定者如左。

中國政府允將安奉軍用鐵道。仍由日本政府繼續經營。改爲各國商工業鐵道之用。自此路改良竣工之日起。（除因運兵歸國擱延十二個月不計外。限以二年爲改良工事之期）以十五年爲限。卽至光緒四十九年爲止。（下略）

依此條文。明定光緒三十四年冬爲該鐵道改良竣工之期。則改良工事之着手。應在光緒三十二年冬。其與我政府開交涉。應在光緒三十二年秋冬之交無疑、然日本政府。至光緒三十四年冬。尙不向我國提起該問題。及同年冬我國兩宮崩御。北京政變後。日本政府忽於宣統元年正月向我政府交涉開始。要求同派委員踏查改良安奉鐵道之新線路。時我國新政府成立。政局缺統一對外尤無方針。由郵傳部派交涉使與日本鐵道委員會勘線路。三月中旬。除陳相屯奉天間二十哩小距離不定外。其餘全線悉依日本委員豫定之線路勘定之。我政府亦毫無異議。日本政府遂欲乘機改築。卽向外務部要求已經勘定線路。卽行收買地基。而我外務部不僅無對外方針。且互相推諉。各避責任。遂以此重大問題。脫開中央政府之關係。委東三省總督錫良當談判之任。錫督則祗知熱心收回利權。不顧事勢之程度如何。其與日領事之交涉。則主張該路工事。祗得依現路改良。不許擴張軌道。更正線路。若不知前此委員勘定之新路政府毫無異議者。且要求日本撤退該鐵道之守備兵與警察。悉爲日領事所拒絕。其後日領事再四逼促之後。錫督仍向領事覆同樣之公文。日本政府以北京附約第二條規定「日本南滿鐵道守備兵準北滿洲俄國之例辦理」爲根據。直視錫督覆文爲不法之提議。要求反省。月餘錫督亦不回答。六月二十一日。日政府忽向外務部發最後通牒『至此日本已不依中國之協力本於條約上之權利取自由行動』云云。同時命南滿洲鐵道會社卽行起工。且海陸軍一時皆有所警備。蓋此通牒卽斷絕國交之宣戰書。自由行動卽蔑視主權之開戰行爲也。然我國無與日本開戰之力。政府遂陷於非常苦境。翌二十二日。致書日公使。大要謂『我政府不欲日本對於滿洲再擴張軍事。故警察守兵欲歸自任。然亦不固執成見。關於更正線路。仍請由兩國派委員協商』。日公使覆書『日本政府依曩日兩國委員踏查之線路改築。已無須再派委員商議』云云。我政府接此覆文。已毫無轉機。二十六日。爲長文之駁辯書。向各國發表。以彰日本對中國之橫暴。二十八日。外務部向日公使承認其一切要求。仍命東督錫良奉天巡撫程德全於七月初四日。與日本總領事小池締結左之協約。其事遂寢。

日本自由行動

安奉鐵道協約

一 軌道與京奉鐵道同樣。

二 兩國大體承認曩日委員踏查之線路。陳相屯至奉天之線路。由兩國再協議決定。

三　此約調印之當日。卽協議購買土地及一切細目

四　此約調印之翌日。卽行急進工事。

五　沿道之中國地方官。關於施行工事與諸般便宜。

先是日本之最後通牒中。有云『限於不妨害該工事。仍應談判。但其他懸案。希望同時以妥協之精神解決之』蓋知中國斷不敢與日本開戰。必依協商了結。欲利用此時機。使滿洲諸懸案。皆依日本之要求解決之也。語意中隱含中國僅承認改築安奉鐵路一事。仍非日本所克應。談判原來外交之事。以海陸軍爲後援。我國軍備既弛。而外交當局者。又無臨難濟變之才。則不得不悉應其要求。七月二十日。外務部會辦梁敦彥與伊集院公使。締結間島協約。與滿洲五案協約如左。

間島協約

一　中日兩國政府。以圖們江爲中韓兩國國境。其江源地方。以界碑爲起點。

依石乙水爲界。

二　中國政府於本協約調印後開左記各地方准外國人居住貿易日本政府。於此等地方置領事館或置領事分館於開放時酌定之。

龍井村　局子街　頭道溝　百草溝

三　中國政府仍准韓民在圖們江北之墾地居住其地域之境界另以圖示之。

四　圖們江墾地居住之韓民服從中國之法權歸中國地方官之管轄裁判中國官吏對於此等韓民與中國民同一待遇所有納稅及其他一切行政上處分亦與中國民同等。

關係韓民一切訴訟事件由中國官吏照中國法律秉公審判日本領事或委員可任便到堂聽審惟人命重案則須先行知照日本領事到堂如領事能指出不按法律判斷之處可請中國另派員複審。

五　圖們江北雜居區域內韓民所有之地產家屋中國政府視同華民產業。

一律切實保護。並於該江沿岸。擇地設船。便彼此人民任便往來。惟無護照公文。不得持械過境。雜居區域內所產穀米。准韓民販運。若遇歉收。仍得禁止。柴草依舊辦理。

六　中國政府將來將吉長鐵道延長至延吉南邊界。與韓國會甯鐵道相聯絡。其一切辦法與吉長鐵道一律辦理。至應何時開辦。由中國政府酌量情形。再與日本政府商議。

七　本協約調印後直施行。日本統監府派出所及文武人員。於兩月內完全撤退。日本於第二欵所開商埠。亦於兩月內設立領事館。

滿洲五案協約

一　中國政府如築造新民屯至法庫門之鐵道時。允與日本政府先行商議。

二　中國政府允日本國將大石橋至營口支路。俟南滿洲鐵道期限滿了之時。一律交還中國。並允將該支線末端延長至營口新市街。

三　撫順煙臺兩處炭礦。平和商定如左。

甲　中國政府承認日本政府有開採上開兩處炭礦之權。

乙　日本政府尊重中國之一切主權并承認該兩處開採之煤觔納稅與中國政府惟該稅率應按照中國他處最輕煤稅之例另行協定。

丙　中國政府承認對於該兩處煤觔准他處最輕輸出稅率之例徵出口稅。

丁　所有礦界及一切詳細章程另派委員協定。

四　安奉鐵道沿線及南滿洲幹路沿線之礦務除撫順煙臺外應按照光緒三十三年卽明治四十年東省督撫與日本國總領事議定大綱由中日兩國人合辦所有細則屆時仍由督撫與日本總領事商定。

五　京奉鐵道延長至奉天城根一節日本無異議其應如何辦法由該處兩國官憲及專門技師妥爲協定。

同時吉長新奉兩鐵道借欵細目亦依前兩次舊約爲基礎完全協定至此所有滿洲諸懸案悉以安奉鐵道自由行動之故全依日本之要求解決之於是我國

法學博士有賀長雄評云「今回得此有價值之協約雖應歸功於當局者與伊集院公使之手腕然實明治三十八年以來對歐洲外交得策與英俄法三國協商使軌道歸於一致之所由來蓋此次解決之端緒實由安奉線自由行動之所致此行動獨恃同盟英國不倡異議尚不安全依三國協商之關係英不異議俄法二國亦遂默然故得安心出此舉也」噫我國外務當局者際此外交棘手之時平時既不能確定外交方針有所豫備臨事又不能實負責任屢失機宜循此推移國家前途不爲其所誤盡不止矣。

次於前諸問題起紛爭者爲錦齊鐵道問題渤海漁權問題及渤海領海問題鴨綠江架橋問題滿鐵附屬電線公用問題日本軍用電線收買問題旅順芝罘間海底電線問題是也。

當我政府放棄新法鐵道之時要求他日中國築造自錦州經姚南至齊齊哈爾之鐵道日本不反對日公使則要求昌圖姚南間之鐵道歸日本築造以爲抵制

卒將雙方意思明載會議錄中。及滿洲諸協約發表之後。英美資本家。熱心運動

錦齊鐵道不成立

錦齊鐵道之借欵。（後欲延長至愛琿。亦曰錦愛鐵道）疊與中國交涉。日本政府。一方向外務部申明雖不反對。准維持中日新協約之權利。（指昌圖姚南線築造權）一方唆俄國出爲反抗。事遂中止。

渤海漁權與領海問題之失敗

渤海漁業問題。自光緒三十二年。中國課關東漁業團漁稅。起紛爭。後迭經日本領事之要求。於光緒三十四年。住關東州之日本人。亦獲滿洲沿岸之漁業權。該日本漁團。以避稅之故。全出距海岸三海哩以外之海面。從事漁業。光緒三十四年。東督錫良於漁期前向日本領事通告。主張三海哩以外之海面。悉屬中國領海。應准中國漁業規則課稅。日本領事以三海哩外爲公海。反抗之。於是渤海之領海問題起。（日本主張渤海爲公海。中國主張爲領海。）翌年（宣統元年）漁期。復起交涉。彼此協議。依渤海領海問題解決之。其後調查渤海灣口最狹處。在國際法領海距離之外。我國遂失敗。

鴨綠江鐵橋問題。即滿韓鐵道聯絡問題。日本領事迭與東督交涉。卒以下之條

鴨綠江架橋條約

約決定之『自鴨綠江中心至西岸鐵橋之一半。准安奉鐵道契約。十五年賣還中國照各國國境汽車接觸之通例辦理』。此條約成於是滿韓鐵道得實際聯絡。

三電線問題我國之讓步解決

滿鐵附屬電線原係俄國架設。無供公用之約。日本占有之後取供公衆電報之用。中國抗議之。卒如日本要求確定公用權利。日俄開戰時日本於南滿洲所設軍用電線。和平後應歸中國買收。日本爲本國人聯絡便利之故每設詞反抗。結局中國雖得出資買收。實際日本人得自由使用。旅順芝罘間之海底電線。原係俄國布設。戰時全歸斷絕。至此日本要求依該海底電線直通芝罘之日本電線局。爲我國所拒絕。日本百端要求之後。卒以下之方法解決之。卽『該海底電線距芝罘海岸七哩半以內之部分。歸中國所有。(收於中國芝罘大沽間海底電線被覆筒內。)依中國電信局上陸。由中國電線局另設一線使接續該海底電線。以通於芝罘之日本電線局。使日文電信無障礙。』

當滿洲新協約發表。美國之輿論皆以日本違背開放門戶主義。與波子瑪斯條

美國滿洲鐵道中立之提議

約之精神。又風傳日俄將起第二大戰爭。宣統元年十二月。美國國務卿羅克斯突然向中俄日英法德六國提『滿洲鐵道中立』之議。其提議之內容。由各國共同出資。使中國政府爲借主。收買滿洲諸鐵道。管理權歸投資各國共同管轄。禁政治軍事上之使用。惟限於商業運輸。使滿洲事實上爲中立地帶。以絕日俄兩國衝突之禍根。且確保列國機會均等主義。中國固贊成之。英法二國以同盟國關係之故。依日俄兩國爲向背。日本與俄國妥商一致後。始與俄國提出正式

美國提議之失敗

之反抗。美國亦無最後之對付。提議遂全歸失敗。蓋日本於日俄戰爭後。實行囊括滿洲之志。俄國經營極東之野心。亦尚未衰。其不能於無故放棄滿洲之特殊地位。以公諸列強者。亦自然之勢也。而美國於毫無機會之時。又不先得一二國之贊成。忽然提此重大之議。宜其失敗也。且不僅提議失敗。反促日俄接近之機。

日俄第二次協約

宣統二年六月初七日。日俄第二次新協約忽然發表。其原文如左。

日本帝國政府及俄羅斯帝國政府。眞實維持一千九百七年七月三十日之協約所定之主義。且爲擴張該協約之効力。以確保極東平和。特協定左之各

條。

一　兩締約國。爲保各國交通便利商業發達起見。相互協力改善滿洲之鐵道。及整備該鐵道之聯絡。決不爲妨害此目的之一切競爭事務

二　兩締約國尊重現時日俄二國所結之條約。又日俄與中國所結之一切條約。及其他條約。以維持滿洲之現狀。

三　前記之現狀若發生帶侵迫性質事件之時兩締約國爲協定維持該現狀必要辦法得相互隨時商議。

一千九百十年七月四日作於聖彼德堡

日本全權公使　本　野　一　郎

俄國外務大臣　伊　孜　渥　爾　斯　克

日俄第二次協約之性質

此日俄協約之性質與第一次日英同盟條約之性質相距不遠滿洲若果有第三國干涉時則日俄之攻守同盟反掌卽成因此二國對滿洲之特殊地位愈鞏固且以聯鎖複合之關係日英俄法四國協同一氣占世界外交大勢力中美孤

日俄協約外之日俄密約

立德亦祗得依三國同盟以固其現在之地位且該協約之外另爲秘密協商卽日本合併韓國俄國不反抗俄國於伊犂蒙古有何等進行日本承認之或爲何等之援應是也蓋波子瑪斯條約尙認韓國之存在其會議錄中特聲明『日本若有侵害韓國主權之事須得韓國政府之同意始可執行』則日俄二國尙相約認韓國爲有主權之國且韓國合併之影響俄國有直接利害關係英法美有間接之變化俄以直接利害尙不反抗他國亦遂無異議則日本有得俄國承認之必要無疑而證之事實日俄協約以七月四日締結日本寺內統監卽以七月二十三日渡韓京韓國合併條約卽以八月二十二日成立則俄國承認日本合併韓國爲日俄秘密協商中之一蓋明瞭之事實也日本對俄國之報償雖尙未見實行然宣統三年春中俄二國爲改正條約問題起紛議日本國論無不左袒俄國之伊犂出兵則亦可想見秘密協商中之對面條件也且卽以本協約論其所謂確保平和者蓋滅人之國奪人之土而不至與何國起戰爭之謂也嗚呼日俄二國之接近其損害於我國者豈可以程度計哉該協約發表後英法德首先承認

美次之。中國躊躇再四。付不侵害中國主權維持滿洲現狀之宣言書承認之。

滿洲之趨勢。已如上述。茲將日本南滿洲鐵道會社經營南滿之現狀。述於左。

南滿洲鐵道會社經營之現狀

會社之資本

南滿洲鐵道株式會社之業務。以光緒三十三年（明治四十年四月一日）開始。總資本金二億圓。內一億圓由日本政府出資。卽以現有鐵道及一切附屬財產充之。餘一億圓由本國政府擔保。募內外公債擔承之。初次於國內募集二千萬圓。規定先納十分之一。會社收實金二百萬圓。以經費不足。由政府保護以五分利先後在倫敦發行社債八百萬磅。（第一回明治四十年七月發行四百萬磅。第二回四十一年六月發行二百萬磅。第三回同年十二月發行二百萬磅。）內除發行差額手數料等。會社實收金七百四十九萬磅。爲經營下述諸事業之資本金。

會社之經營鐵道事業

光緒三十三年三月（明治四十年四月一日）日政府授與會社之鐵道。爲大連長春本線四百三十七哩五。旅順支線二十八哩八。柳樹屯支線三哩六。營口支線十三哩四。煙臺支線九哩七。撫順支線三十八哩九。安奉線百八十八哩九之七線路。內除安奉線爲二呎六吋之輕軌鐵道外。其餘皆三呎六吋之狹軌鐵道也。會社接受此等鐵道後。卽決計除安奉線外。其餘諸線均改造爲四呎八吋半之廣軌鐵道且大連蘇家屯間二百三十八哩三之部分。改築複線。即行起工。光緒三十三年十月（明治四十年十一月）旅順支線之廣軌先成。翌三十四年五月大連長春本線。及撫順營口兩支線。皆得廣軌車運轉。戰後倉猝萬事不整備之時。僅以一年之短歲月。使五百哩以上之廣軌工事。與二百有餘之大機關車。二千五百以上之運輸車輛。完美成功。其經營滿洲之勇力可想見也。此廣軌工事竣工後。即於光緒三十四年九月（明治四十一年十月）以完美之急行列車。每週三次。往復於長春大連間。與俄國之帝國列車。及萬國寢臺會社之列車相接續。以開歐亞交通之便。又大連蘇家屯間之複線工事。與煙臺支線。柳樹屯支線。營口支線之廣軌工事。皆以宣統元年二年次第竣工。安奉線於宣統元年自由行動改築。興工後於民國元年全部竣工。

會社於長春大連廣軌列車將開通之時。即謀聯絡大連上海間之航路。開上海歐洲交通之捷徑。以奪津浦粵漢關內外各鐵道之利益。其運輸成績。日加增盛。（大連上海航路未開之前。歐商出入中國。多依鐵道輸送。該航路開通之後。多改由海運。）

會社之礦務事業

會社經營之礦業。以撫順炭坑爲主要。撫順炭鑛。沿渾河延長三十餘里。炭層平均約百三十尺。所含炭量至少在八億噸以上。會社承辦以來。改造從前工事。目下炭坑有千金寨三坑。楊柏堡二坑。老虎臺二坑。其出炭額每日約三千噸。此外尚於千金寨楊柏堡二處。各鑿千百尺之大竪坑一所。千金寨者稱大山坑。楊柏堡者稱東鄉坑。此二坑完成。其出炭力每日約各二千五百噸。煙臺炭坑現時出炭額日五六十噸。石炭消場除滿洲需要外。其餘輸出天津芝罘上海廣東香港新嘉坡哈爾賓朝鮮等地。

會社之經營市街

初日政府爲使該會社得實行其殖民政策。特與以居民課稅特權。邇來會社爲經營鐵道界內之公共事業。特制定『界內居民課稅規則』。其公共事業之開辦費。由會社負擔。經常費則由居民所納公費充之。其第一着手爲經營街市。其所定經營之街市。爲瓦房店。熊岳城。蓋平。大石橋。海城。遼陽。奉天。鐵嶺。開原。昌圖。四平街。公主嶺。范家屯。長春之十四市場。現瓦房店大石橋遼陽奉天鐵嶺開原四平街公主嶺長春九處之道路溝渠。已竣工。瓦房店遼陽鐵嶺公主嶺四處之水道。已設備。大連瓦房店大石橋遼陽公主嶺長春六處之公園。已成立。大連熊岳城二處之苗圃。遼陽公主嶺長春之市場。公主嶺之屠獸場。瓦房店熊岳城大石橋遼陽奉天鐵嶺公主嶺長春等處之墓地。及火葬場。與衛生設備。消防設備。亦皆已完修。

會社之教育事業

會社於瓦房店。大石橋。遼陽奉天昌圖公主嶺長春撫順八處。各設尋常高等小學校。四平街。海城。橋頭。雞冠山。熊岳城。草河口。各設分教場。蓋平設公學堂。各小學校內又各附設實業補習學校。現時學生約二千內外。

此外會社尚經營大連灣港。與電氣瓦斯事業。又建設病院。及各種試驗場。及各處旅館等。僅以內債實金二百萬圓。與外債實金七百四十九萬磅之資本金。與數年之短歲月。已得爲如此之實際施設。將來擴張其經營費。其拓植事業。更與時俱進。無疑。不數年後。滿洲成主客易位之觀。自然之勢也。

會社與滿洲之將來

第十四章　各國對於清末之趨勢

第一節　中俄之衝突

自日俄戰爭後至清帝退位之前，中俄兩國交涉之重者，爲哈爾賓行政權問題，北滿洲關稅與松花江航權問題，及通商條約改正問題是也。（錦愛鐵道與日俄協約詳前章不贅）是等問題，諸次第解決，順敍述之於下。

哈爾賓爲東清鐵道之中心地，初祗俄人住居，以光緖三十一年十二月之中日協約，開放爲通商口岸，自是各國於光緖三十一二年次第置領事於哈爾賓。俄政府援東清鐵道條約第六條『該會社一手經理』之七字斷章取義，主張東清鐵道會社於哈爾賓有行政權，我政府反抗之。玆先述東淸鐵道條約第六條如左。

該會社爲建造鐵道及經理，必須防護之地方，又鐵道附近須開採砂土石塊石炭等地方，此等地方若係官有地，則由中國政府下附，免納地價，若係民有

地則由該會社依時價向地主買收而該會社之所有地方槪免地租由該會社一手經理建造各種房屋設電線以供鐵道之用（下略）

右條文之解釋所謂由該會社一手經理者僅限於建造房屋設電線之事項無疑俄國固稱東淸鐵道會社於哈爾賓有行政權係條約上之權利要求各國領事認可日本以南滿鐵道之經營悉襲北滿鐵道之例力左袒俄國之要求爲正當美國領事發子謝欲實舉尊重中國主權保全領土開放門戶主義主張哈爾賓開放之後卽與中國各通商口岸同等以通商口岸立於一私立會社行政權之下爲公法上所不容責俄國要求爲不當德領事贊成之美國國務卿盧多將乘機向各國爲滿洲第二宣言（卽重申尊重中國主權維持商工業機會均等主義）住美俄公使羅栓急訪國務卿申明俄國不侵害滿洲主權僅維持警察權而止事漸休息翌年（二十四年）俄東淸鐵道總辦兼哈爾賓總領事霍爾哇拖忽布東淸鐵道市制於哈爾賓該市制第四十條（卽哈爾賓市制第五條）規定「凡居住哈爾賓市內之中外人民悉課商工業稅家屋稅借地稅酒稅等以爲公共費用」定於俄曆一月一日實行爲我國商人

所反抗。外務部旋命東督徐世昌於哈爾賓設自治局以爭主權。及期俄國實行課稅。兩國之交涉遂急。宣統元年一月。霍爾哇拖進北京。與外務部直接談判。至三月二十一日。外務部尚書梁敦彥與霍爾哇拖結東清鐵道界內（鐵道附屬地）組織自治會之豫定協約十八條。其全文如左。

一　鐵道界內首先承認中國主權。不得稍有侵害。

二　凡中國主權應行之事。皆得在鐵道界內施行。限於不違反東清鐵道會社諸條約。則鐵道會社與自治會均不得藉詞阻止。

三　關於東清鐵道現行諸條約。仍繼續遵守。

四　凡中國主權應發布之法律命令及其他規則。由中國官吏宣布告示。

五　凡中國地方大吏官員到鐵道界內時。鐵道會社與自治會務須尊重表敬禮。

六　鐵道界內之重要都市設自治會。由該埠居民。按地方程度。人口多寡。選舉議員。更由議員復選執行委員。若該埠居民。自行辦理地方公共事務。得互舉領袖一人。爲辦理公共議定之件。

七　鐵道界居民。不分中外。共享平等權利。共擔平等義務。

八　凡居民須有相當不動產與納相當稅金者。方有選舉議員之權。

九　議長由議員中選舉不分國籍。

十　地方公益一切事項。均歸議員會議。至教堂商會學堂慈善等事。專屬一方面者。歸各自籌欵辦理。

十一　執行委員不得過三人。中外議員皆得被選。此外另由交涉局總辦與鐵道總辦各派委員一名。會同議長組織一執行委員會。

十二　議員會議長。卽兼充執行委員會會長。

十三　交涉局總辦與鐵道總辦之位置。在議員議長與執行會會員之上。有隨時監督檢查自治會之權。執行委員之常務。須作報告書稟知二總辦。

議員議決之事項。須先提出兩總辦。請其承認後。始由執行委員會公布。無論何國人。皆一體遵行。

十四 議員議決事件。如交涉局總辦及鐵道總辦不承認之時。交議員覆議。覆議時如出席會員四分之三認可時。卽有執行之力。

十五 凡關於鐵道界內都市之公益。及理財上重要事件。經議員妥商後。呈請中國督辦大臣及東淸鐵道本社。和衷核奪施行。

十六 車站車廠及其他供鐵道用之地方。專歸東淸鐵道會社管理。其他會社未經出租地畝。及會社專管之房屋。未歸自治會者。仍暫歸鐵道會社管理。免納地租。

十七 自治會與巡警之詳細章程。及他稅定率。兩國全權應卽時會同商訂。

十八 自治詳細章程。未經商定實行之前。暫依現行規則。酌量辦理。惟交涉局總辦與鐵道總辦之監督權。確遵本協約十三條施行。

凡交涉局總辦與鐵道總辦不承認議員議決之事項。又兩總辦意見不一致之時。由中外商人各舉特別委員一名。合兩總辦公舉中外有名望者一名。會同和衷審定。

哈爾賓中國商會得派委員三名。入同市行政委員會。參與事務。與行政委員享同一權利。

滿洲里及海拉爾之中國商會。亦得舉代表二人。參列同市之執行委員會。其他祇有議事會之都市。中國商人與議辦事。與俄商平等。

本協約締結後。哈爾賓行政權問題。遂告結局。

北滿洲稅關與松花江航權事件

滿洲方面俄國商人。從來之貿易交通路有五。卽松花江愛琿琿春綏芬滿洲里之五路是也。前三者爲舊來之貿易路。後二者爲東淸鐵道開通後之新開路。光緒二十二年。東淸鐵道條約第十條與東淸鐵道條例第三條第八項皆規定『中國於鐵道兩交界地設稅關。由鐵道輸出入之貨物。中國照海關稅率減三分之一徵輸出入稅。其運往中國本部之貨物。照既納輸入稅減三分之一徵通過稅』。然自東淸鐵道竣工數年後。我國政府忘卻條約上之權利。卒不於鐵道兩交界地設稅關及光緒三十一年十二月之中日協約約定滿洲大開放俄國政府恐中國於開放地設稅關致喪失俄商之貿易特權要求我政府協定北滿稅關三十三年六月兩國委員議定試辦北滿稅關章程大綱翌年正月吉林交涉局總辦杜學瀛與俄總領事劉巴締結北滿稅關章程如左。

一　兩國邊境各百里地照舊來條約爲無稅貿易地

二　由鐵道輸入之貨物照海關稅率減三分之一課輸入稅。

三　輸入滿洲內地之貨物照海關稅率減三分之二課通過稅輸入中國本部之貨物照海關稅率之半額課通過稅其輸入稅照海關稅率徵收。

四　哈爾賓車站爲中心點其半徑十里之圓形區域內爲減稅地域（即除納海關稅率三分之二之輸入稅外。不課通過稅。）此外十六處車站以半徑五里之圓形區域爲限度其他各車站以半徑三里之圓形區域爲限度皆爲減稅區域（本項限試行一年改正）

先是光緒七年中俄陸路通商條約第一條有『兩國邊境百里內地准兩國人民自由貿易不納稅』之規定然係限於西北利亞與蒙古伊犁之國境間至此

以明文規定適用於滿洲北滿洲中俄接境沿黑龍江流域共有三千四百俄里。東滿洲中俄接境沿烏蘇里河至圖們江畔。共有五千四五百俄里此冗長國境之百里內皆爲無稅貿易區域。俄境皆爲荒蕪。中國境皆爲富裕。其得失損益自明。且起日本嫉視垂涎之端。本條約協定後。旋於東清鐵道東西兩端之滿洲里。（黑龍江西境距俄界十八里）綏芬河（吉林東南距俄界五里）二處。設稅務分局於哈爾賓。設稅務本局。而於舊來貿易路松花江愛琿琿春三路。仍不設置稅關。及宣統元年五月。我政府於哈爾賓三姓拉哈蘇蘇三埠。（即松花江貿易路）頒布新稅關章程。定日實行。此新稅關章程。與前稅務章程僅適用於中俄二國者全異。卽准各通商埠之例。苟各國商人遵守本章程。則皆得航行松花江也。俄政府援愛琿條約『松花江限於中俄兩國船舶通航』之約束。力申反抗。將出自由行動之勢。初俄國獲松花江獨航權。始於咸豐八年之愛琿條約。光緒七年伊犂和約中。更申明之。然我國政府以該二條約所稱之松花江。係指黑龍江下流言。（中國歷史黑龍江與松花江滙合後稱松花江）松花江上流係中國內河。爲外人所不能容喙。仍不許俄人在滿洲內地之松花江通航。及拳匪事變。俄人占領滿洲。實行航行松花江上流。以與東清鐵道相聯絡。及日俄戰後。俄國在北滿政治上經濟上之勢力。全然一變。而我國以中日協約開放滿洲十一所為萬國通商地。遂欲乘機公開松花江上流。許各國通航。以斷俄人獨得之患。此兩國衝突之原因也。兩國委員於哈爾賓談判。數閱月不得要領。以宣統二年四月。移談判於北京。亦不進行。及六月初旬。日俄滿洲新協約發表後。談判忽然急進。兩國互讓。遂以七月初五日締結左之條約。

一　中國政府開放滿洲界內之松花江。許萬國自由行航。

二　船舶稅不依汽船噸數徵收。而依所載貨物之重量徵收。

三　兩國國境各百里以內之消費貨物各免稅。

四　穀物稅比從來減三分之一徵收。

五　內地貨物之輸出稅。於松花江稅關按規全納。

六　去年以來中國徵收俄商之稅金。概不給還。

松花江行航與課稅問題。以此約解決。自是各國得於松花江內河行航。

改正條約問題與俄國自由行動之宣言

光緒七年伊犁事件中俄改訂條約第十欵規定『准俄國在內外蒙古各處貿易照舊不納稅并准俄民在伊犁塔爾巴哈臺喀什噶爾烏魯木齊及關外之天山南北兩路各城貿易暫不納稅俟將來商務興旺由兩國議定稅則將免稅例廢除』第十五欵規定『通商各條每十年酌改如十年限滿未請商改仍照行十年』准此條約蒙古新疆共面積四百二十三萬方吉羅米突之地皆爲無稅貿易區域實爲世界所罕見第一次期滿時（光緒十七年）我國卽應要求議定稅率當局者空過之第二次期滿時（光緒二十七年）値拳匪事變後政府忙於內外憂患亦無所更改而俄國自成立該條約以來浸潤腐蝕勢力激增於伊犁塔爾巴哈臺喀什噶爾庫倫肅州吐魯番各已設領事館等處皆設專管居民地且置俄華銀行支店與俄國郵便局（通用貨幣。多用俄國銀貨與紙幣。我國無一銀行郵便亦仍舊制）十年前俄國貿易額僅八十萬盧布至今超至二百萬盧布以上有商權悉歸俄人商貨悉化俄品之勢近年俄國以第三次條約改正期將至莫斯科豪商及大製造家組織第一次蒙古調查隊進蒙古考俄國貿易之利害關係自恰克圖進庫倫經烏里雅蘇臺科布多歸國。

結果調查日美貨品。多進蒙古。而內蒙古之中國移民加增。皆於俄商不利。宣統元年。更發第二次調查隊進蒙古。專以學術上研究爲標準。翌年俄歷十二月。莫斯科商人合前後兩次調查員開商會。凝議對中國貿易策。商務大臣亦與議。卽宣統三年春俄國新要求案之張本也。而我國近年亦醒覺。急欲收回權利。將於第三次改約期。與俄國協定蒙回稅率。宣統二年冬開交涉以來。兩國之主張全相反對。遂釀宣統三年春間之紛議。宣統三年正月十八日。俄政府命駐北京公使可斯德羅威克突向外務部提出通告。申明『所記六項有一不允。俄國政府。卽不認中國政府有維持善鄰之誼。將取自由行動』。同時向法日英三國爲同一之宣言（法爲俄同盟國。日英二國皆與俄國結有關於中國之協約國。）其要求之六欵如左。

一　一八八一年（光緒七年）之條約及其他國際條文。皆除國境五十俄里（卽中國百里）外。俄國政府制定國境之稅率。不受制限。國境彼我五十俄里線內。兩締盟國領土內之產物及工業品。皆無稅貿易。

二　在中國領土內之俄國臣民。關於行政裁判。歸俄國官憲管轄。若中俄兩國人民之民事訴訟。歸俄中混合裁判所審鞫。

三　蒙古及天山南北諸地方。俄國臣民得自由移轉居住。不受何等獨占及禁止之妨害。且一切商品皆爲無稅貿易。

四　俄國政府於已設領事館地方之外。更於科布多哈密古城三處。有設領事之權。此權利之實行。雖應與中國協商。然是等地方兩國人民屢起訴訟。足見實行此權利不可緩。

五　中國官吏。須認俄國領事對於管區內之權能。關於兩國人民訴訟。不得拒絕俄國領事會審。

六　俄國於伊犁塔爾巴哈臺庫倫烏里雅蘇臺喀什噶爾烏魯木齊科布多哈密古城張家口等處。有設領事館之權。俄國人民對於是等地方。有購置土地建築房屋之權。

此要求之第一項。蓋以光緒七年國境百里內。准兩國商人自由貿易之約。中國主張僅限於國境百里內之所產物而止俄國則欲括中國內地之產物及工業品皆爲無稅貿易也。第二第五兩項。則以我國邊官。近時有拒俄人會審之事也。第三項則因中國政府於上年獎勵伊犁塔爾巴哈臺之華商組織製茶公司。與以製茶專賣權。有損俄商利益之提議也。然該條俄政府不爲鑿實之明文者。知中國若失茶稅。則烏里雅蘇臺之軍費。每年失十二萬兩之欵。爲中國所不肯承認。故用混含之文字。欲中國粗心承認之也。第四第六兩項。則援光緒七年條約上之規定。迫其實行而止。我政府於正月二十日。逐條作答。外附言「中國無違反條約侵害俄人特權之事。若貴國動言自由行動。是爲滅視國交之實」所答六欵如左。

一 國境百里內自由貿易之約。確實遵守。并無制限俄國國境稅權之事。

二 兩國人民訴訟事件。遵原約施行。

三 蒙古新疆地方俄人之無稅貿易權。中國常遵守約章確認之。但此權利原約俟商務興旺。即設定稅率廢止之。此事兩國應再協商。

四 科布多哈密古城。既認爲貿易隆盛。中國依約承諾。俄國設領事館。俄國亦應依原約允制定關稅。

五　會審事件依原約十一條遵行中國可將此項再通知各地方官。

六　俄國第六項要求係依原約十三條之規定中國承認之。

右覆答之精神卽光緒七年條約中所有者悉承認之而以制定關稅爲增設領事之對抗也同時更發同意之宣言書申明『中國確遵條約所規定其條約上解釋有疑義者則仍其舊』於是俄國要求中所不得要領者一爲締約國領土內之商品二爲華商製茶專賣三爲增領事件於制定稅關正月二十九日俄政府更向外務部爲具體之質問我政府答以『光緒七年商約第十二條通商各處准俄國販運各國貨物不含中國領地內之貨物（本國內貨物不認外人在內地販賣）茶爲中國國產準光緒三十三年塔爾巴哈臺協約（此約未發表）辦理與俄商自由貿易無關係科布多等處設領事原約以商務興旺爲標準非以民間起訴訟爲條件』俄政府以中國曲解條約蹂躪俄國之權利爲詞於二月十四日向外務部提出最後通告同時命土爾其斯坦駐屯軍之一部隊進屯伊犂北方邊境二月二十日。

我政府爲左之回答。

一　科布多設領事中國同意。

二　茶仍華商專賣。

三　蒙古爲自由貿易地。

四　希望協定關税。

俄政府仍怒其不得要領限於二月二十八日若無全部承認之確答決出自由行動我政府不得已於二十七日覆文悉認其要求問題始落原新疆茶商（華商）歷課一定釐税自俄人得無税貿易權茶利悉爲俄人所壟斷近年新疆官民欲收回利權設新疆茶務公司本店於伊犂設支店於塔爾巴哈臺定年輸出茶三百五十票（每票茶五千七百斤）每票課釐税三百四十三兩六錢年獲十二萬兩爲塔城軍費茲復撤消專賣權悉依俄人之强求。

俄國於此交涉特出横暴之主動者蓋以日俄協約之故得聯俄法日英四國爲一氣又以同時之日俄密約得日本承認俄國對於中國之自由行動此俄國於

滇緬境界問題與英兵占領片馬

談判之始卽以自由行動之旨宣言且向日英法三國通告而無所顧忌也。

第二節　中英滇緬境界與禁絕鴉片問題

英併緬甸之後雲南遂與英國接界光緒二十年及二十三年之中英滇緬境界條約僅規定北緯二十五度三十五分以南至北緯二十一度四十五分（湄江）之下一段邊境而止其北緯二十五度三十五分以北之上一段邊境則約中第四條規定俟將來核定此一帶地方我國領爲雲南麗江府淮西廳及永昌府騰越廳之隸下英國領爲八莫以北之密芝那（鄒氏地圖作米記納）及野人山地方是也野人山中國稱茶山昔爲茶山土司地此地段廣數十里長數百里國境全不明中國依土民之趨向歷主張以恩梅開江（伊洛雅底江上流之分支）爲國境光緒三十一年迤西（騰越）道與騰越英領事會一次會勘至片馬附近使命不終而止英領事聞片馬係通雲南四川西藏之要路遂主張以高麗貢山循雪山爲國境高麗貢山在騰越廳東北百二十里雪山卽聯接高麗貢山南北縱貫爲怒江恩梅開江之分水嶺然高麗貢山以西之村落人民歷與中國土司有從屬之關係不肯服英英人惡之。

突於宣統二年十二月。派兵二千。馬二千五百。及工兵隊等占據片馬。片馬在北緯二十六度。格林尼址東經九十七度三十五分。東爲大理府雲龍州。南臨馬面關。大塘關。北爲野人山之溪谷。自古常屬中國。元併大理後。使屬於雲龍甸。明屬於茶山里麻。淸初高宗定雲南。使屬騰越。案訟事件。悉仰保山州。道光時常派營駐其附近各寨。至近時邊備漸疎。而英國自獲騰越鐵道權以來。以山脉重疊。築造甚艱。不甚稱意。測量片馬。較爲平坦。且知爲自緬甸通川藏之咽喉地。遂啓侵佔之心。故英軍至此。卽建築堡壘。爲永久計。先是雲貴總督李經羲。探知英國將訴之兵力。以解決境界問題。迭電請外務部。早與英公使磋商。英公使覆詞狡卸。外務部遂以爲無事。及英軍占據片馬之後。駐英公使劉玉麟與英政府迭次交涉。英以無侵略意爲詞。然卒不撤兵。嗣我國革命軍起。淸民交替。臨時政府約亘二年。不暇問邊事。片馬問題。遂至今懸案未解。

自鴉片戰爭之後。政府明解鴉片之禁。咸豐八年。中英通商條約『准洋藥進口。每百斤納海關稅銀三十兩』。自是上自王公。下至窮鄉僻壤之小民。無不吸嗜。

數十年來國日弱財日盡庶政不修民不自理其最大原因實由於此因外國之輸入日盛國內遂自爲種植四川雲南貴州爲始終至於各省州縣無不栽種罌粟政府苟且不謀國家百年大計且利用鴉片稅釐以增補國庫財源光緒十一年中英煙臺條約規定「鴉片每百觔箱納海關正稅三十兩更納釐金八十兩」十六年戶部及總理衙門新定各省土藥課稅章程拳匪事變後於宜昌設兩湖江西安徽四省統捐局三十一年鐵良南下後更改爲兩湖兩廣兩江福建之八省統捐局計脫離地方大吏之手以增中央之收入然自八國聯軍入北京之後國勢大衰財政愈困政府急欲滌除國內積弊且擴充財源直隸總督袁世凱計効日本之臺灣禁煙遞減法先與英國公使有所協商不收成效及日俄戰爭後大動我國上下心理朝廷於三十二年七月下豫備立憲詔駐英公使汪大燮乘機奏請先禁鴉片以培國本奏中略云「光緒十一二三年頃外國鴉片一擔價値三百六七十兩至光緒二十九三十年間每擔價値七百兩其騰貴至斯而輸入不見減少光緒二十九年輸入五萬八千四百擔原價四千三百八十三萬兩稅

銀僅六百四十六萬兩。三十年輸入五萬四千七百擔。原價三千七百零九萬兩。稅銀僅六百零二萬兩。國家歲入僅增六百萬兩。而歲失於外國銀不下三四千萬兩。且內地產價年消七八千萬兩。若一概禁絕。則年得保一億萬兩之利。』其對於禁止之方法。則主張『外國輸入鴉片以十年遞減絕止。內國栽種之煙以十年遞減禁絕』摺達外務部當局者皆恐英政府反抗不敢實行軍機大臣瞿鴻禨以汪駐倫敦主張禁煙必有把握爲辭廷議遂決旋下『以十年爲限內外鴉片一律禁絕』之詔。外務部旋與英公使交涉提議『印度輸入之鴉片以十年遞減絕止』。先是英國政府及國民以鴉片毒害外國人民爲損大不列顚國之名譽。有禁止印度栽種鴉片之意。而印度政府以鴉片爲印度輸入之大財源。不贊成。然印度政府知中國必有禁煙之日。十餘年前於錫蘭島植茶。計以錫蘭之茶驅逐中國茶之輸入。以爲異日印度鴉片不得輸入中國之抵制。及光緒三十一二年頃。中國向英國輸出之茶被錫蘭茶驅逐其百分之九十六。（中國比從前向英國輸出之茶僅存百分之四）中國茶業之損害如斯。而印度鴉片之輸入中國者。且有增加。倫敦之輿論卻爲中國政府有所歎息。汪公使得其情實。此竭力主張禁煙之所以也。而斷時外務部與英公使之交涉。鑒於袁世凱以增大中央財源爲主義與英公使交涉失敗之故。則全以德義人道爲口實。英公使通知本國政府。英政府贊成之。印度政府亦無異議。三十三年十一月二十八日、（一九〇八年一月一日）外務部得與英公使結左之試辦禁煙協約。

一　印度鴉片輸入中國額。以最近五年平均額五萬一千箱爲準。自光緒三十四年起。每年遞減十分之一。以十年絕滅。但暫試行三年。如中國內地產煙與吸煙者爲同樣之減少。則所餘七年。英國始得依約繼續。

二　中國課鴉片輸入稅例每百斤箱課一百一十兩。今內地產課一百十五兩。外產比內產其力量加倍。則課稅亦應加倍。但現爲英國所不贊成。俟後再商議。

三　中國派官吏至加爾各答。監査印度鴉片輸出額

四　香港煉製之鴉片。禁止輸入中國。由兩國相互設法防止。

五　中國各通商口岸之煙館與賣煙具者悉禁止。閉鎖租界。官吏須遵中國之禁煙令施行。

六　禁止莫啡鴉及莫啡鴉鍼之輸入。但此俟各國承認後行之。

莫啡鴉爲鴉片代用物。中英中米通商續約中已規定禁止輸入。然向中國輸入鴉片之國。非僅印度。波斯安南南洋諸地皆如之。此約締結後。外務部努向法荷葡諸國(波斯爲無條約國)交涉。斯時美國大統領盧斯福倡人道主義。向鴉片貿易關係諸國提議開萬國鴉片絕滅會於上海。大助我國禁煙聲勢。法葡荷三國遂悉贊成之。政府乘機厲行禁令。睿親王莊親王都御史陸寶忠副都御史陳名侃等均以吸鴉片革職。而任恭親王鹿傳霖景星丁振鐸爲禁煙大臣。力圖各省禁吸禁種方法。以期中英協約之有效。宣統元年正月。中美英法俄德日荷葡暹十國代表開鴉片會議於上海。我國派兩江總督端方與會。卒以我國無積極禁煙之方法之提議。又英國代表亦不願爲積極之禁絕。終局不收十分成效。宣統二年四月。兩廣總督袁樹勳課輸入熟膏稅每兩三十仙。(即比例煙臺條約每鴉片百斤課百十兩稅。玆變爲二百四十斤。約課三百兩之稅也。）英商大起紛議。責爲違反煙臺條約。英公使與外務部迭次交涉。外務部令袁樹勳明白回答。袁覆『熬膏不增稅則人民決不廢吸。是人道德義上之正當。增稅與煙臺條約毫不相背』云云。英公使卒請增加關稅免課膏稅。袁固執不應。及宣統二年十一月二十八日。爲中英協約試辦三年期滿。我國以本國禁吸禁種實著成効。請英政府更換條約。英公使詳查我國各省禁煙成績不虛。後始於宣統三年四月初十日。與我外務部結左之新條約。

一　自一千九百十一年一月一號起。七年之內。中國每年減種。當以英國每年減運之數爲比例。至一千九百十七年。全行禁盡。

二　現在中國政府嚴行禁種禁運禁吸。英國政府深表同情。如中國不到七年。土藥確實絕種。則英國政府允印度出口運華之煙。亦同時停止。

三　無論何省。土藥已經絕種。他省土藥亦禁運入。確有憑證。則印藥亦不准運入該省。惟上海廣州二口爲最後禁止印藥輸入口。

四　英國得派員隨時往內地考查減種情形。

五　中國得派員駐印度查視印藥輸出裝箱。

六　中國若對於內地土藥課劃一之稅則英國承認印藥每百斤箱課三百五十兩之稅。

七　前項條件實行後所有廣東等省對於印藥之各項限制與各項稅捐立卽消除。

若查得以上二節有不照行之處則英國政府可將此次所訂條件或暫行停止或卽行作廢。

又又言明印度生土除前項稅則外於輸入口岸內概免他項稅捐。

惟中國政府爲禁絕吸煙諸事宜所頒法令不受以上條欵之阻抑。

八　英國政府爲襄助中國禁煙起見凡印藥運赴中國者由印度政府發給出口准單按箱編列號數並黏貼印花中國對於印藥箱隻之無准單與印花者得不准其運入中國各口。

本年所發該項准單不得過三萬六百張以後六年計至一千九百十七年

止。每年遞減五千一百張。

九　本協約於七年限內若有他故。隨時可由兩國政府協定更正。

此條約利於中國之點有數端原議十年遞減玆申明不到七年有概禁印藥進口之機會一也各省禁煙情形難易不同斷未能一律辦到。玆能行分省禁斷之法二也前有奸商將印藥由他處轉入中國之弊自今凡無准單印花之洋藥概不准進口則防範更周三也印藥加課實價半額之進口稅土藥亦一律增課厲禁於征四也然其最不利於中國之點則爲印藥之禁運全視土藥之禁種爲斷我國地大人稠舊染已深豈容易於七年之短期內全行禁種此點規定是英國妨害中國禁煙之進行也況江蘇廣東二省於土藥縱完全禁種禁運而上海廣州不能禁印藥進口且全國如有一處尚種土藥該二口之運入印藥如故是豈英人扶植中國禁煙之誠意哉。

第三節　中葡澳門劃境問題

明嘉靖十四年開澳門爲葡人通商地年課地租二萬金三十二年葡商船破難。

以貢品被水爲詞。請於地方官乞地曝之。自是展地益濶。三十六年。葡國政府。公然以澳門爲己國殖民地。設殖民官吏治理之。明政府亦不之拒。萬歷元年。明政府於澳門附近築境壁爲界。默認界外任葡人自理。自此葡人屢要求減少地租。萬歷十年。承認葡商每年僅納地租五百兩。至淸道光二十八年以前。尙如之。及鴉片戰爭後。我國開五口與歐米各國通商。葡萄牙人甚惡之。屢要求免納澳門地租。我政府不許。至道光二十九年以後。葡人固不肯課。我國不能訴之腕力以謀解決。及光緒十三年三月。兩國派員在葡國首都會訂豫立節略四條。其第二條規定『中國政府承認葡萄牙國有永居管理澳門之權』。第三條規定『葡國政府不得中國之認可。永不得將澳門讓與他國』。是爲我國條約上承認葡國占領澳門之始。同年十月。由總理衙門多羅慶郡王與葡國全權公使羅沙在北京會訂中葡條約五十四欵。再申明左之條文。

預立節略中之第二第三兩欵。彼此均無異議。惟現經商定。俟兩國派員。妥爲會劃界址。再行特立專約。其未經定界以前。一切事宜。俱照依現時情形勿動。

彼此均不得有增減改變之事。

澳門劃境與日本辰丸事件之關係

右約雖規定未定界以前不得有增減改變之事。然境界既不確定。我國又不能爲嚴格之監察。實令葡人有自由伸縮現狀之便宜。近二十年間。葡人漸於壁外及附近諸島中移民建房修道。我國毫不過問。光緒三十年。兩國委員會於上海。僅協定澳門海面密輸入之件而止。境界問題。仍讓之後日。三十四年正月。日本船辰丸號。密運鎗砲彈藥向中國輸入。假泊澳門附近之過路環島東方二海里地。爲我國砲艦所捕獲。日本政府以該海面係葡萄牙領海。爲詞責求我國謝罪賠償。而陰嗾葡國政府乘機擴張澳門領地。葡國政府果向中國聲言『辰丸碇泊地係葡國領海』。於是中葡劃境問題。彼此皆認必要。宣統二年。葡政府派海軍提督瑪喀多。我政府派雲南交涉使高而謙爲劃境全權大臣。以香港爲會議地。

劃境談判及談判中止

葡使最初要求葡領圖域約百二十方哩。最終讓步之縮小圖域約六十方哩。卽最初主張澳門半島及拱北小橫琹大橫琹譚仔過路環諸島與附近海面均爲葡領。次則主張譚仔過路環二島澳門半島及拱北大小橫琹諸島之一部。及附近海面。為葡領也。高而謙始則主張澳門壁外為葡領地。壁內之數村為葡屬地。(葡使以壁內數村亦為領地。以澳門以外諸島及海面為屬地。)既讓步以譚仔過路環二島承認為葡屬地。至拱北大小橫琴三島及澳門內港與附近領海權。皆不承認之。談判經四閱月不決。葡使請付萬國平和會議解決。高拒之。以同年(宣統二年)十月停止會議。移談判地於北京。瑪喀多旋於十二月北上。與外務部談判。開始未幾。葡國大革命。該問題復中止。至今為懸案。

第四節　宣統三年之大借款

清末因內憂外患。相逼而來。國勢日形危險。政府因漸圖政治上之革新。惟是帑藏告罄。籌辦無方。遂定利用外資之策。列強乘機競起。衆矢一的。皆思以投資主義爭獲我國權利。宣統三年二三四月之間。一時外債驟增二萬萬。國內輿論沸騰。革命軍以起。結果遂為清廷最終殞命之劑。茲將借款之舉舉最大者。述其顛末。

先是中日戰爭之後。列強對於中國。各謀擴張本國之勢力範圍。及利益範圍。除

列强對中國之趨勢與投資主義

租借領地外。更要求築造鐵道與開採鑛山之權。其後中國民智漸開。急思收回利權。不惜以重利賠償各國之用費。爭回自修自開之鐵道鑛山頗多。於是各國對中國之趨勢。遂一變而爲投資主義。此主義以表面上之事實而論。各國出資開發中國實業。其所獲利益。僅得規定之利息而止。比之光緒二十四五年列强要求中國之築路開鑛權。卽有全權承辦者。大有逕庭。然各國果僅獲借欵之利息而止。則無須乎競爭投資。惟恐稍落於他國之後。蓋中國國基未鞏固。立憲新政府果足以維持國是與否。尙在各國疑問之間。萬一中國問題發難。則各國以債權者之資格。便立於主人翁之地位。而主人翁位置之高下。以債權之大小爲比例。此各國對於中國競爭投資之眞面目也。美國富力冠於世界。於中國無一定根據地。多福圖大統領之政府。亦繼麥荆來盧斯夫之志。素持開發中國以保世界平和爲主義者。故於投資主義。尤三致意。邇年來錦愛鐵道投資與滿洲鐵道中立之提議。皆被日俄二國所破壞。美政府遂轉注於中國改革貨幣之借欵。至宣統二年九月二十五日。美公使喀爾霍五與度支部載澤訂借欵豫約七條。

鐵道公債之中日借款契約

此借欵爲異常巨額。美政府本機會均等利益均沾主義。招英德法日諸國參加之。英法德三國資本家皆欣然參入。日本爲避各國牽制。獨不應。勸及十一二月間。我政府以四國新提出財政顧問之條件。不肯承認。談判忽不進行。日本公使伊集院與正金銀行主任小田切萬壽之助。乘機爲單獨秘密運動。忽與郵傳部大臣盛宣懷協定借日欵一千萬圓。爲鐵道公債。以供償還鐵道借欵及政府他部之用。其契約以宣統三年二月二十四日成立。主要條欵如左。

一　借欵總額爲一千萬圓。

利息爲百分之五。（即每百圓利五圓）

公債價格爲額面金百分之九十五。（即中國對於百圓公債票。僅受九十五圓。還時則照債票還百圓也。）

二　借欵期限爲二十五年。自借欵第十一年起。按年還本金六十六萬圓。若中國政府不照自借欵第十一年還起之法。願於自借受之第二十年爲償還全部或一部時。則百圓之債票。作爲百二圓半兌還。若第二十年後。照債票原額兌還。

日本應募中國公債之叵測

三　本公債以江蘇省折漕庫平銀一百萬兩爲擔保若定期不能償還本利時中國政府卽將該折漕銀交付日本正金銀行。本公債之利息以京漢鐵道之進欵按六個月一次兌付若該進欵不足之時中國政府另以確實的欵彌補之。

四　本契約郵傳部尙書奉上諭於宣統三年二月二十三日蓋印幷經外務部以公文通知駐北京日本公使。

日本自開國以來除受少數韓國公債外未曾應募外國公債自與俄國開戰以來本國國債膨脹除內債不計外外債總額已達十四億四千七百萬有奇實全爲歐美債務國無應募外國公債之力然此次努力應募中國外債者蓋全出於將來對中國政治上之作用幷非爲經濟問題也其不正正堂堂參入四國借欵之列而爲單獨之行動者蓋避各國牽制便將來得自由活動之意該契約發表日本國論大歡呼旋合全國十五銀行協議一切勸全國資本家應募僅得五百萬圓不能足額轉募歐洲英法比各國資本家共五百萬圓始湊成一千萬圓總

額。交付中國政府。

中日借欵契約成立之後。四國借欵交涉意外速進。議將財政顧問問題。從後另議。不記入借欵契約中。於宣統三年三月十七日。度支部載澤與英美德法四國銀行代表者以改革幣制及東三省興業爲目的。締結四國借欵契約如左。

一　借欵總額爲一千萬磅。（即一億圓）利息爲百分之五。（五厘）公債價格爲百分之九十五。（每百磅之公債票。中國得九十五磅）借欵期限爲四十五年。

二　此借欵使用之目的。一爲改革帝國之幣制及統一使用。一爲興東三省之工業及擴張使用。

三　此借欵之本息。以左記各項進欵爲擔保。

甲　東三省之煙草及燒酒稅每年一百萬兩

乙　東三省之生產稅每年七十萬兩。

丙　東三省之消費稅每年八十萬兩。

丁　各省新課之鹽稅（光緒三十四年五月新增者）每年二百五十萬圓。

以上各項進欵。自後不得作爲他借欵之抵當。且不可侵害。但中國政府於借欵期內。若改正關稅。減少釐金。或廢止之時。銀行團不得有異議。惟中國政府必先與銀行團協議、以他項進欵與本擔保物有同一之價格者更代之。

四 自借欵第十一年起。中國政府按年償還本金。若中國不照自借欵第十一年還起之法。願於自借欵之第十六年至二十年之四年間。爲償還全部或一部。時則百磅之債票作爲百〇二磅半兌還。若第二十年以後。則照債票原額兌還。

五 本借欵所興事業。異日或因繼續或欲完備。再欲借外債時。則四國銀行有優先應募權。除與四國協商不成功之外。不得與他國資本家相商。

六 本借欵四國銀行平均分受。

七 本契約度支部奉上諭於宣統三年三月十七日蓋印。更經外務部以公文通報駐北京美英德法四國公使。

此契約之最大注意點在以滿洲諸稅作借欵之擔保卽牽引四國勢力參入於滿洲之內也其期限爲四十五年則旅大租借期滿之年（民國十二年）與中國得收買滿洲鐵路之年（光緒二十二年中俄所結東清鐵道條例。規定三十六年後。中國有買收該鐵道之權。卽民國二十一年爲買收之年。）尙皆爲四國勢力所存留之時雖不直與日俄之權利生影響然自後四國對於滿洲有發言權啓異日干涉之漸者則自然之勢也蓋自日俄協約以來滿洲已全劃入日俄勢力範圍之內日本假開放之名行壟斷之實久爲美國所不樂而美自提議滿洲鐵道中立失敗以來常欲別有所挽救實爲此次借欵之原動力法雖爲俄之同盟然以俄國對北滿之勢力遠非日本對於南滿之比故與美表同情英雖爲日本之同盟然英日二國對於中國經濟上之利害常相反對故亦欲牽制之德與日俄無關係屢與美國表同情而我國亦急欲藉此舉以救滿洲燃眉之急此該契約得嚴守秘密終至成立之原因也該契約成立後日本國論喧嘩大責本國外交失敗欲協同俄國另向中國索報償伊集院公使主張從緩熟慮故一時未實現。

粵漢川漢二路之變遷

鐵道幹線國有之上諭

粵漢川漢二路之四國借款契約

粵漢川漢二鐵道。爲南西部二大幹線。積年以來。借欵拒款官辦商辦官督商辦之變遷不一。卒以路長欵巨。迄無成功。宣統元年四月。督辦該鐵道大臣張之洞與英德法美四國銀行。訂粵漢川漢鐵道借欵草約。豫定借六百萬磅。一爲償還美國合興公司舊債。一爲築造川漢與湖廣之粵漢二線。然未結正約而張棄世。此間湖南湖北熱心奔走路事者日衆。及諮議局成立。湖南且倣四川按租抽捐之例。期切實自辦。然四國公使以張之洞係代表國家所結之草約。不能無效。迭向外務部郵傳部要求結正約。及盛宣懷入郵傳部。則以借外債開發實業爲主義。將實行該二路之借款。先於宣統三年四月十一日。下全國鐵道幹線歸國有之上諭。盛宣懷遂於四月二十二日。與四國銀行代表者締結借款正約如左。

一 借欵總額爲六百萬磅。利息爲五釐。公債價格爲百磅之九十五。期限爲四十年。

二 此借欵使用之目的如左。

甲 償還舊欠美國合興公司公債二百五十萬二千圓及利息等。

乙 築造自湖北武昌起至湖南郴州宜章縣（與粵路相接）之湖廣粵漢鐵道。（約千八百里）又築造自湖北省廣水經襄陽荊門州宜昌至四川夔州之湖北境內川漢鐵道。（約千八百里）

三 築造工程。自實際起工之日起。約三年間竣工。但宜昌至夔州工事較難。得稍延長此契約蓋印之日起。武昌長沙廣水宜昌四處。卽時起工。

四 本借款之本息。以下記各項進款爲擔保。

甲 湖北省百貨釐金每年關平銀約二百萬兩。

乙 湖北省川准鹽局江防經費每年關平銀約四十萬兩。

丙 湖北省川准鹽新加二文捐。每年關平銀三十萬兩。

丁 兩湖賑糶捐湖北款每年關平銀二十五萬兩。

戊 湖南省百貨釐金每年關平銀約二百萬兩。

巳 湖南鹽道庫正釐每年關平銀二十五萬兩。

以上各項。不得再作他項債務之擔保。惟借款期內。中國政府。若改正關稅。

減少鳌金或廢止之時銀行團不得有異議但中國政府必先與銀行團協議將新增關稅與本擔保物同額之先取特權與銀行團

五　自借款第十一年起無論何時中國政府或償還全部或一部皆聽其便但未滿十七年以前則百磅債票作爲百〇二磅半兌還十七年以後則照原額兌還

六　本借款所辦事業經費尙不足時銀行團得發行本借款第二回債票但金額不得過四百萬磅仍以本借款之擔保財源爲擔保若中國異日欲延長該鐵道須借外資銀行團之條件比他資本家不昂貴時則先與銀行團協議

七　築造鐵道工事及管理權全歸中國政府所有中國政府自選英人一名爲粤漢鐵道技師長自選德人一名爲川漢鐵道技師長該技師長全服從督辦總辦及代辦之命令工事照郵傳部之意見施行工事竣工後中國若未全還借款時仍用歐美人爲技師長

八　本借款四國銀行平均分受。

九　本契約以宣統三年四月二十二日經批准蓋印。又經外務部以公文通知英法德美四國公使。

大借款與清帝退位民國成立之關係

以此契約之條件論。築路主權。全歸我有。又十年後得任便償還。以吾國財政信用之不足。得受有期隨時償還之公債。實不可云不利益。然自該借款契約與鐵道幹線歸國有之上諭發表後。全國輿論沸騰。反對甚力。革命黨遂藉此爲媒介。四處煽動。同年八月十九日在武昌之革命黨。擁軍統黎元洪倡義。宣布獨立。各省次第響應。旋組織民國臨時政府於南京。清廷不得已贊成共和。於十二月二十五日下退位詔。將二百四十餘年之統治權。讓與民國臨時政府。清廷失政多端。致亡之道雖不一。然此次大借款。實爲起革命軍之導火線。民國成立後。接收清廷之一切內政外交。此等借款契約。當然繼續有効力。然以武昌起義後。宣布廢止一切釐金。於是本借欵之擔保品。全然消失。銀行團遂不交欵。故該借欵契約於民國成立之後。一時葬於有無之間。

第十五章　各國對於民國成立後之趨勢

第一節　中俄之蒙古衝突

俄國經營蒙古與慫慂蒙古獨立

蒙古獨立與中國革命

俄國向中國之要求案

俄國對於極東之侵略以西伯利亞鐵道爲惟一之命脈若中國以蒙古置省駐大軍於庫倫則西伯利亞鐵道不時可被中國占領故俄國自西伯利亞鐵道建設之後經營蒙古之志益堅極優待貝加爾等處之佛教徒以聯蒙人之感情而對於庫倫活佛哲布宗丹巴則屢遣使節彙珍物以訪贈之活佛漸有疎清親俄之意清末爲開化蒙人起見派一般半識新學之人往蒙遊說倡政教分離蒙人大懼不能保存其宗教俄人乘間以本國爲後援慫慂其獨立立活佛爲蒙古君主以斷中國之關係活佛遂於宣統三年八月宣告獨立旋舉兵謀內犯並驅逐華官兵民於蒙古境外時我國武漢起義以內部改革不暇北顧俄政府遂於同年十一月向清外務部提出左之要求案

一　中政府須認俄人自庫倫至俄邊境有建築鐵道權

二　中政府須與蒙古訂約聲明左列三項。

甲　中國不得在外蒙駐兵。

乙　中國不得在外蒙殖民。

丙　蒙人自治。受辦事大臣管轄。

三　中國所有治蒙主權。改隸辦事大臣。中俄交涉。仍由兩政府協商。

四　俄飭領事官協助擔保蒙人對於中國應盡之義務。

五　中國在蒙如有改革。須先與俄國商酌。

時清廷以革命軍勢大。皇位將不保。無心與俄理論。及民國臨時政府成立。忙於清民交替與南北統一諸要務。將俄要求案擱置不理。俄政府以中國政府數月無回答。命全權參贊官廓索維慈於民國元年十月二十一日。直接與庫倫僞政府訂左之俄蒙協約。

一　俄國政府。扶助蒙古保守現已成立之自治秩序。及蒙古之編練之國民軍。不准中國兵隊入蒙古邊境。與華人移殖蒙地之各權利。

俄蒙商務專條

二　蒙古主及蒙古政府准俄國人民及俄國商務照舊在蒙古領土內享用此約所附專條內開各權利及特種權利其他外國人自不得在蒙古享加於俄國人民所享之權利。

三　如蒙古政府以爲須與中國或別外國訂約時無論如何其所訂之新約不經俄政府允許不能違背或變更此協約及專條內各條件。

四　此友誼協約自簽押之日施行。

附約（即俄蒙商務專條原約無外蒙字樣祗有蒙古字樣無外蒙地方官字樣祗有蒙古政府字樣後因中國承認此附約俄國允改蒙古爲外蒙允改蒙古政府爲蒙古地方官本文係依中俄最後更正之文）

一　俄國屬下人等照舊享有利權在所有外蒙古各地自由居住移動並經理商務製作及其他各事項且得與各個人各貨行及俄國蒙古中國暨其他各國之公私處所往來協定辦理各事。

二　俄國屬下人等並得照舊享有權利無論何時將俄國蒙古中國暨其他各國出產製作各貨運出運入免納出入口各稅並自由貿易無論何項稅

課捐概免交納惟俄國屬下人等僞稱他人之貨爲己貨時不得援用此條。

三　俄國銀行有權在外蒙古開設分行與各個人各處所公司會社辦理各種款目事項。

四　俄國屬下人等可用現錢買賣物貨或互換貨物並可商明賒欠惟外蒙古各王旗及蒙古官帑不能擔負私人債欵。

五　蒙古官吏不得阻止蒙人華人向俄國屬下人等往來約定辦理各種商業並不得阻止其爲俄人或俄人所開設商務製作各處所服役外蒙古域內無論何種公私公司會社或各處所各個人皆不得有商務製作專賣權其有於未定此約之前已得外蒙古地方官允許而有此種專賣權者於定限未滿以前仍可保存其權利。

六　俄國屬下人等得有利權在外蒙古所有地內各城鎮各蒙旗約定期限租賃地段或購買地段建造商務製作局廠或修築房屋鋪戶貨棧并租用閒地開墾耕種此種地段或買或租以爲上開各項之用用不得以之作謀

利之舉。此項地段。要須按照外蒙古各地現有規例。與外蒙古地方官妥商撥給其敎務牧場地段。不在此例。

七　俄國屬下人等可與外蒙古地方官協商關於享用礦產森林漁業及其他各事項。

八　俄國政府。有權與外蒙古地方官協商向須設領事之處設派領事。

九　凡有俄國領事之處。及有關係俄國商務之地。均可由俄國領事與外蒙古地方官協商設立貿易圈以便屬下人等營業居住之用。專歸領事管轄。無領事之處。則專歸俄國各商務公司會社之領袖管轄。

十　俄國屬下人等。仍可保存其利權。得以自行出欵於外蒙古各地。及自蒙古各地至俄國邊界各地設立郵政以便運送郵件貨物。此事與外蒙古地方官協商辦理。如須在各地設立郵站以及別項需用房屋均須遵照此條約第六條所定章程辦理。

十一　俄國駐蒙古各領事。如須轉遞公件。遣派信差。以及別項公事需用之時。可。用。外。蒙。古。臺。站。惟一月所用馬匹。不過百隻。駱駝不過三十隻。可勿給費。俄國領事及辦理公事人員。亦可由外蒙古臺站行走。償給費用。俄國屬下辦理私事之人。亦有享用外蒙古臺站之權。惟此項人等。應償費用。須與外蒙古地方官商定。

十二　凡自外蒙古域內。流至俄國境內各河。及此諸河所受之河流。均准俄國屬下之人。乘。用。自。有。商。船。往。來。航。行。與沿岸居民貿易。俄國政府當帮助蒙古地方官。整理各河航路。設置各項標識等事。外蒙古官吏。當遵照此約第六條所定章程。於此各河沿岸。撥給停船需用地段。以爲建築碼頭貨棧。以及預備柴木之用。

十三　俄國屬下人等。於運送貨物。驅送牲隻。有權由水陸各路行走。並可商允。外。蒙。古。官。吏。由俄人自行出欵。建築橋梁渡口。且准其向經過橋梁渡口之人。索取費用。

十四　俄人牲隻。於行路之時。可得停息餧養。如遇停留多日之時。地方官並須於牲隻經過路徑。及有關牲隻買賣地點。撥給足用地段。以作牧場。如用牧場過三月之久。卽須償費。

十五　俄國沿界居民向在外蒙地割草漁獵業經相沿成習。嗣後仍照舊辦理。不得稍有變更。

十六　俄國屬下人等其所開處所。與蒙人華人往來約定辦理之事。可用口定或立字據其立約之人。可將所立契約送至地方官呈驗。如地方官見呈驗契約有窒碍之處。當從速通知俄國領事官與領事會商。將所出誤會公同判決。今應特行定明。凡有關於不動產事件。務當成立約據。送往蒙古該管官吏及俄國領事處呈驗批准。如享用天然財賦。（案此指礦產林業等事）契約必蒙經外蒙古地方官批准方可。如遇有爭議之時。無論因口定之事或須有字據之件。可由兩造推舉中人。和平解決。如遇不能和解時。再由會審委員會判決。會審委員會。分常設臨時兩項。常設會審委員會。於俄國領事駐在地設置之。以領事或領事代表及蒙古官吏之代表相當階級者組織之。臨時

俄蒙協約破壞保全中國領土諸協約之精神

會審委員會。於未設領事之處。酌量所出事件之緊要。始暫開之。以俄國領事代表。及被告居留或所屬之旗之蒙王代表組織之。會審委員會可招致蒙人華人俄人爲會審委員會之鑒定人。會審委員會之判決後。其關於俄人者。卽由俄領事官從速執行。其關於華人蒙人者。則由被告所屬或所居留之蒙旗蒙王執行之。

蒙古爲我國屬地。無與他國締約之權。俄國欲認其爲獨立國。故擅與訂約。原蒙古獨立。不過庫倫附近數小部分而止。而該協約之精神則俄國攫取全蒙古爲俄之保護領矣。此約締結後。俄政府公然向我政府與日英法三國發通告。我政府無所措手。外交總長梁如皓以翌日棄職守逃天津。全國譁然。征蒙論四起。政府以俄國實係爲蒙古後援。不敢決征蒙之策。起陸徵祥爲外交總長。與俄公使開談判。駐京法國公使以私人資格出任調停。而日英法三國政府寂不發言。若皆默認該協約者。先是日英第一第二第三同盟。與千九百七年之日俄日法日美諸協商。皆以保全中國領土與列國機會均等爲主義。今俄蒙協約之性質則

日俄第二次密約

日俄第二次密約之原因與英國之承認

俄國奪蒙古為保護領。與上數約之精神全相反對。應為日英法美四國政府所不肯公認者也。然各國卒不干涉。且不向俄政府發一忠告之言者。蓋由日俄第二次密約成立。故當千九百十年之日俄第一次密約。不過為日本對於韓國之收局。尚未及於滿蒙也。及中國起革命之變。蒙古有獨立之事。日本遂派桂太郎於民國元年七月渡聖彼得堡。與俄政府訂第二次密約。「劃長春以南之滿洲及內蒙古一部分（即自開原之北依長柵至寬城子間之東蒙古地域）為日本所有。長春以北之北滿洲及其餘之蒙古地域為俄國所有」約互相援助。不相牽制。蓋日政府以為俄國經略蒙古。縱不得日本之同意。俄亦不稍減其侵略之志。以此為交換東蒙古之條件。寔日本外交之大成功。而俄政府急欲使蒙古脫離中國之範圍。以絕後患。然以與日本有保全中國領土之協約。若不割權利與日本。則日本必問條約上之責任。故寧將內蒙之一部讓與日本。以便急得外蒙。此該密約締結之所以也。（同年四月二十六日。俄外務大臣薩佐諾夫。於下議院發揮俄蒙關係。有內蒙古東部地方。關聯於南滿洲鐵道。該部分依地理上及行政上之關係。應認為滿洲一部分之演說。又民國二年。中俄條約。尚未簽押時。日本以南京事件。索得滿蒙五鐵道權。可以證密約之不虛。）俄外相薩佐諾夫。於密約締結後。卽於同年九月。

各國不干涉俄蒙協約之所以

陸徵祥提出國會之中俄草約

詰英外相古烈於倫敦。許西藏數部分之權利與英國。以交換蒙古。遂亦得英政府之滿足。此俄蒙協約發表。雖明背保全中國領土主義。而關係最重之日英二國。皆默不發言。法以俄國同盟之故。亦默認之。美則於中國之事與俄國無關係。又新大統領威爾遜之政府。全反對前政府張揚國是之政策。將舉東亞之發言權亦拋棄之。故我國對於此問題發生。毫無外援之依賴。惟有哀懇俄使。求其由俄國提議。另訂中俄協約。以取消俄蒙協約之一法。自元年十一月起。至二年七月。此間陸徵祥與俄使會議二十餘次。其最後協定條約。我政府於同年七月七日。提出國會。要求同意。其全文如左。

中俄兩國爲免除蒙古現狀所能發生之誤會起見。協定條件如下。

一　俄國承認蒙古爲中國領土完全之一部分。玆特擔任於此領土關係之繼續不謀間斷。又此領土關係上生出之中國歷來所有之種種權利。俄國并擔任尊崇。

二　中國擔任不更動外蒙古歷來所有之地方自治制度。並因外蒙古之蒙古人。在其境內有防禦及維持治安之責。故許其有組織軍備及警察之專有權。並許其有拒絕非蒙古籍人在其境內殖民之權。

三　俄國一方面擔任除領署衛隊外不派兵至外蒙古。並擔任不將外蒙古之土地。舉辦殖民。又除條約所許之領署外。不設置他項官員代表俄國。

四　中國願用平和辦法。施用其權於外蒙古。茲申明聽由俄國調處。照上列各條之本旨。定立中國對待外蒙古辦法之大綱。並使該處中央長官自認有中國所屬部內向有之地方官吏性質。

五　中國政府。因重視俄國政府之調處。故允在外蒙古地方將下開之商務利益。給與俄人。（即俄蒙附約商務專條）

六　以後俄國如與外蒙古官吏。協定關於改動該處制度之國際條件。必須經中俄兩國直接商議。並經中國政府之許可。方得有効。

草約不成立之原因

此協約之最大注意點。第一款全係虛文。第二款將中國舊日於蒙古置軍隊警察殖民之權利。全然劃出。第三款雖云俄國除領署衛隊外。不派兵。然衛隊無數額之限制且商務專條第八欵俄國有與蒙古官吏協商設領事之權其流弊必至領署無限制俄兵亦無限制又雖聲明不舉辦殖民然商務專條俄人於蒙古租地購地建房開墾無所不可而有領事及有關於俄國商務之處皆設爲貿易圈歸俄人管轄直與居本國土地內無異非殖民而何第四欵雖寓取消蒙古獨立之意然留中央字樣又第六欵有以後俄國與外蒙古協定國際條件之條文夫既不認蒙古獨立有何中央有何國際且云以後俄蒙協定之國際條件必經中國認可方得有効然則以前之俄蒙協約不經中國認可可以有効是明明承認俄蒙協約卽承認蒙古獨立也故此約雖得衆議院之同意然參議院否決因此該協約不能成立時趙內閣顚覆熊內閣成立新外交總長孫寶琦重與俄使磋商卒與前協約之精神毫無變更而關於外蒙古自治範圍之區域我國雖主張限於庫倫勢力所及之喀爾喀四部然俄國堅持科布多亦編入自治範圍之內我政府許之十一月四號政府以國民黨議員悉與第二次革命有關係之命令取消議員資格三百六十餘人致國會不足法定人數政府卽於翌日五號將左

國會消滅與中俄條約簽押

記之中俄條約簽押。

聲明文件

關於中俄兩國對待外蒙古之關係。業經大俄帝國政府提出大綱以爲根據。並經大中華民國政府認可。茲兩國政府商訂如下。

一　俄國承認中國在外蒙古之宗主權。

二　中國承認外蒙古之自治權。

三　中國承認外蒙古人享有自行辦理自治外蒙古之內政。並整理本境一切商工事宜之專權。中國允許不干涉以上各節。是以不將兵隊派駐外蒙古。及安置文武官員。且不辦殖民之舉。惟中國可任命大員偕同應用屬員暨護衛隊駐紮庫倫。此外中國政府亦可酌派專員駐紮外蒙古地方。保護中國人民利益。但地點應按照本文件第五欵商訂。俄國一方面擔任各領事署護衛隊外。不於外蒙古駐紮兵隊。不干涉此境內之各項內政。再不在該境有殖民之舉動。

四　中國聲明承認俄國調處。按照以上各款大綱。以及一九一二年十月二十一日俄蒙商務專件明定中國與外蒙古之關係。

五　凡關於俄國及中國在外蒙古之利益。暨各該處因現勢發生之各問題。均應另行商訂。

聲明另件

爲照會事。照得本日簽定關於外蒙古問題之聲明文件。本（總長／公使）奉有本國委任。以政府名義。向（貴公使／貴總長）聲明各款如下。

一　俄國承認外蒙古土地爲中國領土之一部分。

二　凡關於外蒙古政治土地交涉事宜中國政府允與俄國政府協商外蒙古亦得參與其事。

三　正文第五款所載隨後商訂事宜。當由三方面酌定地點。派委代表接洽。

四　外蒙古自治區域。應以前淸駐紮庫倫辦事大臣。烏里雅斯蘇臺將軍。及科布多各參贊大臣所管轄之境為限。惟現在因無蒙古詳細地圖。而該各處行政區域。又未劃清界限。是以確定外蒙古疆域及科布多阿爾泰劃界之處。應按照聲明文件第五欵所載日後商定。

以上四欵。相應照請查照。須至照會者。

依此商訂。俄國雖認蒙古為中國之領土。然僅承認其宗主權。夫宗主權三字。准國際實例上意義殊不一致。如一九零七年之英俄協約。英俄二國認中國於西藏之宗主權。二國允不干涉西藏之內政。並不經中國政府不與西藏辦交涉。此中國於西藏之宗主權。實有內政外交之一切主權也。又英國承認土爾其對於埃及之宗主權。則僅有其空名。埃及實不啻為英國之領土。今此商訂中國於蒙古既不能干與其內政。又無監督蒙古外交上之專權。則其宗主權之範圍。從可知矣。且我國既承認俄蒙商務專條。而不收外交之監督權。其弊無窮。以未開化之蒙人。豈能負重大條約上之責任。將來俄人以種種解釋之下。蒙古政治勢力必全歸俄有無疑。民國開幕之初。即損重要之屏藩。且破中國保全之局。殊可傷

條約上中國於西藏地位之穩固

西藏獨立與川滇軍之進剿

也。

第二節　中英之西藏交涉

西藏自前清光緒三十二年中英西藏續約。與一九零七年（光緒三十三年）中俄西藏協約。皆規定中國於西藏有主權。後中國對於西藏之地位始確固。故宣統元年。清廷命趙爾豐率大軍進西藏。與宣統二年。清廷詔廢達賴十三。英俄二國皆不反抗。蓋以中國實行條約上之權利也。惟達賴十三。素無臣屬中國之志。其廢位出奔後。其黨徒甚抱不平。旣中國本部有革命之變。共和政府雖成立。以忙於內部之統一與財政諸問題。不暇遠顧邊殊。西藏僧兵。一面受庫倫獨立之影響。一面急謀報復。遂乘機舉事。民國元年三月。葛倫布之藏兵。先舉叛旗。旋風靡全藏。凡中國駐前後藏之軍隊。悉被攻擊。或被迫解武裝退出國境。或固守乞本部之援。六月下旬。西藏兵一隊。進犯四川。攻陷巴塘。裏塘。進占打箭爐。其時拉薩之僧官。急迎達賴十三返藏。達賴十三以七月下旬抵拉薩。至則宣告獨立。先是駐藏軍隊迭告急於四川都督。乞援。川督尹昌衡請訓於政府。政府命尹督爲征藏總司令。率川兵進剿。雲南都督蔡鍔亦派兵進川助剿。七月川滇兵連敗藏兵於裏塘巴塘之間。藏兵漸退返藏境。川滇軍得勢之餘。方期再厚軍實直進西藏。然以軍器不足。軍費無着。徘徊邊境不能進。至八月十七日。英公使朱爾典忽向我政府提出左之抗議。

英公使干涉之提議

一 中國不得干涉西藏之內政。

二 中國除衛隊外不得派軍隊進西藏。

三 關於西藏問題。中英二國另以新協約協定之。

四 中國若不承認以上各欵。英國不承認民國政府。

英公使提議之亂暴

按清光緒三十二年中英印藏續約第二條。明規定『英國不干涉西藏之內政。中國承認不准他外國干涉西藏之內政』則當然英國與他外國皆不能干涉其內政。惟中國有干涉之權。且彼時西藏賠償英國之軍費。英政府允由中國政府還清。如英政府主張中國對於西藏無主權。不能干涉其內政。則西藏之賠償金。英國當然向西藏受取。何以允由中國代償。至謂中國無派軍隊進西藏之權。

則宣統三年清廷曾命趙爾豐率大軍進藏。並驅逐達賴十三於印度。彼時英政府何以不向中國反抗又西藏問題依光緒三十二年之中英條約已經解決卽翌年之英俄協約。亦經二國彼此確認中國對於西藏之宗主權。則殊無更改條約之必要至民國承認問題。以民國政府確立與否爲斷。與西藏問題毫無關係。英公使此提議。可謂亂暴之極。然我國政府以國力衰弱。不敢十分駁斥。而對於西藏獨立問題。遂改剿爲撫。旋恢復達賴十三之舊封號。改任征藏司令爲川邊鎭撫使。征藏軍以此取消。西藏得英政府反抗中國進兵之援助。獨立之佈置。愈着着實行。我政府不得已於民國二年五月向英政府提議開西藏會議於倫敦。英政府主張西藏人亦得加入會議。請開於印藏國境之大吉嶺。我國任命陳貽範爲代表赴會議地。其協商情形雖尚未終局。然其結果大約與外蒙古之故事。相去不遠也。蓋英國對於西藏例取乘機進取之策。但限於不甚傷俄國之感情而止。當一九零七年（光緒三十三年）頃英自由黨之內閣。以對德意志主義。取親俄之策。故關於西藏事件。稍事退讓。以聯俄國之感情。現在西藏獨立情形。與外蒙古無

英國干涉西藏與俄國之關係

異。俄欲攫取外蒙。先於民國元年九月。俄外相往倫敦。許西藏數部分之權利與英國。此英國乘時干涉中國於西藏用兵幷要求另訂新約之所以也。

第三節　中日交涉

日本乘中國革命與俄國訂第二密約

日本自清宣統三年春。中國幣制借款用滿洲諸稅作擔保之契約成立後。將俟機向中國發作。同年秋。中國起革命軍。日本對於民清兩軍。雙方援助。北京共和政府成立後。內困於財政與各省之統一。外有庫倫西藏獨立之變。日政府乘機於民國元年七月。派桂太郎遊俄。與俄政府訂劃割滿蒙之第二次日俄密約。又利用西藏獨立之機會。致該密約得英政府之承認。於是中國保全有力之日英同盟。潛爲變化。而中國藩屬滿蒙藏之三大區域。遂實際化爲日俄英三國之勢力圈。時日本瓜分中國論甚熾。然犬養山座等提倡之中日提携論。亦漸得勢。既桂太郎卒。我袁總統亦屢向日公使聲明中日親交態度。於是日政府對於中國外交漸圓活。一時不實際履行密約。至民國二年春夏間。我政府渴待大借款成功。日公使有所幹旋。借款成立後。日公使伊集院彥吉與我國總稅務司於五月

輕減滿鮮國境關稅條約

日本得逞援照俄人減稅之例

二十九日。訂輕減滿鮮國境關稅條約。以爲報償。其條約如左。

一 由滿洲依鐵道輸出新義州以外之貨物。又由新義州以外依鐵道輸入滿洲之貨物。中國照海關稅率減三分之一課輸出入稅。

二 自新義州取鴨綠江水路。爲欲輸送他處。再由滿洲鐵道輸出之貨物。又由該水路到新義州。更由鐵道輸入滿洲之貨物。不在前項減稅之例。

三 已經減稅三分之一之貨物。輸入於滿洲者。照海關稅率減三分之二課通過稅。

四 已經減稅三分之一之貨物。輸入於安東。更由安東輸出滿洲以外之各通商港。或中國本部之各省者。若不補課三分之一之減額。不得照普通稅關辦理。

先是中俄東清鐵道條約第十條。准據中俄陸路通商章程。規定由俄國或中國經滿洲鐵道輸出入之貨物。中國照海關稅則減三分之一課稅。俄國於滿洲獲此減稅利益。爲日本人所疾視垂涎。及日俄戰爭後。日本於中日滿洲善後協約之附約。特要求『滿韓交界陸路通商彼此以最惠國之例待遇』之一條。即日本欲滿韓商務援照俄人減稅之例也其後中國主張滿韓國境有鴨綠江隔斷不能適用陸路通商之條文堅拒之日本不得已俟鴨綠江鐵道架成後再開交涉。及宣統三年十月。鴨綠江鐵橋竣工。日本遂主張滿韓鐵道聯絡與陸地接續無異。應援照中俄國境通商之特惠條例辦理其時雖得中國之許可然至茲始見諸實行也。日本於滿洲之貿易。早有壟斷獨得之勢茲復獲此利益更不難驅逐他國之商品。故此約於滿洲經濟勢力關係甚鉅也。

南京事件

民國二年七八月間。黃興李烈鈞等倡第二次革命。江蘇江西安徽廣東福建湖南各省。次第響應。日本人多有暗助南方者爲北軍所惡。八月初旬。兗州之張勳兵隊。有拘禁日本大尉之事。漢口之武昌兵隊。亦有辱縛日本少尉及其副兵之事。及九月初旬。張勳兵進南京。殘殺暴掠。日商三名手持日本國旗奔領事館避難。被張勳兵殺於途。於是日政府一方由新任公使山座圓向我政府提出談判。一方由海軍部動員。連派戰艦六艘赴南京。日本國論沸騰。激烈派欲藉南京事件。實行日俄第二密約。以解決滿蒙問題。然日本素倡保全中國領土之議。其不能遽效膠州灣之故事無疑。故談判中日政府之提出案。不過國際慣例上之條件而止。即中國政府向日政府表謝意。張勳與凌辱日本軍官之隊官皆免職。犯人處罰。死者給撫恤金等是也。我政府悉承認之。然張勳有克復南京之功。又素桀傲。實不容易免官。日本政府以迫促數四。不見實行。又值中國選舉正式大總統之機會。忽向我政府要求左記滿蒙五鐵道之建築權。

日本要求滿蒙五鐵道權

一 開原至海龍城。
二 四平街至姚南府。
三 姚南府至熱河。
四 長春至姚南府。
五 海龍城至吉林。

日政府此鐵道案之提出。一則以南京事件解決不滿足。二則以中國有親日之必要。不至十分反抗。而其最重要之原因。尤以中國政府欲於十月六號正式大

滿蒙鐵道要求案與承認問題之關係

滿蒙鐵道要求案與日俄第二密約之關係

外交團因革命佔領中國之海關與鹽稅

總統選舉後即求各國之承認日政府則隱示此五鐵道之建築權爲承認民國之條件故我政府接此要求以其與民國承認問題有關係又有利用外資之心遂於十月五號正式承認之原日本自桂太郎與俄國訂第二次密約劃東部內蒙古爲日本所有後急欲於東蒙爲積極之經營舍鐵道政策無由發展右五鐵道除開原至海龍與海龍至吉林之二線爲完備南滿之勢力外其餘三線皆實際經營東部蒙古之鐵道雖尚不如俄國於外蒙之勢力然此不過日本經營東蒙古之開端將來之要求尚未已也

第四節　民國成立後之大借款

清末財政年困一年遂有宣統三年之大借款各借款成立後全國反對遂爲第一次革命之導火綫革命軍起後全國經濟起未曾有之恐慌各省以本省之財政支持本省對於南北兩中央政府皆無貢賦而各國以中國擾亂之故恐中國之海關收入與鹽稅收入爲南北軍所佔領則各國債權危險外交團協議以各國銀行代表組織聯合委員會監督中國之海關收入及鹽稅收入以爲外債之

外交團決議不借款與南北兩軍

維持北京市面之奧國借款

唐紹儀商借六億圓之大款

四國招日俄加入借款團

擔保并由外交團決議各國對於南北兩軍皆不借欵以絕亂爭之永續。因此南北兩軍皆軍費奇絀。是爲促成和議之最大原因。惟外交團未決議之前。北京市面異常危險。清政府以資政院議決准借資七十萬磅維持北京市面。於同年十二月十一日（民國元年一月二十九日）度支部紹英與奧國瑞記洋行以北京崇文門稅爲擔保。週息六厘。九五折扣之三條件。訂借七十萬磅。和局未成之前所借外債。此一批而已。及和議成。新民國總理唐紹儀先於四國銀行團以將來大借欵之條件。請其墊欵三百萬爲解散南京政府組織北京政府之政費。北京統一政府成立後。唐紹儀與四國銀行團商借六億圓之大欵爲統一中央各省之行政。及解散軍隊改良貨幣整興實業之用。先是四國銀行團於清宣統三年以滿洲諸稅作擔保。與中國訂幣制借欵契約之後。大招日俄二國之反抗。至此以唐紹儀提出六億圓之大借欵。全係政治借欵。與中國國家前途有莫大之關係。若由四國壟斷。則與中國有密切關係之日俄二國。難保其無他項自由活動之舉。故四國政府意欲日俄二國亦加入借欵團之內。以便對於中國問題各國趨於一致。免

日俄加入借欵團之條件

生他項之衝突。於民國元年二月。四國公然勸誘日俄二國。以中國此次借欵。全係政治關係。又鑒於幣制借欵。四國密以滿洲諸稅作擔保之前轍。則認加入借欵團爲必要。然欲乘此機使四國承認滿蒙爲日俄二國之特殊勢力地。四國不干涉爲加入借欵團之條件。日俄之此提議。不但以後日俄於滿蒙之行動。四國不能干涉。卽宣統三年之幣制借款契約亦不可不破壞。此議頗非四國所容易承認。因此日俄加入問題。與中國借欵問題。皆懸而不解。

比國借欵成立與銀行團之反對

而斯時唐紹儀以四國銀行要求中國以後不得與他銀行借款之條件。大斥四國銀行壟斷中國之借欵爲不當。若日俄二國亦加入其中。則以後中國借款更無活動之餘地。遂向四國銀行代表宣言中國有自由選擇借欵之權。旋於三月十四日。與四月六日。以京張鐵道爲擔保。週息五厘之條件。先後與比國銀行訂百二十五萬磅之借欵契約。該契約發表。四國銀行團大責唐紹儀不信用。轉由四國公使。迭與我政府交涉。我政府不得已。許將比國借欵。由將來四國或六國大借欵中償還。始結局。其時日俄二國。鑒於將來之利害。皆正式加入借欵團。自

六國團以必得中國財政監督權爲目的

六國團提出墊款之監查條件

是四國變成六國。六國政府以是等借欵非以利息爲目的實以政治上之權利爲目的合議必得財政上之監督權爲根本問題五月二日。唐紹儀要求六國銀行團自五月至十月。墊欵八千萬兩銀行團提議須用外人監查借欵之用途。唐以是等條件。係監督中國財政。斷然拒絕交涉遂中止。然各省軍隊如林。嗷嗷待餉。而國庫如洗。非俯就銀行團別無長策。於是遂改由財政總長熊希齡當談判之任。熊與六國公使及銀行團再四折衝。然銀行團於監查用途一節。毫不讓步。卒協議墊欵七千六百萬兩。附左之七條件。

一　於財政部附近設檢查所。由六國資本團與財政部各選出委員一人監督借欵之用途其經費由中國擔任。

二　一切用途。須經委員之承認。

三　財政部須將一切支出登載官報。

四　經費支出。用最新式簿記法記賬。其領收證。無論何時許委員檢查。

五　各省解散軍隊。由中央政府派遣之高級軍官會同稅務司及部督視查

南京留守之反對借款

銀行團之巴黎會議

日俄代表提出之重入議案

行之。其解散軍隊費目。作三通。都督財政部委員各執一通。

六　各省所要經費。暫由各稅務司之存欵中納用。後以六國借欵塡補之。

七　北京附近之解兵費目。亦作三通。陸軍部財政部及委員各執一通。

此條件提出參議院。羣認爲外人干涉內政。南京留守黃興首倡拒絕外債。主張發行不換紙幣。募集國民捐。以濟國家之窮。將南京軍隊說以救國熱忱。不發餉解散之。因此拒欵論風靡全國。北京借欵交涉。遂不能進行。

原銀行團雖云六國合併。其實六國對於中國之利害關係。各不相同。故形式上雖已合併。然對待中國之精神。甚不一致。又關於中國借欵之根本目的。及其詳細條件。若不妥協規定。則易生內訌之虞。故六國銀行曾於四月間各派代表會議於倫敦。旋以日俄代表有特殊地位之提議。各國代表因有歸國請訓者。遂改開會議於巴黎。六月十八日。巴黎會議開始。日俄二國代表共同提出左之議案。

借欵團不加危害於滿蒙特殊利益。則日俄二國加入借欵團。

又俄國代表單獨提出左之二議案。

一　借款用途須六國代表全體一致如有一名反對卽不能實行。

二　中國不得以借款充軍備費。

以上日俄代表之三大提案於中國前途有重大之關係而四國代表之贊成與否卽爲日俄二國加入與否之關鍵。先是六月十一日英國下院質問『本國政府對於日俄二國所要求之滿蒙特殊權利我英國果承認之否』外相古烈答曰『日俄二國所要求之滿蒙特殊權利若係二國與中國條約或契約上所規定。又參照一九零七年七月三十日之日俄協約第一條者則英國政府限於不違反開放門戶主義承認之』云云四國銀行團比較於中國有重大關係者英國也英國之態度如斯則大致承認日俄之要求故巴黎會議於日俄共同提出案。允將日俄之聲明記入議事錄中至俄國之第一項提議在俄政府之意以爲俄國對於中國問題果與列國爲聯合運動爲利益抑獨行爲利益尙在不可必之數故有全體一致之限制蓋一方可以妨列國之聯合運動一方可以留獨立活動之餘地。此俄國提此議之深意也。各代表於此議雖多辦難卒完全承認

四國承認日俄之提議團根本銀行規約成立

銀行團提出借款監督條件

之。至其第二議案則防中國以借欵爲征蒙古軍費之用也。後以第一議案旣通過。無再設此條之必要。自取消之。此外關於借款之總額與各國分擔額募債地。及募債方法。各詳細條件。均一一決定之。自是銀行團之根本規約成立。卽六國銀行團實際合併。六月十九日。全體調印後。旋電駐北京銀行代表。向中國政府提出借欵條件。其重要者如左。

一　墊款用途由中國政府提出明細說明書經六國團之承認。

二　由六國團出代表監督借款之用途。

三　擔保借款之鹽稅由六國團設特別稅關或設類似稅關之機關監督改革之。

四　中國於善後借款期中不得與六國團以外之銀行借款。

熊希齡反對鹽稅監督之新提議

熊希齡接此提案。以其於監督借款用途之外。更增監督鹽稅之條件。斷不承認。旋向銀行團提出左記四項。

一　監督鹽稅絕對反對。但聘外國技師。可承認之。

各國必獲中國財政監督權之外交政策

二　減少借款總額。因之條件亦請寬大。

三　自六月至十月之五個月中請每月墊付六百萬兩。

四　前項墊欵共三千萬兩俟十月訂一千萬鎊之借款返還之。

銀行團接此案置若罔聞。毫無回答借款談判不啻破裂蓋各國對於中國之外交政策一方不願中國爲野心國所併吞一方不願中國發達其能力致擴張國權四國必欲日俄二國加入借款團者恐日俄對中國包藏危險之禍心也借款條件必以獲監督財政權爲目的者所以制中國不能發展使漸變爲土爾其之境遇終無擴張國權之日也故此等苛酷條件並非出於銀行團之本心實各仰本國外務部之旨意而出此既完全出於各國對中國之外交政策故銀行團毫無讓步之意我政府無可如何。一方命各省經省議會之議決得自由借債。一方命各省量財力之厚薄協助中央。以爲彌縫一時之策。此間我政府密令駐英公使劉玉麟與英國克力士卜公司以鹽款羨餘爲擔保。（鹽課每年總數庫平銀四千七百五十一萬兩。內除每年二千四百萬兩。業經出抵外。其餘每年二千三百五十一萬兩。作本借款之擔保。）週年五厘息四十年還清之條件。訂借英金一

倫敦借款成立與銀行團之反抗

財政部命令與公使團之抗議

千萬務之契約。八月三十日在倫敦正式簽押。此契約發表。銀行團大反抗。而以第十四條有借款優先權之規定反抗尤力。電本國各分銀行不與中國滙兌至十月十五日。新財政總長周學熙。命長蘆鹽運使由長蘆鹽稅項下每月取克力士卜借款利息相當之額。存於天津麥加利銀行。北京外交團忽起反抗。十月三十日。與拳匪事變有關係之各國公使。皆署名提出左之抗議書。致我外交部。

辛丑條約。凡鹽款總額。除其中已作償還債務之用者外其餘擔保拳匪事變之賠款。本月十五日財政部之命令。是限制鹽政條約之意義。背公法原則。現在積欠賠欵。外交團認爲鹽政一切收入。不能允爲他項之用。

此抗議迫我政府不取消十月十五日財政部之命令不止。當辛丑條約之時。鹽稅收入。僅一千二百萬兩。故其時鹽款項下擔保拳匪事變之賠償金亦僅一千二百萬兩。至近年鹽稅增收至四千七百五十餘萬兩。則除一千二百萬爲辛丑條約之擔保金外。其餘應隨中國政府撥供他項之用。且辛丑以後。中國曾再以鹽稅羨餘。爲他借款之擔保。外交團未曾反抗。即此次大借款六國團認鹽稅爲

財政部令取消借款與之談判大借款之就緒

監督用人條件之變更與我大國之拒絕

惟一之擔保品。六國以外與拳匪事變有關係之各國公使。亦未曾發一言。乃對於財政部十月十五日之命令。外交團爲此等反抗。實索理由而不可得。我政府雖詳細辦解。然欲大借款復活。卒將財政部十月十五日之命令。及克力士卜借款第十四條。全行取消。而與銀行團再開大借款談判。十一二月間。關於借款之重要條件。除利息及發行價格外。皆大致協定。而監督鹽稅之條件。則允由中國設鹽務稽查所。自聘洋員以資襄辦。監督用途之條件。則由中國政府於審計處設外債稽核科。用外人爲稽核員。周學熙旋將此等情形報告參議院。大致經其承認。自此彼此無甚異議。將實行訂約。忽俄法二國公使。反對監督用人條款。主張本國必出一人。加入監督機關中。公使團忽起紛議。各電本國政府請訓。後經公使團重開會議。協定鹽稅稽核處聘英人爲主辦。德人爲副辦。國債局聘德人爲總辦。審計顧問俄法二國各聘一人。公使團以此議於民國二年三月三日通知我政府。我政府以此議爲談判中所未曾聞。又監督機關全用六國團內之人。於中國不利。且俄國方實際助蒙古獨立。中國財政權又被其監督。實危險千萬。

澳國借款成立

大借款談判一時成功之諸原因

大借款契約

不得已拒絕之。旋以參議院議決之六厘公債爲抵押。令海軍總長劉冠雄以擴張海軍之名義。與澳國密借三百二十萬鎊。以濟一時之用。其時南方各省以宋教仁被刺之陰謀。與政府有關係之說。大有反抗政府之勢。政府惟一之上策。必大借款成功。庶足以鎭定內亂。遂再與銀行團交涉。値美國政府以銀行團要求中國之財政監督權爲不當。令本國銀行退出借款團之外。並獎勵便宜投資。因此五國政府之態度。亦爲之變。而銀行團以借款交涉。亘一年有餘。空費金錢已百萬開外。又因買入銀塊過亘。若借款不成。損失殊亘。因此種種情節。談判一時成功。大借款契約。遂以民國二年四月二十六日在北京簽押。其重要點如左。

一 中國政府借銀行二千五百萬金鎊。爲善後及行政之用。名爲中國政府一千九百十三年善後五厘金幣借款。

二 此項借款。除預作交付首次息票之用外。係專爲下列各事之用。

甲 爲清還中國政府業已到期應還各款之用。(共四百三十一萬七千七百七十八萬鎊)

乙 贖回各省現有借款全數之用。(共二百八十七萬鎊)

丙　為清還中國政府不久到期應還各款之用。與各國因革命所受損害之賠償（共三百五十九萬二千二百六十三鎊）

丁　為遣散軍隊之用。（共三百萬鎊）

戊　為現時行政各費之用。（共五百五十萬鎊）

己　為整頓鹽政事務之用。（共二百萬鎊）

庚　為中國政府與銀行團互相商允他項行政費之用。

三　中國鹽務收入。除擔保從前借欵之債務未清還者外。所有中國鹽務收入之全數為擔保此項借欵之用此借欵之全部未清還以前則鹽務收入為此借款之獨占優先權。倘若將來海關收入。除已經為從前債務之擔保。又或因以後修正海關稅則。指現存合同之他項債務。亦歸該關稅擔保。除應付以上二項各款外。若仍有餘款則儘先作為本借款之擔保因此而鹽務收入。如有盈餘之款。應撥歸中國政府辦理他項事宜。

四 中國政府承認將中國鹽稅之征收辦法。整頓改良。並用洋員以資襄助。其辦法如左。

中國政府於北京設鹽務署。由財政總長管轄。鹽務署內設稽核總所。由中國總辦一員洋會辦一員主管發給引票彙編各項收入之報告。及表冊各事。又在各產鹽地方設稽核分所置華經理一員洋協理一員該二員會同擔負征儲鹽務收入之責任。至華洋經協理及稽核所必須之華洋人員。其聘任免任由華洋總會辦會同定奪由財政總長核准。

各產鹽地方鹽斤納稅後須有該處華洋經協理會同簽字方准將鹽放行。所有征收之款項存於銀行歸入中國政府鹽務收入帳內非有總會辦會同簽字之憑據則不能提用。

如本借款之本利按期交付則不得干預鹽政事宜。倘本利屆期拖欠。逾展緩日期後。則應將該鹽政事宜歸入海關管理。

五 本合同債票發售之第一個月起鹽務尚在整理之際。無確實之收入。則以直隸山東河南江蘇四省所指定之中央稅項爲頭次之擔保。俟一週年。鹽務收入足數從前借款及此次借款之擔保後。則各省之擔負可以暫行停止。若接連三年。鹽務收入足數上開之額。則四省之擔負卽行取消。

六　此借款期限爲四十七年。自第十一年起。卽按期還本。自第十七年後至三十二年以前。中國政府。如欲將未到期之款。全數贖回。或贖回其一部分。皆聽中國之便。但贖回之數。每百鎊債票。須加二鎊半。惟三十二年後贖回。則無須加價。

七　中國政府。對於此次債票所應得之數。係照倫敦發行之價格爲准。而由銀行按票面扣百分之六爲經手料。其在倫敦發行之價格。不得少於百分之九十。而中國政府所得之淨額。不得少於百分之八十四。

八　中國政府。允將民國元年十一月十六日大總統公布之審計處暫行規則。立卽實行。並聲明以後更改此項規則。不得與本合同有窒碍情事。凡領款憑單。須由審計處所屬稽核外債室華洋稽核員（英文稱國債科華洋科長）會同簽押以證核准。

又提撥款項之領票。或提款命令。須經財政總長所派代理人簽押後。與前項華洋稽核員會同簽押之領收憑單。須併交付銀行代表。經該代表查悉所擬支出款項實與借款合同第二款相符後。則卽時簽押。送與財政部。便赴銀行憑票領款。

如銀行代表對於已經支出款項。有懷疑之處。可向審計處稽核外債室洋稽核員詢問。並得索收據及詳表查閱。

九　若中國政府。辦理第二款所詳性質相同之事。欲以鹽務收入爲擔保。再行借款。或繼續借款。則中國政府。允銀行按票面扣經手料百分之六爲根據。使酌量承辦。

又中國政府。允本公債全體出售。并末次債票付淸後六個月內。除民國二年四月初十日以前簽訂之借款外。非先與銀行商允。則不得發行他項政府借欵。或政府擔保之借款。

契約上外人干與財政之起點

此借款契約爲前淸各借款所未有之條件一爲用外人稽核鹽務二爲用外人審計用途實爲外人干與財政之端雖聘用洋員之權爭歸我有又聲明本利按期交付則不干預鹽政似不可謂條約上蒙重大之耻辱然此大借款用途除扣除賠款及各省借款外僅足敷中央本年九月以前之政費九月以後之政費及賠款仍屬無着若必再仰借於五國團則監督條件自必再加苛酷財政權終必落於外人之手此借款成立後不久南方第二次革命軍起獨立省分亘江蘇江西安徽湖南廣東福建諸省政府卒於二個月內卽能平定之者實由此借款成立之功蓋一則因此籌出重大之軍費二則得借五國政府之外援。有以致之也。

借款維持中國秩叙之功効

第五節　各國承認民國政府

國家之政府非國際法上之主體僅爲代表國家意思之機關而止國際法上之主體卽國家也故國家未消滅雖其國內之國體與政體有何變更於國際關係不生何等影響惟其國舊政府顚覆新政府成立雖前後同一國家然主權者旣

新政府必得各國承認之所以

各國遲緩承認民國政府之理由

英俄日三國默示之承認

經更換。自非新政府得各國之承認。則不能恢復舊政府時代與各國之交通關係。民國自起革命軍之初。卽對外宣言保持淸廷對於各國之權利義務。各國亦旋承認革命軍爲交戰團。及民國成立。繼承前淸同一之領土。僅更其國體爲共和。南北統一之後。事實上完全之政府成立。據國際法學者所論新國家或新政府事實上成立。則各國有承認之義務。又承認之先後。係各國之自由。則民國自南北統一政府成立後。與民國關係較密之各國。應率先承認之。然事實殊不然。各國一方主張民國約法。規定十個月內召集國會。選舉正式大總統。則臨時政府期間不必承認。一方主張各國於中國有機會均等之約束。承認時期務必各國一致。不必出自由先後之舉。因此民國政府承認問題。大受其影響。然俄英日三國實際對於民國臨時政府早爲默示之承認。蓋俄國要求蒙古自治。英國要求西藏自治。日本始與民國訂滿鮮關稅契約。繼訂滿蒙五鐵道協約。皆係民國臨時政府期間之事。此等重大之外交問題。非對於國家及國家之政府皆不能發生。故準國際法觀之。其爲默示之承認無疑也。然此等默示承認。非對於民國政

美巴秘三國之率先承認

正式大總統選舉與各國之承認

承英日三俄附條件國認

府表善意。不過由本國之外交政策而出。此實際與民國表善意者美國也。美國始以借款團要求中國之財政監督權爲不當。令本國銀行脫離關係。既以各國承認民國政府之時期。必俟選舉正式大總統之日爲斷。亦不以各國爲然。於民國二年四月八日。卽民國國會成立之日。美國首先承認民國政府。巴西秘魯二共和國亦一致。於是日承認之。此外各國至同年十月六日民國國會選舉正式大總統。各駐京公使接我外交部請其以斯旨轉達各本國政府之照會後。然後日本澳大利葡萄牙荷蘭四國。於當日承認民國政府。西班牙墨西哥德意志俄羅斯伊太利法蘭西瑞典英吉利丁抹比利時於次日承認之。此外諾威瑞士亦次第承認。自此民國政府始與各國恢復前淸之外交態度。惟各國承認民國之性質。俄英日三國爲附條件之承認。其餘諸國爲單純之承認。俄國始助蒙古獨立既要求外蒙自治我國。若不容其要求則中俄國交斷無圓滿之望。英國政府明宣言中國不承認西藏自治。則英國不承認民國政府。我國大致依其要求。國交始趨於圓滿。日本於南京事件解決之後。忽於我國將選擧正式總統之前要求

中國外藩因附條件承認之動搖

完全承認其要求而日本遂於翌日承認民國依此英俄日三國附條件承認於是民國恢復前清外交狀態之日卽中國外藩滿蒙藏三大區域生里大動搖之日是民國成立後之絕大紀念也。

第十六章　老西開事件

天津租界擴張之次第

法人之謀奪老西開

咸豐十年。中英中法北京條約。均規定開天津爲商埠。英法二國。始於天津有租界。他國尙無之也。光緒二十六年。拳匪之禍。八國聯軍入北京。翌年和議成立後。關係諸國。皆於天津劃定租界。是爲天津租界擴張之次第也。當以北京和約規定由天津至北京之各要塞。歸各國佔領。以保京津之交通。因此由天津至大沽口之路。歸英人佔領。中國軍隊不能通過。乃另闢一路。以通大沽。卽老西開地面是也。因與法界毗連。法人欲擴張爲法國租界。光緒二十九年。唐紹儀爲天津海關道時。法領事曾致函與唐。請將老西開四千餘畝之地面。讓與法國。並附優待華人、留出路徑、以便中國交通之各條件。唐置之不答。民國二年。中國於老西開設巡警局。法人又欲侵佔。當經地方官拒絕。民國四年。日本初向我國提出二十一條時。法國公使亦忽向外交部要求將老西開讓與外交總長孫寶琦。當謂若該地果如貴使所稱。窪下無用。未嘗不可讓與云云。法使卽根據此言。繼續要求

法領事之私立木標

法領事之自由行動

天津民氣之激昂

陸徵祥繼任外長。派祕書某往天津勘踏。被法領事蠱惑。亦以老西開實係窪下無用之地呈覆。因此法使要求愈厲。適陸徵祥辭職。夏詒霆代理部務。尙未切實答覆。而法領事卽私立木標於老西開。認爲法國租界。天津民氣激昂。拔去木標。法公使大怒。逕向外部要求。外部答稱如民氣可以疏通。亦可贊同貴使之要求。法使以爲託詞。旋向我國政府發一嚴重警告。限四十八點鐘之內。撤退老西開之中國警察。兵全讓與法國。否則取自由行動云云。此民國五年十月十八日事也。我政府接此警告。竟張皇無措。欲許則恐民氣激昂。欲不許則慮法國自由行動。乃請法使展長二十四小時。以便疏通天津紳商之意思。殊法使竟不承認。於二十日四十八時滿後。令法領事親率安南兵將中國警局拆毀。拘禁華警九人。改派法警。佔據各處。斷絕老西開交通。實行其所謂自由行動。次日津民集四五千人於商務總會。預備亦對法領事取自由行動。經省長交涉員撫慰。宣言斷不退讓。乃止。自此省議會、公民會、商務總會。皆痛斥法人之所爲。積極排斥法貨。所有法銀行之存款銀票。實行取現。法公使請夏次長調停。夏氏赴天津。被市民痛

法公使之狼狽

罵怯懦辱國。而參衆兩院。及各省軍民長官。皆請政府嚴拒法使要求。法使甚爲狼狽。請英公使朱爾典出爲調停。英使乃向外部提出左列之調停案。

英公使調停案

一　老西開恢復原狀。

二　該地置中法二國共同管理之下。

三　由二國派出警察其監督權委於市政會。

四　尊重該地兩國民之既得權。

此調停案將老西開地面置於中法二國共同管理。與市民自治之下。法公使於毫無轉旋之中。得此調停固甚贊成。外部若非因民氣激昂。早已承認法使之要求。故對於此案亦甚滿意。十一月十四日。夏氏到參衆兩院報告情形。兩院亦不反對。老西開問題。遂以解決。

老西開問題之解決

原吾國外交官之最劣者可分兩派。一爲賣國派。一爲誤國派。賣國派有才有膽。祇造健奴之資格。不顧國家之存亡者。無論矣。誤國派卑怯庸懦。學識不足以壯胆。才華不足以應機。無論外人合理不合理之要求。總畏之如虎。急欲讓步解決。

以圖息事。老西開案。即此派之所釀成。設無民氣以繼其後。無不爲虛嚇之自由行動所征服。而完全承認其要求也。然則吾國外交之失敗。可以思其故矣。任政府少數人主持之舊式外交。苟不一變而爲新式之國民外交。則斷無禦外侮振昧弱之希望也。國人當知所從矣。

第十七章　最近之西藏問題

西藏自民國元年獨立。英國干涉中國用兵。而要求由中英藏三方開會議於大吉嶺。另行協議。袁世凱不得已承認之。當派陳貽範為代表赴會議地。參觀本史五四〇頁以下

希摩拉會議

陳至印度後。聽由印度政府移會議地於印度政廳之希摩拉。此等會議地點。與議約有密切關係。始務袁氏欲派溫宗堯為代表。溫以北京或倫敦開議為條件。不肯赴印度會議。蓋知印度政府侵略西藏之野心。遠過於倫敦政府。入其領內議約。必多蒙不利也。陳貽範不知此等利害。任其遷徙。卒被種種惑誘。而簽草約。

西藏委員之提案

自民國二年十月十三日、開始會議。首由西藏委員、提出對中國之要求案如左。

一　中國承認西藏自主。不得進兵於西藏。

二　西藏與中國以打箭鑪為界

三　西藏之一切內政外交自後不受中國之掣肘。

四　關於西藏商業外交及開採礦山。一切得自由與英國交涉。

當經陳委員提出七條反駁。英國委員、卽印度政府外交長官薩亨利馬克氏取、

調停之形勢。勸雙方委員。先爲非公式協議。至民國三年一月十三日。中英兩國委員正式會議。英委員提出之案如左。

英委員之提案

一 廢除一千九百零六年之中英條約。

二 中國當認西藏有完全自治權。不得改爲行省。

三 中國除駐於拉薩之辦事官、有護衛兵外。不得駐軍隊於西藏。

四 中國與西藏有紛爭時。印度政府得判決之。

五 中國於西藏得自由經營商業。中國不得加以制限。

六 西藏內政。暫由印度政府監督。英國得駐兵於拉薩。

當時陳委員提出袁政府擬具之提案如左。

陳委員之提案

一 本會議當以一千八百九十三年、（光緒十六年）及一千九百零六年、（光緒三十二年）之中英藏協約爲基礎。

二 英人照例在西藏設立學校。經營商業。

三 西藏之行政。由中國駐藏辦事官管理之。

四　中英藏及印度人之訴訟事件。當由英中兩國商務委員會審之。

五　上記之會審制度。今後五年內。西藏施行民刑法時。當卽撤消。撤消後、依中國政府制定之民刑法。由中國官吏審判之。

六　英國除領事館設衞隊外。不得駐軍隊於西藏。

七　債務及國際間問題、由中英兩國協議定之。

八　英國委員。得於西藏樞要地。設置公館。

九　盜竊逮捕事件。爲中國之責任。惟逃出境外者。不在此例。

十　不得中國許可。英人不得開掘西藏之礦山。

十一　不得輸入鴉片煙於西藏。違者重罰。

十二　西藏如有內亂。英國不得輸入彈藥與軍械。

十三　中國政府雖承認從前之英藏條約。然將來西藏如再與他國訂約。中國概不承認。

十四　中國當優待西藏人。對於西藏行政與敎育。當竭力補助。

十五　中國當增加西藏各寺院補助費。
十六　西藏除有內亂外。中國無故不用兵。
十七　中國於西藏所設之官。除已設者外。不再添設。

英委員提出十一條之草案

觀於上述三方之提案。英藏兩方結爲一致。其對於中國之主張。相距不可以道理計。其不容易妥協可知。二月十七日、英委員正式主張創設內藏外藏區域。三月十一日。提出草案十一條。稱爲調停案。限一週間、求陳委員答覆。其案如左。亦卽四月二十七日。陳貽範署名之草約是也。

一　本約內所記各項舊條約。除本約所更改、或有與本約相異、相背之處外。均繼續有效。

二　中英政府。槪認西藏。爲屬於中國宗主權之國。並認外藏有自治權。今爲尊重該國疆界之完全。所有外藏之內政。（選舉達賴喇嘛事在內）應由喇嘛政府管理。中英政府、均不干涉。中國政府、不改西藏爲行省。西藏不出代表於中國議院。及類似之團體。英國政府、不併據西藏之任何部份。

三　中國政府現既承認英國在西藏地理上有特別利益。英國欲西藏建有實力政府。保守印度附近境界。及毗連西藏各國之治安起見。今約定除本約第四款所載外。中國於西藏不派軍隊。不駐文武官員。並不辦殖民事宜。本約簽押之日。如外藏尚有該項軍隊官員與殖民等。應於一月內撤退。英國政府。亦約定除一九零四年英藏條約所載外。不在西藏派駐文武官員。除商務委員衞隊外。不派軍隊。並不於該國辦理殖民事宜。

四　上項所載並不阻止中國代表帶相當之衞隊。駐紮西藏所駐地點。隨後再定。惟該項衞隊。不得逾一百人。

五　中藏政府。今訂定彼此不以藏務議約。除一九零四年九月七日英藏條約。一九零六年四月二十七日中英條約所載外。亦不得與他國議約

六　一九零六年中英條約第三款。今訂定作廢。但一九零四年英藏條約第九款內、所載外國字樣。並包括中國。英國之商務不得較最優待國之商務、受次等看待。

七　甲、一八九三年（光緒十九年）一九零八年（光緒三十四年）之通商條約。今訂明作廢。

乙、西藏政府、今允與英國政府、議訂。新通商章程。以實行一九零四年、英藏條約、第二第四第五各款。但新章程非經中國政府允許。不得變更本約

八　住在江孜之英國委員如關於一九〇四年九月七日英藏條約有關係之事。查得非由通信或別項辦法所可解決、必須前往拉薩與西藏政府協議者。該員無論何時。得隨帶衞隊前往。

九　現以訂定本約之故。所有西藏境界與內藏外藏之分界以紅藍線繪明於所附之地圖內。西藏政府在內藏權利。如選派寺僧保存關係宗教之事權。絕不以本約有所損害。

十　本約用中英藏文字。均經詳細對校。如日後因解釋字句起異議以英文爲準。

十一　本條約調印之日施行。

草案損害中國之程度

此草案將以前中英藏所訂各約。其與中國有主權有特殊地位之點。一概取消之。而定爲屬於中國宗主權之國。且於西藏原境之外。另設所謂外藏內藏區域。由中國承認外藏亦有自治權。而此等內外藏之區域。究在何處。不明白載。清僅聲明以紅藍線繪劃之附圖而止。而此附圖。當時中國人所得見及者。惟陳貽範及其副代表王海平二三人而止。據後來外交部所發表。乃知內外藏地址。卽係將川邊特別區域。與青海之全境。而劃入之。依陳貽範所受議約代表之權限。當然限於西藏原境之自治問題以內。斷無議割土地與西藏之權。能前清崇厚以全權使俄。議約割伊犂南部與俄國。清廷認爲權限以外行爲。議處死刑。是其前例也。

陳貽範越權誤國情形

則無論會議決裂與否。陳貽範不應接受割讓土地之條件。乃陳氏不知輕重。對於草案各條。殆皆承認。惟對於第九條內外藏界線。不能全表同意。於同年三月十八日提出第一次之讓步如左。

怒江以東。既設郡縣之地。屬中國治理。怒江以西至江達之地。保存前清舊制。不改設郡縣。達本蒙古三十九族。亦用舊制。

三月二十八日。陳貽範又提第二次之讓步案如左。

川藏以丹達（在江達之東）爲界。怒江以西。至丹達之地。保存前淸舊制。

四月三日。陳貽範又提第三次之讓步案如左。

川藏以怒江爲界。怒江以東。歸中國治理。怒江以西。爲西藏自治範圍。但聲明西藏爲中國之領土。

四月十七日。英國委員提左之第一次修正案。

自亨色脫嶺。至東北青海之地。又金川、打箭鑪、阿敦孜、等地。均由內藏劃出。歸屬中國。但瞻對、德格。劃入內藏。

四月二十日。陳貽範又提第四次之讓步案如左。

甲、當拉嶺以北。青海之原界。及阿敦孜、巴塘、裏塘、各地。依然爲中國內地。歸中國治理。

乙、怒江以東。及德格、瞻對、察木多。三十九族各地。沿用喀木之名稱。定爲特別區域。

四月二十七日英委員提左之第二次修正案

白康普陀嶺、阿美馬項嶺東北之地劃爲靑海所有。

此爲英委員之最後讓步案。卽以是日爲會議終止之期。當將三月十一日提出草案所附地圖之紅藍線略加紳縮。照原案經陳貽範於草約簽字。同時又簽字於左記之草附約。

一 訂約國承認西藏爲中國領土之一部分。

二 達賴喇嘛選舉受職後由西藏政府呈明中國政府。中國政府頒給達賴之封號。由中國駐拉薩長官、正式轉授之。

三 外藏官員。由西藏政府派遣。

四 外藏不出代表於中國之國會與類似之團體。

五 駐藏英國商務員之護衛隊。不得超過駐拉薩中國長官護衛隊百分之七十五。

六 一八九〇年三月十七日中英條約第三款所載禁阻由西藏侵犯哲孟

雄邊界一節。以後中國不負責任。

七　本條約第三款所載各節。由各調印國派員迅速查報辦理。中國駐藏長官可入藏。

陳貽範簽草約之呈報

陳貽範於四月二十七日。將上記之草約草附約簽字後。同日致國務外交部一電。文曰。西藏委員、已署名於英國委員之約稿。中國委員若今日不署名。則約中第二第四兩條。將全部删除。而英國直接與西藏訂約。不再與中國委員商議。因此不得已於今日署名。以避會議決裂云云。先是陳氏將劃界內容、呈報國務院。

袁政府之否認

國務院曾電訓陳氏。告政府斷不能承認此等界務。乃陳氏竟以避會議決裂之理由。先署名草約而後呈報。其距崇厚於割地之正約簽字。差一間耳。袁政府接此電。告當於次日、一方電訓陳貽範、不得於正約簽字。一方以中國政府否認之理由。通告英國公使。自是英公使朱爾典直接與外交部交涉。要求以中國委員既經署名之草案。爲解決西藏問題之惟一法案。而袁政府表示希摩拉草約其他各款。雖可同意。然內外藏問題。應依左之條件辦理。

外部向英使第一次之提案

一　內藏界線。應自英京東經八十六度。北緯三十六度起。循崑崙山脈東行。至白康普陀嶺。南行、循阿美馬頂嶺。向東南斜行。至打箭鑪近北緯三十度西折、至巴塘之寧靜山。沿金沙江南下。向西南斜行。至門工。復沿怒江下游上至當拉嶺。西行、至英京東經八十六度。北緯三十六度。卽崑崙山麓爲止。

二　中國於內藏境內。有經營之自由。現住文武官員之職員。一律照舊。

三　達賴喇嘛。對於內藏有選派寺僧保守宗教之權。

四　外藏境界應自門工起。沿怒江下游上至當拉嶺北行、至英東經八十六度。北緯三十六度。卽崑崙山麓爲止。至此線以西。爲外藏自治範圍之地。

英藏之正式簽約

此民國三年六月十三日交付英公使之條件也。然英使以中國所劃內藏境界。遠出於希摩拉草約範圍之外。不能承認。此間英國與德奧宣戰。英國委員遂與西藏委員。於同年七月三日。將希摩拉草約正式簽押。中國委員不與焉。及民國四年五月。日本二十一條之要求案。已經了結。袁世凱以日置益氏當面慫恿爲皇帝之故。欲將中英交涉亦速了結。以便進行帝制。於同年六月。命外交部重與

外部向英使之最後讓步案

英使協議。要求將西藏爲中國領土之文句。列入正文。則中國可將察木多劃入西藏自治區域。英使主張草案雖可略改。全題不能另議。袁氏卽命外部根據前淸會典擬定左記最後之讓步案。向英公使提出。

一　打箭鑪、巴塘、裏塘、各土司所屬之地。歸四川省治理。

二　察木多八宿、類烏齊各呼圖克圖、及三十九族土司所屬之地。皆劃入外藏。

三　崑崙山以南。當拉嶺三十九族察木多德格土司以北。及青海南部之地。劃入內藏。但內藏改名康藏。

四　雲南新疆之省界、依如舊治。

藏番內犯與川邊停戰條約

殊英使接此案。並不致覆。而袁氏壹意經營帝政。亦不暇及。及民國六年。我國以護法問題。南北開戰。四川民軍、與北軍激戰期內。藏番乘機內犯。打箭鑪、巴塘、察木多、各處之官軍。旣軍力薄弱。不能獨任防禦。又事權不一。不能互相策應。察木多附近各處。卽類烏齊、恩達、昌都、同普、石渠、德格十餘縣。相繼陷落。川邊鎭守使陳遐齡、分統劉贊廷等呼援無救。英領事台克滿氏、乘機居中調停。約同陳劉與西藏代表訂一年停戰之約。此停戰約內規定漢軍駐守鹽井、大索、德化、裏塘、甘孜、瞻對、章谷、康定、丹巴、爐定、稻城、各地。藏軍駐守類烏齊、恩達、昌都、同普、柯鄧、石渠、德格、各地。停戰期內。彼此不得侵犯。此民國七年十月十七日事也。亦卽台克滿氏欲使希摩拉草約所定內外藏之界。務藉此約見諸實行之計劃也。

英使催議西藏問題

及民國八年。歐戰完全結局。巴黎和會。我國山東問題失敗之時。台克滿氏、忽到北京。促公使朱爾典向外部提議。謂川邊停戰時期將滿。須速解決西藏問題。蓋欲遵照停戰條約所定。漢藏兵分守之地。以劃內外藏界線耳。値龔心湛爲總理。陳籙代理外長。仍依據袁政府最後讓步案之四款。向英使提出。至八月。英使向外部提甲乙二案。又稱爲調停辦法。如左。

英使提出之調停辦法

甲、取消內外藏之名稱。照原議（指希摩拉草約）劃歸內外藏之地域。分而爲二。將巴塘、裏塘、打箭爐、瞻對、甘孜等地。劃爲中國境地。德格以西。劃爲西藏境地。

乙、照原議用內外藏之名稱。將巴塘、裏塘、打箭爐、瞻對、甘孜等地。劃爲中國內地崑崙山以南當拉嶺以北之地。劃爲內藏。中國不設官、不駐兵。德格劃歸外藏。

我國當局原不贊成內外藏之名稱。對於甲案頗表接近之意。然以劃歸內地之區域。遠不如劃歸西藏區域之大。仍不滿意。英使乃允將岡拖劃歸內地。當時聲稱瞻對爲產金之區。岡拖爲西寗通前藏之要路。此二地皆劃爲中國內地。以比德格以西荒僻之區。於中國利害不可以道里計云。外部以爲瞻對岡拖二地。希摩拉草約原劃爲內藏。今皆劃爲內地。自是會議大有進步。其實岡拖在德格之極西。德格既劃爲藏地。則岡拖斷不能爲內地。不知英公使故出狙公之術以騙人。抑或與我國外部同樣不熟悉川邊地理之故歟。當時西南軍政府與川滇各省。皆電詢西藏交涉之內容。外部於九月五日向關係省份、發寄左記之歌電。

英使之欺騙外部

外交部發表之歌電

藏事自民國三年三方會議。因界務爭執中輟。本部於三年五月一日照會英公使。聲明草約各款、雖可同意。惟界綫一層。斷難承認。四年六月。袁前總統派員與英使商議。擬根據會典及前淸載書。將察木多劃歸外藏。英使仍未滿意比年以來。藏番內侵。據川邊鎮守使報告。察木多等處。相繼失陷。七年十月。川邊與藏訂立停戰條約。以一年為期。暫時劃界。由鹽井南方大索、德化、裏塘、甘孜、瞻對、章谷、康定、丹巴、爐定、稻城等地屬漢。類烏齊、恩達、昌都、同普、柯鄧、石渠、德格等地屬藏。本年五月。英使以停戰期限將滿。重催開議。五月三十日。及八月十三日。兩次與英使會議界務。經根據民國四年袁前總統派員與英使接洽各節。提出條件。大致謂將打箭爐、巴塘、裏塘、屬川。察木多、八宿、類烏齊、三十九族、屬外藏。瞻對、德格、及崑崙山以南。當拉嶺以北之地。歸內藏。英使初未同意。經再四磋商。始允取消內外藏名稱。將打箭爐、巴塘、裏塘、瞻對、岡拖、地方。劃歸中國內地。將德格以西等處。劃歸西藏。又一辦法。仍用內外藏名稱。將打箭爐、巴塘、裏塘、瞻對、岡拖、作為內藏。將崑崙山以南。當拉嶺以北之地。作為內藏。中國不設官。不駐兵。德格歸外藏。所稱界綫。較之前次會議。實已大有進步。若乘此議結。中藏勢必日益隔閡。將來恐無恢復之日。又原擬文件內聲明西藏為中國領土一節。擬置正約外。尊處對於上述辦法。有何意旨。希速電部。以備參考。

西藏受祕密外交之毒害

此間應插一言。自民國二年、陳貽範赴希摩拉會議以後。至外交部發寄歌電以前。先後七年間。所有西藏交涉。凡陳貽範署名之草約。及北京政府屢年與英公使交涉之一切情形。全付祕密。國民毫不能悉其內容。及關係省份、接到國務院歌電之後。始知希摩拉草約。有所謂新設之內外藏區域。而此內外藏區域。卽係川邊青海之境、且經外交當局、欲割棄而不忍。欲保全而無法者。已經多年矣。當時關係各省。皆通電力爭。川邊鎭守使陳遐齡電謂。遐齡前與藏番休戰。擬定暫時退兵地點。係一時權宜之計。川藏劃界。斷不能以此爲憑。川督熊克武電謂北自石渠西至恩達。南迄察隅。鹽井均早改縣設治。最小範圍。亦當以此爲界。滇督唐繼堯電謂此次藏案。當認定數事、一川邊行政區域。早經改土歸流。且地屬西康。不得認爲藏地。近時藏番叛據各縣。應派兵一律收復。二、西藏爲中國領土。能否許予自治。中國自有主權。無庸他人代爲要求。尤不得以川邊、青海、甘肅、新疆、各邊地。劃入自治區域。三、民國四年、袁氏將察木多劃歸外藏。乃因急圖帝制。結

川滇督反對界務之情形

歡外人。不宜援以爲據。四、陳遐齡與藏商議停戰。出於一時權宜。北京對於所訂條件。既未認爲有効。則其與藏番暫時劃界辦法。尤可置之不議。而四川省議會電述川邊地理歷史之關係。尤甚明晰。謂川邊原係康地。康藏分界。極爲分明。清制江達以東爲康。以西爲藏。查四川通制。雍正四年會勘劃界案內。於江達特設漢藏兩官。蓋以該地爲康藏分界之故。證一。清末特改康境爲川邊。亦以打箭爐至江達爲界。經四川總督趙爾巽、邊務大臣趙爾豐、及駐藏大臣聯豫、會同劃定。於江達立有碑記。並有奏案可查。證二。民國元年。經略使尹昌衡、改江達爲大昭府。以碩督、黎恩達、察隅、柯麥、之五縣屬之。設官分治。經北京內務部頒布在案。證三。現制川邊爲特別行政區域、亦以打箭爐至江達爲界。共置縣三十。與熱察京綏並等行省。版圖案牘。在在可稽。乃外部不諳邊情。昧於地勢。其條件、僅以爭回德格、爲恢復川邊原有轄地。而不知德格以西。尚有石渠昌都等十七縣。共二千餘里之地。竟直令其淪亡。且罔拖在德格之西。既以罔拖劃歸川邊。何以反將德格劃歸西藏。德格卽德化。既云德化屬漢。何以又言德格屬藏。丹巴卽章谷一地二名。竟重列之。又川邊向分南北中三路。今劃南北兩路屬藏。而以中路寥寥數縣屬漢。孤懸於三面藏番之中。一朝有警。何可復守云云。至陳明崑崙山以南當拉嶺以北。區域內之情形。以甘邊鎭守使馬騏一電尤詳。謂該區域東西長二千餘里。南北廣千餘里。鴉龍金沙瀾滄諸江之上游。皆流衍其中。氣候較青海北部爲暖。玉樹二十五族。耕牧相雜。物產極豐。實青海精華所在。自前淸收撫青海之初。卽將玉樹二十五族。劃歸西寧夷情衙門管理。二百年來。此疆彼界。與西藏毫無關係。年來藏人雖攻陷川邊十餘縣。然兵力尙未越當拉嶺以北之一步。今川藏劃界。已爲奇恥。乃欲並甘肅素所管轄藏兵未及之地。亦割以奉之。蹙地數千里。辱國大甚。而尤謂會議大有進步耶。

西藏交涉之中止

此等通電發布之後。全國國民乃始知西藏問題。經政府少數人之祕密外交。已經弄成此等局勢。皆責難政府荒謬。要求拒絕西藏交涉。一時有西藏問題比青島問題尤重大之說。政府亦自知此等談判。旣喪國家之領土。又失政府之威信。乃以南北未統一以前。不能議西藏問題之理由。拒絕英公使之要求。西藏問題之交涉乃一時中止。

應深惡痛絕之祕密外交

國民應注意之點凡我國外交之失敗無非由於政府少數人祕密外交之所弄成假使陳貽範署名希摩拉之草約與其所劃內外藏之地址政府於民國三年四月否認時將該草約洩示國民則上述各省力爭之通電當然於民國三年四五月間發現既可為政府後盾外部亦不至貽誤至此乃惑於外交祕密四字將川邊青海之廣大土地一斷送於陳貽範二斷送於袁政府三斷送於冀內閣而後國民始有所聞知然英政府已握我國當局三重保證矣至此國民雖起為後盾然為効幾何嗣後我國民務必深惡痛絕少數人之祕密外交而要求公開以發展國民外交之能力庶足以謀根本之救濟也至陳貽範不先稟政府而私簽割讓土地之草約以致後來交涉英國不肯出草約範圍之外誤國之罪政府既不稍予懲戒國民又無清議以繩其後無怪乎外交官賣國者之日衆也使國民能盡監督之責則安敢如此糊塗無忌憚也

西藏與外

至西藏問題與外蒙不無關係民國成立時俄國既助外蒙獨立故印度政府亦

蒙之歸宿

助西藏獨立。袁世凱於民國元二年。既承認外蒙自治。故對於英人要求中國於西藏僅有宗主權。亦聲明可以同意。自外蒙取消自治。本有良好影響於西藏。然今則奉直兩軍。不能平復蒙亂。與川滇軍不能平復藏番相同。則將來蒙藏問題當然爲同樣之歸宿耳。

第十八章　最近之外蒙問題

民國二年十一月五日、中俄兩國所訂關於外蒙之聲明文件、與附件。規定兩國在外蒙之利益、暨因時勢發生之各問題。另行商訂。外蒙亦得參與其事。詳本史五三七頁以下因此民國三年。袁世凱派畢桂芳陳籙與俄國庫倫總領事、亞歷山大密勒爾、及外蒙委員會議於哈克圖。自同年九月起、至民國四年六月七日。共九閱月。經四十八次會議。始締結左記之中俄蒙協約。

一　外蒙古承認民國二年十一月五日之中俄聲明文件及聲明附件。

二　外蒙古承認中國之宗主權。中俄兩國、承認外蒙古之自治與爲中國領土之一部份。

三　自治外蒙古。無與各外國締結關係於政治土地國際條約之權。凡關於外蒙古之政治及領土問題。中國政府、擔任照民國二年十一月五日、中俄照會第二條辦理。

四　外蒙古博克多哲布尊丹巴呼圖克圖汗之名號。由中華民國大總統冊封。之外蒙古公事文件。用民國年歷。但得並用蒙古干支紀年。

五　按照民國二年十一月五日。中俄條約第三條。中俄兩國承認外蒙自治官府辦理一切內政。關於自治外蒙商工事宜。有與各外國訂立國際條約之權、

六　按照中俄條約第三條。中俄兩國、擔任不干涉外蒙古現有自治內政之制度。

八　中俄條約第三條所規定。中國駐庫倫之大員。其衛隊不得過二百名。該大員之佐理專員。分駐於烏里雅蘇台、科布多、及哈克圖各處者。每處衛隊不過五十名。若因外蒙自治官府之同意。於外蒙他處添設佐理專員時。每處衛隊。不得過五十名。

八　俄國駐庫代表之領事。衛隊不得過五十名。其他處已設、或將來得外蒙自治官府同意、添設之領署、或副署。每衛隊不得過五十名。

九　凡有典禮及正式集會之際。駐庫倫之中國大員。應列最高地位。若必要時、該大員有獨見哲布尊丹巴之權。俄國代表、亦有獨見權。

十　駐庫倫中國大員、及本約第七條所指各地之佐理專員得行使最高之監察權。俾外蒙自治官府、及其屬吏之行爲。不違犯中國宗主各權利。及中國國家、與人民在外蒙古之各利益。

十一　自治外蒙之區域。按照民國二年十一月五日、中俄聲明附件第四條之規定。卽以歷來庫倫辦事大臣、烏里雅蘇台將軍、科布多參贊大臣、所管轄三區域爲限。其與中國之界線。以喀爾喀四盟、及科布多所屬、爲界。卽東以呼倫貝爾、南以內蒙古、西南以新疆省之戈壁、西以阿爾泰接界之各蒙旗、爲界。至中國與自治外蒙古之正式劃界。另由中俄兩國、及自治外蒙古之代表、協同辦理。並於本約調印後二年以內。卽着手共同測量。

十二　中國商人運入外蒙之貨。無論何種產物。不課關稅。惟照自治外蒙古人、民遵照自治外蒙官府所定內地貨捐。一律納付。
自治外蒙古商民。輸送貨物至中國內地時。與中國商民一律、納付已設及將來添設之各項貨捐、若係轉輸外國貨物。則照一千八百八十一年陸路通商條約納稅。

十三　在自治外蒙之中國人民民刑訴訟。由駐庫倫之中國大員、及駐外蒙各地之佐理專員、審理判決。

十四　自治外蒙古人、與中國人民之民刑訴訟。均由駐庫倫之中國大員、或所派代表、或駐各地之佐理專員、會同自治外蒙古官吏審理判決。若華人爲被告。則在中國官員之處。會同審理。（即混合裁判）若一人爲被告。則在蒙古衙門會同審理。犯罪者按各自之法律治罪。

十五　自治外蒙古人民、與俄國人民之民刑訴訟。按照一千九百十二年（民國元年）十月二十一日、俄蒙商務專條第十六款辦理。

十六　在自治外蒙華俄人民之民刑訴訟。若俄人爲原告。華人爲被告。俄國領事、或所派代表。得參加會審。與中國大員、或所派代表、或佐理員、有同等之權利。其審訊被告之中國人、或中國證人。經中國官員間接審訊。俄領事或代表、於審查證據。追求賠償。認爲必要時。得令監定人聲明兩造之權利。并與中國官員會同擬定判決詞。記名簽押。中國官員、有執行判決之義務。若俄人爲被告。華人爲原告。中國駐庫大員、或代表或佐理員、得至俄國領事館觀審。

十七　哈克圖庫倫張家口間之電線。以在自治外蒙境內之故。議定爲自治外蒙古之完全所有物。

十八　庫倫及蒙古哈克圖之中國郵政機關。仍照舊保存。

十九　中國駐庫倫之大員、及駐烏里雅蘇台科布多、哈克圖之佐理員。及屬員等。由外蒙自治官府。供給必要之駐所。完全爲中國政府所有物。並爲該大員等之衛隊。於其附近。讓與必要之地。

二十　中國駐外蒙古之各官員。使用蒙古台站時。照一千九百十二年十月

協約與中俄蒙之利害

二十一日之俄蒙商務專條第十一款辦理。

二十一　一千九百十三年十一月五日之中俄聲明文件附件及一千九百十二年十月二十一日俄蒙商務專條繼續有効。

此約以民國二年十一月五日之中俄聲明文件、及附件爲根據。中國所爭得者除衛隊比俄國多數十名外。其餘爲册封尊號、用民國年歷、及典禮位置之虛儀。此卽爲中國宗主權利之範圍所在也。民刑訴訟一節。中國不能與俄國平等。而外蒙與中國平等。尤爲該約之恥辱。至外蒙古則依此約、確定完全之自治制度。並有權與各外國締結工商業之國際條約。則當然爲大半獨立之國家。況商工業範圍原無一定限制。實與政治權利絕對不能分開。以外蒙官府之愚闇與中國宗主權之微弱。而有此等條文規定。則當然爲俄國留進取之地步。民國五年。袁世凱死。國會恢復後。俄國政府要求中國國會中取消外蒙古之議員。其視本約與民國二年中俄聲明附件所規定、外蒙古爲中國領土之一部份、爲具文。蓋可知矣。

上述條約之外。俄國政府、更要求袁政府、於同年十一月六日另締關於呼倫貝爾、改爲特別地域之約。呼倫貝爾者。黑省西部一縣。屬中東路未通以前。爲蒙人一小部落。以富於森林礦產。俄人於此置停車場。設新街市。所有材木礦鈔。全爲俄商壟斷。宣統三年。俄人煽惑外蒙獨立時。令呼倫貝爾之蒙人。亦宣布獨立。至此正式令我國承認呼倫貝爾爲特別地域。該約之要點如左。

一　呼倫貝爾爲特別地域。直屬於中華民國中央政府。

二　呼倫貝爾副都統、由大總統擇該地三品以上之蒙員。直接任命。與省長有同等權利。

三　都統衙門設左右兩廳。廳長由副都統擇該地四品以上之蒙員、請中央任命。

四　呼倫貝爾之軍隊。全以本地之民兵組織之。若遇變亂不能平定時。中國政府、預先通知俄國政府。得派遣軍隊赴援。但秩序回復後。卽須撤回。

五　呼倫貝爾各種稅捐之收入。及其他地方歲入。皆充作地方經費。

俄國革命與外蒙之變化

六　呼倫貝爾之土地爲當地人民共有財產。中國人僅取得借地權而止。並由該地官憲認爲與該地人民之牧畜無障礙爲限。

七　呼倫貝爾將來敷設鐵路。儘先與俄國借款。

八　俄國企業家、與呼倫貝爾官憲締結條約。經中俄兩國委員之審察者。中國政府、應卽承認之。

此約雖比承認外蒙完全自治有所不同。然主權大受制限。且予俄國以特種權利。此俄國於外蒙古獨立外。又將黑龍江西部、劃一緩衝區域。爲可紀念之事也。以上兩種條約皆係一千九百十五年所訂結。卽俄國帝制政府對德奧開戰之次年。其時俄國國勢尚未陵夷。故猶積極的侵略中國也。過此以後。俄國國勢大生變化。而外蒙古與呼倫貝爾之形勢。亦因之大爲轉移。蓋一千九百十七年。卽民國六年三月。俄國內部起空前之大革命。羅馬諾夫皇室滅亡。勞農派共和政府成立。全反對帝制時代之侵略主義。凡舊政府與他國締結帶侵略性質之條約。一概宣告無效。所有外蒙劃界、應由中俄蒙三方委員於民國六年六月以前共同施行之約束。共和政府、視爲在宣告無効之列。因此外蒙王公喇嘛等。大失所望。先是俄政府運動外蒙獨立時、贈活佛二百萬盧布、其他王公喇嘛。各有重餽。並許外蒙獨立後。俄國可以借予巨款。爲蒙古獨立建設費。王公大喜。此當時欣然獨立之重大原因也。然彼等毫無理財知識。亦無一定之收入。自民國元年至五年。雖共借俄款約三千萬盧布。然全供浪費。不能爲整理收入之用。及俄國革命。新俄不再予借款。外蒙財政、陷於非常困難。不但行政費無着。活佛王公。幾無自給之法。以視內蒙王公、受民國之優待。不勝欣慕。民國七年。俄國過激派勢力漸張於西伯利亞。外蒙古毫無兵備。大受布里雅特兵匪之侵迫。甚爲惶懼。王公喇嘛、始知外蒙斷無自治能力。非仰仗於中國保護不可。迭懇請北京政府出兵防禦。値協約國共同出兵西伯利亞。中日軍事協定、有中國軍隊由庫倫進至貝加爾方面之規定。於是邊防軍之一部、進入庫倫。外蒙被俄匪侵擾之禍。得以少免。然財政問題。仍無法解決。王公喇嘛等。乃有取消自治還政中央之議。決活佛亦贊成之。商由庫倫都護使陳毅。照前淸舊制。擬定優待條件。及善後辦法。密

外蒙取銷自治之曲折

呈中央核奪。時徐樹錚已任西北籌邊使。兼西北邊防總司令。睹此形勢。卽赴外蒙。對於外蒙取消自治雖同意。然主張積極的改革政策。蓋籌邊使官制有籌辦西北各地方交通墾務林礦商業教育兵衞之一切全權。卽欲以籌邊使之職權。統轄全蒙。而主持其一切行政也。故反對陳毅之緩和辦法。而另有主張。然活佛王公等認徐樹錚爲統監政治。滿懷不願。經國務院蒙藏院切實審量。以陳毅之辦法爲妥當。密電陳毅、轉告活佛王公。謂政府斷無以徐樹錚爲統監之意。可勿猜疑。活佛王公、乃於民國八年十一月七日。以請願之形勢。懇請大總統准其取消自治。並取消關於外蒙自治之中俄蒙一切條約。其請願書如左。

外蒙取消自治之請願書

竊外蒙自前清康熙以來。卽隸屬中國。喁喁向化。二百餘年。上自王公。下至庶民。均各安居無事。自道光年間。變更舊制。有拂衆情。遂生嫌怨。前清末年行政官吏。污穢衆心。益懷怒怨。外人乘隙煽惑。遂肇獨立之舉。嗣經訂定條約。外蒙自治告成。然迄今數年、未見完全効果。近來俄國內亂無秩。不能統一。屬地自無保護條約之能力。而布里奴繪等、任意勾通土匪。結黨糾衆、迭派人到庫催逼歸從。擬統一全蒙。獨立爲國。種種煽惑。形甚迫切。且唐努烏梁海、向爲外蒙所屬區域。始則俄之白黨強行侵佔。繼而紅黨復進。外蒙人民生計向來薄弱。財政困難。匪可言喻。加以此等外患。實在無法辦理。本官府召集王公喇嘛等、屢開會議。咸謂近來中蒙感情敦篤。嫌怨盡泯。均各情願取消自治。仍復前清舊制。凡於札薩克之權。仍行直接中央。所有平治內政。防禦外患。均賴中央極力扶救。業經博克多哲布尊丹巴呼圖克圖汗之贊成。惟期中央關於外蒙內部權限。均照蒙地情形。持平議訂。於中央統一權、亦不抵觸。自與蒙情相合。亦於國家有益。是我外蒙官民共所祈禱者也。至前訂中俄蒙三方條約及俄蒙商務專條。並中俄聲明文件。原爲外蒙自治之所締結。今既自己情願取消自治。所有前訂各條約。當然概無効力。其俄人在蒙營商事宜。將來新俄統一政府成立後。應由中央負責。另行議訂。以篤邦誼。而挽權利。所有王公喇嘛等、聯名請願取消自治官府。恢復前清舊制。期望優待。緣由理合具呈。請願伏乞大總統鑒核。恩准訓示。不勝迫切待命之至。

准外蒙取消自治之命令

呼倫貝爾之恢復舊狀

徐總統接此請願。旋於十一月二十二日。頒布允如所請之令。並稱所有外蒙博克多哲布尊丹巴呼圖克圖汗應受之尊崇。與四盟沙畢等應享之利益。一如舊制。中央並應優爲待遇。俾共享共和幸福。以垂無窮。同日加封活佛爲外蒙古翊善輔仁博克多哲布尊丹巴呼圖克圖汗。特任徐樹錚爲册封專使。並明令責成徐樹錚以西北籌邊使、督辦外蒙古善後一切事宜。同時呼倫貝爾副都統貴福。承全旗官吏及蒙民全體之意。呈請東省巡閱使張作霖、與黑省督軍孫烈臣、轉請中央取消特別地域。及關於呼倫貝爾之中俄協約。中央亦旋卽頒令准如所請。自是外蒙古與呼倫貝爾。完全恢復前清之原狀。當時外交部將此情形、通告外交團。各國公使皆無異議。惟俄公使庫達攝夫氏以中國政府不徵求俄國同意。卽取消外蒙自治。與呼倫貝爾特別地域。爲破壞日俄條約。提出抗議。然我國政府以外蒙與呼倫貝爾原係中國領土。當然不成問題。拒絕之。而俄國共和政府。對於外蒙取消自治。認爲與俄國毫無關係。因此吾國之外蒙古問題。自前清宣統三年。經俄國帝制政府之誘惑。一時與母國脫離關係者。至此八九年之久。

中央用徐樹錚之釀成蒙禍

乃得恢復舊狀。

然事實殊不如此簡單。外蒙自民國八年十一月取消獨立、還政中央後。不及一年。而外蒙之禍又作。卒於民國十年二月。又宣布獨立。此中有二大原因。一爲中央錯任徐樹錚督辦外蒙善後。二爲日本積極經營外蒙之所致。蓋徐樹錚始欲以籌邊使之職權。統轄全蒙。而主持其一切行政。及中央責成督辦外蒙善後事宜。徐氏對於活佛王公之威勢儀仗。全與統監無殊。威燄逼人。爲外蒙之所深惡。而實際上徐氏志在爭中央之政權。不在經營邊務。在欲除國內異己派之勢力。不在防外蒙之奸宄。故關於外蒙邊政。凡實業交通之改善、與設施、毫無計劃。即所有邊防軍三師四混成旅之多。亦僅以褚其祥一旅、及高在田一團。留駐外蒙而止。其餘大多數之邊防軍。盡駐屯於北京附近各省之重要地點。以謀與直軍對抗。及民國九年七月。直皖兩軍開戰之結果。邊防軍一敗塗地。北京政府、對於督辦外蒙善後事宜之西北籌邊使。以內亂罪明令拿辦。（參觀拙著歐戰期間中日交涉史第九章）中央命官。變成此等局勢。大啓外蒙輕侮中央之心。重以邊防軍被解散之後。駐外蒙之褚旅高團各懷疑懼、又軍餉欠發、兵心解體、而俄黨蒙匪乘之、此由於中央錯任徐樹錚督辦外蒙善後、以釀成蒙禍之情形也。

日本之經營蒙古

自俄國革命後、其一千九百十六年、日本政府、與俄國帝制政府、訂結由兩國壟斷中國領土權、政治權之日俄秘密同盟、被新俄共和政府聲明作廢、（參觀拙著歐戰期間中日交涉史第四章）日本政府、乃決心扶助俄國帝制派之勢力、以與俄國共和政府對抗、除乘機佔領俄國沿海洲外、並欲將俄國舊政府在中國北滿外蒙之一切權利、由俄國帝制派之手、讓渡於日本、關於此事、日本於出兵西伯利亞後、其對於沃木斯克全俄政府最高主權之高爾哲氏、及據赤塔俄舊黨將領謝米諾夫氏、予種種之援助、皆訂有將來讓渡俄國在滿蒙一切權利之密約、又一方直接經營外蒙、民國七年五月十六日、日本齋藤季次郎、與中國委員長靳雲鵬、所訂陸軍軍事協定細目、其第一第四兩款、皆有日本軍隊一部、得由庫倫進貝加爾之規定、此卽日本取得堂堂正正經營外蒙之徑路也、自此日本軍官策士、得發揮其運用蒙古王公、及聯絡蒙匪之本能、民國八年十一月、外蒙忽然取消獨立、還政中央。新俄政府。雖認爲與俄國無關係。而日人則視爲與日本經略外蒙。有重大之妨礙。則陰擾外蒙之進行愈猛。民國九年中外新聞。迭登載日本當局擾亂外蒙之密電多通。茲照錄一二如左。

頃據日軍駐哈埠總司令部、所得東京政府八月二十八日密令一件。內容略謂中日軍事協定。斷不能聽其取消。原有軍隊。宜以三分之一。扼中東路之要隘。近日西北邊防軍、兵心漸懈。我軍宜乘此時機。力謀進取。現特派大山中佐、階同熟悉蒙情遊說員四十人。携帶鉅款。分往內外蒙古各地。遊說王公。陳以利害。並擔任軍費政費借款。及軍械各項。以助其恢復自治權。一方面以金錢結納各邊防軍。使其輔助蒙人宣佈獨立。並招集該處土匪。不時擾亂邊境。使支那軍隊。疲於奔命。則我軍進行較易。至大山中佐、及遊說員。現已出發。沿途務飭各軍。妥爲保護。

頃據駐哈日軍司令部。於九月三日。接天津領事署衞隊武官轉電一件。內容略謂支那邊防軍。聘任邦人藤原氏等。此時一律解職。內有教官田駿大佐、小林原吉郎少佐、鈴木兵一郎中尉、荒川式勇中尉、川彌一少尉、岩田雄武少尉、山下永吉少尉、福山芳齡少尉、八員均曾遊歷蒙古多年。對於各王公感情甚厚。

庫倫陷落與大連會議之關係

此可見日本必欲恢復蒙古之自治權。而改隸於日本保護之陰謀矣。其時俄國舊黨高爾哲、及謝米諾夫之勢力。雖被遠東共和政府完全攻破。無復立足之地。然日本聯絡蒙匪、着着奏効。民國九年九月。日本仍招謝米諾夫至大連。協議仍由日本供給款械。令其殘部與蒙匪結合。攻取外蒙爲根據地。遂肇民國十年二月謝米諾夫部將恩琴。與蒙匪合力攻陷庫倫之事。此由於日本經營外蒙。以演成現在蒙禍之實際情形也。

北方當局之坐視蒙亂

當直皖兩軍開戰之後。蒙匪猖獗愈熾。迭經鎮撫使陳毅、旅長褚其祥、電請中央增援兵。斯時北方疆吏。視援庫倫之問題小。而視取得援庫總司令地位之問題大。迭經中央遴選。經東省張巡閱使之同意後。始派定張景惠爲援庫總司令。而派定數月之久。張景惠不出一兵赴援。地至民國十年二月一日。蒙匪乘華軍疏懈。將活佛祕密捲逃。俄將恩琴遂於次日率同俄蒙兵匪四五千人。三面突攻庫倫。褚旅高團、皆大敗潰。師陳毅僅以身免、奔赤塔。自此哈克圖、叨林、烏得各地。西至科布多。相繼陷落。而所謂援庫軍者。始稱天氣寒冷。繼稱交通不便。餉械不足。至五月尚不進一兵赴援。政府以不能供其要求之款項。亦不敢嚴催赴援。外蒙古遂又陷於不可收拾。此中最可注意者。據戰地軍事報告。蒙匪之指揮官。全係日本軍官。不下六十人之多云。原俄蒙兵匪。皆係烏合之衆。無正式之國家與正式之政府。爲其後援。縱謝米諾夫餘黨。暗受日本之接濟。然亦不敢明白出頭。且遠東共和國認爲逆賊。我國匪痛加剿滅。殊不發生外交問題。奈北方奉直兩軍。不下四十萬之衆。竟無人出任平靖之責。此百五十六萬方哩之北陲。當然不翼而飛矣。

第十九章　中俄關係之變化

中俄關係之新局面

與中國開國際交涉最早者爲俄國。侵略中國最甚者。除日本外。亦爲俄國。蓋俄自大彼德開國後。全以侵略主義爲國是。其與中國二百數十年之國際交涉。除尼布楚條約一件外。其餘殆無非俄國侵略中國之事。迄至一千九百十五年。民國四年俄國正與中歐諸國激戰中。猶與中國協定外蒙自治、與呼倫貝爾爲特別地域之約。參觀本史第十八章又於一千九百十六年。猶與日本締結處分中國之祕密同盟。參觀拙著歐戰期間中日交涉史第四章假使俄不革命。則中國受日俄同盟之毒害。將不知胡底。然一千九百十七年三月。俄國忽起掀天動地之大革命。羅馬諾夫皇室滅亡。民主共和政府代興。舉凡帝制時代所有對內專制、對外侵略之政策。一概排斥。而曩昔皇室政府。與他國所締條約。其有侵略性質者。皆在翻案之中。兼之自大革命後。外敗於德。國內七分八裂。不能統一。迄無對外發展之力量。因此二百數十年來之中俄關係。至此開一新局面。此中可注意者。一爲外蒙古之變化。二爲中東路權之變化。三爲收回俄國租界與治外法權、是也。除外蒙事件上章敘述外。其他分述於左。

中東路守備權之收回

當歐戰未開以前。俄國駐防哈爾濱之軍隊。約三萬左右。守備中東鐵路與哈爾濱至長春鐵路之軍隊、約六萬左右。（據東清鐵路條約。俄國於鐵路沿線。僅有設警察權無駐軍隊權。光緒三十一年。日俄講和附約。規定兩國於滿洲鐵路。每基羅米突置二十五名守備兵而止。然俄兵駐北滿者。竟如上數）及與德奧開戰之後。此種軍隊大半開赴於歐西戰場。其殘留北滿之軍隊。自俄國革命後。分爲新舊兩派。屢起衝突。不能融洽。至民國六年冬。衝突之形勢益急。哈爾濱總領事、兼中東鐵路督辦、霍爾哇拖係舊黨首領。失其統轄能力。至不能維持秩叙。吉林地方官、恐釀成變亂。由師長高士儐於民國七年一月十日。拂曉率軍圍俄營。迫令解除武裝。由霍爾哇拖將亂兵送回俄境。所有中東鐵路與哈爾濱至長春鐵路之守備。改由中國軍隊負責。自是俄國北滿鐵路守備權。爲中國收回。同年各國共同出兵西伯利亞。設聯合國鐵路委員會。協議將中東、西伯利亞、烏蘇里、三鐵路。由各國共同管理。當經中國反對。謂中東鐵路。原係中俄兩國合辦。現中國爲參戰一員。又有保持該路秩

序之能力。該路應歸中國管理。然以俄日兩國之反對。聯合會僅承認中東路守備權歸於中國而止。（參觀拙著歐戰期間中日交涉史第八章）

先是俄國鐵路督辦霍爾哇拖於光緒三十二年。主張東清鐵路會社於哈爾濱有行政權。旋布東清鐵路市制於哈爾濱。清廷不得已。於宣統元年。與訂東清鐵路附屬地組織自治會之協約十八條。（詳本史四八八頁以下）規定中國交涉總辦與俄國鐵路督辦有監督檢查自治會之權。然以霍爾哇拖之跋扈。與中國官吏之萎靡。哈爾濱之行政權。當然完全歸於俄國中東鐵路督辦之手。迄俄國革命後猶然也。及民國七年。我國收回中東路守備權後。政府旋添派中東鉄路督辦一名。即以吉林督軍鮑貴卿任之。自是中東路管理權、與附屬地行政權、事實上為中俄二國共有。及民國九年三月十一日。為俄國革命三週年紀念日。中東路之俄國從業員殆全表同情於西伯利亞之遠東共和政府。而以鐵路督辦霍爾哇拖、係帝制餘孽。且屢利用中東路附屬地之行政權。與警察權。予新黨不利益之故。謀於紀念日起革命運動。當以中國軍警干涉、不果行。遂改由全體致函霍爾哇拖。要

求於二十四時之內。將中東路附屬地行政權。讓渡於海參崴臨時政府代表之手。霍爾哇拖拒絕之。遂惹起全體同盟罷工。此間東省當局。迭經審議。由吉督兼中東路督辦鮑貴卿。一方派重軍鎭壓工人。一方勸霍爾哇拖解除職務。以維路政。霍氏不得已去職。當時鮑督軍發表一布告。大致謂中東路沿線地帶。原爲中國之領土。曾再三訓告。不得紊亂地方安甯秩叙。在案。然霍爾哇拖屢利用軍警。行利於己派之政略。致惹起俄國勞工同盟罷業。余爲確保中國主權與鐵路秩序起見。勸霍爾哇拖解除職務。以維路政。嗣後路事取決於董事會。以示公開。無論俄國個人或團體。皆不許以政治目的。干涉路事。俟將來俄國統一後。中俄間再訂辦法云云。此宣布後。駐哈各聯軍。皆無異議。美國尤表示美滿之意。自是中東鐵路與哈爾濱至長春鐵路之管理權。與其附屬地。卽哈爾濱之行政權。警察權。完全爲我國收回。

此間起一問題。卽日本欲將俄國之中東路權。不歸中國收回。而讓渡於日本。是也。關於此事。日本之竭力援助謝米諾夫與高爾哲。皆祕密訂有讓渡中東路權

與日本之交換條件。以謝高二氏皆失敗。約束無法履行。而又不能向中國明白要求。則陰施其種種攫奪該路之策。當聯合國鐵路委員會、議決中東路守備權歸於中國之時。日本司令官大谷氏。卽要求聯合會將中國之中東路守備隊歸日本節制。爲聯合國所拒絕。及鮑貴卿勸霍爾哇拖去職後。日本亦主張以四國名義。出而干涉。亦爲各國所拒。日本乃將撤回貝加爾方面之軍隊。全體駐紮於北滿中東路沿線之一帶。動與中國軍警爲難。以上參觀拙著歐戰期間中日交涉史第八章 適值我國取消俄國使領待遇。俄國舊黨。恐我國接收華俄道勝銀行。忽懸法旗。以爲抵拒。我國政府、恐惹起意外國際糾葛。依交通部之主張。於同年十月二日。由交通部與華俄道勝銀行、訂一管理東省鐵路續訂合同。其大要如左。

管理東省鐵路續訂合同

一、董事會九人。俄籍五人。華籍四人。以中國督辦爲會長。遇票數平均時。會長有加投一票之權。但董事會以七人爲取決之多數。亦必有督辦會辦到席。方爲有効。

一、添設中俄帮辦會辦各一人。添設副局長華員一人。會計、營業、工程、保路、

四處。均添副處長華員一人。。

一、中國所存道勝銀行之款。以鐵路債券。交付中國政府。

一、公司以後所有權利職務。均限於商業範圍以內。不得涉及政治。中國政府得隨時嚴重取締之。

一、中國政府暫時代替俄國政府。執行保護、管理、及實行各條約合同之一切職權。此項代行職權之期限。以中國政府正式承認俄國政府。並彼此商定該路辦法後爲止。

此合同雖有可議之點。然以我國收回中東鉄路與哈爾濱至長春鉄路之管理權論。法律上增一重保障。是亦可紀念之點也。二十五年以來。俄國羅馬諾夫皇室政府侵略中國之主幹事業。卽中東鐵路。至此形勢爲之大變。

自俄國國體改革之後。其以前皇室政府所派出之公使。已不能爲新俄之代表。照國際慣例。駐在國政府因其失却代表資格。可以停止其公使待遇。若停止待遇於本國不利益時。則不停止亦可。此全以駐在國之利害爲標準也。協約各國

俄使待遇問題

對於此等俄使。有早已取消使節待遇者。亦有仍舊不變者。如日本與俄國舊政府有種種密約。以扶持彼此侵略中國之政策。新俄政府則反對此主義。故日本爲本國利益計。方設法扶持俄國舊黨之勢力。以與新俄對抗。其不速停俄舊使之待遇無疑也。我國則正不然。凡俄國舊黨勢力。得維持於遠東。以與外國人狼狽爲奸。爲我國重大之憂患。關於新俄之過激主義與承認問題。雖應與各國一致。然俄使待遇問題。則應以本國之利害爲歸。不必與他國從同。乃俄國於民國六年三月革命。我國於同年八月對德奧宣戰。各國對於吾國希望條件。允許庚子賠款五年延期。惟俄國公使、庫達攝夫氏。祇許俄國賠款年額三分之一延期。其餘三分之二。均由中國按期交付俄使之手。（參觀拙著歐戰期間中日交涉史第六章第二節）夫庚子賠款。惟俄國特多。年額亦惟俄國特大。斯時舊俄政府早已滅亡。新俄政府已經宣言。凡舊政府與他國訂結不平等之條約。一概取消。又我國已經參戰。乃尚承認按期交付庚子賠款三分之二。與不能代表俄國何物之舊公使。可謂其愚不可及矣。及民國八年十一月以後。勞農政府之紅軍。以破竹之勢。顛覆沃木斯克之全

遠東共和國代表來北京

俄政府。旋統一東部西伯利亞各地方政團。組織遠東共和國。立國都於赤塔。於民國九年七月。派全權代表優林來北京。以取消舊政府迫壓中國之約章。另結兩國公平待遇之通商條約爲職志。幷宣言前皇室政府所派之公使領事。已非新俄之代表。其所辦之事。新俄政府不負責任。由是我國政府乃感俄使待遇問題之困難。一則交付之賠款。將來新俄政府是否承認。二則事實上遠東共和國已另派代表來北京。三則屢發現俄使與舊黨擾亂中東路之陰謀。而調查各國多已取消其使節待遇。乃決心倣照辦理。一面停止交付賠款。一面禁止俄使發密電。俄使抗議時。外部總長顏惠慶面告之曰。貴使早已不能代表俄國。何物反令敝國政府極受困難。若貴使自行辭去公使資格。最爲適當。俄使反抗謂旅華俄僑有三十萬之多。不能卸責云云。自是外部與俄使斷絕關係。九月二十三日由大總統發表停止俄國使領待遇之明令如左。

停止俄國使領待遇之命令

據外交部呈稱。比年以來。俄國戰團林立。黨派紛歧。統一民意政府。迄未組成。該國駐華使領等官。久已失其代表國家之資格。無由繼續履行其負責之任

俄使覆外部之牒文

務。曾將此意。面告俄使。應請即日明令宣布。將現在駐華之俄國公使領事等。停止待遇等語。查原呈所稱各節。自屬實情。惟念中俄兩國。壤地密邇。睦誼素敦。現雖將該使領等停止待遇。而中國對俄國人民。固友好如初。凡僑居我國安分俄民。及其生命財產。自應照舊切實保護。對於該國內部政爭。仍守中立。並視協商國之趨勢為准。至關於俄國租界。及中東鐵路用地。以及各地方僑居之俄國人民。一切應由主管各部、及各省區長官妥籌辦理。此令

外交部將此令照會俄使。俄使旋覆外部左之牒文。

貴總長呈請總統所下之命令。業已閱悉。本公使已將此項命令。電知本國駐華各領事。並令其曉諭僑民。俾知已失正式俄員之保護。本使對於貴總統命令中、所稱切實保護安分俄民、及其生命財產一節。希望貴國政府依據中俄條約切實履行之。近三年來、貴國違背中俄條約各節。須俟將來全俄正式政府允可後。乃得認為不違法。茲將貴國違背條約各端。開列於後。

一、一九一八年取消中俄邊界及松花江禁酒辦法之條件。

各國之無異議

二、一九一九年十一月二十二日取消關於外蒙自治諸條約。

三、一九二十年一月二十八日取消呼倫貝爾特別地域之條約。

四、近來屢次違背一八九六年中東鐵路合同之精神。

五、一九二十年七月停止交付庚子賠款違反一九零一年之和約。

六、一九二十年九月二十三日之命令。違反一六八七年、一九二七年、一八五一年、一八五八年、一八八一年之各條約。

以上各節。除咨照駐華外交團領袖公使外。相應照會。

我外部以其照會領袖公使之故。當爲非公式辯明。大致謂中俄各項條約。皆係前俄統一政府所締結。今局勢變遷。無復効力可言。中國爲保持本國主權及俄國利益起見。不得不取相當之處置。至保護俄僑。自當負完全責任云云。駐京各公使皆請訓本國政府。問對付此問題之態度。各國政府以中國此舉。實援國際慣例。與各國對俄先例。皆無異辭。惟關於俄國財產處分一層。各國公使個人意見。各不相侔。我政府以中國并非與俄國斷絕國交。所有俄國財產。當然由中國

俄國租界與治外法權之收回

政府切實保護。當令各疆吏。將俄國領事署接收外。關於漢口天津之俄國租界。飭令各該地交涉員及警察廳。同時接收管理。自此以後所有俄僑之裁判權及租界內一切行政事宜統改由中國負責此又中俄國際情形一重大變化也。此中最可注意者。收回俄國租界與收回治外法權。有密切關係。各國對於我國收回俄國租界既不為難。則可知其默認吾國之收回治外法權矣。惟我國當局急宜改良司法制度。務使俄僑受理中國法庭之裁判。外人不有間言。則將來收回各國之治外法權。基於此矣。

道勝銀行懸法旗問題

此間俄國舊黨欲保持中東鐵路、與華俄道勝銀行、為已派之勢力。恐中國政府、幷道勝銀行一概接收之故。則假該銀行多係法人資本之口實。忽懸法旗。以為抵拒。然華俄道勝銀行契約。明定為華俄道勝銀行。並無第三國之字面。又東清鐵路條約。明定總股票、祇准華俄兩國人民購買。並無法人購買之權。故此等懸掛法旗。實出於俄舊黨鹿死不擇蔭之手腕。法理上法國政府不能負責者也。然斯時我國政府。恐惹起國際上別項糾轕。依交通部之主張。於同年十月二日與

處置道勝銀行之失當

道勝銀行訂一管理東省鐵路續訂合同。以解決道勝銀行、與中東鐵路之問題。已如上述。該合同以法律保障中國於東省鐵路管理權之點、雖有可取。然我國政府既認前俄政府所訂之條約。不復有効力。凡俄國租界、與領事署、皆代爲接收（俄國公使館。應一律由我國代爲保管。因庚子條約。我國權力不能及於交民巷。改由拳匪關係各國。令由俄舊公使保管。）則道勝銀行、與中東路。亦當然由我國無條件暫時接收。但不變更該銀行之地位。並將路款、仍存於該行。使該行權利與法人資本。皆得保護。而無損失。是爲正當辦法。乃認道勝銀行爲爲東省鐵路之主權者。則是認道勝銀行與俄國舊政府無關係。又認東省鐵路非俄國舊政府所經營。而爲道勝銀行獨立經營之物。此矛盾之甚者也。

鐵路合同失敗之點

又東清鐵路條約。原定總股票華俄兩國購買。則中國所存道勝銀行之款。當然換爲股票。以股東資格而執行管理權。乃爲正當。乃該合同換爲債券。則我國僅取得債券資格。固有之權利。而不知於此時收回。此大失敗之點。宜急圖挽救者也。

自民國九年夏間。遠東共和國、派全權代表優林來北京。要求與我國通商。並聲明所有前俄政府與中國所訂不平等之約。一概取消。而另爲兩國平等待遇之

遠東共和國之形勢

中俄速訂商約之必要

協定。凡取消領事裁判權。修正中東路不利益於中國之點。與保障過激主義不宣傳於華境。皆切實承諾之。原遠東共和國。合東部西伯利亞之上烏金斯克。赤塔、阿穆爾、海參威、薩哈連、堪察加、各地方政團。脫離西歐祖國關係。而成立之新國家。其國境北接寒漠。西接祖國。東濱於海。其重要地點。爲日本所佔領。南接中國。有一萬數千基羅米突之長境。此國成立以來。以過激之彩色。不得各國之同情。尤爲日本所嫉惡。蓋日本已佔領沿海濱省。若該國一旦國基鞏固。則不得不退還佔領地也。故日本一方用強兵行實際之壓制。一方助俄國舊黨謝米諾夫等。與共和政府對抗。情勢如斯。該國經濟陷於非常困難。除西得祖國之援助外。惟望中國與之通商。以謀救濟耳。而我國既與此新共和國、有萬餘基羅米突之長境。且有四十萬僑民在其境內。此等特別情形。無論何國。皆非其比。則除關於過激主義。應嚴禁宣傳。承認主義。應與各國取一致外。其試辦通商。儘可自我開始。無俟他國作倆之必要。蓋非如此。不可以保全本國之商業利益。且無法保護四十萬僑民之生命財產也。欲保護僑民。除與該國訂約外。別無他法。乃我國政府對於此事。不以本國

政府之畏葸

之利害為前提。惟他人之馬首是瞻。尤以日本之態度為轉移。故優林到京之後。我政府殊冷淡遇之。商約殊無頭緒。及民國十年三月。英俄通商條約發表。同時外蒙之亂。華民由庫倫逃西伯利亞者數千人。全由遠東共和政府保護回境。我政府乃有與優林實際議約之說。然迄於今不見發表。（本史以十年四月付印刷）夫英俄毫無陸路相接之處。亦斷無數十萬僑民在俄。而早已通商。我國有此等特別情形。而不敢進行。愼而無禮則葸。此之謂也。然新疆省地方政府、則殊不然。曾於民國九年四月。與中央亞細亞土耳其斯坦之新俄政府。（首都為塔什干）訂左之試辦通商合同。

新疆與俄國之通商合同

一、中國新疆伊犂官府。與俄國土耳其斯坦政府之委員。為兩國邊界人民之利益。及聯絡雙方感情起見。擬互設商務交涉機關。以資接洽。

二、中國得設商務兼交涉機關於俄國七河省之威爾尼。俄國得設商務兼交涉機關於中國之伊犂。

三、俄國商民。由俄運貨來伊。或由伊運貨返俄。均悉依照新疆統稅章程。於**中國稅關納稅。以尼堪卡倫、為兩國通商出入之道。如有繞道出入者。以偸**

稅違法論。

四、兩國人民因貿易發生爭論。及所有民刑訴訟各事。均以駐在國法律裁判之。

此合同、將四十年來。（自光緒七年伊犂條約起）兩國陸路通商各百里內、為無稅區域之習慣。一變而為納稅之制度。又於中央未取消俄國使領待遇之前。卽收回俄國治外法權。為可贊許者也。將來政府與新俄所訂試辦通商。大致亦不出此範圍。

第二十章　中德關係之變化

按中國對德宣戰之一切關係。已詳於拙著歐戰期間中日交涉史第六章。故本章僅述中德兩國之直接關係而止。

又中奥關係之變化。本應以專章出之。惟事情簡單。不如中德關係之重。且已述於拙著歐戰期間中日交涉史。故不贅。讀者察之。

二十年前之中德關係

開中國瓜分之局者德意志也。當前清光緒二十三年。德國以曹州敎案。直派軍艦佔領膠州灣。迫清廷訂九十九年之租借條約。並劃山東爲其勢力範圍。於是旅順大連威海衞九龍廣州灣、同被租借。且同時將中國全部。明以約章劃定爲各國之勢力範圍。牢不可破。設非美國提議開放中國門戶。則彼時之中國問題。實不知所底止。（參觀本史第九章）此二十年前、德意志帝國政府、開瓜分中國之局。爲我國外交史上最大之紀念事也。其後拳匪事變。德國於事平後。出大軍於中國。以致索賠款九千萬兩以上。除與各國共享庚子條約之權利外。次第闢天津漢口之

德國與世界開戰及中國之自誤

德國租界。自此以後。中德兩國。無重大之交涉。及民國三年德皇維廉二世冒大危險與俄法英諸國宣戰。我國袁世凱政府、與全體國民。昧於世界大勢。不知於英國對德宣戰時。加入協約國。以收回德國侵奪吾國之權利。而發揚國民對外之精神。坐令日本出兵山東。而守卑屈愚昧、有名無實之局部中立。迭招德國不嚴守中立之抗議。而不能答覆。又照付德國之庚子賠款。而惹協約國之仇恨。以促成日本對付中國之政策。卒招致二十一條之要求。及歐戰期間日本其他之一切侵害。（參觀拙著歐戰期間中日交涉史）可爲長太息也。其後吾國受日本種種侵害。經英俄法三國政府。迭勸日本准許中國參戰。卒爲日本所拒絕。（參觀拙著中日交涉史一六〇頁以下）

德國使用潛航艇與中國抗議

於是我國少數人。乃有知中國加入協約國爲得策者。及民國六年二月。德國無限制使用潛航艇。美國以二月三日、對德絕交。約世界中立國一同對德絕交。於是我國政府。於同年二月九日。向德國提出抗議書。並聲明如事出願外。此抗議竟歸無效。則中國政府不得不斷絕與德國現在之外交關係云云。至三月十日、德公使赴外交部、特致德國政府之答覆書如左。

德國之答覆

中國政府。反對德國封鎖計劃。抗議中用恐嚇之言。德國政府不勝詫異。查他國僅抗議而止。惟與德國交誼最親之中國。獨加用恐嚇言詞。中國在封鎖海內、並無航業。不受何等損害。故此項恐嚇。更屬奇異。中國政府。曾向德國政府提及中國人民生命被損害之事。據德國政府所得報告。中國人民被傷害者皆係在戰線掘壕。或從事其他軍事上行爲。此等行爲。卽冒交戰者之危險。德國政府屢抗議用中國人爲戰事上之用。卽戰時曾聲明德國與中國有良好之交誼。故德國信以爲用不着此等恐嚇之言詞。茲德國政府據理希望中國政府、修正此問題之意旨。德國之敵人。已先實行封鎖政策。故德國之封鎖戰略。礙難取消。然願依照中國政府之特願。關於中國人民之生命財產。得商議其保護之辦法。德國向中國出此通融態度者。因中國一旦與德國絕交。則中國不但失其眞實之良友。且確知中國將冒不堪設想之紛擾也。

中國對德絕交

我國政府。接此答覆。國務總理段祺瑞。旋於國務院開特別會議。爲保持國家之尊嚴。與國際上之威信。決議對德斷絕國交。三月十四日。由黎大總統向中外發

對德絕交之布告

表對德絕交之布告如左。

此次歐戰發生。我國嚴守中立。不意本年二月一日。接德國政府照會。謂德國新定封鎖計劃。凡中立國商船自是日起。如行駛封鎖線內。則多危險等語。德國以前所行攻擊商船方法。損害我國人民之生命財產。已屬不少。今行潛艇作戰計劃。其危害必更劇烈。我國爲尊重公法。保護人民之生命財產起見。遂向德國提出嚴重之抗議。並聲明德國如不撤消其政策。則我國不得不斷絕與德國現有之外交關係。在我深望德國不至堅持其政策。仍保持其向來之睦誼。不幸抗議已逾一月。德國之潛艇攻擊政策。並未撤消。各國商船多被擊沉。我國人民因此致死者、已有數起。昨十一日接德國正式答覆。仍稱礙難取消其封鎖政策。實出我國願望之外。茲爲尊崇公法。保護人民之生命財產計。自今日始。斷絕與德國現有之外交關係。特此布告。

自此中德兩國。已入於戰爭地位。德公使以三月二十五日、退出北京。此間我國以參戰問題。發生重大紛擾。始則督軍團造反、繼則國會解散。繼則張勳復辟。繼則南北大戰。然對德宣戰一節。馮國璋代理大總統任內。即民國六年八月十四日發表對德奧宣戰之布告於左。

對德宣戰之布告

（上略）乃自絕交之後。歷時五月。潛水艇之攻擊如故。非僅德國。即與德同取一致政策之奧國。亦始終不改其度。既背公法。復傷害我人民。我政府責善之深心。至此實已絕望。爰於民國六年八月十四日上午十時起。宣告對德國奧國立於戰爭之地位。所有以前吾國與德奧兩國所訂立之條約、合同、協約及其他之國際條款。國際協約。屬於中德中奧間之關係者。悉依據國際公法及慣例。一律廢止。但海牙和平會議條約。及其他國際協定、關於戰時文明行動之條款。仍遵守不踰。至宣戰主旨。在阻遏戰禍。促進和局。凡吾國民。宜喻此義。（下略）

除此布告外。對於駐北京荷蘭公使。發左記之照會。

對荷蘭公使之照會

（上略）茲中國政府特聲明自中華民國六年八月十四日上午十時起。對德國入於戰爭態度。所有中德兩國一千八百六十一年九月二日所訂之中德善後章程。及現在有效之其他條約合同或協約。無論關於何種事項者均一律廢止一千九百零一年九月七日所訂之條款及其他同類之國際協議。涉及中德間之關係者亦一律廢止。除電請丁抹政府、轉知德政府外。特請貴公使轉知德政府爲荷。

中國收回天津漢口之德國租界

宣戰布告及照會中。兢兢以廢止一切條約爲言者。蓋解除不平等之條約義務。爲我國對德宣戰中之重要目的。且欲滅日本佔領山東之根據也。自此凡天津漢口之德國租界。均由我國收回管理權。而改爲萬國公共租界。（天津之奧國租界如之）敵國船舶之在境內者。統提供協約國使用。而對於德國僑民、商品、商店及雇傭俘虜等。均照戰時國際法、與各國之成例、處理之。此間吾國政府。卽民國六七兩年段祺瑞兩次內閣任內。以出兵歐洲之名。與日本爲參戰借款。軍械借款及其他種種借款。新練參戰軍三師四混成之多。而不供參戰。僅爲對內之用。遂惹起國民七年十月協商各國提出參戰不力之警告。且招致維爾塞和會重大之失敗。原維爾塞和會。開有史以來未有之創例。不許戰敗國派代表參與議和。僅由戰勝

中國於和會失敗之原因

各強國代表議決條件、交戰敗國遵照執行而止。故吾國對德宣戰之結果。亦不直接與德國議和。而吾國於和會之失敗。並非因德國不承認吾國之條件。乃由於最高會議、不爲人道正義之主張。而陷於日本侵害吾國之陰險政策所致。蓋日本於中國對德抗議之後。一方與英法俄意諸國訂密約。令其承認日本繼承德國在山東之權利。一方以順濟高徐二鐵路墊款二千萬元買段內閣對於山東問題、交付中國政府欣然同意之換文、遂招致維爾塞和會之最高會議。專橫武斷。不稍聽中國代表之主張。亦不稍顧中國之幾微體面。其和約全案關於德國在山東之權利。完全割讓與日本。其條款如左。

德國山東權利割予日本之和案

第一百五十六條

德國根據一八九八年三月六日之中德條約。及其他關於山東省一切協約。所獲得一切權利、特權、膠州之領土、鐵路、礦山、海底電線等、一概讓與日本。

德國所有膠濟鐵路權。及其他支線權。暨關於此項鐵路一切財產、車站、店鋪、車輛、不動產、又礦山、及開礦材料、與附屬一切權利利益。讓與日本。

山東以外之中德和案

自靑島至上海至芝罘之海底電綫。及其附屬一切財產。無報酬讓與日本。

第一百五十七條

膠州灣內德國國有動產、不動產、及關於該地直接間接之建築。及其他工事。無報酬讓與日本

第一百五十八條

德國於和約實行後三個月內。將關於膠州之民治軍政財政司法等一切簿籍地劵契據公文書。讓渡與日本。

同期間內德國將關係前兩條所記權利特權之一切條約協約合同等。讓渡與日本

其山東以外中德和約之條款。尙有左之數條。

一　德國於一九〇一年。因拳匪事件、所得中國一切特權、與賠款、及在中國境內、除膠州灣外、所有德國之房屋碼頭兵營砲台軍需品船隻軍艦無線電台公共營造物等。悉對中國放棄之。惟在北京之公使館。及各地領事館

（除天津漢口膠州）不在此限。

一　德國將一九〇一年所掠中國之天文儀器。歸還中國。但在北京使館界內之德國財產。不經拳匪事件關係諸國之允許。中國不能自由處分。

一　德國放棄在天津漢口之租界權。歸爲萬國公用。又放棄在廣州英租界內之德國官產。讓與英國。並放棄在上海法租界內之德國醫工學校財產。讓與中法二國。

一　德國不得因在華德人被幽禁、或遣回、及自一九一七年八月十四日以後德僑財產被沒收被清理之故。向中國或聯合各國有所要求。

山東以外中德和約各款。皆無關輕重。中國既經參戰。又參戰時宣告所有一切中德條約概因宣戰廢止。則德國在山東之租借地、及其他權利。法律上當然已歸中國所有。乃竟全盤割讓與日本。此等奇辱奇恥。爲我國國民及議和代表所不能忍受。雖經徐總統及國務院迭電主持簽字。然議和代表陸徵祥等。以和會堅不承認山東保留之故。卒拒絕簽字。山東問題。遂成懸案。而中德恢復和平問

對德恢復和平之布告

題。亦因此發生困難。然吾國不簽字和約、實不能承認山東權利割讓予日本。並非對於德國仍欲陷於戰爭態度也。關於此節、我國政府於民國八年九月十五日。發布對德恢復和平之布告如左。

我中華民國。於六年八月十四日。對德宣戰。原以維持人道。阻抑戰禍。促進和平爲宗旨。宣戰以來。我國一切與聯合國取同一態度。今歐戰終了。對德和平條約。經各國全權委員。於本年六月二十二日。在巴黎簽字。對德戰爭態度。於同月三十日終止。我國雖關於山東三條。不能贊成。拒絕簽字。然對於其他各條項。與聯合國始終一致承認之。各國對德戰爭態度既終。我國亦聯合國之一。對德地位。當然相同。茲經國務會議議決。中華民國對德戰爭態度。一律終止。特此宣言。

中國對德國恢復和平問題。以此布告解決。原德國經此次大戰之後。國家財政與國家經濟。皆陷於非常困難。惟以境內未作戰場。一切商工業機關。毫未損害。又人民能忍苦耐勞。力事工作。出口貨甚盛。急欲恢復與各國之通商關係。吾國

德國希望中德通商

地廣人稠。為世界最大消貨場。尤為德人所注意。故關於巴黎和約。山東以外之其他中德各條款。德國共和政府。並不以吾國不簽字和約之故。而有猶豫。悉遵照和約履行。民國九年。德政府派非正式代表、卜爾熙至北京。要求恢復通商。原維爾塞和約關於德國賠款一節。規定德國若不履行賠款。則聯合國合行經濟抵制。惟吾國既未簽字和約。對德行動。本可自由。無受該條款限制之義務。然卒至民國十年五月。德國政府。以英法出兵壓迫。承認賠款之後。中德通商協約。乃於五月二十日締結。七月一日交換。其協約、聲明文件、公函。如左。

德代表聲明文件

德國向中國聲明文件

德意志共和政府。願基於完全平等、及眞切相互之主義。合於普通國際法之規條者。以恢復中德之友誼、及通商關係。惟德國因戰事局勢、勢不得已。將一千八百九十八年三月六日、與中國所訂之條約。及其他關於山東文件所獲得之一切權利特權。於維爾塞條約、已拋棄之。失去。將以上各種權利特權、歸還中國之能力。茲特向中國政府聲明左之數項。

一、德國承認取消在華之領事裁判權。
二、德國拋棄駐北京使署所屬練兵場之全部權利。
三、德國償還中國各處收容德國軍人之用費。

中德協約

中德兩國共和政府。以本日德國政府聲明文件爲根據。幷覺悟領土主權之尊重與夫平等相互各種原則之實行。爲維持各民族間睦誼之惟一方法。特訂左記之協約。

一、兩國得互派正式外交代表。互享受國際公法所承認之一切權利。
二、兩國得互派領事等官。互享受他國同等官員之優禮待遇。
三、兩國人民。互有遊歷居住及經營工商業之權利。惟以第三國人民得遊歷居住及經營工商業之地爲限。其生命財產。均在所在地法庭管轄之下。而遵守所在國之法律。其應納之稅捐租賦。不得超過所在國本國人民所納之數。

四、兩國有關稅自主權。惟人民所辦兩國間或他國所產之未製已製貨物。其應納進口出口或通過之稅。不得超過所在國本國人民所納之稅率。

五、本日德國政府之聲明文件。與本協約各條款。爲將來商訂正約之根據。

六、本協約以法文爲準。自批准之日起。發生效力。

德代表致中國外交總長之公函

本代表爲解釋德國聲明文件。及中德協約之字句起見。奉本國政府訓令。向貴總長聲明如左。

一、華貨在德之關稅。協約第四款之規定。并不妨碍中國引用維塞爾條約二百六十四條所予之利益。

二、德國聲明文件所稱償還中國收容費一節。係謂德國照維塞爾條約、賠償中國損失外。仍願償還收容費。德國政府、於已受清理及未受清理之德僑財產內。協定一筆整款。以現金四百萬元及津浦湖廣鐵路債劵。交與中國政府。作爲戰事賠償之一部分。

三、在德國之華人財產。於本協約批准後、完全歸還。

四、在德國之中國學生。德國政府。極願幇助。使其得入學校。或得實地練習。

外之公部函

中國外交總長致德代表公函

一、中國政府、允予德僑以完全保護。除照國際法原則。及中國法律外。不再查封其財產。惟德國政府。對於在德華僑應同樣辦理。

二、在華德僑訴訟案件。由新式法庭以新法律審理。有上訴之權。并用正式之訴訟手續辦理。德籍律師及繙譯。經法庭認可者。得用輔助。

三、德僑在會審公堂原被告案件。中國當尋一解决方法。使各方面均得其平。

四、中國對敵通商條例。於協約批准之日起。失其効力。至德貨入口在國定稅率未普通施行之前。暫照通用稅率完納關稅。

五、中國政府。自簽字日起。停止清理德人財產。自收到德國賠款及批准協約後。將清理處所得各款。及被收之產業。歸還原主。

此協約與聲明文件、與雙方公函令中德兩國完全立於平等地位爲中國海通以來外交史上所不有而開一新紀元一由於德國貨物爲英法諸國所排斥故特與世界最大消場之中國表示極端之好意二由於外交總長顏惠慶駐德多年之感情亦善於因應有以致之協約訂結後德代表對中國新聞界宣言曰今後之世界爲國民的互助協作之世界中德協約隨此新時代之精神而成立乃實行中德國民互助協作之先聲也云云雖出於德國戰敗之結果然此等適用時勢之協約旣尊重中國之國家與中國國民之地位自引起我國民重厚之同情尤可注意者中國於維爾塞和約雖未簽字而該約予各國之普通利益德國令中國完全享受之以視二十年前德意志帝國政府以一教案而租借土地且開瓜分中國之局其相距何啻天淵之遠也惟山東權利去一侵略主義舊德意志帝國之强寇而換一更橫暴更陰毒之新德意志帝國之强寇、以佔據之貽我國百倍於從前之憂患可爲太息痛恨也。

敬啟

『民國專題史』叢書，乃民國時期出版的著名學者、專家在某一專題領域的學術成果。所收圖書絕大部分著作權已進入公有領域，但仍有極少圖書著作權還在保護期內，需按相關要求支付著作權人或繼承人報酬。因未能全部聯系到相關著作權人，請見到此説明者及時與河南人民出版社聯系。

聯系人 楊光
聯系電話 0371-65788063
2016年3月28日